白石克編

新編鎌倉志（貞享二刊）

影印・解説・索引

汲古書院

はじめに

本書は江戸時代中期に編纂・刊行された、代表的な鎌倉の地誌です。延宝二年（一六七四）に、徳川光圀が鎌倉の名所や史跡を巡り、まとめたものが『鎌倉日記』で、本書はそれをもとに編纂されたものと考えられています。

本文の前に三人の序「新編鎌倉志序（貞享二年　人見鶴山）」「新編鎌倉志序（貞享元年　明僧・大皐心越）」「新編鎌倉志序（貞享元年　力石忠一）」と「新編鎌倉志凡例」「新編鎌倉志引用書目」、「新編鎌倉志総目録」、末に跋文「題新編鎌倉志後（貞享二年　書肆・茨木多左衛門）」があります。その内、水戸藩儒員で最終的な編纂者であった力石忠一の序に、その間の事情が述べられております。それによれば、鎌倉来訪（右の『鎌倉日記』）二年後の延宝四年（一六七六）に、光圀が臣の河井恒久を鎌倉に遣り執筆させ、後に松村清之が考訂作業を行ないますが、功ならずして没し、彼が君命により補修完了したことがわかります。

本書は延宝二年の巡覧（鎌倉日記）を合わせて、二度にわたる学究的な現地調査を基礎に編纂された著作です。もちろん、それだけではなく、信頼のおける参考・引用文献を史料根拠に使用しています。当時の地誌類は、根拠といえば、「地元の古老による」などいうように、緻密な考証を怠った娯楽性の強い案内書が殆どでした。それに比べ、本書は豊富な参考文献を利用して、きちんと考証する執筆態度でありますので、現在でも学術的に信用できる図書といわれています。収録された沢山の絵図には、廃寺や旧跡も書き込まれ、非常に便利な本です。本書が編纂されていなかったならば、鎌倉も平泉同様、今もって史実の比定地がわからない所ばかりで、考古学の独壇場の世界になっていたかもしれません。

そうした次第で、『新編鎌倉志』は昔から今に至るまで、旧時の鎌倉を調べる人が、最も安心して使用できる参考書とされてきたわけです。

延宝から三百二十余年も経ているわけですから、もちろん随分誤りが指摘されております。大部の全容に比べれば、ほんの些細な部分に過ぎません。現在数多く出版されている鎌倉ガイドのほとんどが、本書を主要参考文献にしているといっても、決して過言ではありません。たとえ、ガイドの著者がこの本を読んでいないといっても、実は使用した参考書（或はそのまた参考書）が『新編鎌倉志』に拠っていることもあるはずです。刊行後三百年以上も経つ本ではありますが、今も第一級の鎌倉地誌なのです。本書は水戸藩彰考館にて完成されたらしく、正徳三年（一七一三）印本の巻末に付された出版目録（260ページ参照）や、山田茂助明治印本の見返し（263ページ参照）に、その旨が記されています。本書は京都の出版者茨城多左衛門（柳枝軒）の懇望により、貞享二年（一六八五）に、全八巻を十二冊に分冊して出版されました（巻末の同氏による跋文）。その後、若干の補刻はありますが、明治三十四年（一九〇一）まで一度も版木を作り替えることなく、二百年以上も刷り続けられました。さすがに明治の後印本になると、版木が傷んだせいか、「凡例」「引用書目」合わせて全七丁の内、なくなった丁のあるものもあります。奥付に書かれた最も新しい年が明治三十四年です。或いは明治の無年記後刷本の中には、もっと時代の降るものがあるかもしれません。出版されてからずっと、需要が衰えることなく、人気のあった本であることがわかります。他に比較する類書がほとんどないという事情もあると思います。大正四年（一九一五）、『大日本地誌大系　新編相模国風土記稿』（日本歴史地理学会編）に収録された活字本ができるまで、この整版本が唯一の刊本でした。

右のように、史跡の考証には疑問点もないわけではありませんが、本書の記述に従ったものが案外多いのです。例えば、円覚寺舎利殿（正続院昭堂）は小学生の図鑑にも掲載される、鎌倉を代表する建造物です。昔は鎌倉時代を代表する禅宗建築（唐様）といわれていました。私も学生時代、そのように指導されてきました。ところが、最近では室町時代の建造物とされ、評価が変わってきました。本書巻二「高松寺　附太平寺旧跡」を見ますと、「円覚寺ノ開山塔ノ昭堂ハ太平寺ノ仏殿ナリト云フ」と記されています。室町時代に廃絶してしまった鎌倉尼五山の太平寺の建物を移動したというわけです。江戸時代の中期まで、円覚寺や地元に伝承されてきたのかもしれません。古老の話を収録したものでしょうか。現在では、これが舎利殿についての定説となっております。太平寺は、鎌倉に乱入した安房の里見義弘が、当時の太平寺の住持青岳尼を連れ去って後、廃寺になったといわれています。弘治二年（一五五六）頃と考えられています。本書刊行時の貞享二年（一六八五）より百年以上も前のことですから、当時でも随分昔の話だったはずです。本書の基となった『鎌倉日記』（十一年前の紀行）の、「円覚寺」の項に「西御門太平寺ト云尼寺ヲ引テ法堂に立テルトナリ」と記されているので、光圀が鎌倉に来訪した時に聞いたことなのでしょう。舎利殿が東村山市の正福寺地蔵堂（応永頃建築）と類似した建物であることも、その説を認める傍証となったことと思います。

昔からずっと利用されてきた本書ではありますが、現代人が貞享二年刊本そのものを読むわけではありません。たいていは、前掲『大日本地誌大系　新編相模国風土記』（雄山閣刊）所収本を利用しているはずです。同書は原書に比べ、コンパクトにまとめられ読みやすい本です。ところが各ページのレイアウトが煩雑になるせいか、原書には懇切丁寧に付刻されていた振り仮名が、随分省略されているのです。ただしく本書を読むためには、やはり貞享二年版自身が必要です。地名・人名・事項など、現在では忘れられた江戸時代の読み方も書かれているからです。

本稿をまとめるにあたり、各所蔵者の皆様にはお世話になりました。本書影印の願いを快く承諾いただきました、東京都立中央図書館のご担当の皆様には、感謝しております。
簡単ではありますが、調査に協力していただいた東京都立中央図書館・国立公文書館・国立国会図書館・慶應義塾図書館・静嘉堂文庫・神奈川県立金沢文庫・大阪府立図書館の皆様に謝意を表する次第です。

平成十四年十一月

白石克

新編鎌倉志（貞享二刊）　影印・解説・索引　目　次

はじめに……(一)
『新編鎌倉志』総目次……(六)
影　印……一
参考図版……二五七
解　説……二六五
地名・人名索引……左1

『新編鎌倉志』総目次

巻之一……二六
鎌倉大意……二六
鶴岡八幡宮……二九
横大路……三〇
若宮大路（小路）……三〇
馬場小路……三〇
由比若宮……三〇
段葛……三〇
大鳥居……三一
弁財天社……三一
赤橋……三一
二王門……三一
舞殿……三一
石階……三一
楼門……三一
上宮……三三
棟札……三三
武内社……三三
座不冷壇所……三三
小御供所……三四
頼朝社……三四
竈殿……三四
愛染堂……三四
稲荷社……三四
影向石……三四
鶴亀石……三五
六角堂……三五
下宮……三五
高良大臣社……三五
三島・熱田・三輪・住吉社……三五
天照大神社……三五
松童・天神・源大夫・夷三郎社……三五
輪蔵……三六
護摩堂……三六
薬師堂……三六
神宮寺……三六
塔……三六
鐘楼……三六
実朝社……三七
北斗堂跡……三七
神宝……三七
新宮……四〇
神主……四〇
小別当……四一
十二院……四一
浄国院……四一
我覚院……四二
正覚院……四二
海光院……四二
増福院……四二
慧光院……四二
香象院……四二
荘厳院……四二
相承院……四二
安楽院……四三
等覚院……四三
最勝院……四三
柳原……四三
若狭前司泰村旧跡……四三
筋替橋……四四
鎌倉十橋……四四
蛇谷……四四
巻之二……四七
鳥合原……四七
頼朝屋敷……四八

法華堂……四九
頼朝墓……五〇
平善時墓……五〇
西御門……五〇
報恩寺旧跡……五〇
白旗明神社……五一
保寿院旧跡……五一
高松寺……五一
福巌寺……五二
来迎寺……五三
東御門……五三
荏柄天神……五四
神宝……五四
紅梅殿……六二
老松殿……六二
和田平太胤長屋敷……六二
大楽寺……六三
覚園寺……六三
寺宝……六三
地蔵堂……六三
弘法護摩堂跡……六四
棟立井……六四
大塔宮土籠……六四
東光寺旧跡……六五
永福寺旧跡……六五
獅子巌……六六
理智光寺……六六
鑪場……六六
永安寺旧跡……六六
瑞泉寺……六九
開山堂……六九
座禅窟……六九
徧界一覧亭跡……七〇
天台山……八一
歌橋……八一
文覚屋敷……八一
大御堂谷……八一
御堂御所跡……八二
釈迦堂谷……八二
犬懸谷……八三
唐絲土籠……八三
杉本観音堂……八四
報国寺……八四
滑川……八四
十二所村　附川越屋敷……八五
胡桃谷　附大楽寺旧跡……八五
浄妙寺……八六
仏殿……八六
開山塔……八六
鐘楼……八六
稲荷社……八七
塔頭……八七
延福寺旧跡……八七
大休寺旧跡……八七
公方屋敷　附飯盛山　御
馬冷場……八八
五大堂……八九
大慈寺旧跡……八九
梶原屋敷……八九
大巧寺……八九
塩嘗地蔵……九〇
光觸寺……九〇
熊野権現祠……九一
月輪寺旧跡……九二
牛蒡谷　附首塚……九二
巻之三……九五
巨福呂坂……九五
青梅聖天……九五
地蔵堂……九五
建長寺……九六
金龍水……九六
東外門……九六
西外門……九六
総門……九六
山門……九六

浴室……九七
仏殿……九七
鐘楼……九七
観音殿……九八
方丈……九八
書院……九八
蘿碧池並影向松……九八
開山塔……九八
舎利樹……九九
崇山並兜率巓……九九
寺宝……九九
華厳塔跡……一〇九
勝上巘……一〇九
観瀾閣……一一〇
仙人沢……一一〇
不老水……一一〇
塔頭……一一〇
亀谷坂　附勝縁寺谷……一一四
長寿寺……一一四
客殿……一一四
尊氏廟……一一四
開山塔跡……一一四
寺宝……一一五
山内……一一六
徳泉寺旧跡……一一七
管領屋敷……一一七
尾藤谷……一一七
禅興寺……一一九
仏殿……一一九
鐘楼……一二〇
平時頼荼毘所……一二一
玉澗……一二一
維新橋……一二一
六国見……一二一
明月院……一二二
寺宝……一二二
瓶井……一二三
上杉道合……一二三
明月院旧跡……一二三
浄智寺……一二三
外門……一二三
山門……一二三
仏殿……一二三
寺宝……一二四
鐘楼……一二四
開山塔……一二四
甘露井……一二四
盤陀石……一二四
塔頭……一二四
松岡　東慶寺……一二五
山門……一二六
仏殿……一二六
鐘楼……一二六
脇寮……一二六
円覚寺……一二七
白鷺池……一二七
外門……一二七
総門……一二七
山門跡……一二七
仏殿……一二七
明鏡堂跡……一二八
方丈……一二八
寺宝……一二八
鐘楼……一三三
開山塔（正続院）……一三四
宿龍池……一三六
坐禅窟……一三六
鹿岩……一三六
妙香池……一三六
虎頭……一三六
塔頭……一三六
十王堂橋……一三八
離山……一三八
常楽寺……一三九
寺宝……一三九
鐘楼……一四〇

文殊堂……一四〇
泰時墓……一四〇
姫宮……一四〇
色天無熱池……一四〇
木曽塚……一四〇
証菩提寺旧跡……一四一
寺宝……一四一
鐘楼……一四一
大長寺（今泉不動）……一四二
不動堂　附男滝女滝……一四二
玉縄村……一四二
洲崎村　附寺分村町家
村……一四二
巻之四……一四五
鉄井　附鉄観音……一四五
志一上人石塔……一四五
松源寺……一四五
巌窟不動……一四六
華光院……一四六
上杉定政旧宅……一四六
寿福寺……一四七
外門……一四八
仏殿……一四八
寺宝……一四八
開山塔……一四八
鐘楼……一四九
画窟……一四九
帰雲洞……一五〇
石切山……一五〇
望夫石……一五〇
観音堂跡……一五〇
塔頭……一五〇
英勝寺……一五二
総門……一五二
山門……一五二
仏殿……一五二
鐘楼……一五二
方丈……一五三
寺宝……一五三
石盤……一五四
英勝院大夫人墓並祠
堂……一五四
源氏山……一五五
阿仏卯塔跡……一五五
智岸寺谷……一五五
泉谷……一五六
泉井……一五六
浄光明寺……一五六
阿弥陀堂……一五七
寺宝……一五七
塔頭……一五七
網引地蔵……一五八
東林寺跡……一五九
相馬天王祠……一五九
藤原為相石塔　附忍性石
塔……一五九
藤谷……一五九
扇谷……一五九
扇井……一五九
飯盛山……一五九
大友屋敷……一六〇
梅立寺　附熱田社……一六〇
法泉寺谷……一六〇
御前谷　附尼屋敷……一六〇
清涼寺谷……一六一
海蔵寺……一六一
底抜井……一六一
総門……一六二
仏殿……一六二
鐘楼跡……一六二
寺宝……一六二
開山塔跡……一六四
弁財天祠……一六四
道智塚……一六四
寂外庵跡……一六四

山王堂谷……………一六四
景清籠……………一六四
播磨屋敷……………一六五
梅谷　附綴喜里……………一六五
武田屋敷……………一六五
化粧坂……………一六六
六本松……………一六六
葛原岡……………一六六
梶原村……………一六六

巻之五

今小路　附勝橋……………一六九
鍛冶正宗屋敷跡……………一六九
仏師運慶屋敷跡……………一七〇
巽荒神……………一七〇
人丸塚……………一七〇
尊氏屋敷……………一七〇
興禅寺……………一七〇
山門……………一七一
仏殿……………一七一
鐘楼……………一七一
坐禅窟……………一七一
無量寺谷……………一七一
法住寺谷……………一七一
裁許橋（西行橋）……………一七一
佐介谷……………一七二
御所入……………一七三
国清寺跡……………一七三
蓮華寺跡（光明寺畠）……………一七四
稲荷社……………一七四
隠里……………一七四
銭洗水……………一七四
薬師堂跡……………一七四
天狗堂……………一七四
千葉屋敷……………一七四
諏訪屋敷……………一七四
七観音谷……………一七五
飢渇畠……………一七五
佐々目谷　附平経時墓……………一七五
塔辻……………一七五
藤九郎盛長屋敷……………一七五
甘縄明神……………一七六
盛久頸座……………一七六
稲瀬河……………一七七
光則寺　附宿屋光則旧
跡……………一七七
大仏……………一七八
大仏切通……………一七九
御輿岳……………一七九
常盤里　附常盤御所跡……………一七九
長谷観音堂……………一八〇
鐘楼……………一八一
慈照院……………一八一
慈眼院……………一八一
御霊宮……………一八一

巻之六……………一八四

星月夜井　附虚空蔵堂……………一八四
星井寺……………一八四
寺宝……………一八四
極楽寺……………一八五
本堂……………一八五
寺宝……………一八五
鐘楼……………一八九
弁慶腰掛松……………一八九
切通……………一八九
月影谷　附阿仏屋敷……………一八九
聖福寺旧跡……………一九〇
針磨橋……………一九〇
稲村　附稲村崎横手原……………一九〇
霊山崎……………一九一
袖浦……………一九一
十一人塚……………一九一
七里浜……………一九一
音無滝……………一九二
日蓮袈裟掛松……………一九二

行合川……一九二
金洗沢……一九二
津村……一九二
小動　附八王子宮……一九二
腰越村……一九三
満福寺……一九三
硯池……一九三
袂浦……一九三
竜口寺……一九三
本堂……一九四
日蓮土籠……一九四
番神堂……一九四
竜口明神……一九四
固瀬村　附固瀬川……一九四
西行見返松……一九五
笈焼松……一九五
唐原……一九五
砥上原　附八松原……一九五
江島……一九六
巌本院……一九七
宝物……一九七
無熱池……一九八
蝦蟆石……一九八
福石……一九八
下宮……一九八
碑石……一九八
鐘楼……一九九
上宮……二〇〇
鳥居……二〇〇
本社……二〇〇
鐘楼……二〇〇
児淵……二〇〇
竜穴……二〇一
魚板石……二〇一
竜池……二〇一
仁田四郎抜穴……二〇一
泣面崎……二〇二
聖天島……二〇二
鵜島……二〇二
巻之七……二〇五
小町……二〇五
宝戒寺……二〇六
本堂……二〇六
寺宝……二〇六
徳宗権現社……二〇七
山王権現社……二〇七
屏風山……二〇七
小富士……二〇七
土佐房屋敷跡……二〇八
葛西谷　附東勝寺旧跡　弾琴松……二〇八
塔辻……二〇八
妙隆寺……二〇八
寺宝……二〇八
行池……二〇九
大巧寺……二〇九
産女宝塔……二〇九
寺宝……二〇九
浜名石塔……二〇九
番神堂……二一〇
本覚寺……二一〇
寺宝……二一〇
夷堂橋……二一〇
大町　附米町……二一〇
妙本寺　附比企谷　能員旧跡……二一一
本堂……二一一
御影堂……二一一
寺宝……二一二
竹御所……二一二
田代観音堂　附田代屋敷……二一二
延命寺……二一二
教恩寺……二一三
寺宝……二一三

逆川……二一三
辻町……二一三
辻薬師……二一三
寺宝……二一三
乱橋　附連理木……二一三
材木座……二一三
畠山重保石塔……二一四
下宮旧地……二一四
新居閻魔……二一四
補陀落寺……二一四
寺宝……二一五
鐘楼跡……二一五
弁谷……二一六
崇寿寺旧跡……二一六
経師谷　附桐谷……二一七
光明寺……二一九
外門……二一九
山門……二一九
開山堂……二一九
客殿……二一九
方丈……二一九
祈祷殿……二一九
寺宝……二二〇
開山石塔……二二一
善導塚……二二一
内藤帯刀忠興一家菩提所……二二一
蓮乗院　寺僧寮……二二一
専修院　寺僧寮……二二一
千体地蔵堂……二二二
飯島……二二二
六角井……二二二
和賀江島……二二三
飯島崎……二二三
小坪村　附切通……二二三
正覚寺……二二三
住吉明神……二二三
三浦道寸城跡……二二三
数珠掛松……二二四
名越……二二四
安養院……二二四
佐竹屋敷……二二四
花谷　附慈恩寺旧跡……二二五
蛇谷……二二八
安国寺　附松葉ヶ谷……二二八
本堂……二二九
御影堂……二二九
寺宝……二二九
長勝寺　附石井……二二九
鐘楼……二二九
日蓮乞水　附鎌倉五水……二三〇
名越切通……二三〇
御猿畠山　附山王堂跡法性寺……二三一
岩殿観音堂……二三一
東勝寺……二三一
神嵩　附神武寺……二三一
天狗腰掛松……二三二
海宝院……二三二
多古江　附御最後川……二三二
六代御前塚……二三二
鐙摺山　附浅間山……二三二
杜戸明神……二三三
神宝……二三三
飛混柏……二三三
千貫松……二三三
頼朝腰掛松……二三四
高石……二三四
頼朝遊館礎石跡……二三四
頼朝泉水……二三四
名島……二三四
突渡崎……二三四
心無村　附三箇村……二三四
佐賀岡　附世計明神……二三四
巻之八……二三七

朝夷名切通（坂峠）……二三七
上総介石塔……二三八
梶原太刀洗水……二三八
鼻缺地蔵……二三八
大同村　附河村……二三八
光伝寺……二三八
地蔵堂……二三九
天神宮……二三九
侍従川……二三九
油堤……二三九
専光寺……二三九
日光権現社……二三九
六浦……二三九
三艘浦　附瀬崎……二三九
嶺松寺……二三九
上行寺……二四〇
寺宝……二四〇
能仁寺旧跡……二四〇
金竜院　附引越村金沢四石……二四〇
飛石……二四一
円通寺……二四一
東照大権現社……二四一
瀬戸明神……二四一
宝物……二四一
鐘楼……二四一
蛇混柏……二四二
三本杉……二四二
薬師堂……二四二
瀬戸弁財天……二四二
宝物……二四二
福石……二四二
瀬戸橋……二四二
照天姫松……二四二
金沢　附吉田兼好旧跡……二四四
洲崎……二四四
竜華寺……二四四
寺宝……二四四
鐘楼……二四五
天然寺……二四五
寺宝……二四五
薬王寺……二四五
称名寺……二四六
寺宝……二四六
弥勒堂……二四七
鐘楼……二四七
青葉楓……二四七
西湖梅……二四八
桜梅……二四八
文殊桜……二四八
普賢桜……二四八
美女石並姥石……二四八
金沢文庫旧跡……二四八
御所谷……二四九
顕時石塔……二四九
貞顕石塔……二四九
薬師堂……二四九
海岸寺……二四九
光明院……二四九
大宝院……二四九
一室……二四九
阿弥陀院……二四九
八幡社……二四九
柴崎村　附権現山　本目……二四九
能見堂……二五〇
釜利谷……二五〇
筆捨松……二五〇
夫婦松……二五一
手子明神……二五一
野島村　附平方　金沢原
乙鞆浦……二五一
善雄寺……二五一
太寧寺……二五一
寺宝……二五二
源範頼石塔……二五二

室木村……………………二五二
雀浦　附浦江……………二五二
刀切村……………………二五三
烏帽子島…………………二五三
夏島………………………二五三
猿島　附裸島……………二五三

新編鎌倉志（貞享二刊）

加賀文庫
1790
1

28.1.10
088775

新編鎌倉志

洛陽書肆柳枝軒藏版

新編鎌倉志序

黍離降テ而為ル變風ト昔ニ
成周衰テ王道微ナリテ於テ
是ニ乎拙リ矣蓋シ哉ガ
本朝源將軍頼朝覇リ於
天下ニ建テ基ヲ於相州
鎌倉ニ為ス都會〻
地ト爾《シカシヨリ》後北條氏專挾ミ
主之權ヲ足利氏造ス胄ヲ
嫡之謀ヲ治平争亂其
間タ百餘年於ニ遺蹤
古蹟基《シ》布キ星列シテ其
地也岬廻リ谷轉シ泉
清ク土肥濱海瀟《カリ》波
島嶼崇ニ峙ヒ固リテ而居

遍東西南北來往江都者必無不遊觀觀斯勝矣其遊觀者必叙其所唱詠以記其所經遊亦既久矣猶未見其全備者也甲寅之夏水戸相公自常陽偶出鎌倉途暫駐駕于斯歴覧其地命詞臣等記名勝猶而未盡再命一二學生窮探遍尋索隠闡幽或詢古老或問漁樵而考訂舊錄野乘採擷而編山海地里川谷宮社巖窟泉石橋路村巷寺院墳墓人物題詠之類無不詳載名曰新編鎌倉志

請序凡例皆具矣後
命節為之序節嘗遊
其地者再矣其勝槩
畧熟之今讀斯編事
物詳記巨細畢擧

欣然如入其境而以為
既遊者知其所未知
未遊者觀其所未觀
法遊者捷之小案不依
郷導可謂纎事畢

矣嗚呼
相公尊儒崇文且有志
於我歷朝之史及有
斯編亦是其餘意
也乎觀之周官有

職方土訓誦訓之職掌
道四方九州之事物後
世有地志者乃其遺
法而後史官之所棄也
昔

本朝亦有之今況泯矣如斯志亦可謂繼絶之一端也節手循筆雖不能化文而又難拒其命聊以叙其

事耳

貞享乙丑穀雨之日

霍山野節謹識

新編鎌倉志序

是歳甲子季冬鎌倉志新稿既属越観覧以為之序大勝槩名区攄得至人方顕其名雖千古

忘不能泯没其蹤然則
詎由人顯人由跡成者
若相州鎌倉之大觀冣
昔幕府之基文經武緯
聯芳繼美無之首創禅

宗乃海國禅園之鴻緒
也然自甲寅之夏
相公從常陽路蹤此地瞻
奇仰勝悦然而命編集
騒人文翰逸士佳章豐

誌名山大刹銘記唱酬
全成一書仍復當然可
已謂
相公秉彝之德何深求古
之心何廣寔異於當來

不忘偉矣不亡之家矣第
越至扶桑而來踏其境
無非按圖搜索眺而序
之欲窮其勝者具在斯
志可盡知云爾

于時
甲子小春望
大明東皐心越儔序

新編鎌倉志序

延寶甲寅夏我
水戸相公自常陽路過鎌倉
歷覽名勝令吉常記所見聞
焉丙辰秋特遣河井友水如
鎌倉古祠舊寺以追里巷蒸

村芻蕘之言質問載之且捜
索鐘銘碑文披沙得金去瑕
全璧所益居多松村伯胤曽
以醫藥在英勝寺幾五十年
矣彼亦好古友水日就考訂
然友水不幸未終其功而歿

今焉忠一尋承
嚴命而抵鎌倉問彼質此酌古
量今至山川地理則正其方
位行程參伍錯綜以便觀覽
毋得古記斷簡片言隻字靡
弗採擇然如前記所載未敢

輕改補闕摘遺增損若干大凡依舊貫質以證録引用書悉録于後欲令人人知不敢妄作以有所據也蓋嘗有題鎌倉記者三部我相公家藏本而未詳何人著焉

非如世所行鎌倉物語者然尚有不全今忠一所述參定異同挍讎文字矯其非者揚其是者多積歳序略無遺憾後之覽者日加是正誠孔幸焉

于時

貞享甲子姑洗既望力石忠一

謹序

新編鎌倉志凡例

一凡編纂序次。不拘艸創前後以鶴岡《ツルガヲカ》為始夫鶴岡鎌倉中央。而東西南北。通路從是分行程自玆計。故今首卷先論鎌倉大意。次記鶴岡來由以為始東北終蛇谷《ヘビガヤツ》。毎卷量一日行程録為一冊以便歷覽下皆傚之。第二。始鶴岡東鳥合原。終牛蔆谷。第三。始鶴岡西。巨福路坂。終洲崎。第四始鶴岡西南。鐵井。終梶原村。第五始鶴岡西南。令小路。終御靈宮。第六始鶴岡西南。星月夜井。終江島。第七始鶴岡東南。小町。終佐賀岡。第八始鶴岡東朝夷名切通。終金澤。而全部自成八冊。

一　凡每條先記大意。次記其境內勝跡及寶物。如鶴岡條下。先記八幡鎮座。次至鳥居樓門。上下宮。諸末社。及神寶。次錄境內寺院舊蹤。使人見而易曉。餘皆準此。

一　凡每條始記眼目所先及者。故如寺社。先記山門鳥居。而書便于路程者。不必始於本社本堂。

一　凡示其方位者。至遠則曰在某東西南北。近則曰在某前後左右。其曰左右則觀者左右。前後則其地前後。

一　凡書中所載寶物。下有加註解訂訛者。或謬或疑。亦不讓改削。如簡篇文書。有益于事則記全文。或繁擾華藻而希精要者則摘句省章。拾實遺華。獨抽事實而舉綱要耳。畫木肖像之類作者可疑者多矣。都從社司寺僧所言。今悉存焉。

一　凡全部以倭字書。縱雖異邦書有所援用則作倭字。至本朝書亦然。此為字無反覆顛倒。使人易見也。

一　凡地名不正文字。但以和訓相通而書之。如東鑑之類。悉從舊文。其無所據者姑取村翁野老之言。

一　凡鎌倉總圖冠于首卷。間有古今盛衰可興感慨者。亦加小圖。然不必之。

一凡令所編集北本郷東金澤西固瀨南杜戸畫此作志地圖亦然

一金澤者武州六浦莊而非相州鎌倉郡然昔時平實時顯時等居此以降實如一郷且地理相接景勝秀美閑人墨客過鎌倉以遊金澤為壯觀故今併記共曰鎌倉志

新編鎌倉志凡例終

新編鎌倉志引用書目

萬葉集

續古今集

新後撰集

新拾遺集

大納言公任家集

更級記　菅原孝標女

西行物語

海道記　世曰鴨長明海道記者非也歌枕名寄以海道記所載和歌為鴨長明今按歌者長明作而詞者後人所贅也乎

東關紀行　源親行

後堀河院百首

十六夜日記

藤原為相海道宿次百首

兼好家集

詞林采葉抄

夫木集

北國紀行　堯慧法印

東國紀行　宗牧

類字名所和歌集　里村昌琢

莵玖百首　宗牧

懷中鈔

藻鹽艸

武藏野紀行　北條氏康

歌枕名寄

愚管抄　慈鎮和尚

保元物語

異本保元物語　鎌倉本　京本

源平盛衰記

平家物語

異本平家物語　八坂本　鎌倉本　長門本

曽我物語

東鑑

東鑑脱漏

古本東鑑纂　島津家藏本

帝王編年記

奥羽軍記

太平記

異本太平記　今出川家本　金勝院本　今川家本　西源院本　毛利家本　島津家本　天正本

保暦間記

若狭國守護職次第

園太暦

梅松論

神明鏡

鎌倉大草子

鎌倉九代記

上杉禪秀記

鎌倉年中行事　季高　源成氏家臣

鎌倉大日記

關東兵亂記

北條五代記

北條盛衰記

大友興廢記

八幡愚童訓

鶴岡八幡宮記

鶴岡八幡同御影縁起

鶴岡日記

鶴岡記録
鶴岡八幡宮寺社務職次第
鶴岡供僧帳
鶴岡神主家傳文書
鶴岡八幡宮寛文年中修復記
鶴岡額印僧正行状
普川國師新宮講式
押手聖天縁起

關東五山記
關東五山住持籍
建長寺過去帳
泉涌寺末寺帳
寶受院校割帳案文　夢窓國師
東寶記　杲寶
頰焼阿彌陀縁起　光觸寺藏本
記主上人傳　道光

常樂寺畧傳記
江島縁起　巖本院藏本
東海道名所記　浅井松雲
鎌倉名所記
鎌倉記　相承院藏本
鎌倉日記
鎌倉并金澤三崎間割地理之圖
鎌倉物語　中河喜雲

鎌倉巡禮記　澤菴宗彭
和名類聚抄
古事談
發心集
沙石集
徒然草
野槌
壒嚢抄

下學集
元亨釋書
注畫贊
扶桑禪林諸祖傳
東渡諸祖傳
大休正念録
竺仙録
空華集

落絮集
日工集
日件録　瑞溪周鳳
善鄰國寶記
東遊路行記　万里居士
梅花無盡藏　万里居士
滑稽詩文
諸國鐘銘集

神社考
佐竹系圖　常州太古山清音寺藏本
足利系圖
北條系圖
古本北條系圖　常州増井正宗寺藏本
上杉系圖
首藤系圖
田代系圖

小栗系圖
花押藪
千手經讀蒙記　慧林
通鑑綱目
皇明護法録
古今醫統
本艸綱目
二程全書

通計壹百十九部

新編鎌倉志總目

第一巻

鎌《カマ》倉《クラ》地《チ》理《リ》之圖《ヅ》
鎌《カマ》倉《クラノ》大《タイ》意《イ》
鶴《ツル》岡《ガヲカ》八《ハチ》幡《マン》宮《グウ》 附 雪《ユキノ》下《シタ》新宮 由《ユ》比《ヒノ》濱《ハマ》
柳《ヤナギ》原《ハラ》
若《ワカ》狹《サノ》前《ゼン》司《ジ》泰《ヤス》村《ムラガ》舊《キウ》跡《セキ》
筋《スヂ》替《カヘ》橋《バシ》 附 畠《ハタケ》山《ヤマ》重《シゲ》忠《タダガ》屋《ヤ》敷《シキ》 鎌倉ノ十《ジフ》橋《キヤウ》

第二巻

蛇谷
鳥合原
頼《ヨリ》朝《トモ》屋《ヤ》敷《シキ》
法《ホツ》華《ケ》堂《ダウ》 附 頼《ヨリ》朝《トモ》并《ナラビニ》平《タイラノ》義《ヨシ》時《トキガ》墓《ハカ》
西《ニシ》御《ミ》門《カド》
報《ホウ》恩《ヲン》寺《ジノ》舊《キウ》跡《セキ》 附 白《シラ》旗《ハタ》明《ミヤウ》神《ジンノ》社《ヤシロ》
保《ホウ》壽《ジユ》院《インノ》舊《キウ》跡《セキ》
高《タカ》松《マツ》寺《ジ》 附 太《タ》平《イ》寺《ジノ》舊《キウ》跡《セキ》
來《ライ》迎《カウ》寺《ジ》
東《ヒガシ》御《ミ》門《カド》
荏《エ》柄《ガラノ》天《テン》神《ジン》 附 和《ワ》田《ダノ》平《ヘイ》太《タ》胤《タネ》長《ナガガ》屋《ヤ》敷《シキ》
大《ダイ》樂《ラク》寺《ジ》
覺《カク》園《ヲン》寺《ジ》
大《オホ》塔《タフノ》宮《ミヤノ》土《ツチノ》籠《ロウ》
東《トウ》光《クワウ》寺《ジノ》舊《キウ》跡《セキ》

永《ヨ》福《フク》寺《ジ》舊跡
獅《シ》子《シ》巖《ガン》
理《リ》智《チ》光《クワウ》寺《ジ》
永《ヨ》安《アン》寺《ジ》舊跡
瑞《ズイ》泉《セン》寺《ジ》
天《テン》台《ダイ》山《サン》 附 長《チヤウ》者《ジヤ》窪《クボ》
歌《ウタ》橋《ハシ》
文《モン》覺《ガク》屋《ヤ》敷《シキ》

大《オホ》御《ミ》堂《ダウ》谷《ガヤツ》 附 御《ミ》堂《ダウ》御《ゴ》所《シヨ》舊跡
釋《シヤ》迦《カ》堂《ダウ》谷《ガヤツ》
犬《イヌ》懸《カケ》谷《ガヤツ》 附 衣《キヌ》張《バリ》山《ヤマ》 短《タン》尺《ジヤク》石《イシ》
唐《カラ》絲《イトガ》土《ツチ》籠《ロウ》
杉《スギ》本《モト》觀《クワン》音《オン》堂《ダウ》
報《ホウ》國《コク》寺《ジ》
滑《ナメリ》川《ガハ》
十《ジフ》二《ニ》所《シヨ》村《ムラ》 附 河《カハ》越《ゴエ》屋《ヤ》敷《シキ》

胡《クル》桃《ミ》谷《ガヤツ》 附 大《ダイ》樂《ラク》寺《ジ》舊跡
淨《ジヤウ》妙《メウ》寺《ジ》 附 稻《イナ》荷《リ》明神社
延《エン》福《フク》寺《ジ》舊跡
大《ダイ》休《キウ》寺《ジ》舊跡
公《ク》方《バウ》屋《ヤ》敷《シキ》 附 飯《イヒ》盛《モリ》山《ヤマ》 御《ゴ》馬《バ》冷《ヒヤシ》場《バ》
五《ゴ》大《ダイ》堂《ダウ》
大《ダイ》慈《ジ》寺《ジ》舊跡
梶《カヂ》原《ハラ》屋《ヤ》敷《シキ》 附 大《ダイ》巧《ギヤウ》寺《ジ》舊跡

鹽嘗《ナメ》地《ヂ》藏《ザウ》
光《クワウ》觸《ソク》寺《ジ》 附 熊《クマ》野《ノ》權《ゴン》現《ゲン》小《セウ》祠《シ》
一《イツ》心《シン》院《イン》舊跡
月《ゲツ》輪《リン》寺《ジ》舊跡
牛《ゴ》蒡《バウ》谷《ガヤツ》 附 首《クビ》塚《ツカ》

第三巻

巨《コ》福《フク》路《ロ》坂《ザカ》
青《アヲ》梅《ウメノ》聖《シヤウ》天《デン》

地《ヂ》藏《ザウ》堂《ダウ》
建《ケン》長《チヤウ》寺
龜《カメ》谷《ガヤツ》坂《サカ》 附 勝《シヤウ》緣《エン》寺《ジ》谷《ガヤツ》
長《チヤウ》壽《ジユ》寺《ジ》 附 尊《タカ》氏《ウヂ》屋《ヤ》敷《シキ》
山《ヤマノ》內《ウチ》
德《トク》泉《セン》寺《ジノ》舊跡
管《クハン》領《レイ》屋《ヤ》敷《シキ》
尾《ビ》藤《トウガ》谷《ヤツ》

禪《ゼン》興《コウ》寺《ジ》 附 最《サイ》明《ミヤウ》寺《ジノ》舊跡
明《メイ》月《ゲツ》院《イン》
淨《ジヤウ》智《チ》寺《ジ》
松《マツ》岡《ガヲカ》
圓《エン》覺《ガク》寺《ジ》
十《ジフ》王《ワウ》堂《ダウ》橋《バシ》
離《ハナレ》山《ヤマ》
常《ジヤウ》樂《ラク》寺《ジ》

證《シヤウ》菩《ボ》提《ダイ》寺《ジノ》舊跡
大《ダイ》長《チヤウ》寺《ジ》
不《フ》動《ドウ》堂《ダウ》 附 男《ヲ》瀧《ダキ》 女《メ》瀧《ダキ》
玉《タマ》繩《ナハ》村《ムラ》
洲《ス》崎《サキ》村《ムラ》 附 寺《テラ》分《ワケ》村《ムラ》 町《マチ》屋《ヤ》村《ムラ》

第四卷

鐵《クロガネノ》井《ヰ》 附 鐵《クロガネ》觀《クワン》音《オン》 鎌《カマ》倉《クラノ》十《ジフ》井《ヰ》
志《シ》一《イチ》上《シヤウ》人《ニンノ》石《セキ》塔《タフ》

松《シヤウ》源《ゲン》寺《ジ》
巖《イハ》窟《ヤノ》不《フ》動《ドウ》
華《ケ》光《クワウ》院《イン》
上《ウヘ》杉《スギ》定《サダ》政《マサノ》舊《キウ》宅《タク》
壽《ジユ》福《フク》寺《ジ》 附 龜《カメ》谷《ガヤツ》 源《ゲン》氏《ジ》代《ダイ》々《ダイノ》屋《ヤ》敷《シキ》
英《エイ》勝《シヤウ》寺《ジ》 附 太《オホ》田《タ》道《ダウ》灌《クワンノ》舊跡
源《ゲン》氏《ジ》山《ヤマ》
阿《ア》佛《ブツ》卯《ボウ》塔《タフノ》跡《アト》

新編鎌倉志　総目〔第一冊〕

智《チ》岸《ガン》寺《ジガ》谷《ヤツ》

泉《イヅミガ》谷《ヤツ》　附　泉《イヅミノ》井《ヰ》

浄《ジヤウ》光《クワウ》明《ミヤウ》寺《ジ》　附　網《アミ》引《ヒキ》地《ヂ》蔵《ザウ》　東《トウ》林《リン》寺《ジノ》舊跡

相《サウ》馬《マ》天《テン》王《ワウノ》祠《シ》

藤《フヂ》原《ハラノ》為《タメ》相《スケノ》石《セキ》塔《タフ》　附　忍《ニン》性《シヤウノ》石《セキ》塔《タフ》

藤《フヂガ》谷《ヤツ》

扇《アフギガ》谷《ヤツ》　附　扇《アフギガ》井　飯《イヒ》盛《モリ》山《ヤマ》　大《オホ》友《トモ》屋《ヤ》敷《シキ》

梅《バイ》立《リフ》寺《ジ》　附　熱《アツ》田《タノ》社《ヤシロ》

法《ハウ》泉《セン》寺《ジガ》谷《ヤツ》

御《ゴ》前《ゼンガ》谷《ヤツ》　附　尼《アマ》屋《ヤ》敷《シキ》

清《シヤウ》涼《リヤウ》寺《ジガ》谷《ヤツ》

海《カイ》蔵《ザウ》寺《ジ》　附　底《ソコ》脱《ヌケノ》井《ヰ》

山《サン》王《ワウ》堂《ダウガ》谷《ヤツ》

景《カゲ》清《キヨガ》籠《ロウ》

播《ハリ》磨《マ》屋《ヤ》敷《シキ》

梅《ムメガ》谷《ヤツ》　附　綴《ツヾ》喜《キノ》里《サト》

武《タケ》田《ダ》屋《ヤ》敷《シキ》

假《ケ》粧《ワイ》坂《ザカ》

六《ロク》本《ボン》松《マツ》

葛《クズ》原《ハラガ》岡《ヲカ》

梶《カヂ》原《ハラ》村《ムラ》

第五巻

今《イマ》小《コウ》路《ヂ》　附　勝《カツ》橋《ハシ》

鍛冶《タンヤ》《カヂ》正《マサ》宗《ムネガ》屋《ヤ》敷《シキノ》跡《アト》

佛《フツ》師《シ》運《ウン》慶《ケイガ》屋《ヤ》敷《シキノ》跡《アト》

巽《タツミノ》荒《クワウ》神《ジン》

人《ヒト》丸《マル》塚《ヅカ》

尊《タカ》氏《ウヂ》屋《ヤ》敷《シキ》

興《コウ》禅《ゼン》寺《ジ》

無《ム》量《リヤウ》寺《ジガ》谷《ヤツ》

法《ハウ》住《ヂウ》寺《ジガ》谷《ヤツ》

裁《サイ》許《キヨ》橋《バシ》

一九

佐介谷《サスカヤツ》　附　御所《ゴシヨ》ノ入《イリ》　蓮華寺《レンゲジ》ノ跡　隠里《カクレザト》　藥師堂《ヤクシダウ》ノ跡　圓清寺ノ跡　稲荷《イナリ》ノ社　錢洗水《ゼニアラヒミヅ》
天狗堂《テングダウ》
千葉屋敷《チバヤシキ》
諏訪屋敷《スハヤシキ》
七觀音堂《シチクワンヲンダウ》
飢渇畠《ケカチバタケ》
佐佐目谷《ササメガヤツ》　附　平經時《タイラノツネトキ》ノ墓

塔辻《タフノツジ》
藤九郎盛長屋敷《トウクラウモリナガヤシキ》
甘縄明神《アマナハノミヤウジン》
盛久頸座《モリヒサガクビノザ》
稲瀬河《イナセガハ》
光則寺《クワウソクジ》　附　宿屋光則《ヤドヤミツノリ》ガ舊跡
大佛《ダイブツ》　附　切通《キリトホシ》
御輿嶽《ミコシガタケ》

常磐里《トキハノサト》　附　常磐《トキハ》ノ御所《ゴシヨ》ノ跡
長谷觀音堂《ハセノクワンヲンダウ》
御靈宮《ゴリヤウノミヤ》

第六卷
星月夜井《ホシヅキヨノヰ》　附　虚空藏堂《コクウザウダウ》
極樂寺《ゴクラクジ》　附　切通《キリトホシ》　辨慶腰懸松《ベンケイコシカケマツ》
月影谷《ツキカゲガヤツ》　附　阿佛屋敷《アブツヤシキ》
聖福寺舊跡《シヤウフクジノ》

針磨橋《ハリスリバシ》
稲村《イナムラ》　附　稲村崎《イナムラガサキ》　横手原《ヨコテバラ》
靈山崎《リヤウゼンガサキ》
袖浦《ソデノウラ》
十一人塚《ジフイチニンヅカ》
七里濱《シチリハマ》
音無瀧《オトナシノタキ》
日蓮袈裟掛松《ニチレンノケサカケマツ》

行合川《ユキアヒカハ》
金洗澤《カネアラヒサハ》
津村《ツムラ》
小動《コユルギ》　附　八王子《ハチワウジ》ノ宮《ミヤ》
腰越村《コシゴヘムラ》
滿福寺《マンフクジ》　附　硯池《スヾリノイケ》
袂浦《タモトノウラ》
龍口寺《リウコウジ》

固瀬村《カタセムラ》　附　固瀬川《カタセカハ》
西行見返松《サイギヤウガミカヘリマツ》
笈燒松《オヒヤキマツ》
唐原《モロコシガハラ》
砥上原《トガミガハラ》　附　八松原《ヤツマツガハラ》
江島《エノシマ》　附　見越嶽《ミコシガタケ》　仁田《ニタ》ノ四郎《シラウ》ガ抜穴《ヌケアナ》

第七卷

小町《コマチ》
寶戒寺《ホウカイジ》　附　北條屋敷《ホウデウヤシキ》　賴經以後代々將軍屋敷《ヨリツネイゴダイダイシヤウグンヤシキ》　屏風山《ビヤウブヤマ》　小富士《コフジ》　土佐房屋敷跡《トサバウヤシキアト》
葛西谷《カサイガヤツ》　附　東勝寺舊跡　琴彈松《コトヒキマツ》
塔辻《タフノツジ》
妙隆寺《メウリウジ》
大巧寺《ダイギヤウジ》
本覺寺《ホンガクジ》
夷堂橋《エビスダウバシ》
大町《オホマチ》　附　米町《コメマチ》

妙本寺《メウホンジ》　附　比企谷《ヒキガヤツ》　竹御所跡《タケノゴシヨノアト》　比企能員舊跡《ヒキノヨシカズガキウセキ》
田代觀音堂《タシロクワンオンダウ》　附　田代屋敷《タシロヤシキ》
延命寺《エンメイジ》
教恩寺《ケウオンジ》
逆川《サカサカハ》
辻町《ツジマチ》
辻藥師《ツジヤクシ》
亂橋《ミダレバシ》　附　連理木《レンリノキ》

材木座《ザイモクザ》
畠山重保石塔《ハタケヤマシゲヤスガセキタフ》
下宮舊地《シモノミヤノキウチ》
新居閻魔《アラヰノエンマ》
補陀落寺《フダラクジ》
辨谷《ベンガヤツ》
崇壽寺《スウジュジノ》舊跡
經師谷《キヤウジガヤツ》　附　桐谷《キリガヤツ》

光明寺《クワウミヤウジ》
飯島《イヒジマ》　附　六角井《ロクカクノヰ》
和賀江島《ワカエノシマ》
小坪村《コツボムラ》　附　切通《キリトホシ》
正覺寺《シヤウガクジ》　附　住吉明神《スミヨシミヤウジン》　數珠掛松《ジユズカケマツ》　道寸城跡
名越《ナゴエ》
安養院《アンヤウイン》
佐竹屋敷《サタケヤシキ》

花谷《ハナガヤツ》　附　慈恩寺《ジオンジノ》舊跡
蛇谷
安國寺《アンコクジ》　附　松葉谷《マツバガヤツ》
長勝寺《チヤウシヤウジ》　附　石井《イシヰ》
日蓮乞水《ニチレンノコヽミヅ》　附　鎌倉五水
名越切通《ナゴヤノキリトホシ》
御猿畠山《オサルバタケヤマ》　附　山王堂跡《サンワウダウノアト》　法性寺
岩殿觀音堂《イハドノクワンオンダウ》

東勝寺《トウシヤウジ》
神嵩《カミノタケ》　附　神武寺《ジンムジ》　天狗腰掛松《テングノコシカケマツ》
海寶院《カイホウイン》
多古江河《タコエガハ》　附　御最後川《ゴサイゴガハ》
六代御前塚《ロクダイゴゼンノツカ》
鐙摺山《アブミズリヤマ》　附　淺間山
杜戸明神《モリドノミヤウジン》　附　名島《ナジマ》
突渡崎

心《シン》無《ム》村《ラ》　附　三《サン》个《ガ》村《ムラ》
佐《サ》賀《ガ》岡《ヲカ》　附　世《ヨ》計ノ明《ミヤウ》神《ジン》

第八巻

朝《アサ》夷《イ》名《ナ》ノ切《キリ》通《ドホシ》　附　上《カヅ》總《サ》ノ介《スケ》ガ石《セキ》塔《タフ》　梶《カヂ》原《ハラ》ガ太《タ》刀《チ》洗《アラヒ》水《ミヅ》
鼻《ハナ》缺《カケ》地《ヂ》藏《ザウ》
大《ダイ》同《ドウ》村《ムラ》　附　河《カハ》村《ムラ》
光《クワウ》傳《デン》寺
侍《ジ》從《ジウ》川《ガハ》
油《アブラ》堤《ヅツミ》
專《セン》光《クワウ》寺
六《ムツ》浦《ラ》
三《ミ》艘《ザウガ》浦《ウラ》　附　瀬《セ》ガ崎《サキ》
嶺《レイ》松《シヤウ》寺《ジ》
上《ジヤウ》行《ギヤウ》寺《ジ》
能仁寺《ジ》ノ舊跡
金《キン》龍《リウ》院《イン》　附　引《ヒキ》越《コシ》村《ムラ》　金《カネ》澤《ザハ》ノ四《シ》石《セキ》
圓《エン》通《ツウ》寺《ジ》
瀬《セ》戸《ト》ノ明《ミヤウ》神《ジン》
瀬《セ》戸《ト》ノ辨《ベン》才《ザイ》天《テン》
瀬《セ》戸《ト》橋《バシ》
照《テル》天《テ》ノ姫《ヒメ》松《マツ》
金《カナ》澤《ザハ》　附　吉田ノ兼好ガ舊跡
洲《ス》崎《サキ》
龍《リウ》華《ゲ》寺《ジ》
天《テン》然《ネン》寺《ジ》
藥《ヤク》王《ワウ》寺《ジ》
稱名寺《ジ》　附　金《キン》澤《ザハ》文《ブン》庫《コ》ノ舊跡　御《ゴ》所《シヨ》ガ谷《ヤツ》　金澤ノ八木
柴《シバ》崎《サキ》村《ムラ》　附　權《ゴン》現《ゲン》山《ヤマ》　本目
能《ノ》見《ケン》堂《ダウ》　附　金《キン》利《リ》谷《ヤ》　夫《フ》婦《フ》松《マツ》　筆《フデ》捨《ステ》松《マツ》
手《テ》子《ゴ》ノ明《ミヤウ》神《ジン》
野《ノ》島《ジマ》村《ムラ》　附　平方　金《キン》澤《ザハ》原《ハラ》　乙《オト》舳《モ》ノ浦《ウラ》
書《ジヨ》雄《ヲウ》寺《ジ》

太寧寺《タイネイジ》
室木村《ムロノキムラ》
雀浦村《スヾメガウラムラ》 附 浦ノ江《ウラノエ》
刀切村《カタナギリムラ》
烏帽子島《エボシジマ》
夏島《ナツシマ》
猿島《サルシマ》 附 裸島《ハダカジマ》

總計二百四十五條

總目終

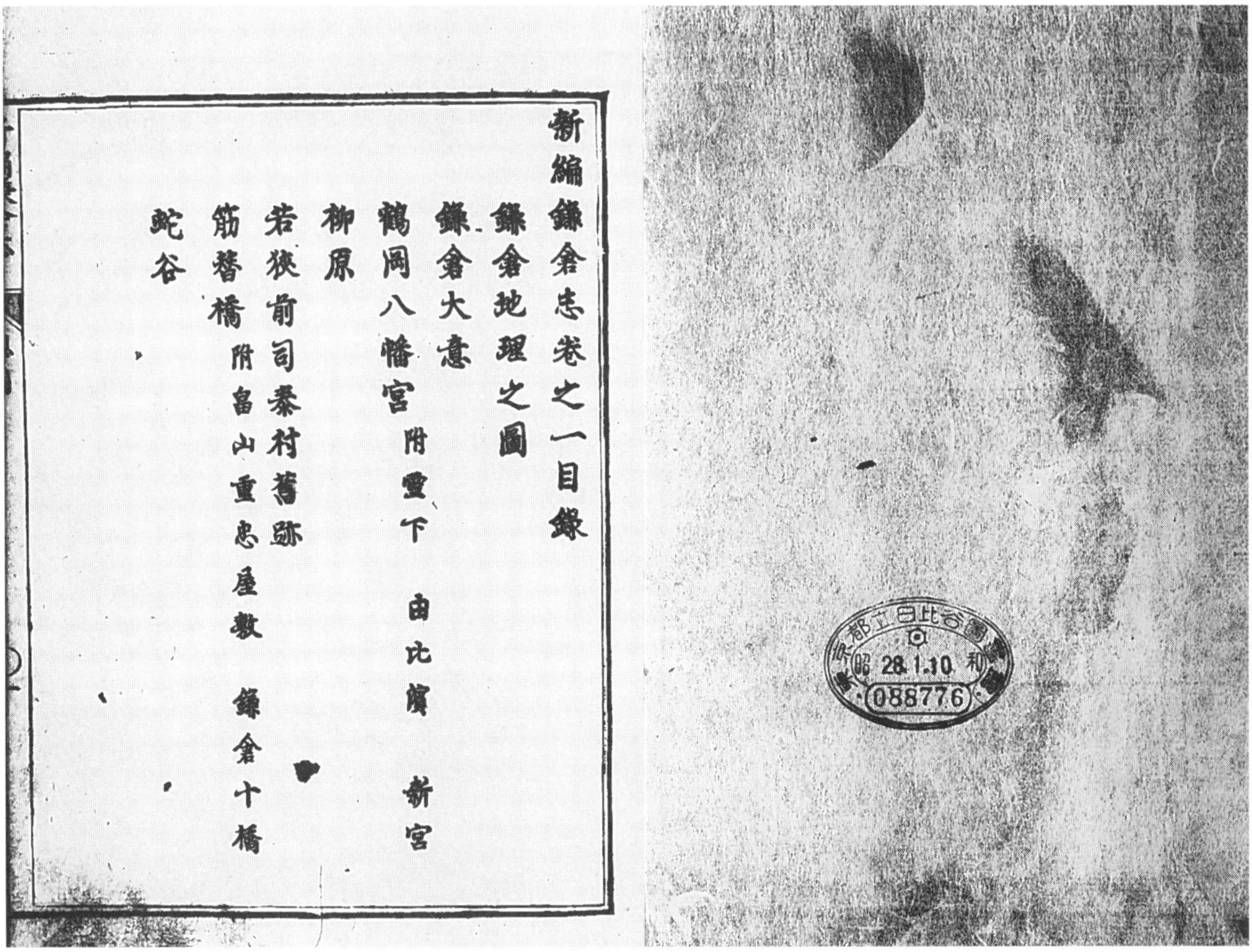

新編鎌倉志巻之一目録

鎌倉地理之圖
鎌倉大意
鶴岡八幡宮　附　雪下　由比濱　新宮
柳原
若狹前司泰村舊跡
筋替橋　附　畠山重忠屋敷　鎌倉十橋
蛇谷

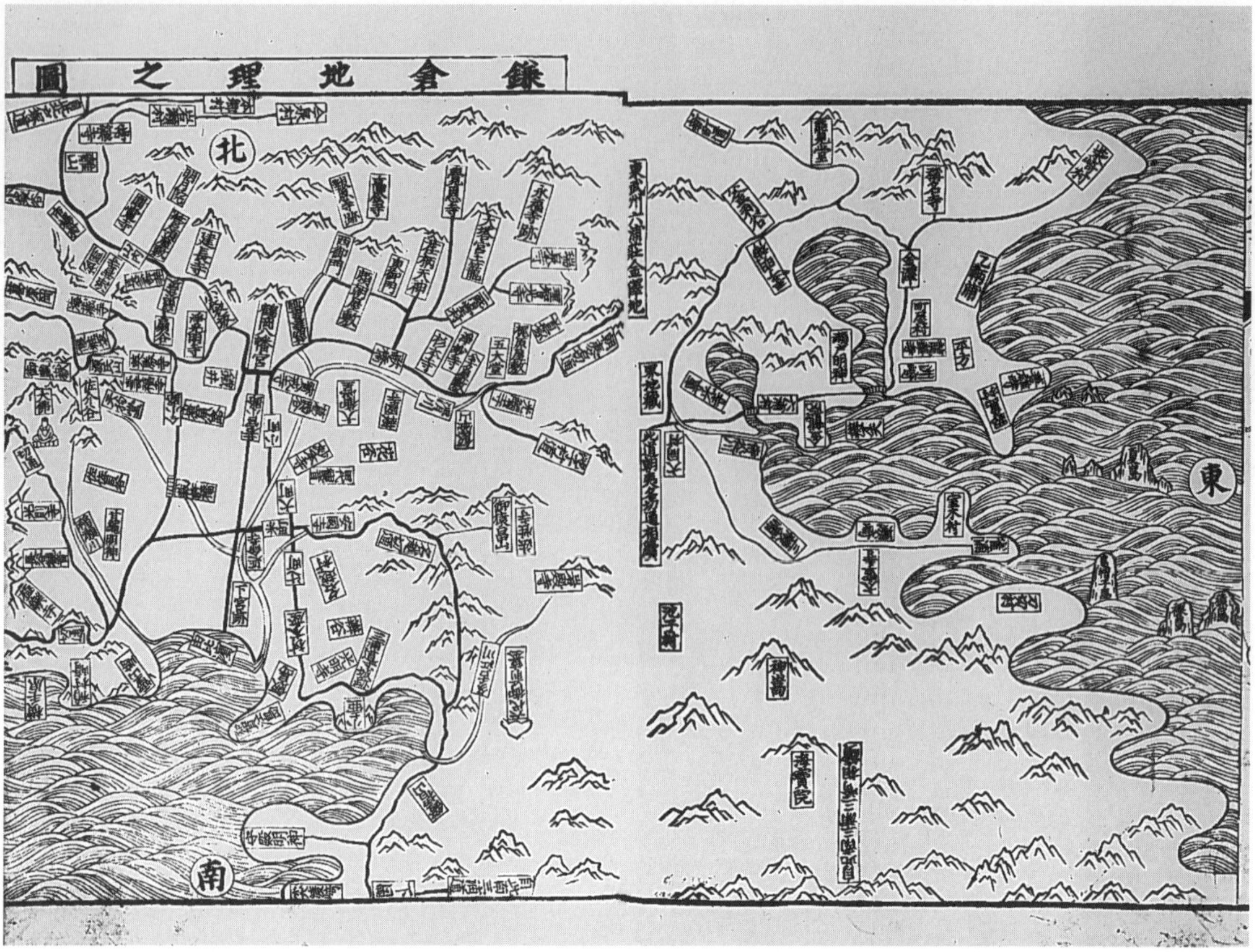

新編鎌倉志巻之一

河井恒久友水父纂述
松村清之伯胤父考訂
力石忠一叔貫參補

○鎌倉大意

相《サウ》州《シウ》鎌《カマ》倉《クラ》郡《コホリ》ハ。詞林采葉抄ニ云。鎌《カマ》倉《クラ》トハ鎌《カマ》ヲ埋《ウヅ》ム倉《クラ》ト云詞《コトバ》ナリ。其濫《ラン》觴《シヤウ》ハ。昔大織冠鎌《カマ》足《タリ》イマタ鎌《カマ》子《コ》ト申《マウ》セシ比《コロ》。宿願ノ事マシマスニヨリ。鹿《カ》島《シマ》參詣ノ時。此由《ユ》比《ヒノ》里《サト》ニ宿シ給ヒケル夜《ヨ》。靈《レイ》夢《ム》ヲ感《カン》ジ。年來所持シ給ヒケル鎌《カマ》ヲ。今ノ大《オホ》藏《クラ》ノ松《マツ》岡《ガヲカ》ニ埋《ウヅ》ミ給ヒケルヨリ。鎌《カマ》倉《クラ》郡《コホリ》ト云。因テ之ヲ思フニ。歌ニ鎌《カマ》倉《クラ》山《ヤマ》ノ松トヨミツヾクルコト。鎌《カマ》ヲ埋《ウヅ》ム所《トコロ》。松岡《マツガヲカ》ナレバナリ。凡ツ鎌ノ字ノ釋訓。松ノ字ノ釋訓。是異國本朝トモニ其理コレ多シ。先ツ鎌ノ字ハ。兼ル金ト書ケル字也。金ハ司ル甲兵武器ヲ也。倉ノ字ハ。人一君ト書ケリ。然レハ鎌倉ハ。武備兵將ノ居ナル者也。地理全書ヲ披見シテ。此所《トコロ》ノ風水山嶺ヲ按スルニ。今ノ鶴岡《ツルガヲカ》ハ大《ヲヽ》倉《クラ》ト云山ナリ。西ニ高キ山ハ。武曲星ノ地ニ相當ル。其名ヲ武《ム》山《サ》ト云フ。又西ニ山アリ。武庫《コ》ト號ス。龜谷《カメガヤツ》ノ山也。是則チ鎌《カマ》倉《クラ》中央第一ノ勝地也。此等ノ山《ヤマ》悉ク

倉庫ノ名アリ。其中央ノ山玄武ニ當ル。貴人金爐等ヲ朱雀ニ當ツ。左ニ大倉ヲ。右ニ武庫ヲ。武將居ヲ成サンニ於テハ吉慶アルヘシ。全書ニ曰。大倉武庫按スルニ。龍行前ニ有テ金爐玉案ニ迎フ。君シ遷ハ此地ニ於テ王侯ノ宅ニ白屋ヲ為テ官ヲ名ヲ目成ス。行リ軍ヲ出陣ヲ來テ唱喏ス。所有排衛及貴人。十里方圓皆變改ス。受職ヲ金牌玉榜ノ名實。此ノ外大藏モ亦倉也。崇《タカ》山《ヤマ》モ亦武也。然ハ鎌ノ字兼金ヲ也。金ハ西也。倉ノ字ハ人君也。因テ案スルニ。兼《カネ》西人君ノ居タルヘキ理明白也。茲ヲ以テ大織冠ノ古《イニシヘ》ヲ勘フルニ。此地鎌《カマ》ヲ埋《ウヅ》ミ給ヒテ後。天智天皇八年ニヤ。中《ナカ》臣《トミ》ノ

姓ヲ改《アラタ》メテ藤原《フヂハラ》ト賜ハリ。内大臣ニ任シテ以降《ヨリコノカタ》代々ノ皇帝ノ執柄トシテ。末代ニ至ルマテ萬國ヲ治メ給フ。随テ而彼ノ玄孫染《ソメ》屋《ヤ》ノ太郎大夫時《トキ》忠《タヾ》東大寺良辨僧正ノ父也。文武天皇ノ御宇ヨリ。聖武天皇神龜年中ニ至ルマテ。鎌倉ニ居住シテ。東八箇國ノ總追補使ニテ。鎮《シヅメ》東夷ヲ守ル國家ヲ。其後平將軍貞《サダ》盛《モリ》ノ孫上總ノ介直《ナヲ》方《カタ》。鎌倉ニ家《イヘ》居《イ》ス。鎮守府ノ將軍兼伊豫ノ守源ノ頼《ヨリ》義《ヨシ》。イマダ相模《サガミ》ノ守ニテ下向セシ時。直方ガ婿《ムコ》トナリ給ヒテ。八幡太郎義《ヨシ》家《イヘ》出生シ給ヒシカバ。鎌倉ヲ譲リ給ヒシヨリ以來。源家相傳ノ地トシテ。去ル治承五

年辛丑ニ。右幕下征夷大將軍。鶴岡《ツルガヲカ》ニ八幡宮ヲ崇《アガ》メタテマツリ給フ。如此ノ義理ヲ案スルニ。先《サキ》ニ述スルガゴトク。王城ハ西也。鎌倉ハ東也。此義ヲ含ムニ依テ。兼金ヲ人君ト訓釋スル者也。鎌倉ノ君將ハ都鄙ノ政ヲ扶《タス》ケ。武勇ヲ専《モツハラ》ニシテ。帝都ヲ守護シ奉ルヘキ道也。寰中ハ天子ノ勅。塞外ハ將軍ノ令ト云ガ如シ。京鎌倉是也。故ニ天子ハ稟テ天命ヲ以テ正シ王制ヲ。將軍ハ奉テ王命ヲ以テ守ル將道ヲ。然ハ將軍代々以テ鎌倉ヲ為基《モトヰ》。此ノ字ノ訓《クン》君ニ相當ス。理ニ末代モ亦可然。柳松岡《マツガヲカ》ニ八幡大菩薩ヲ勧請シ給フ事。此文不思議ノ

理也。其ノ故ハ彼ノ大菩薩ハ應神天皇ノ垂跡トシテ。神功皇后三韓征伐ノ時。胎内ニシテ將軍ノ位ヲ得セシメ給フ。誕生ノ砌《ミギリ》ニ天ヨリ八《ヤ》流ノ幡《ハタ》降下ル。鎭護國家武將擁護ノ神也。本地ハ是弥陀如来。是亦兼《カヌル》西ノ理ヲ含ム者歟。次ニ松ガ岡ニ鎌《カマ》ヲ埋ミ給フ事。松ハ木公ト書ク。是レ司ル東ヲ義也。彼《カ》此《コ》金ヲ兼ル人君ニ符合スル者乎。鎌倉山ニ詠《ヨメル》松ヲ事。上古ノ作者未代ヲ鑒《カンガ》ミルニ非スヤト有。今按スルニ。大織冠。鎌《カマ》ヲ埋ミ給ヒタル地ハ。今ノ上ノ宮ノ地ナリ。此ノ松ガ岡ト名ク。故ニ後《ウシロ》ノ山ヲ大臣《イシ》山ト云ナリ此地ニ本《モト》ハ稲荷社《ナリノヤシロ》アリシヲ。頼《ヨリ》朝《トモ》卿《キヤウ》。建久二年ニ。地主稲荷《イナリ》ヲ西ノ方《カタ》丸《マル》山《ヤマ》ニ移シテ。八幡宮ヲ此ノ所ニ勧請シ給フ。是ノ故ニ上宮《カミノミヤ》ヲ松ガ岡ノ八幡宮ト云フ。鶴岡社務次第ニモ。松ガ岡八幡宮別當職トアルハ上《カミ》ノ宮《ミヤ》ノ事也。社《シヤ》務《ム》ノ云《イヒ》傳《ツタフ》ルニモ。上ノ宮ヲ松ガ岡ト云。下《シモ》ノ宮《ミヤ》ヲ鶴ガ岡ト云フ。又松ガ岡ノ明神ト云テ。鶴ガ岡ニテ御供具《ソナ》フル神アリ。丸《マル》山《ヤマ》ノ稲荷明神ナリ。是《コレ》舊《フルキ》ニ依テ松ガ岡ノ明神ト云ナリ。俗ニ傳フル浄妙寺中ノ稲荷《イナリ》明神ヲ鎌《カマ》ヲ埋《ウヅ》ミタル舊地ト云ヒ。又東慶總持寺ヲ松ガ岡ノ舊地ト云ハ皆誤《アヤマ》リナリ。萬葉集ノ歌ニ。作者不知

薪《タキヾ》コル。鎌《カマ》倉山《クラヤマ》ノコタル木《キ》ヲ。松トナガイハヽ戀《コヒ》ツヽヤアラン。又藤ノ實《サネ》方《カタ》ノ歌ニ。カキクモリ。ナドカ音《ヲト》せヌホトヽギス。鎌倉山ニ道《ミチ》ヤマドヘル。大納言公《キン》任《タフ》ノ歌ニ。ワスレ草。カリツムバカリ成ニケリ。跡《アト》モトヽメヌ鎌倉ノ山。慈鎭和尚ノ歌ニ。ナガメ行《ユク》。心ノイロゾ深《フカ》カラン。鎌倉山ノ春ノ花。園《ゾノ》法印尭《ギヤウ》慧《エ》ガ歌ニ。都《ミヤコ》思フ春ノ夢《ユメ》路《ヂ》モウチトケズ。アナ鎌倉ノ山ノアラシヤ。鎌倉山トハ大《タイ》臣《シ》山ヲ云トナリ。源ノ順ガ和名抄ニ。鎌倉郡ノ内ニ。鎌倉ノ里《サト》アリ。何レノ地ヲ云《イハ》ン歟不分。明大臣山ヲ鎌倉山トイヘバ。雪《ユキ》ノ下《シタ》ヲ鎌倉ノ里ト云シカ。藤ノ實《サネ》方《カタ》ノ歌ニ。民《タミ》モ又。ニギハヒニケリ秋ノ田ヲ。カリテヲサムル鎌倉ノ里《サト》。又續古今集ニ。鎌倉ノ右大臣ノ歌ニ。宮《ミヤ》柱《バシラ》。フトシキ立《タテ》テ萬《ヨロヅ》代《ヨ》ニ。今ゾ榮《サカ》ヘン鎌倉ノ里。夫木集ニ。藤原ノ基《モト》綱《ツナ》ノ歌。昔シニモ。タチコソマサレ民《タミ》ノ戸《ト》ノ。煙《ケブリ》ニギハフ鎌倉ノ里。又東《アヅマ》路《ヂ》ヤ。アマタ郡《コホリ》ノツノ中ニ。イカテ鎌倉サカヘソメケン。中務卿ノ宗尊親王歌ニ。十年《トヽセ》アマリ。五年《イツトセ》マテモ住《スミ》馴《ナレ》テ。ナヲワスラレヌ鎌倉ノ里トアリ。按スルニ。東鑑ニ。陰陽ノ權ノ助國道《ミチ》ガ云。所ノ謂ハ四境トハ。東ハ六《ム》浦《ツラ》。南ハ小《コ》坪《ツボ》。西ハ稲《イナ》村《ムラ》。北ハ山ノ内《ウチ》トアリ。然レハ此ノ内ヲ鎌倉ト云ヘシ。鶴岡記録ニ

云。鎌倉《カマクラ》ノ谷《ヤ》七《シチ》郷《ガウ》トハ。小《コ》坂《サカ》ノ郷《ガウ》。小《コ》林《バヤシ》ノ郷《ガウ》。葉《ハ》山《ヤマ》ノ郷《ガウ》。津《ツ》村《ムラ》ノ郷《ガウ》。村《ムラ》岡《ヲカ》ノ郷《ガウ》。長《ナガ》尾《ヲ》ノ郷《ガウ》。矢《ヤ》部《ベ》ノ郷《ガウ》ヲ云ナリ。鎌倉ノ七《ナナ》口《クチ》トハ。名《ナ》越《ゴヤ》ノ切《キリ》通《トヲシ》。朝《アサ》夷《イ》名《ナ》ノ切《キリ》通《トヲシ》。巨《コ》福《フク》路《ロ》坂《サカ》。亀《カメ》谷《ガヤツ》坂《サカ》。假《ケ》粧《ハヒ》坂《サカ》。極《ゴク》楽《ラク》寺《ジ》ノ切通。大《ダイ》佛《ブツ》ノ切通。此外ニ小《コ》坪《ツボ》ノ切通。稲《イ》荷《ナリ》坂《サカ》アリ。稲荷坂ハ。十《ジフ》二《ニ》所《ソ》村《ムラ》ヨリ。池《イケ》子《ゴ》村《ムラ》ヘ出ル坂也。

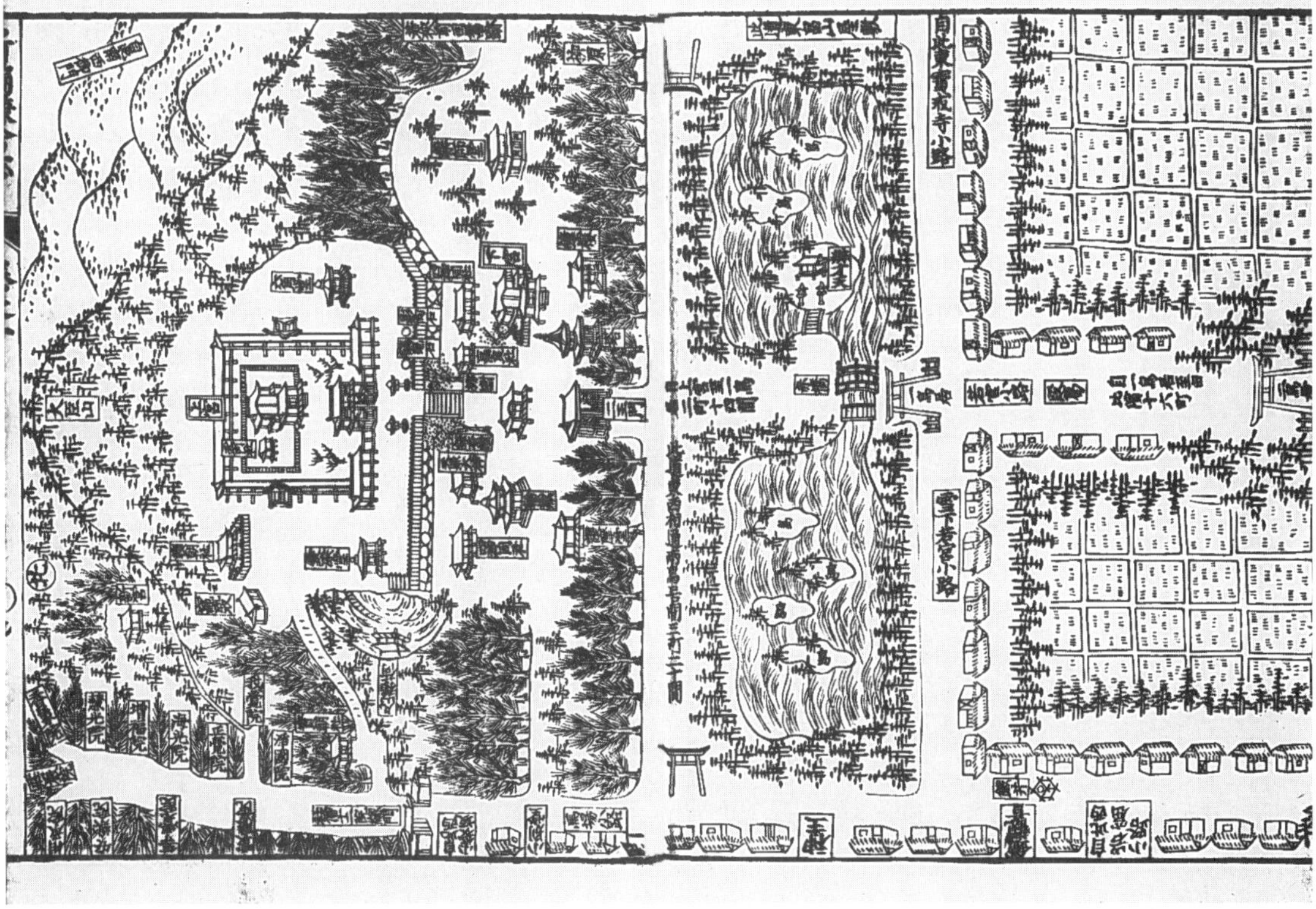

○鶴岡八幡宮　附　雪ノ下　由比濱　新宮《ミヤ》

鶴岡《ツルガヲカ》八幡宮ハ。東鑑ニ。本社ハ。伊豫守源頼義《ヨリヨシ》。勅《チヨク》ヲ奉《ウケタマハリ》テ。安倍貞任《アベノサダタウ》征伐ノ時。丹祈《タンキ》ノ旨《ムネ》有テ。康平六年。秋八月。潜《ヒソカ》ニ石清水《イハシミヅ》ヲ勧請シ。瑞籬《ミヅカキ》ヲ當國由《ユ》比郷《イノガウ》ニ建《タツ》。今此ヲ下ノ宮ノ舊跡ト云也永保元年。二月。陸奥《ムツ》守《ノカミ》源義家《ヨシイヘ》。修復ヲ加《クハ》フ。其ノ後治承四年。十月十二日。源頼朝《ヨリトモ》。祖宗ヲ崇《アガ》メンタメニ。小《コ》林郷《バヤシノガウ》ノ北《キタ》ノ山ヲ點《テン》ジテ宮廟ヲ構ヘ。鶴岡《ツルガヲカ》由比ノ宮《ミヤ》ヲ此所ニ遷《ウツ》シ奉《タテマツ》ル。シカレドモ。未《イマ》ダ華構《クワコウ》ノ餝《カザリ》ニ不及。先《マ》ヅ茅茨《バウシ》ノ營《イトナ》ミヲナス。建久二年。四月廿六日。鶴岡《ツルガヲカ》小林若宮《ワカミヤ》ノ上ノ地ニ。始メテ八幡宮ヲ勧請シ奉《タテマツ》ン為《タメ》ニ。寶殿ヲ營作セラル。今日上棟也。同《ヲナジ》十一月。廿一日鶴岡《ガ》八幡宮。幷ニ若宮《ワカミヤ》。及ビ末社等ノ遷宮トアリ。按《アンズル》ニ東鑑ニ。去ル三月四日小町《マチ》ノ邊ヨリ失火シテ。幕府幷ニ御家人ノ家。若宮《ワカミヤ》ノ神殿回廊塔婆等。悉ク灰燼トナルト有。此建立ハソレユヘナリ。今按スルニ。由井《イノ》濱下《ハマノシモ》ノ宮《ミヤ》ノ舊地ヲ。昔シハ鶴岡《ガ》ト云ナリ。東鑑ニ。治承四年。十月七日。頼朝《ヨリトモ》先《マヅ》遙《ハルカ》ニ鶴岡《ガ》ノ八幡宮ヲヲガミ奉《タテマツ》ルトアルハ。由比濱《ノハマ》ノ宮《ミヤ》ナリ。小《コ》林郷《バヤシノガウ》ニ遷シテ後モ。又鶴岡《ガ》ノ八幡宮ト云傳ヘタリ。昔シハ御供《ゴク》料所《レウシヨ》ニ。當國桑《クハ》原郷《ハラノガウ》ヲ寄付セラルト。東鑑ニ見ヘタリ。頼朝《ヨリトモ》直判《ヂキハン》ノ書ニモ。社領ノ事アリ。今ハ永樂《エイラク》錢。八百四十貫文アリ。毎年八月十五日放生會。同《ヲナジク》十六日。矢鏑馬《ヤブサメ》。二月十一月ノ初《ハジメ》ノ卯《ウ》ノ日。陪《バイ》從《ジウ》。今ニ不絶《タヘ》ナリ。新拾遺集ニ。左兵衛督《カミ》基氏《モトウジ》ノ歌。鶴岡。コダカキ松ヲ吹風ノ。雲井ニヒヾク萬代《ヨロツヨ》ノ聲《コヘ》。夫木集ニ。為實《タメザネ》朝臣ノ歌。鶴《ガ》岡。アヲグツバサノタスケニテ。高《タカ》キニウツレ宿《ヤド》ノ鶯《ウグイス》。又藤為相《タメスケ》ノ歌ニ。山《サ》路《ヂ》ヨリ。出《イヅ》テヤキツル里《サト》チカキ。鶴岡《ガ》べニ鳴《ナク》郭公《ホトヽギス》。法印尭《ギヤウ》慧《エ》カ歌ニ。吹《フキ》残《ノコ》ス。春ノ霞《カスミ》モヲギツスニ。タテルヤ鶴《ガ》岡ノ松カゼ。一ノ鳥居《トリイ》ノ前《マヘ》東西ヘ通《トヲル》町《マチ》ヲ。東鑑ニハ。横《ヨコ》大路《ヲホヂ》ト有。一ノ鳥居《トリヰ》ヨリ。大鳥居マデヲ。若宮大路トアリ。今ハ竪《タテ》横《ヨコ》トモニ。若宮小路《コウジ》ト云ナリ。社ノ西ノ町ヲ。馬場《ババ》小路ト云ナリ。總名ヲ雪《ユキ》ノ下《シタ》ト云ナリ。此ノ所《トコロ》ニ旅店アリ。法印尭慧カ歌ニ。春フカキ。跡《アト》アハレナリ苔《コケ》ノ上《ウヘ》ノ。花ニ残《ノコ》レル雪《ユキ》ノ下道《ミチ》ト詠ス。社前ヨリ濱《ハマ》マデノ道《ミチ》。其ノ中ノ一段高キ所ヲ。段《ダン》葛《カヅラ》ト名ク。又ハ置《ヲキ》路《ミチ》トモ云ナリ。東鑑ニ。壽永元年三月十五日。鶴岡《ガ》ノ社頭ヨリ。由《ユ》比浦《ノウラ》ニイタルマデ。曲《キヨク》横《ワウ》ヲ直《ナヲ》シテ。詣《ケイ》往《ワウ》ノ道《ミチ》ヲ造《ツク》ラル。御《ミ》臺所《ダイドコロ》。政《マサ》子《コ》御懐《クワイ》孕《ヨウ》ノ御祈《イノ》リニ依テ。此ノ儀《ギ》ヲ始メラル。頼朝手自《テヅカラ》沙汰シ給フ。仍テ北《ホウ》條《デウ》殿《ドノ》已下各々土石ヲ運バルトアリ。三所ニ石《イシ》ノ鳥居アリ。赤《アカ》橋《ハシ》ノ前ノ鳥居ヨリ。間タ四町十五間半ニシテ又鳥居アリ。二ノ鳥居ト云。二ノ鳥居ヨリ間タ六町四十五間ニシテ鳥居アリ。三ノ鳥居也。是ヲ大鳥居ト云フ。二三ノ鳥居ノ間《アヒダ》ノ路《ミチ》。古《イニシヘ》ハ外ノ方ヘ曲《マガリ》テ。琵《ビ》琶《ハ》ノ形《カタチ》ノ如シ。故ニ琵《ビ》琶《ハ》小《コ》路《ヂ》ト云フ。此《コノ》間ニ橋《ハシ》アリ。琵《ビ》琶《ハ》橋《ハシ》ト云。或《アル》記ニ云。昔シ和田合戰ノ時。宍《シヽ》戸《ド》左衛門家《イヘ》政《マサ》。琵琶橋ニ於テ。朝《アサ》夷《イ》名《ナ》ノ義《ヨシ》秀《ヒデ》ト戰フテ討《ウタ》ルト。大鳥居ヨリ波《ナミ》打《ウチ》際《ギハ》マテ五町アリ。此ノ濱《ハマ》邊《ベ》。東ハ飯《イヒ》島《ジマ》。西ハ靈《リヤウ》山《ゼン》崎《ガサキ》。其ノ間《アヒダ》二十三四町アリ。由《ユ》比《ヒ》ノ〔比盛ハ作ニ居井ニ〕濱《ハマ》ト云フ。頼朝卿。此ノ浦《ウラ》邊《ベ》ニテ。弓馬ノ藝《ゲイ》ヲ興シ給ヒテヨリ。代々ノ將軍此ノ濱《ハマ》ヘ出遊ノ事。東鑑ニ見ヘタリ。

大《ヲホ》鳥《トリ》居《ヰ》　由《ユ》比《ヒノ》濱《ハマ》ノ方ニ有ヲ大鳥居ト云。兩柱ノ間《アヒダ》。下ニテ六間半。高《タカ》サ三丈壹尺五寸。石柱ノメグリ。壹丈二尺五寸。笠《カサ》石《イシ》ノ長《ナガ》サ八間ナリ。一二ノ鳥居ハ。兩柱ノ間《アヒダ》。下ニテ四間。柱《ハシラ》ノメグリ七尺ナリ。東西ノ透《トヲリ》門《モン》ニ。又鳥居アリ。兩柱ノ間《アヒダ》壹丈三尺五寸。柱ノメグリ四尺五寸。東西同シ。都《スベ》テ五所《ドコロ》ニ鳥居アリ。東鑑ニ。治承四年十二月十六日。鶴《ツル》岡《ガ》ノ若宮ニ鳥居ヲ立ラルトアリ。

又鶴岡社務次第ニ。養和元年。辛丑十二月十六日。若宮ニ鳥居ヲ立ラル。景《カゲ》時《トキ》景《カゲ》義《ヨシ》等奉行ス。武衛〔頼朝〕監臨シ給フトアリ。又東鑑ニ。建保三年十月卅日。鶴《ツル》岡《ガ》ノ濱《ハマ》ノ鳥居。新《アラタ》ニ造ラル。去ル八月ノ大風ニ。顛倒スルカ故ナリ。仁治二年。四月三日。大地震南風ニ由比ノ浦大鳥居。内ノ拜殿。潮ニ引カル。寛元三年。十月十九日。由比ノ濱ニ大鳥居ヲ建《タテ》ラル。北條左親衛時《トキ》頼《ヨリ》。監臨セラルトアリ。鎌倉九代記ニ。上《ウヘ》杉《スギ》安《ア》房《ハ》ノ守入道道《ダウ》合《ガフ》。嘉慶二年。六月。大華表ヲ立ラレ。落慶供養ヲ遂《トゲ》ラルトアリ。關東兵亂記ニ。北條氏《ウヂ》康《ヤス》。先君ノ遺願ヲモ果シ。且《カツ》ハ武運榮久ヲモ祈ラン爲ニ。天文二十一年卯月ニ。由比ノ濱ニ大鳥居修造セラルトアリ。頼《ヨリ》朝《トモ》ノ時建立有テ。代々修復アリ。今ノ鳥居ハ。寛文乙《キノト》巳《ミ》ノ年ヨリ。戊《ツチノヘ》申《サル》ノ秋ニ至《イタ》テ。上《カミ》下《シモ》ノ宮《ミヤ》。諸末社等ニ至《イタ》テ。御再興有シ時ノ鳥居ナリ。其書《カキ》付《ツケ》ニ。鶴《ツル》岡《ガ》八幡宮石雙華表。寛文八年。戊申。八月十五日。御再興トアリ。三《ミ》所《トコロ》ノ鳥居共ニ如斯アリ。鳥居石《イシ》ハ備前國犬《イヌ》島《ジマ》ヨリ取《トリ》寄《ヨセ》ラル。其時ノ奇瑞等ノ事。寛文年中修復記ニ詳《ツマビラカ》ナリ。

辨《ベ》才《ザイ》天《テン》社《ヤシロ》　社前ノ池中東ノ方ニアリ。二間ニ一間ノ社ナリ。辨才天ノ像ハ。運慶ガ作ナリ。膝《ヒザ》ニ琵《ビ》琶《ハ》ヲ横《ヨコ》タヘタリ。俗ニ傳《ツタ》フ。小《コ》松《マツ》大臣ノ持《モチ》タル琵琶ナリト。東鑑ニ。壽永元年四月廿四日。鶴ガ岡若宮ノ邊ノ水田〔号《ガウ》ス弦《ツル》巻《マキ》田《タ》〕三町餘《アマ》リ。耕作ノ儀ヲ停《トヾ》メラレテ池《イケ》ニ掘《ホ》ルトアリ。池ノ中ニ七《ナヽツ》ノ島《シマ》アリ。相傳フ頼朝卿。平家追討ノ時。御《ミ》臺《ダイ》所《ドコロ》政《マサ》子《コ》ノ願ニテ。大《ヲホ》庭《バ》ノ平太景《カゲ》義《ヨシ》ヲ奉行トシテ。社前ノ東西ニ池ヲ掘《ホ》ラシム。池中ノ東ニ四島。西ニ四島。合《アハセ》テ八島ヲ。東方ヨリコレヲ殲スト祝《シユク》ス。東ニ三島ヲ殘ス。三ハ産《サン》ナリ。西ニ四島ヲ置《ヲク》。四ハ死《シ》ナリト云《イフ》心《コヽロ》ナリケルトゾ。

赤《アカ》橋《ハシ》　本社ヘ行《ユク》反《ソリ》橋《ハシ》ナリ。五間ニ三間アリ。昔《ムカシ》ヨリ是ヲ赤《アカ》橋《ハシ》ト云《イフ》。東鑑ニ往《ワウ》〻《ワウ》見ヘタリ。

二《ニ》王《ワウ》門《モン》　三間ニ二間アリ。額《ガク》ニ鶴《ツル》岡《ガヲカ》山《サン》トアリ。曼殊院良恕法親王ノ筆ナリ。兩傍ニ二王ノ像アリ。昔ハ八《ハツ》足《ソク》ノ門《モン》有ケル歟。東鑑ニ。正治三年。八月十一日。大風ニ。鶴ガ岡宮《ミヤ》寺《デラ》ノ八《ハツ》足《ソク》ノ門。顛倒ノ事アリ。

舞《マヒ》殿《ドノ》　上ノ地ヘ登ル。石階ノ下ニアリ。三間ニ二間アリ。

石《イシノ》階《キザハシ》　此石階ヲ登《ノボ》リ。北ニ向テ本社ヘ行《ユク》也。是ヨリ上ヲ上ノ地ト云也。本社アリ。是ヨリ下《シモ》ヲ下《シモ》ノ地ト云《イフ》。若《ワカ》宮《ミヤ》アリ。此石階ノ下《シタ》。東ノ方ニ椰《ナギ》ノ樹《キ》アリ。西ノ方ニ銀杏《イチヤウノ》樹《キ》アリ。東鑑ニ。承久元年正月二十七日。今日将軍家〔實朝〕右大臣拜賀ノ為《タメ》。鶴ガ岡八幡宮ニ御參《サンアリ》。酉ノ刻也。夜陰ニ及テ。神拜ノ事終テ。漸ク退出セシメ給フ處ニ。當宮別當阿闍梨公曉。石ノ階ノ際《キハ》ニ窺《ウカヾヒ》來リ。劔ヲ取リ。丞《ジヤウ》相《シヤウ》ヲ奉レ侵トアリ。相傳フ。公《ク》曉《ゲウ》。此銀《イ》杏《チヤウノ》樹《キ》ノ下《シタ》ニ。女服ヲ著テ隱《カク》レ居《イ》テ。實《サネ》朝《トモ》ヲ弑《コロ》ストナリ。

樓《ロウ》門《モン》　額《ガク》ニ。八《ハチ》幡《マン》宮《グウ》寺《ジ》トアリ。良恕法親王ノ筆ナリ。樓門ハ。三間ニ二間アリ。回《スイ》廊《ラウ》ハ。樓門ニ續《ツヾ》キ回《メグ》ラス。北方ハ十四間。東西十六間ヅヽ。南面ニテ樓門ノ東西四間ヅヽアリ。前ニ銅《ドウ》燈《トウ》臺《ダイ》二樹兩傍ニアリ。左ノ方ニアル燈臺ノ銘ニ。延慶三年。庚戌。七月。願主滋《シゲ》野《ノ》景《カゲ》義《ヨシ》。勸進藤原行《ユキ》安《ヤス》トアリ。右ニアル燈臺ニハ。奉ル寄進シ鎌倉八幡宮殿燈籠。向《ムカ》井《ヰ》将監忠《タヾ》勝《カツ》。息子兵部鶴《ツル》千《チ》代《ヨ》。為《タメ》ニ傳ヘ武運ヲ於

長久。保壽算於遠大。而三身安樂。同苗繁茂故也。仍銘曰。燈籠玉成。明德見新。天命不昧。日月星辰。爰希武運。洽保福來臻。寛文龍集戊辰十一月如意珠日。相州三浦紫陽山白室叟書。勸進沙門莊嚴院法印賢融。大工江州太田佐兵衛藤原友定トアリ。

上宮 此則上ノ地。本社應神天皇ナリ。此地ヲ元松岡ト云。上ノ山ヲ大臣山ト云。鶴岡八幡宮記ニ。上宮三所ハ。中ハ。應神天皇。東ハ。氣長足姫。應神ノ御母神功皇后也。西ハ。姫大神。應神ノ御姉也。然ハ應神ノ御父仲哀天皇ハ。何レノ處ニ坐シ給ヘルヤ。曰ク。神宮寺ニ本地垂跡合體ニテ坐シ給也。上宮三所ハ。阿弥陀ノ三尊ノ義ニ依也。仲哀天皇ハ。本地ハ藥師ナル故ニ奉除之也トアリ。本殿ハ。竪九間。横三間。幣殿ハ。四間ニ三間。拜殿ハ。四間ニ二間ナリ。

棟札

上棟。相州。鎌倉。鶴岡八幡宮。寛文八年。戊申。八月十五日。征夷大將軍右大臣正二位源朝臣修造。奉行。從五位下備前守源姓松平氏隆綱。大工鈴木修理藤原長常。木原内匠藤原義永

武内社 本社ノ西ノ傍。玉垣ノ内ニアリ。武内宿祢ナリ。社ハ二間ニ一間アリ。玉垣。北ノ方ニテ十二間。東西ハ八間アリ。

座不冷壇所 回廊ノ東方ニアリ。天下安全ノ御祈願所ナリ。御正體ト號シテ。壇ヲ構ヘテ。鏡ニ弥陀ノ像ヲ打付タル物ヲ厨子ニ入。鎖ヲオロシテ有。又立像ノ十一面觀音。坐像ノ金銅ノ藥師モ厨子ニ入。十二坊。輪番ニ一晝夜ツヽ相勤ム。最勝王。大般若。仁王等ノ經ヲ更ルヽ讀誦ス。鈴ノ音常ニ社外ニ響ク。是ヲ座不冷ノ行法ト名ク。平生勤メ行テ坐ヲサヽサズト云義ナリ。鎌倉ノ俗語ニハ。ザストト云也。龜山帝ノ時。御夢想ニ依テ御祈禱ノ綸旨院宣ヲ成シ下サル。弘安八年。三月十七日ニ。始テ勤行ヒシヨリ今ニ懈怠ナシト云ナリ。按スルニ。東鑑ニ。治承四年十月十六日。頼朝ノ御願トシテ。鶴岡ノ宮ニテ長日勤行ヲ始メラル。所謂法華。仁王。最勝王等ノ鎮護國家ノ三部ノ妙典。其外大般若。觀音經。藥師經。壽

命經等也トアリ。昔《ムカシ》ヨリ有事ト見ヘタリ。毎日ノ勤行ヲ着到ニ記スルナリ。昔頼朝卿。供僧ノ一臈ヲ以テ。始テ執行職ニ補セラレシヨリ以来。祭祠勤行法例着到等。皆執行ノ事也。

小《コ》御《ゴ》供《ク》所《シヨ》　楼門ノ西ノ方。回廊ニアリ。毎月。朔日十五日。又五節供ニ。御《ゴ》供《ク》ヲ具《ソナ》ル所ナリ。御殿司一人出テ。八幡宮并ニ諸末社等ニ供ス。

頼《ヨリ》朝《トモ》社《ヤシロ》　本社西ノ方ニアリ。三間ニ二間アリ。玉《タマ》垣《ガキ》。東西四間。南北六間アリ。白《シラ》旗《ハタ》明神ト号ス。社内ニ頼朝ノ木像。左ニ住《スミ》吉《ヨシ》。右ニ聖《シヤウ》天《テン》ヲ安ス。頼《ヨリ》家《イヘ》創造也ト云傳フ。寛文戊《ツチノエ》甲《サルノ》御再興以後。毎年正月十三日。御《ゴ》供《ク》ヲ献《ケン》シ。楽《ガク》ヲ奏《ソウ》シ神事アリ。

竈《カマ》殿《ドノ》　頼《ヨリ》朝《トモ》社《ヤシロ》ノ西ノ方ニアリ。五間ニ三間アリ。八幡宮記ニ。八幡ノ嫉《スハ》寶満菩薩ヲ安ストアリ。俗ニ。オミルメトモ申スト也。此所。大御供所ナリ。毎年正月三箇日。四月三日ノ御祭禮。五々三ノ御供。御寶殿ニ献《タテマツ》ル。楽《ガク》ヲ奏スルナリ。

愛《アイ》染《ゼン》堂《ダウ》　頼朝社《ヤシロ》ノ向《ムカ》フニアリ。堂三間四方アリ。愛染ノ像ハ。運慶カ作。又堂内ニ地蔵アリ。二位《イノ》尼《アマ》政子ノ本尊ト云傳フ。タシカナラズ。供僧ノ云ク。赤《アカ》橋《ハシ》ノ東方ニ。昔《ムカシ》地蔵堂アリ。礎石今尚存ス。此堂ノ本尊ヲ。二位ノ尼《アマ》ノ本尊ト云フ。今ハ在所不知ト。

稲《イ》荷《ナリ》ノ社《ヤシロ》　本社ノ西ノ方。愛染堂ノ西ノ山ニアリ。二間ニ一間アリ。井《イ》垣《ガキ》三間四方也。此山ヲ丸《マル》山《ヤマ》ト云ナリ。本社ノ地ニ。初《ハジメ》ハ稲《イ》荷《ナリ》ノ社《ヤシロ》アリシヲ。建久年中。頼朝卿。稲《イ》荷《ナリ》ノ社ヲ此山ニ移シテ。今ノ本社ヲ剏建《ケン》セラル。尓後頽破ス。今ノ稲《イ》荷《リノ》社。本《モト》ハ二王門ノ前ニ有テ。十一面観音ト。酔《スイ》臥《ブク》ノ人ノ木《モク》像《ザウ》トヲ安シ。酒《サカ》ノ宮《ミヤ》ト號ス。近《キン》比《キ》大工遠《トウ》江《エ》ト云者《モノ》有。甚タ酒《サケ》ヲ好《コノミ》テ此《コレ》ヲ寄進ス。寛文年中ノ御再興ノ時。其體《テイ》神道佛道ニ。曽《カツ》テ無《ナキ》事《コト》也トテ。酒《サカ》ノ宮《ミヤ》酔臥ノ像ヲ取《トリ》捨《ステ》テ。観音バカリヲ以テ。稲荷ノ本體トシテ。此丸《マル》山《ヤマ》ニ社ヲ立。舊《フルキ》ニ依テ松《マツ》岡《ガヲカ》稲荷ト號ス。前ノ鎌倉ノ條下ニ詳ナリ。十一面観音ヲ稲荷明神ノ本地ト云傳ル。故ニ。此社内ニモ十一面ヲ安スル也。

影《ヤウ》向《ガウ》石《セキ》　相傳フ正應二年。二月四日。大風雨シテ。此石涌出ス。供僧圓頓坊ノ夢ニ。座《スヽ》不《サ》冷《ズ》ノ行法ヲ聴聞ノタメニ。龍神ノ来ル座石也ト。古《イニシヘ》ハ一ツ有《アリ》。今ハ二ツ有。イヅレヲ真偽《シンギ》トシカタシ。

鶴《ツル》亀《カメ》石《イシ》　水ニテ洗《アラ》ヘハ光澤イデヽ。鶴亀ノ如《ゴト》キモノ輝《カヾヤ》キ見ユルナリ。影向石ト共ニ本社ノ前左ノ方ニアリ。

六角堂　回《クワイ》廊《ラウ》ノ外東ノ方。座《ザ》不《ス》冷《サマ》壇ノ前ノ庭ニアリ。六十六部ノ聖《ヒジリ》。經ヲ納ル堂ナリ。

下《シモノ》宮《ミヤ》　上ノ地ノ石《イシノ》階《キザハシ》ヲ下リ。東ノ方ナリ。額《ガク》ニ若宮大権現トアリ。青蓮院尊純法親王ノ筆也。是ヲ若《ワカ》宮《ミヤ》ト申ス。仁徳天皇ナリ。東鑑ニ。治承五年。五月十三日。鶴岡若宮ノ營作ノ事アリ。大

エハ。武州淺《アサ》草《クサ》字八郷《ガウ》司《シ》ト云者也。當宮ハ。去年假《カリ》ニ建立ノ号有トイヘトモ。楚《ソ》忽《コツ》ノ間。先《マツ》松ノ柱《ハシラ》。萱《カヤ》ノ軒《ノキ》ヲ用《モチヒ》ラル。仍テ花構ノ儀ヲナシ。専ラ神威ヲ貴《タフト》ラル。同八月十五日。鶴岡若宮遷宮トアリ。鶴岡八幡宮記ニ云。下《シモ》ノ宮《ミヤ》四所トハ。東ハ二所。久《ク》禮《レ》。宇《ウ》禮《レ》也。仁徳ノ御妹《イモ》ナリ。中ハ若宮。則仁徳ナリ。西ハ若《ワカ》殿《ドノ》。是モ仁徳ノ御妹《イモト》ト云フ。本殿ハ。五間二三間。幣《ヘイ》殿《デン》ハ。四間二三間。拜殿ハ。三間二二間。玉《タマ》垣《カキ》ハ。北方《キタノ》十間。東西八間ツヽアリ。玉《タマ》垣《カキ》ノ内ニ椰《ナギノ》樹《キ》アリ。寛文年中修復記ニ云。此椰《ナギノ》樹《キ》。切《キリ》取

ベキ歟ノ事。凡慮ヲ以テハカリガタキユヘ。實前ニテ鬮《ミクジ》ヲ取ル。切取ベカラズト治定シテ今尚アリ。棟《ムナ》札《フダ》。上《カミ》ノ宮《ミヤ》ト同シ。但下《シモ》ノ宮ニハ鶴岡八幡若宮トアリ。

高《カウ》良《ラ》大臣ノ社　上《カミ》ノ地ノ石ノ階ヲ下リ。左ノ方。椰《ナギ》ノ樹《キ》ノ東ニアリ。八幡宮記ニ云。又玉《タマ》垂《タレ》ノ大神ト號ス。應神ノ臣也。

三《ミ》島《シマ》。熱《アツ》田《タ》。三《ミ》輪《ワ》。住《スミ》吉《ヨシ》ノ社。　高《カウ》良《ラ》ノ東ニアリ。四神同社ナリ。東鑑ニ。文治六年四月二日。鶴岡ノ末社三《ミ》島《シマ》ノ社ノ祭《マツリ》トアリ又云。元暦元年。七月廿日。鶴岡若宮ノ傍《カタハラ》ニ於テ。社壇ヲ新造シ。熱《アツ》田《タ》

大明神ヲ勧請セラルト。又文治五年。七月十日。鶴岡ノ末社熱《アツ》田《タ》社ノ祭《マツリ》ト有。

天照大神ノ社　上《カミ》ノ宮ノ石階ヲ下リ。右ノ方。銀《イ》杏《チヤウ》樹ノ西ノ方ニ有。

松《マツ》童《ダウ》。天神。源《ゲン》大《タ》夫《イフ》。夷《エビス》三郎ノ社。　天照大神ノ西ニアリ。四神同社也。松《マツ》童《ドウ》ハ。八幡宮記ニ。八幡ノ牛飼《カヒ》也トアリ。源《ゲン》大《タ》夫《イフ》ハ。八幡ノ車《クル》牛《ウシ》也トアリ。或ハ元《ゲン》大《タ》武《ブ》ト書《カク》ナリ。東鑑ニ建長五年。八月十四日。始《ハジメ》テ鶴岡西ノ門ノ脇《ワキ》ニ。三郎大明神ヲ勧請シ奉《タテマツ》ラルトアリ。宗尊将軍ノ時ナリ。

輪《リン》藏《ザウ》　銀杏《イチヤウノ》樹《キ》ノ西ノ方ニアリ。五間四方ナリ。一切經アリ。實朝《サネトモ》。朝鮮《テウセン》ヘ書ヲ遣《ツカ》ハシ求《モト》メタル經ト云傳フ。按スルニ東鑑ニ。建暦元年。十月十九日。實朝将軍。永福寺ニ於テ。宋《ソウ》本《ホン》ノ一切經五千餘巻ヲ供養セラルトアリ。此宋《ソウ》本《ホン》ノ經ヲ轉傳シテ此藏ニヲサメタルカ。内ニ四天王ヲ安ス。毘沙門ハ。渡海守護ノ爲《タメ》ニ朝鮮ヨリ載《ノセ》來ルトナリ。鶴岡社務次第ニ。建久五年。甲寅。十一月十三日。一切經供養ノ事〈不載東鑑〉アリ。シカレハ頼朝ノ時ヨリ。一切經供養ノ事ハ有シトミヘタリ。

護《ゴ》摩《マ》堂《ダウ》　輪藏ノ前ニ有。五間ニ四間アリ。五大尊ハ運慶《ウンケイ》カ作。大威徳ノ乘《ノリ》タル牛《ウシ》ノ足《アシ》。膝《ヒザ》ヲカヽメタリ。相《アヒ》傳フ。義《ギ》經《キヤウ》ヲ調伏ノ時。膝ヲ祈《イノリ》タリト也。鶴岡社務次第ニ。尊勝護摩始《ハジメテ》行ハル。建武元年。三月二十三日。擬《ナゾラヘ》八大佛頂ニ人數八人。元《モト》ハ十六人トアリ。

藥《ヤク》師《シ》堂《ダウ》　下《シモノ》宮《ミヤ》ノ東ノ方ニアリ。五間ニ四間ナリ。藥師十二神ノ木像アリ。是ヲ神宮寺ト云フ。東鑑ニ承元二年。四月廿五日。實朝将軍。鶴岡ノ宮ノ傍《カタハラ》ニ。始テ神宮寺ヲ建《タテ》ラル。同年。十一月十二日造畢ス。今日午《ムマ》ノ刻ニ本尊藥師ノ像ヲ安置シ奉《タテマツ》ラル。同月十七日。藥師ノ像開眼トアリ。又建暦元年。十一月十六日。尼《アマ》御臺《ミダイ》所ノ御願トシテ。金銅ノ藥師三尺ノ像ヲ供養セラル。此本尊ハ。鶴《ツル》岡《ガ》ノ神宮寺ニ安置セラルトアリ。ソノ像。今座不冷ノ壇ニ金銅ノ藥師アリ。是ナルヘシト云フ。或人ノ云。是ヲ神宮寺ト云ハ誤《アヤマリ》ナリ。神宮寺トハ。別當職ノ所居ヲ云ナリト。然レトモ東鑑ニ已《スデ》ニ是ヲ神宮寺ト有。又本社ヲモ東鑑ニハ神宮寺ト有ナリ。清《スミ》重《シゲ》舞ニ。神宮寺ノ松《シヨウ》風《フウ》ト有ハ。コノ藥師堂ノ前ノ松樹ノ事也。今古松樹アリ。

塔《タフ》　若宮ノ前ニアリ。五間四面ナリ。五智ノ如來ヲ安ス。東鑑ニ。文治五年。三月十三日。鶴《ツル》岡《カ》ノ八幡宮ノ傍《カタハラ》ニ。此間。塔《タフ》婆ヲ建《タテ》ラル。今日空《ク》輪《リン》ヲアグ。二品《ホン》頼朝監臨シ給フ。同六月九日。御塔供養。導師ハ。法橋觀性。願文ハ。新藤中納言兼《カネ》光《ミツ》卿草ス。堀《ホリ》河《カハ》ノ大納言忠《タヾ》親《チカ》卿清書ストアリ。

鐘《シユ》樓《ロウ》　塔《タフ》ノ東ノ方ニアリ。二間四方アリ。鐘ノ大サ徑《ワタリ》三尺五寸。厚《アツサ》三寸五分アリ。銘アリ如左。

　鶴《ツル》岡《カ》八幡宮鐘銘。并序

夫當宮者。馬臺東戍之州。鶴岡甲區之地。模男山之宗祧。弘尊廟之權輿。以降。禮神之囿。頌祇之堂焉。禮頌丕儀。春禴之奠。秋嘗之儀寔。春秋犹同。鎮護年尚。答貺日新。然間。去歳迎姑洗。不圖。欠靈祠。肆深仰玄鑒。忽致經始課般倕兮。是尋是尺。用規矩兮。不愆不忘。土木之勤。既雖及兩祀。斧斤之功。殆可謂不日。傍斯營構。而復鴻基。先擊蒲牢。而發鯨音。乃作銘曰。冶鑪甫就。寶器鑄陶。龍文製妙。鬼巧奇標。形兆咳聲。擊不欄寃。應陰陽律。入宮商調。小大共振。脩闌孔昭。帶霜早和。隨風自搖。式驚干界。高徹九霄。梵響無斷。覃三會朝。正和五年二月日トアリ。鶴岡社務次第ニ。應永十三年七月十八日。小町邊ニ火事出來。大風餘煙鐘樓ニ吹付ル。雖一心院ノ大工謀ヲ致シ。鐘樓ニ上リ。彼ノ火ヲ消然シテ新ニ造リ訖ル。銘ハ正和年中ノ古本ヲ寫ス。建長寺廣嚴菴大建書之トアリ。

實《サネ》朝《トモノ》社　本社ノ西坂《サカ》ノ下ニアリ。二間ニ一間ソ社ナリ。柳《リウ》營《エイ》明神ト號ス。頼《ヨリ》經《ツネ》ノ建立ト云傳フ。

北《ホク》斗《ト》堂《ダウノ》跡　今ハ跡タリ。古跡不分明。東鑑ニ建保四年八月十九日。鶴岡宮ノ傍ニ。別當定曉僧都。北《ホク》斗《ト》堂ヲ建立ス。尼《アマ》御臺《ミダイ》所。御入堂トアリ。又相承院藏書ノ鎌倉記ニ。應永年中ニ再興ノ事ミヘタリ。今ハナシ。

神寶

弓《ユミ》　壹張。

靫《ウツボ》　壹口。

真《マ》羽《ハノ》矢《ヤ》　十五本。篦ハ黒《クロ》シ。鏃《ヤジリ》ハ皆真鍮ナリ。其中ニ

如此ノ鏃アリ。長サ三寸二分。又

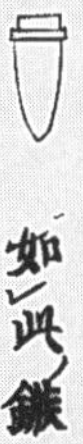

如此ノ鏃アリ。長サ一寸一分。常ニハ異《コト》ナリ。

衛《エ》府《フノ》太《タ》刀《チ》　壹振。長サ二尺餘。無銘。鞘《サヤ》ハ梨《ナシ》地《ヂ》ナリ。

兵《ヒヤウ》庫《ゴ》鏁《クサリ》太刀　貳振。共ニ二尺餘。無銘。兵庫鏁《クサリ》トハ云ヘトモ。古法トハ異ナリ。

太刀　貳振。銘行《ユキ》光《ミツ》トアリ。目《メ》釘《クギ》穴《アナ》ナシ。二尺餘アリ。

太刀　壹振。銘綱《ツナ》家《イヘ》トアリ。二尺餘アリ。

太刀　壹振。銘泰《ヤス》國《クニ》トアリ。二尺餘アリ。

太刀　壹振。銘綱《ツナ》廣《ヒロ》トアリ。二尺餘アリ。

硯《スヾリ》箱《バコ》　壹合。梨《ナシ》地《ヂ》蒔《マキ》繪《エ》。藤《フヂ》ニ菊《キク》ヲ金《カナ》具《グ》ニス。内ニ水《ミヅ》入《イレ》。筆管アリ。共ニ銀ニテ作ル。

十二手匣《テバコ》　壹合。小道具不備。箱ノ内ニ圖《ヅ》ノ如ナル櫛《クシ》三十アリ。櫛《クシ》ノ徑《ワタリ》三寸八分餘。高サ一寸二分厚サ三分。櫛ノ背《ミネ》ニ淺ク鑿《ホリ》タル穴《アナ》十三アリ。元《モト》青貝《アヲガイ》ヲ入タル物ニテ。今ヌケタル跡《アト》ナリ。間《マヽ》青貝《アヲガイ》ノ見ユルモアリ。穴《アナ》ノクバリ。皆三二三二三トアリ。木ハイスト云フ。

櫛ノ圖

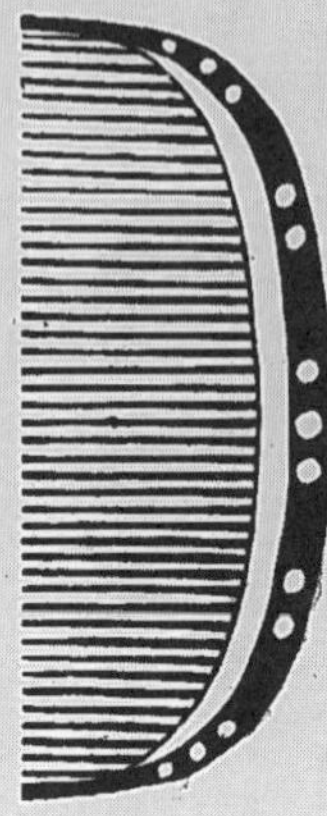

十二單《ヒトヘ》　壹襲。香色ノ裝束ナリ。裳《モ》ナシ。緋《ヒ》ノ袴《ハカマ》。麴塵ノ袍《ハウ》アリ。袍ハ。地紋麒麟鳳凰三《ミ》ノ布《ヌノ》幅也。樺《カバ》色ノ直衣《ナホシ》モアリ。以上ノ三物ハ。後人神功皇后ヘ調進ノ物也。男山《ヲトコヤマ》勸請以来ノ物ト云フ。按ニ十二單《ヒトヘ》ト云ハ俗語也。五重《イツヽ》ノ衣《キヌ》ノ事ナリ。

院宣　壹通。應永二十一年四月十三日トアリ。

頼朝ノ書　貳通。一通ニハ奉寄相模國鎌倉郡ノ内鶴岡八幡。新宮。若宮。御領一所ノ事。右ハ爲神威増益ノ爲ニ所願成就ノ奉寄也。方来更ニ不可有牢籠之状如件。壽永二年二月廿七日。前右兵衛佐源頼朝ト有。下ニ花押《クワハウ》アリ。一通ハ。在當國貳箇所。高田ノ郷。田島ノ郷トアリ。餘ハ同文也。是ヲ頼朝《ヨリトモ》直判《ヂキハン》ノ書ト云フ。判ハ花押藪ニ有ト同シ。

華嚴經　壹巻。第五十一巻。如来出現品ナリ。大織冠鎌足《カマタリ》ノ筆也。

菩提心論　壹巻。細字《サイジ》。智證大師ノ筆。奥書《オクガキ》ニ。此論有人ノ疑。如今依貞元錄ニ決ス他ノ疑ヲ。更ニ不可迷フ。猶如菩提心義章耳。巨唐大中九年。十一月十七日。於上都ニ記ス。日本國上都比叡山延暦寺持念供奉沙門圓珍《ヱンチン》トアリ。

大般若經　壹巻。弘法ノ筆也。一部ヲ二巻ニ細書ス。一巻ハ鳩ノ峯《ハトノミネ》ニ有ト云フ。此ハ初分ナリ。

功徳品　壹巻。菅《カン》丞相ノ筆ナリ。

心經　貳巻。共ニ紺紙金泥。一巻ニハ貞治乙巳。夷則二十五日ト有。源ノ基氏《モトウヂ》ノ筆。一巻ハ。至徳二年。二月十六日ト有。源ノ氏滿《ウヂミツ》ノ筆也。

袈裟坐具　各一具。香色也。是モ鳩ノ峯《ハトノミネ》ヨリ勸請ノ時来《キタレ》ト云フ。別ニ應神ノ御袈裟ト号シテ箱《ハコ》ニ入。社僧モコレヲ見ル事ナシ。其ノ記一巻アリ。

五鈷《ゴコ》杵《シヨ》　壹箇。是ヲ雲《クモ》加持ノ五鈷ト云フ。昔《ムカシ》醍醐山ニ。範俊《ハンシユン》義範《ギハン》トテ二人ノ名僧アリ共ニ東寺ノ成尊ガ門弟ナリ。昔永保二年ニ。大旱魃《カンバツ》ス。範俊ニ詔シテ。神泉苑ニテ。雨ヲ祈《イノ》ラシム。義範ハ。俊ヨリモ長セリ。詔ヲ不承事ヲ憤《イキドホリ》テ。醍醐山ニ登リ修法。俊ガ請雨ノ法ヲサヘタグ。時ニ黒雲起テフラントスレバ。醍醐ノ山頂ヨリ。範カ五鈷鵄ト化シテ。黒雲ヲ呑却ス。故ニ名ク其五鈷。傳テ極楽寺ニ有シヲ。頼印僧正ノ時茲ニ納ムト云傳フ。元亨釋書範俊ガ傳ニ詳ナリ。然トモ。五鈷鵄ト化ストハナシ。暴風起テ雲氣ヲ吹散ストアリ。

小五鈷杵　壹箇。禪林寺ノ宗叡僧正ノ持金剛杵ト云傳フ。按スルニ。釋書宗叡ガ傳ニ。貞観三年ニ。入唐シテ。青龍寺ノ法全所持ノ金剛杵ヲ附屬ストアリ。其金剛杵ナランカ。

如意寶珠　壹顆。内陣ニ納テ見ル人ナシト云。供僧ノ云ク。如意珠ニ二種アリ。一種ハ。龍ノ頸ノ上ニアリ。一種ハ能作生珠ト號シテ。真言ノ法ヲ行テ成ル珠ナリ。今爰ニアルハ能作生ノ珠ナリ。珠ノ製法呪法ハ真言ノ秘法ト云。

牛ノ玉　壹顆。

鹿ノ玉　壹顆。按スルニ本艸綱目獸部ニ。鮓答生走獸及牛馬諸畜肝膽之間。有肉嚢裹之。多至升許。大者如雞子。小者如栗如榛。其狀白色。似石非石。似骨非骨。打破層疊。又云。時珍嘗靜思之。牛之黄。狗之寶。馬之墨。鹿之玉。犀之通天。獸之鮓答。皆物之病。而人以為寶トアリ。今此牛玉鹿玉モ此類ナリ。

五指量愛染明王像　壹軀。弘法ノ作。四五寸許ノ丸木ヲ。蓋ト身ニ引分ケ。身ノ方ニ愛染ヲ作付タリ。臺座トモニ一木ニテ作。極メテ妙作也。

辨才天　壹軀。蛇形ノ自然石也。錦ノ袋ニ入内陣ニアリ。

薬師ノ像　壹軀。弘法ノ作。厨子ニ入。前ニ十二神ヲモ小《チイ》サク刻ミ。扉《トビラ》ニ四天王ヲ彫ル。極細ノ妙作也。

回御影　秘物ニテ。昔ヨリ終《ツイ》ニ見タル人ナシ。錦ノ袋ニ入テ。長三尺ハカリ。幅八寸四方ホトノ箱ニ入。鳥居ヲ立。注連ヲ引テ。十二箇院ノ供僧。一个月ツヽ守護シ。毎日三座ノ行ヲ勤メ。法華經ヲ讀誦也。俗ニ回リ御影ト云ナリ。縁起アリ。奥ニ元亨元年。八月廿五日。最勝院敬任之以テ慈虔

自筆ノ本ヲ寫之了ヌトアリ。其ノ畧ニ云。頼《ヨリ》朝《トモ》尊仰《アフグ》之ヲ
頼朝薨シテ後。二位《イノ》尼《アマ》。御信仰又甚シ。其ノ後時《トキ》
頼《ヨリ》置《オク》鶴ガ岡ノ御寳殿ニ。正嘉年中ニ奉遷シ八幡宮ニ
云云。相《サ》傳フ源ノ頼《ヨリ》義《ヨシ》。安倍ノ貞《サダ》任《タフ》ヲ征伐セントテ奥州
下向ノ時。此ノ御影ヲ守《マモ》リニ掛《カケ》。既ニ事了《ヲハ》リテ歸洛スル
時。鎌倉ニ來《キタリ》テ。此御影ヲ八幡宮ニ納ラル。其ノ後義《ヨシ》
家《イヘ》。下向ノ時モ。此《コヽ》ニ來《キタリ》テ御《ミ》影《エイ》ヲ申シ請テ守《マモ》リニ
掛《カケ》。奥州退治シテ歸ル時ニ。又此《コヽ》ニ來《キタリ》テ宮《ミヤ》ヲ修復
シ。御影ヲ納メラル。頼《ヨリ》朝《トモ》。豆州ニ在《マシマ》ス時。一夜夢《ユメ》ミ
ラク。廿五ノ菩薩ヲ勧請セヨト。時ニ異《イ》人《ジン》來テ。此ノ御

影ヲ授ク。頼《ヨリ》朝《トモ》此ヲ受テ。後ニ四海ヲ掌《タナゴコロ》ノ中ニ治
メ。宮《ミヤ》ヲ由比ノ濱《ハマ》ヨリ小《コ》林《バヤシ》へ移シ。廿五个院ヲ立《タテ》。御
影ヲ納メラルヽト也。縁起ハ頼朝ノ後ノ事也。

二《ニ》ノ舞《マイ》ノ面《メン》　貳枚。

陵《レウ》王《ワウ》ノ面《メン》　壹枚。

拔《バ》頭《トウ》ノ面　壹枚。

磯《イソ》良ノ面　壹枚。皆妙作也。

歌《カ》仙《セン》　上《カミ》下《シモ》ノ社内ニ掛《カク》之ヲ。上ノ宮ニ懸《カケ》タルハ尊純
法親王ノ墨蹟ナリ。下《シモ》ノ宮ニ掛《カケ》タルハ良恕法親
王ノ墨蹟ナリ。繪ハ共ニ狩野孝《タカ》信《ノブ》ナリ。

巳上

新《イマ》宮《ミヤ》　我覺院ノ門前ヨリ左へ折《ヲレ》テ行《ユク》。山ノ麓《フモト》ニ
アリ。三間ニ二間ノ社也。當社ノ縁起浄國院ニアリ。
東鑑ニ寛治元年四月廿五日。後鳥羽帝ノ御
靈ヲ鶴ガ岡ノ乾《イヌヰ》ノ山ノ麓《フモト》ニ勧請シ奉《タテマツ》ラル。是《コレ》彼ノ
怨靈ヲ宥《ナダ》メ奉《タテマツ》ランカ為《タメ》ニ。日《ヒ》來《コロ》一宇ノ社壇ヲ建立
セラルトアリ。社ノ後《ウシ》ロハ深谷也。一根ニシテ六本
ニ分レタル大《ヲホ》杉《スギ》アリ。魔境ニテ。天狗此《コヽ》ニ住《スム》ト云フ。
普川國師ノ新宮講式ニ云。有テ靈託。構ヘ小社ヲ於
神宮ノ縁邉ニ有テ敬信。儀ニ三所ヲ於靈岳ノ甲勝ニ所ル謂ハ

左ノ胸ハ者。順徳帝。右ノ胸ハ者。長《チヤウ》嚴《ゲン》僧正。共ニ為内祕
外現ト云云。神明鏡ニ。後鳥羽帝崩御ノ後。鎌倉中
喧嘩闘諍シケリ。就中五月廿二日。大ニ騒動モ
有ケレハ。彼ノ御怨念ニヤトテ。雪《キ》ノ下《シタ》ニ新《イマ》宮《ミヤ》ト號シ。
法皇ヲ祝シ奉ル。順徳帝ト護持ノ僧長玄法印
ト御眞體トナリ。上野ノ行山ノ庄ヲ神領トストアリ。
長嚴。長玄ハ。東鑑ニ所ノ謂東大寺造營ノ導師重
源上人ナリ。一ニ書異《コト》ナリト云トモ實ハ一人ナリ。
社僧ノ云傳ル毛如《ゴトシ》此ノ。俗ニ右ハ土御門帝ト云ハ未《イマ》ダ考ヘ。

神《カン》主《ヌシ》　馬《ハ》場《バ》小《コ》路《ジ》ニ居宅ス。鶴岡社務職次第ニ

建久二年十二月。神主ヲ定メラルル者也トアリ。大伴《マヽ》氏《ウヂ》。今ニ不絶任スルナリ。頼朝ヨリノ書。并ニ代々将軍家ノ文書等多シ。今モ諸大夫ヲ授《サヅケ》ラルル也。神主家傳文書ニ。頼朝ヨリ大伴《マヽトモ》清元《キヨモトニ》賜ハル自筆ノ書アリ。其文如左。

せん日さんろうの時。八まんくうりねきの事おほせかゝめぬ。又れてまいらする。志をちうといてむまうみ。同清元のさたとしてしへし。作人のさまたけあるへからさるところくのし。

文治二年四月日。源朝臣。下ニ有判。判ハ如花押ニ載ス。假名《カナ》ツカヒ。書様《カキヤウ》。全ク如此也。按スルニ。さんろうハ。參籠《サンロウ》ナリ。八まんくうりねきハ。八幡宮神主也。れてトハ。追而《ヲツテ》ナリ。志をちうトハ。式《シキ》法《ハウ》ナリ。いハ云《イフ》ノ字《ジ》也。今ノ假名《カナ》ツカヒニテハ。いひト書ベシ。昔《ムカシ》ハカナツカヒ不定シテ如此書タリ。とまハ。濱《ハマ》ナリ。うみハ。海《ウミ》ナリ。或《アル》説ニ云。れてハ。御幣ナリ。ミテクラヲ。オテクラト云ナリ。いてトハ。飯ノ字《ジ》ナリ。むハ。ハンナリ。麥《バク》ノ字ナリ。麥《ムギ》ニテ菓子ヲ作ル事也。まうみハ。小衣ナリ。てハ。モニ通《カヨ》フ。モハ。ヲニ通《カヨ》フ。ウハ引《ヒク》音《オン》ナリ。布衣《ホイ》ヲホウヰト云フ心。ト同シ。モウミ

ハ。社人ノ服《フク》ナリ。則《スナハチ》社人ノ事ヲ云トナリ。何レノ説。是ナル事ヲ不知。或ハ云。前《サキ》ノ説ヲ是トスベシト。

小《セウ》別當《ベツタウ》　馬《バ》場小路ニ居宅ス。社務職次第ニ云。當社別當宮圓曉法眼。三井寺ヨリ御下向。御供ニ肥前法橋永契ト申ス坊官也。然ル間建久二年十一月日。別當宮圓曉御坊ヨリ。小別當ノ官ヲ給リ。社内ノ掃除奉行ニ定メ置ルル者也。其以後御供方《カタ》奉行也。別當ノ被官坊官ノ類也

淨國院　以下ノ十二箇院ハ當社ノ供僧也。鶴岡ノ西ノ方ニ居ス。淨國院ヨリ次第ノ如ク東《ヒガシ》顔《カホ》ヨリ西《ニシ》顔《カホ》マデ。寺町《マチ》ヲナス。建久二年ニ。頼朝《ヨリトモ》卿《キヤウ》二十五ノ菩薩ニ形《カタ》ドリ。院宣ヲ奏シ請テ。供僧二十五坊ヲ建立セラル。其後應永二十二年二月廿五日。院宣ニ依テ。坊號ヲ改《アラタ》メ院號トス。源ノ成氏《シゲウヂ》ノ代マデ廿五院有シト見ヘタリ。成氏年中行事ニ載《ノセ》タリ。永正ノ比ヨリ。漸々《ゼンゼン》ニ衰《オトロ》ヘテ。七院ノミアリシヲ。東照大神君。文禄二年ニ十二院ヲ再興シ給《タマフ》ト也。淨國院ノ開基ハ。社務職次第ニ云。初ハ佛乘坊。忠尊。號ス大夫律師。山城ノ人也。法性寺禪定殿

下忠通ノ猶子也。

我覺院　初ハ密乘坊。朝豪。号ス大納言僧都ト。法性寺禪定殿下忠通ノ末子ナリ。

正覺院　初ハ千南坊。定曉。号ス三位法橋ト。平大納言時忠ノ一門ナリ。建保五年五月十一日寂ス。此ノ院ニモ地藏ト云フアリ。智岸寺ガ谷《ヤツ》ノ條下ニ詳《ツマビラカ》也。

海光院　初ハ實藏坊。義慶。號ス武藏ノ阿闍梨ト。平家ノ一門ナリ。寛嘉元年八月廿日寂ス。

增福院　初ハ寂靜坊。忒慶。號ス辨ノ律師ト。平家ノ一門ナリ。寶治元年正月九日寂ス。

慧光院　初ハ文慧坊。永秀阿闍梨。

香象院　初ハ善松坊。重衍。號ス丹後ノ竪者ト。中納言通秀卿ノ孫ナリ。

莊嚴院　初ハ林東坊。行耀。號ス山巳ノ法印ト。平家ノ一門ナリ。寛元元年七月十四日寂ス。八十五。

相承院　初ハ頓學坊。良嘉律師。平家ノ一門ナリ。寛喜三年十月七日ニ寂ス。八十二。本尊ハ正觀音也。東鑑ニ。治承四年八月廿四日。石橋山敗ノ時。頼朝髻ノ中ノ正觀音ノ像ヲ取テ。或巖窟《イハヤ》ニ安シ奉ラル。土肥實平。其ノ御意ヲ問奉ルニ。仰ニ云。旨ヲ景親等ニ傳ルノ日。此本尊ヲ見バ。源氏ノ大將軍ノ所為ニ非ルノ由。人定テ誹ヲ貽ベシ。件ノ尊像ハ。頼朝三歳ノ時。乳母《メノト》清水寺ニ參籠セシメ。嬰兒ノ將來ヲ祈ル事懇篤ニシテ。二七箇日ヲ歷テ。靈夢ノ告ヲ蒙リ。忽然トシテ二寸ノ銀ノ正觀音ノ像ヲ得テ歸敬シ奉ル所也。同年十二月廿五日。巖窟ニ納ラル、所ノ小像ノ正觀音。慧光坊ノ弟子。閼伽桶ノ中ニ安シ奉リ鎌倉ニ參著ス。數日山中ヲ捜シ。彼巖窟ニ過テ。希有ニシテ尋出シ奉ルノ由申ス。武衞合手請取給フトアリ。今此ノ木像ノ頂《イタヾキ》ニ納テアリ。又押手ノ聖天ト云フ此ニアリ。是ハ本叡山ニアリ。後一條帝ノ時。左京ノ大夫道雅。伊勢ノ齋宮ヲ戀テ。今ハ只思ヒ絕ナントバカリヲ。人ツテナラテイフヨシモカナト詠シテ。且ツ此ノ聖天ニ祈ル。其利生ニヨリ。齋宮男ノ家ニ通ヒ給フ。此事宮中ニ顯ハレテ。其由ヲ糺シ問ニ。齋宮我カ心共ナク夢ノ如ニサソワレ行トナン。群臣謀テ。齋宮ノ手ニ墨ヲ付テ行彼門ニ押シム。歸テ後人ヲシテ見セシムルニ。路中ノ門々ニ皆手形アツテ。何レヲソレト知ガタシ。是聖天ノ所為也。佛カトハ云ナカラ。齋宮ヲカクセシ罪《ツミ》ナリトテ。鎌倉ニ捨《ステ》ラレシヲ。此ニ安ストナリ。故ニ押手ノ聖天ト云。縁起ニ詳《ツマビラカ》ナリ。此ノ聖天ハ慈覺大師異國ヨリ将来ノ像也ト云フ。

安樂院　初ハ安樂坊重慶法眼。平家ノ一門ナリ。

等覺院　初ハ南禪坊良智。號ス肥前ノ律師。本三位平ノ重衡ノ息也。弘法自作ノ木像アリ。鎌大師ト云也。鎌ヲ以テ膝《ヒザ》ヲ屈伸スルヤウニ作ル故ニ名ク。安置スル堂ヲ。蓮華定院ト云フ。勅書ヲ板ニ書寫シテ挂《カケ》タリ。御祈禱スベキノ勅意。執達左少辨俊

國ニ。應永二十七年十二月十三日トアリ。不動ノ畫像一幅アリ。弘法ノ筆也。弘法自畫ノ像一幅。兩界曼荼羅二幅。西山ノ宮道覺法親王ノ筆（青蓮院歟。後鳥羽ノ皇子ナリ）。辨才天ノ像一軀。十五童子アリ。三浦ノ荒二郎。若《ワカ》江《エ》ノ島《シマ》ニ安置スル本尊ト云フ。等覺院ノ後ニ。大ナル谷アリ。八正寺ト云テ昔八幡ノ大別當僧正ノ舊跡ナリ。東鑑ニ壽永元年九月廿六日。鶴ガ岡ノ西ノ麓《フモト》ヲ點シテ。宮寺ノ別當坊ヲ建ラルトアリ。此所ナラン。

最勝院　初ハ靜慮坊。良祐豎者ナリ。

○柳原

柳《ヤナギ》原《ハラ》ハ。八幡宮彝殿ノ邊ヨリ東。藥師堂ノ前マテヲ云。昔シ柳《ヤナギ》ノ多カリケルニ因テ也。枯株今尚存セリ。里俗傳テ古歌アリ。作者不知。年ヘタル鶴岡邊ノ柳《ヤナギ》原。青ミニケリナ春ノシルシニト。此ノ歌ヲ。歌枕名寄ニハ。平ノ泰時《トキ》ト有テ。柳《ヤナギ》原ヲ松ノ葉ノトアリ。何カ是ナルコトヲ不知。久シク此ノ所ノ歌也ト云ナラハシタルコトナレバ。里俗ノ傳ヘ語ルヲ本トスヘキ歟。

○若狹前司泰村舊跡

若《ワカ》狹ノ前司泰村舊跡ハ。八幡宮ノ東ノ山際ニアリ。

東鑑ニ。寛元三年七月六日。将軍家。御方違トシテ。若狹ノ前司泰村ガ家ニ渡御シ給フ。泰村ガ家ハ。御所ヨリ北ノ方也トアリ。按スルニ。将軍ハ頼嗣也。頼嗣ノ屋敷ハ若宮大路ナレバ。此ノ所ハ正北ナリ。鎌倉物語ニ。頼朝屋敷ノ北ト書セリ。将軍ノ御所ヨリ北ニ當ルト云ヲ見テ。頼嗣モ。頼朝屋敷ニ居セラレタリト心得タリ。東鑑ノ脱漏ヲ未見ユヘニ。頼經将軍ノ時。嘉禎二年ニ。若宮大路ヘ遷ラレシト云事ヲ不知歟。頼經屋敷ノ事ハ。頼朝屋敷ノ條下ニ詳也。泰村ハ。三浦ノ平六兵衛ノ尉義村ガ長子也。甚タ權威アリ。

寳治元年。六月五日。一門悉《ク》亡フ。

○筋替橋　附畠山重忠屋敷　鎌倉十橋

筋《スヂ》替《カヘ》〔或ハ佐須ニ作ル 地賀江ニ〕橋《ハシ》ハ。雪《セツ》下《ゲ》ヨリ。大《ヲホ》倉《クラ》村《ムラ》へ出ル道ノ橋ナリ。鎌倉ノ十橋ト云《イフ》ハ。琵《ビ》琶《ハ》橋《ハシ》。筋《スヂ》替《カヘ》橋《ハシ》。歌《ウタノ》橋《ハシ》。勝《カツガ》橋《ハシ》。裁《タチ》許《キヨ》橋《ハシ》。針《ハリ》磨《スリ》橋《ハシ》。夷《エビス》堂《ダウ》橋《ハシ》。逆《サカ》川《ガハ》橋《ハシ》。乱《ミダレ》橋《ハシ》。十《ジフ》王《ワウ》堂《ダウ》橋《ハシ》ナリ。筋《スヂ》替《カヘ》橋《ハシ》ノ西北ヲ。畠《ハタケ》山《ヤマ》重《シゲ》忠《タヾ》ガ屋《ヤ》敷《シキ》ノ跡ト云《イフ》。東鑑ニ。正治元年五月七日。醫師時《トキ》長《ナガ》。昨日京都ヨリ參著ス。今日掃部ノ頭《カミ》ガ亀《カメ》谷《ガヤツ》ノ家ヨリ。畠山ノ次郎重《シゲ》忠《タヾ》ガ。南《ミナミ》御《ミ》門《カド》ノ宅ニ移《ウツリ》住ス。是近《チカ》〻ニ候《バ》セシメ。姫《ヒメ》君《ギミ》ノ御病惱ヲ療治シ奉《タテマツ》ランガ爲《タメ》ナリトアリ。

○蛇谷

蛇谷《ヘビガヤツ》ハ。若《ワカ》宮《ミヤ》ノ東北ニアル谷《ヤツ》ヲ云也。沙石集ニ。鎌倉ニ或《アル》人《ヒト》ノ女《ムスメ》。若宮ノ僧坊ノ児《チゴ》ヲ戀《コヒ》テ疾《ヤマヒ》ニナリヌ。母《ハヽ》ニカクト告《ツゲ》知《シラ》セケレバ。彼ノ児ガ父母モ知《シル》人《ヒト》ナリケルマヽニ。此ノ由申《シ》合《アハセ》テ。時《トキ》〻《ドキ》児《チゴ》ヲ通《カヨ》ハシケレドモ。志《コヽロザシ》モナカリケルニヤ。疎《ウト》ク成《ナリ》行《ユク》ホドニ。終ニ思ヒ死ニシヌ。父母悲《カナシミ》テ。彼ノ骨《ホネ》ヲ善光寺へ送《ヲクラ》ントテ。筥《ハコ》ニ入テ置《オキ》ケリ。其ノ後此ノ児《チゴ》病《ヤマヒ》付テ。物狂《クルハ》シクナリケレハ。一《ヒト》間《マ》ナル處ニ置《ヲク》ニ。物語ノ聲《コヘ》シケリ。父母物ノ隙《ヒマ》ヨリ見ルニ。大ナル蛇《ヘビ》ト向《ムカ》ヒ居《イ》タリ。終ニ児《チゴ》モウセニケリ。入棺シテ若宮ノ西ノ山ニ葬ルニ。棺ノ中ニ大ナル蛇《ヘビ》有テ児《チゴ》ヲ纒《マトヒ》フト云《イヘ》リ。今按スルニ。此地ノ事ナル歟。或云。會《ヱ》下《ゲカ》谷《ヤツ》ノ西ノ後《ウシロ》假《ケ》粧《ハヒ》坂《ザカ》ノ北ニ有《アル》谷《ヤツ》ヲ云也ト。又名《ナ》越《ゴヤ》ノ内ニモ蛇《ヘビ》谷《ガヤツ》ト云處アリ。此トハ異ナリ。

新編鎌倉志巻之一

新編鎌倉志　二
加賀文庫
1790
3

新編鎌倉志巻之二目録

鳥合原
頼朝屋敷
法華堂 附頼朝并義時墓
西御門
報恩寺舊跡 附白旗明神社
保壽院舊跡
高松寺 附太平寺舊跡
來迎寺
東御門
荏柄天神 附和田平太胤長屋敷
大樂寺
覺園寺
大塔宮土籠
東光寺舊跡
永福寺舊跡
獅子巌
理智光寺
永安寺舊跡
瑞泉寺
天台山 附長者窟
歌橋
文覺屋敷
大御堂谷 附御堂御所舊跡
釋迦堂谷
犬懸谷 附衣張山　短尺石
唐絲土籠
杉本觀音堂
報國寺
滑川

十二所村 附 河越屋敷
胡桃谷 附 大樂寺舊跡
淨妙寺 附 稻荷明神社
延福寺舊跡
大休寺舊跡
公方屋敷 附 飯盛山　御馬冷場
五大堂
大慈寺舊跡
梶原屋敷 附 大巧寺舊跡
鹽嘗地藏
光觸寺 附 熊野權現小祠
一心院舊跡
月輪寺舊跡
牛蒡谷 附 首塚

新編鎌倉志卷之二

河井恒久友水父纂述
松村清之伯胤父考訂
力石忠一叔貫　参補

○鳥合原

鳥《トリ》合《アハセ》原《ハラ》ハ。八幡宮ノ東ノ鳥居《トリヰ》ノ外ノ島《シマ》也。相傳《ツタ》フ昔シ相模《サガミ》入道崇鑑《ソウカン》。雞《ニハトリ》ヲ合《アハ》セ。犬《イヌ》ヲ挑《イド》ミ合《アハ》セシ地ナリ。故ニ名《ナヅ》クト。東鑑ニ。建永二年。三月三日。實朝《サネトモ》將軍。北條ノ御臺《ミダイ》ニ於テ雞鬪會《ニハトリアハセ》有トアリ。此事ヲ謬テ云傳ヘタルカ。或日《アルヒ》トリアハセト云《イフ》事ハ。鳥居《トリヰ》合《アハセ》ト云事也。流鏑馬《ヤブサメ》場《バ》ノ東西ニ鳥居アリ。故ニ名トナリ。

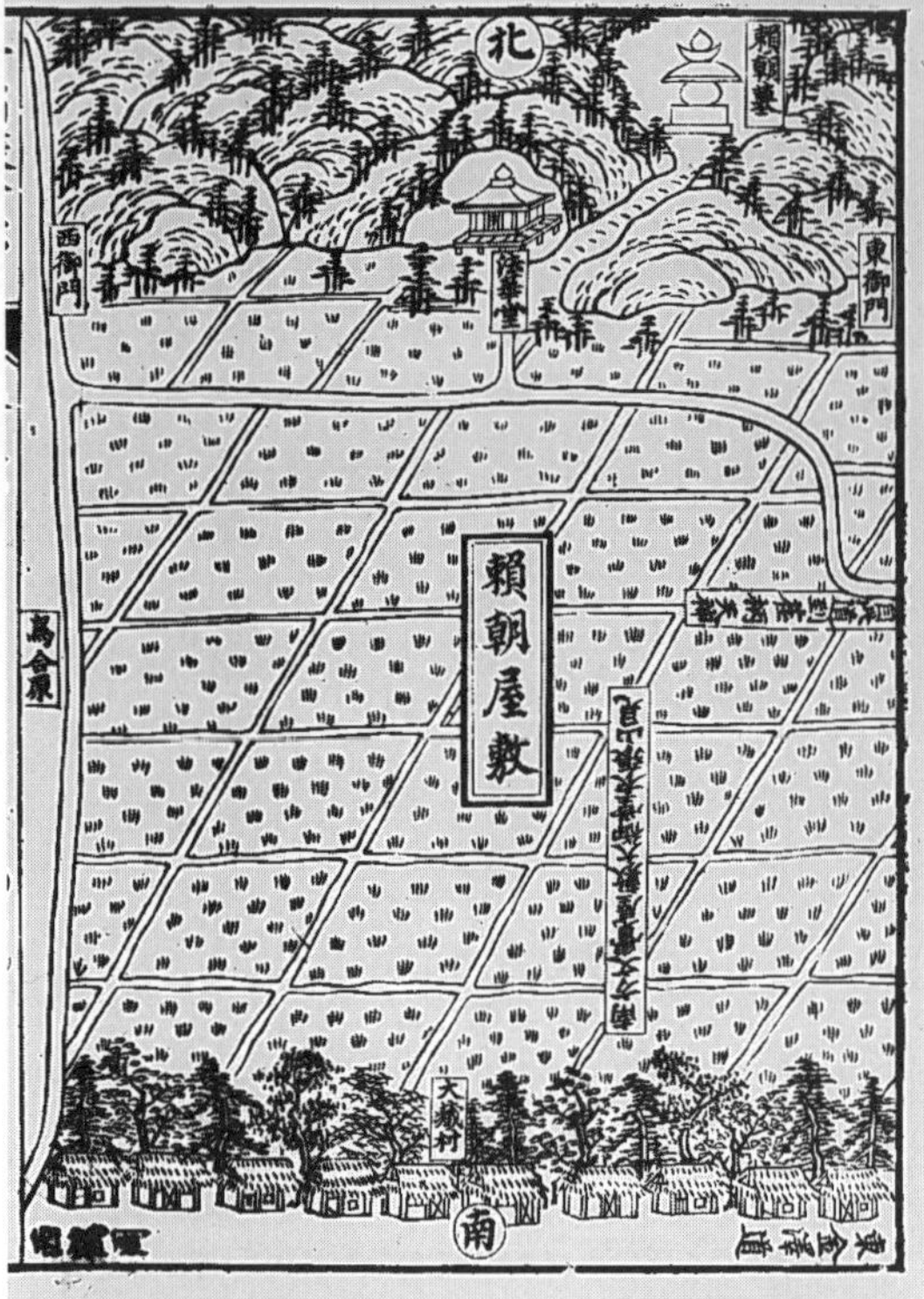

○頼朝屋敷

頼朝《ヨリトモ》屋敷《ヤシキ》ハ。鳥合原《トリアハセバラ》ノ東也。東鑑ニ。治承四年。九月九日。千葉《チバ》介《スケ》常胤《ツネタネ》申《マウシテ》云《イハク》。當時ノ御居所《ゴキヨシヨ》。要害《ヤウガイ》ノ地ニ非《アラ》ズ。又御曩跡《ゴナウセキ》ニモ非《アラズ》。速《スミヤカ》ニ相模國《サガミノクニ》鎌倉ニ出シメ給フベシ。常胤《ツネタネ》門客等ヲ相率《アヒヒキヰ》テ。御迎《ムカヒ》ニ參向《サンカウ》スベキノ由申《マウス》。同十月六日。相模國《サガミノクニ》ニ著御《チヤクギヨ》アリ。同九日。大庭《オホバノ》平太《ヘイダ》景義《カゲヨシ》奉行トシテ。大倉郷《オホクラノガウ》ニ御亭《ゴテイ》ノ作事ヲ始メラル。但シ合期《ガフゴ》ノ沙汰《サタ》ヲ致シガタキニ因テ。暫ク知家事兼道《カネミチ》ガ山内《ヤマノウチ》ノ宅《タク》ヲ移《ウツ》サレ。此ヲ建立《コンリフ》ス。同十二月十二日。上總介《カヅサノスケ》廣常《ヒロツネ》ガ宅《タク》ヨリ。新造《シンザウ》ノ御亭《ゴテイ》ニ御移徙《ゴワタマシ》ノ儀《ギ》アリト有。則チ此所《コノトコロ》也。其廣《ソノヒロサ》八町四方バカリアリ。今見ル所。八分内監キ様ナレドモ。法華堂《ホツケダウ》ナド。頼朝《ヨリトモ》ノ持佛堂《ヂブツダウ》ト云ヘハ。此邊《コノヘン》總《スベ》テ殿宇《デンウ》ナルベシ。又東鑑脱漏ニ。元仁《ゲンニン》二年。十月十九日。相州《時房》。武州《泰時》。參會《サンクワイ》セシメ給。御所《ゴシヨ》ノ御地《ゴチ》ノ事。御沙汰《ゴサタ》有。相人《サウニン》淨法師《ジヤウホフシ》申《マウシテ》云《イハク》。右大將家法華堂ノ下《シタ》ノ御所《ゴシヨ》ノ地《チ》。四神《シジン》相應《サウオウ》ノ最上《サイジヤウ》ノ地ナリ。何ゾ他所《タシヨ》ニ移《ウツ》サルベケンヤ。珍譽《チンヨ》法眼《ハフゲン》申《マウシテ》曰ク。法華堂ノ前ノ御地《チ》不可然《シカルベカラザル》ノ所《トコロ》ナリ。西方ノ岳上《ガクシヤウ》ニ。右《ウ》幕下《バクカ》ノ御廟《ゴベウ》ヲ安ズ。其ノ親《オヤ》ノ墓《ツカ》高《タカ》シテ。其下《シモ》ニ居《ヲル》ル八子孫《シソン》無《ナキ》之由《ヨシ》。本文《モンヂ》ニ見ヘタリ。幕下《バクカ》ノ御子孫《ゴシソン》御座《ザ》マサズ。怨符合《ヲンフガウ》セシムベキ歟。若宮大路《ワカミヤオホヂ》ハ。四神相應《オウ》ノ勝地《シヨウチ》也。西ハ大道《ダイダウ》。南ハ行《ミチ》。東ニ河《カハ》アリ。北ニ鶴岡《ツルガヲカ》。南ニ海水《カイスイ》ヲ湛《タヽ》。池沼《チセウ》ニ可《ベシ》ノ准《ジユンズ》。云云。依テ此地《コノチ》ニ治定《ヂヂヤウ》シ畢《ヲハン》ヌ。嘉禎《カテイ》二年。三月十四日。若宮大路ノ東ニ。御所ヲ立ラル。四月二日木作《コヅクリ》始メ。八月四日御移徙《ゴワタマシ》也トアリ。是レ頼經《ヨリツネ》將軍《シヤウグン》ノ時《トキ》ノ事ナリ。然《シカレ》バ頼朝《ヨリトモ》以後ハ。此地《コノチ》ノ邊《ヘン》西南ノ方ニ居《キヨ》セラレタルト見ヘタリ。今其所不知。按スルニ今ノ寶戒寺《ホウカイジ》ノ地。江間《エマ》屋敷《ヤシキ》ノ邊《ヘン》ト見ヘタリ。關東將軍ノ次第ハ。東鑑ニ。頼朝《ヨリトモ》。頼《ヨリ》家《イヘ》。實朝《サネトモ》。已上三代將軍。合《アハセ》テ四十箇年。平《タヒラ》ノ政子《マサコ》。頼經《ヨリツネ》。頼嗣《ヨリツグ》。宗尊《ムネタカ》親王。惟康《コレヤス》親王。久明《ヒサアキラ》親王。宗邦《ムネクニ》親王。以上治承四年庚子ヨリ。元弘三年癸酉マデ。百五十四年トアリ。梅松論ニハ。政子《マサコ》ヲ除《ノゾイ》テ。將軍總シテ九代也トアリ。

○法華堂　附 頼朝并義時墓

法華堂《ホツケダウ》ハ。西御門《ニシミカド》ノ東ノ岡ナリ。相傳《アヒツタフ》。頼朝ノ持佛堂《ヂブツダウ》ノ名也。東鑑ニ。文治四年。四月廿三日。御持佛堂ニ於テ。法華經講讀始行セラルトアリ。此ノ所歟。同年七月十八日。頼朝。專光坊ニ仰テ曰ク。奥州征伐ノ為《タメ》ニ潛《ヒソカ》ニ立願アリ。汝《ナンヂ》留守《ルス》ニ候《コウ》ジ。此ノ亭ノ後《ウシロ》ノ山ニ梵宇ヲ草創スベシ。年来ノ本尊正觀音ノ像ヲ安置シ奉《タテマツ》ン為《タメ》ナリ。同年八月八日。御亭ノ後山《ウシロヤマ》ニ攀《ヨヂ》登リ。梵宇營作ヲ始ム。先《マヅ》白地《アカラサマ》ニ假《カリ》柱四本《シホン》ヲ立《タツ》。觀音堂ノ號ヲ授クトアリ。今雪ノ下相承院領《リヤウ》スルナリ。頼朝ノ守本尊《マボリ》正觀音ノ銀像モ。相承院ニアリ。今此《コヽ》ニハ弥陀。并ニ如意輪觀音。地藏ノ像アリ。地藏ハ。本《モト》報恩寺ノ本尊。事在報恩寺ノ條下ニナリシヲ。何《イツ》レノ時カ此《コヽ》ニ移ス。如意輪ハ。良辨僧正ノ父太郎大夫時忠《トキタヽ》ト云シ人。由《ユ》比ノ長《チヤウ》ニテ在《アリ》シ時ニ。息女《ソクジヨ》ノ遺骨《イコツ》ヲ。此ノ如意輪ノ腹中ニ納《ヲサ》ムト云《イヒ》傳フ。又石山寺ヨリ佛舍利五粒ヲ納《ヲサ》ムル由《ヨシ》ノ書付モ入テアリ。今ハ分身シテ三合バカリモ有ト云フ。又異相《イサウ》ナル僧ノ木像《モクザウ》アリ。何人ノ像ト云事ヲ知《シル》人《ヒト》ナカリシニ。建長寺正統菴ノ住持顯應。此像ヲ修《シユ》復《フク》シテ。自休《ジキウ》ガ像也ト定メタリ。兒淵《チゴガフチ》ニ云《イヒ》傳《ツタ》ヘタル自休ハ是《コレ》歟《カ》。佐竹系圖ニ。明德二年。六月朔日。源ノ基氏《モトウヂ》古右大將家ノ法華堂ニ。常陸ノ國那《ナ》珂《カ》郡《ゴホリ》ノ莊内太田《オホタ》ノ郷《ガウ》ヲ寺領ニ付《ツケ》ラル丶トアリ。東鑑ニ。建暦元年。十月十三日。鴨《カモ》ノ長明《チヤウメイ》入道蓮胤《レンイン》。法華堂ニ參リ。念誦讀經《ネンジユドクキヤウ》ノ間《アヒダ》。懷舊《クワイキウ》ノ涙《ナミダ》頻《シキリ》ニ催《モヨホ》ス。一首ノ和歌ヲ堂ノ柱《ハシラ》ニ題シテ云ク。草《クサ》モ木《キ》モ。ナビキシ秋ノ霜消《キエ》テ。空《ムナ》シキ苔《コケ》ヲ拂《ハラ》フ山風。今按スルニ。昔ハ法華堂ト云者《モノ》。是《コレ》ノミニ非ズ。東鑑ニ。右大将家。右大臣家二位家。前ノ右京兆等ノ法華堂トアリ。佐竹系圖ニモ。佐《サ》竹《タケ》上総ノ入道。比《ヒ》企《キガ》谷《ヤツ》ノ法華堂ニテ自害ストアリ。然《シカ》レハ。此ノ法華堂ニハ不《ル》限《カギ》ナリ。其ノ比法華ヲ信スル人多キ故。持佛堂ヲ皆法華堂ト名ル歟。此法華堂ヲ右大将家法華堂ト云ナリ。

頼朝《ヨリトモ》ノ墓《ハカ》　法華堂ノ後《ウシロ》ノ山ノ上ニアリ。東鑑脱漏ニ。法華堂。西ノ方岳《ガク》上《ジヤウ》ニ。右幕下ノ御《ゴ》廟《ビヤウ》ヲ安ストアリ。

平《タヒラ》ノ義《ヨシ》時《トキガ》墓《ハカ》　今ハ亡《ナシ》。東鑑ニ。元仁元年。六月十八日。前ノ奥州義《ヨシ》時《トキ》ヲ葬送ス。故右大将家ノ。法華堂ノ東ノ山ノ上ヲ以テ墳墓トス。號ス新法華堂トアリ。

○西御門

西《ニシ》御《ミ》門《カド》　（高松寺ノ鐘ノ銘ニ御門作レ䛸ニ。恐ハ非也。）ハ。法華堂ノ西ノ廣キ谷也。頼《ヨリ》朝《トモ》卿《キヤウ》ノ時。西ノ門有シ跡ナリ。東《ヒガシ》御《ミ》門《カド》ト云フ所モアリ。南北ノ門モ。東鑑ニ見《ミ》ヘタリ。今其ノ跡不知。南門ハ。畠《ハタケ》山《ヤマ》屋敷ヲ以テ考《カンガ》フレバ。大倉村ノ邊ナラン。北門ハ。和田合戰ノ時。尼《アマ》御《ミ》臺《ダイ》所《ドコロ》。並《ナラビ》ニ實《サネ》朝《トモ》ノ御《ミ》臺《ダイ》所《ドコロ》等。營中ヲ去《サリ》。北門ヨリ鶴《ツル》岡《ガ》ノ別當坊ヘ渡御シ給フトアリ。

○報恩寺舊跡　附 白旗明神社

報《ホウ》恩《ヲン》寺《ジ》ノ舊跡ハ。西《ニシ》御《ミ》門《カド》ノ西ノ谷ニアリ。南《ナン》陽《ヤウ》山《ザン》報《ホウ》恩《ヲン》護《ゴ》國《コク》禪《ゼン》寺《ジ》ト號ス。上《ウヘ》杉《スギ》能《ヨシ》憲《ノリ》ヲ。法名道證報恩寺ト號ス。開山ハ義堂ナリ。日工集ニ。應安四年。十月十五日ニ。余《ヨ》。上《ウヘ》杉《スギ》兵部譯公ノ請ニ應シテ。一刹ヲ鎌倉城ノ北ニ創ス。又永和二年。十一月十三日。報恩寺ノ佛殿立《タツ》。柱ヲ禮那上《ウヘ》杉《スギ》兵部ノ大輔能《ヨシ》憲《ノリ》。入《イレ》テ山ニ證明ス。又永和四年。四月十七日。上《ウヘ》杉《スギ》能《ヨシ》憲《ノリ》敬《ケイ》堂《ダウ》道《ダウ》證《シヤウ》居士逝去。年四十六トアリ。能《ヨシ》憲《ノリ》ハ。明月院道《ダウ》合《ガフ》ノ兄《アニ》ナリ。當寺ノ本尊。今法華堂ニアリ。近来彼《カノ》地藏ヲ修復ス。腹内ニ書《カキ》付《ツケ》アリ。繪《ヱ》所《ドコロ》宅間《タクマ》掃《カ》部《モン》ノ法眼淨宏作ル。上杉能《ヨシ》憲《ノリ》ガ為《タメ》ニ造主ストゾ。又空華集ニ。義堂ノ化鐘ノ偈。幷ニ鐘《カネ》ノ銘《メイ》アリ。其ノ文如《ゴトシ》左。

報恩化鐘偈幷序

凡ソ禪教律院。法器之制。莫シ先ナルハ於鐘ヨリ。故ニ建テ寺ヲ安ンスル衆ヲ。不論大小刹ヲ。必ス先ツ庀ス焉。若キ吾カ禪院。其ノ禪誦之起止。齋粥之早晩。送迎緩急之節。皆鐘主ル之ヲ。加復。凡ソ季ニ是ノ鐘撃ヲ也。無ク幽顯ト無ク遠近ト。警ツ昏ヲ

導迷停輪。息苦。獲益者。不可勝計焉。昔南陽豐山有九鐘。霜降則自鳴。今茲新寺。山称南陽。而鐘未成。不亦缺典乎。於是為偈代疏。仰叩諸檀官貴長者。或男或女。同心樂施成就。其福可量哉。西門有寺称南陽。未有鳴鐘警夜長。但得諸人齊着力。一撃不待五更霜。

相州南陽山報恩護國禪寺鐘銘 并叙

寺權輿。於應安三年辛亥十月十五日。越五年鐘魚尚闕。爰有鑄高麗國銅鐘者。厥直万錢。開基住山比丘岙臺沙門義堂周信。作偈募緣而市之。乃為銘。銘曰。維新蘭若。鐘磬未完。大哉法器。出自三韓。四佛影現。九乳星攢。厥音鏗尓。聽者咸歡。上而天界。下而冥間。警寢戒食。息苦停酸。豐嶺霜霽。禪堂月寒。扣惟無盡。應亦莫殫。庶乎萬歲。君臣永安。永和改元。乙卯。冬十二月日。建寺檀那關東副元帥上杉。大檀那關東都元帥左典廐源朝臣。

白旗明神社　寺滅シテ社モ又亡ブ。義堂祭白旗神文アリ。其畧ニ云。應安六年。歲次癸丑冬十一月十五日。南陽山報恩護國禪寺。白旗大明神靈祠成ルトアリ。

○保壽院舊跡

保《ホウ》壽《ジユ》院ノ舊跡ハ。報恩寺ノ舊跡ノ西南也。源基氏ノ母。保壽院清江寛公禪尼ノ菩提所ナリ。開山ハ義堂和尚。日工集ニ。應安七年。九月廿九日。源基氏ノ保母清江夫人逝ス。夫人ノ遺命ニ依テ。西御門《ニシミカド》ノ別殿ヲ名テ保壽院ト云フ。又幼府君。保壽院ニ入テ燒香ノ次《ツイデ》。余貞觀政要ヲ獻シテ乃云。唐ノ太宗天下ヲ治ム皆此書ニ在リ。幕下天下ヲ治メントナラバ。亦宜《ヨロシ》ク此書ニ準ベシト。府君領ストアリ。按スルニ。府君トハ。源氏滿《ウヂミツ》ナリ。又氏滿。保壽院ニ入香ヲ炷《タキ》茶話ノ次ニ。義堂。氏滿ヨリ吾妻鏡《アヅマカヾミ》ヲ拜借シテ讀ム之。實ニ吾日本ハ。敬佛崇神ノ國ナリト申サレシコトモアリ。又上杉禪秀記ニ。禪秀亂ノ時。滿隆《ミツタカ》。持仲《モチナカ》。西御門保壽院ニ籠《コモ》リ居テ。旗ヲ上ラルトアルハ此ノ所ナリ。鎌倉大草子鎌倉九代記ニモ此事見ヘタリ。

○高松寺　附 太平寺舊跡

高松寺《カウセウジ》ハ。報恩寺ノ向ヒ東北ノ谷《ヤツ》ナリ。西御門ノ内ナリ。法華宗比丘尼寺ナリ。紀伊ノ大納言源ノ賴宣卿ノ母堂三浦氏。力ラヲ合テ建立也。此ノ地ハ元太平寺ノ舊跡ナリ。太平寺ハ相傳フ頼朝卿。池禪尼ニ隨侍セル姪女アリ。是ヲ鎌倉ヘ呼下シテ伽ニ云。禪尼ノ御恩深シト云ドモ。今世ニ在サザレバ報ズルニヨシナシ。其ノ恩ヲ以テ汝ニ報ゼント思フ。何事ニテモ所望アラバ申セトアリ。女ノ云。有爲ノ世界ニ、豈《アニ》望ム事有ン哉。我願クハ出家シテ。世間ノ女人。或ハ父母夫有テ。出家スル事ヲ許ザル者モ。一度我寺院ニ入テ後ハ。其妨有ベカラズト云フノ免除ノ寺ヲ立テ居住セバ足ナント云フ。コレニ因テ太平寺ヲ

立《タテ》テ。彼ノ尼ヲ以テ開山トスト也。尼ノ法名不知。其ノ後源ノ基氏ノ後裔清溪和尚ヲ中興トスト云フ。或ハ云。持氏ノ息女昌泰道安。成氏ノ息女昌全義天。生實御所源ノ義明ノ息女青岳和尚。皆此寺ニ住持スト云フ。房州ノ里見氏兵亂ノ時。住持青岳和尚ヲ奪ヒ取テ。妻トシテヨリ以來。寺頽破ストナリ。何レノ說モタシカナラズ。圓覺寺ノ開山塔ノ昭堂ハ。太平寺ノ佛殿ナリト云フ。三浦ノ長柄ニ福嚴寺ト云アリ。太平寺ノ隱居也。今ハ建長寺龍峯菴ノ末寺也。鎌倉年中行事ニ。公方樣御寺ト申ハ。淨

妙寺。長壽寺。大休寺。延福寺。瑞泉寺。長德寺。永安寺。勝光院。大平寺。天壽院。冷光院。保壽院。以上十二个所也トアリ。此外比丘尼ノ五山ノ事アリ。今皆滅ビタリ。

鐘樓　鐘ニ銘アリ

高松寺鐘ノ銘

東海路。相模ノ國。鎌倉縣。西ニ帶谷。法華尼道場之根本。山ノ名ヲ壽延寺ト號ス高松。三浦藤氏定環女水野前ノ文主監源ノ忠元之簾中。高松院日仙ノ之所創建也。雖當世ノ殿堂門楣。百舉悉ク足ル

猶ホ恨ム未ダ有洪鐘已ニ久シ矣。於テ是ニ高松之女。前ノ淡州ノ太守源ノ重良之閨中。慧雲院觀テ之ヲ不耐ヘ。發シテ普ク救濟ノ六趣四生ヲ。驚シ昏ヲ啓キ瞶ヲ。兼テ而擬シテ當息女理應院日通大姉ノ之開悟之弘願ニ。取テ其ノ遺財ヲ。鑄鎔ス華鯨ヲ焉。敢テ非ズ欲スルニ求ムルヲ稱譽ヲ。所以ハ齋ニ送迎シ齊ヘ教令ヲ。使メ人天幽明異類ヲシテ因テ音聞ニ以テ返シ開カ自性ヲ。成サン無上道ヲ也。是レ則チ寺之完美。爲ス之銘ヲ曰。傳聲之器。範シ金ヲ烹ル銅ヲ。資ク汝カ聲ヲ。角ク響テ四ニ通ス。下徹シ地府ニ上振ヘ天宮ニ。脱シ幽出シ尼ヲ。驚シ昏ヲ啓ク蒙ヲ。破リ鶯鶩ノ睡ヲ驚ス蝴蝶ノ夢ヲ。華ヲ賛シ迎ヘ聖ヲ。累ネ德ヲ積ム功ヲ。十方無ク間テ。如ニ

風度空。山怪出渓。霜降鳴豊。方石有磬。洪音無竆。物我與聴。共證円融。維時寛文第十一太歳辛亥南呂上浣日。檀越一色右京源朝臣直房内室。住持比丘尼妙雲院日隆。長谷正東両山嗣法境心日勝謹誌。

○来迎寺

来迎《ライカウ》寺ハ高松寺ノ南隣ナリ。時宗。一遍上人開基。藤沢《フヂサハ》清浄光寺ノ末寺ナリ。或人来迎寺勧進状一巻ヲ所持ス。来迎寺ニハ無之。藤原行能ガ筆跡ナリ。其文如左。

来迎寺勧進沙門了然敬白。請蒙十方檀那助成。建立一宇精舎。安置金銅弥陀如来一光三尊像。勧修不断念仏。引導法界群類状。右当于鎌倉郡。有小笠原谷。谷中構蕭寺之基址。山下排草舎之道場。奉安弥陀仏。号曰来迎寺。草創仍旧。雖起自伴氏之霊夢。事見縁起。茅苫朽全。独難覆本尊之聖容。鳥瑟之相好。何慶安矣。不異祇桓寺之荒蕪。雁宇之締構。何日成焉。数興姑蘓台之寂寞。空対低屋之卑室。唯冀成風之不日。如了然者。十忍之法衣無全。何有薜襟蘿工之價。八定之資粮甚乏。豈有蘇鉢分食之備乎。若非十方檀那之加被。争遂一宇華構之懇丹。依茲唱知識於処処。莫恥寸鐵尺木之奉加。仰助成於人人。誰厭小因大果之施入。浄陽九派之水。起自濫觴之流。華嶽千仞之峯。始于飛塵之土。誰謂功不甚大。豈論施之微少。中懐之懇緒不久。縦開三間四面蘭若。建立本尊之岩鑄。雖終猶泥。一光三尊蓮容安置。涯分之志。地望未達。仰願十方貴賤。空與我大功誓願。乃至四衆男女。盡憐此無縁之善巧。善力有餘之故。現世各保萬葉之延壽。化功帰己之故。当生皆預三華之接手。仍勧旨趣。奉唱如件。

○東御門

東《ヒガシ》御《ミ》門《カド》ハ法華堂ノ東鄰ナリ。頼朝卿ノ時。東門アリト云フ。西《ニシ》御《ミ》門《カド》ノ條下ト照《テラ》シ見《ミル》ヘシ。

○荏柄天神　附 和田平太胤長屋敷

荏《エ》柄《ガラ》（柄或作草）天神ハ。大《オホ》倉《クラ》村ノ東。海道ノ北ナリ。當社ハ頼朝卿ノ時ヨリ有ナリ。シカレトモ祝融ノ災ヒ度《タビ》度《ド》ニテ記録不傳。文献徴《チヨウ》トスベキナシ。東鑑ニ。正治三年。九月十一日。荏《エ》柄《ガラ》ノ社祭《マツリ》ナリトアリ。又建暦三年。二月二十五日。澀《シブ》河《カハ》刑部六郎兼《カネ》守《モリ》。十首ノ詠歌ヲ。荏《エ》柄《ガラ》ノ聖廟ニ進ズトアリ。今十九貫二百文ノ御朱印アリ。別當ヲ一乘院ト云フ。真言宗。路ノ東寺ノ末寺ナリ。本社ニ菅丞相束帯ノ像ヲ安ス。作者不知。足《アシ》膝《ヒザ》焼《ヤケ》フスブリテアリ。五臓六腑ヲ作リ入レ。内ニ鈴ヲ掛テ舌トシ。頭内ニ十一面観音ヲ作リコムト云フ。又門前ニ。關《セキ》取《トリ》場《バ》ト云所アリ。今ハ畠《ハタケ》トス。相傳フ。北《ホウ》條《デウ》氏直ヨリ。宮《ミヤ》ノ前ニ關ヲスヘ。關《セキ》錢《セン》ヲ取《トリ》。宮《ミヤ》造營ノ為ニ寄附セラレシ所ナリト。其關札板ニ書《カキ》付《ツケ》今ニアリ。鶴《ツル》岡《ガ》ノ一ノ鳥居ヨリ。當社馬《バ》場《バ》前《サキ》マデ。六町許《バカリ》アリ。

神寶

天神自畫像　壹幅。大《ヲホ》日記ニ。長享元年。荏《エ》柄《ガラ》天神。駿《スル》河《ガ》ヨリ還座。自筆ノ畫像也トアリ。是ナラン。

龜山帝院宣　壹通。弘安三年。五月五日。權大納言。アテドコロハ。民部卿法印御房トアリ。

源《ミナモト》尊《タカ》氏《ウヂ》自畫自讃地藏　壹幅。讃文如左。

夢中ニ有リ感通。令《シ》ム我《ワレ》ヲシテ畫《エガ》カ尊容ヲ。利濟徧ク沙界ニ。善根無シ所窮マル。為ニ天化藏主ノ。仁山書ス。文和四年。六月六日トアリ。仁山ハ。尊氏ノ道號ナリ。梅松論ニ。尊氏。自《ミヅカ》ラ毎日地藏ヲ圖繪シ。自贊御判有トアリ。駿州清見寺ニモ。右ノ如クナル尊氏自贊ノ地藏ノ像アリ。

瑜伽論　貳巻。菅丞相ノ筆。長《タケ》二寸五分。一行ニ二十五字。此論ハ一部百巻ノ物ナリ。然《シカル》ヲ十巻ニ書《カキ》ツヾメラル。其内ノ二巻ナリ。餘ハ極樂寺《ゴクラクジ》ニ三巻。金澤称名寺《カナザハノシヤウミヤウジ》ニ一巻。高野《カウヤ》ノ金剛三昧院《コンガウサンマイイン》ニ一巻。竹生島《チクブシマ》ニ一巻。合《アハセ》テ八巻ハ今尚存ス。其外ノ二巻ハ在所不知也。

天神名號　壹幅。將軍源義持《ヨシモチ》筆。南無《ナム》天滿大自《テンマンダイジ》在《ザイ》天神《テンジン》。顯山ト有テ義持ノ花押《クワアフ》アリ。顯山ハ義《ヨシ》持《モチ》ノ道號ナリ。

同　壹幅。鶴《ツル》滿《ミツ》丸《マル》六歳書ストアリ。相傳フ。親鸞上人ノ童名ナリト。

心經　壹巻。紺紙金泥。源基氏《モトウジ》ノ筆ナリ。

法華經　壹部。三浦道寸《ダウスン》筆也

同　壹部。大覺禪師ノ筆也。

天神縁起　三巻。畫ハ土佐筆。詞書《コトバガキ》ハ藤原行能ナリ。當社縁起ニテハナシ。菅丞相一代ノ事跡ヲカケリ。

歌仙　三十枚。三藐院關白信尹《ノブタダ》ノ筆也。六枚不足。

扇《アフギ》ノ地《ヂ》紙《ガミ》　壹枚。古歌八首ヲ書。其内二首。ハシガキアリ。台德公ノ御自筆也。

刀　壹腰。正宗《マサムネ》作ト云。無銘。長サ一尺三寸五分。廣サ三寸五分。今ノ世ニ小刀《チヒサガタナ》ト云製也。指表《サシオモテ》ニ梅。裏ニ天蓋不動ノ梵字。倶利伽羅《クリカラ》ヲ彫ル。大進坊ガ彫物也。鞘《サヤ》ハ黒《ヌ》塗《リ》也。梅ノ蒔繪《マキヱ》有リ。

笄《カウガイ》　壹本。後藤祐乘彫物《ホリモノ》。梅ナリ。長サ九寸五分。

詩板　壹枚。梅ノ詩ヲ彫《ヱリ》タル板ナリ。又此詩ヲ寫《ウツ》シテ一軸トナシテ納ム。井伊掃部頭直孝《ナホタカ》家臣。岡本半助石谷《イシガヤ》上宣就《ノブナリ》ガ筆ナリ。其詩如左。

賀ス神前ニ種ル梅ヲ人ヲ於荏柄天神ニ一字分韻

前壽福建宗長會

聖朝翼賛獨能文。靈廟年深北野君。東閣官梅春不老。移來鋤破一庭雲。

曲江繼趙

菅廟依山山日輝。栽梅人欲詠梅歸。如傳神語丁寧謝。黄鳥穿花自在飛。

前建長東岳文昱

菅君降迹顯神威。官容移梅對禮闈。無限東風吹雪盡。清香和月入春衣。

前建長象初聞光

調鼎有功王佐才。神前得意手栽梅。一生只

被此花惱人道菅丞相再來。

前淨智慶堂資善

史君材質世梗楠。清廟栽梅春半酣。應使德
香天下遍。一枝開北一枝南。

大建巨幢

知君材力在扶顛。分種官梅菅廟前。壁畫詩
人三十六。對花無語又年〻。

前壽福大茂淨林

忠孝兼全誰匹儔。不知何以答神休。官梅移
入菅宮裡。花萼相輝月一樓。

海東闍爾

丞相祠堂地自清。種梅為壽國昇平。山雲吹
散慈容現。月在寒梢夜〻明。

前建長久菴僧可

栽梅階下享天神。他日必成調鼎人。信種星
兒心地闊。清香遍界萬年春。

前淨智堅仲妙掾

封植梅花結好因。威權在手宰臣身。和光遍
照三千界。天下稱之北野神。

相陽存香

國家柱石法英檀。菅廟栽梅月下看。應是神
君多喜色。暗香夜入御簾寒。

信陽心榮

菅氏名高宇宙中。千詩百賦意無窮。宮牆添
得官梅樹。也識靈神有感通。

赤城芳尊

皂蓋移梅雨後山。神靈應是破天顏。至誠以
代溪毛薦。無限馨香滿世間。

黒駒闍興

官暇愛梅栽被埴。黄昏移影傍宮門。山庭碧
淺長鑱雨。斷破青苔春一痕。

前建長心源希徹

種梅菅廟玉庭傍。添得天神靈跡光。調鼎功
名今尚在。德香長共此花香。

金華永杲

威靈如在冀天齊。庭宇栽梅探品題。花譜真
人朝午夜。暗香送月玉堦西。

範堂圓模

社稷奉神傾至誠。廟廊英器國干城。花中御
史衛門外。日月高懸七字名。

菊隱中亮

移得江南第一株。芳姿千歳鎮靈區。調羹慣入陽王夢。松樹任他秦大夫。

養愚宗育

天神靈廟亂山深。堦下幽庭座不侵。應獻清香成爵邑。黄金難鑄種梅心。

龍湖中簡

豈同薄俗薦溪毛。獨種梅花不種桃。仰止上天封七字。美名照世古今高。

前建長大綱歸整

丞相祠堂歳月遙。栽梅庭下得春饒。開花未必爭先後。雪自南枝次第消。

東郊中田

靈宮維徳配天居。宇宙神威日赫如。瑤砌種梅人共聖。春風花影雪蹊々。

西湖門獻

我法英檀誠有功。况移梅樹近神宮。聲名不朽菅家主。遍界春香花信風。

宗傳良教

菅宮翼々出雲層。雄鎮東津氣象増。栽得官梅和月立。照人神鑑冷於氷。

心聞性聰

一樹種梅丞相祠。春風催意雨晴時。徳香長屬調羹手。絶勝甘棠曾入詩。

祖牧

遺廟種梅春正濃。良哉此地示靈蹤。昭々神徳堪瞻仰。一夜新生千樹松。

相城東秀

何曾輔君赦正邪。敬神故是種梅花。信根不淺起於地。百世留春保國家。

前淨智無言昌謹

菅家遺廟幾春秋。官客栽梅儗玉樓。紅白香飄花世界。更無閑夢到羅浮。

長川祥久

把百花魁深種時。宮前重有徳香吹。神風永與春風扇。留得江南第一枝。

柏堂純榮

天神垂跡境増佳。環植梅花倚玉堦。應是百靈來擁護。儼然廟貌在巓崖。

前壽福東暘等海

雲霄肴近上台星。粛々行宮夜不扃。洒掃何
入千載後。孤芳約月植中庭。
綏鑾光巨
贍仰神光慕徳香。栽梅更好近彫梁。社前巫
覡祝君寿。使与虚空較短長。
大中正幢
丞相祠堂崖谷阿。凭高禁籞列逶迤。料知明
鑑無偏照。添種梅花月色多。
石上宣就
右荏柄聖廟神前。賀栽梅人之詩数篇。東関

五岳耆老之傑作也。宮寺一乗院先師。鏤板
榜梁以為庫上之奇観。然歳月久而板面爛
朽。惜乎成蠹棲文字漸欲泯。因茲一乗院当
住柳長師。因余需書楮上。其憚雖不少。師之
命難固辞。揩瞽眼揮亀手。除禿毫淋乱墨。嗚
呼。顧余多年踈嬾。筆硯以塵埃。頽齢労衰。胸
襟無覚知。怨字々烏焉為馬。傍眼潤色亦希
而已矣。楮末有余白。卒綴野詞。以奉仰神威
云爾。為伝正続万年芳。各植梅花聖廟傍。神
徳与陰陽共遍。霊威兼日月斉光。

江亭記
寄題江戸城静勝軒詩序　壹巻。其文如左。
武州江戸城者。太田左金吾道灌源公所肇
築也。自関以東與公並肩者鮮矣。固一世之
雄也。威愛相兼。風流籍甚。比来騒乱以来。欽
承王命者。八州内才三州。三州之安危係于
武之一州。武之安危係于公之一城。可謂二
十四郡唯一人。夫城之為地。海陸之饒舟車
之会。他州異郡莫以加焉。塁之高十余丈。懸
崖峭立。固以繚垣者数十里許。外有巨濤浚

塹。咸徹泉脈瀦以鄰碧。架巨材為之橋。以為
出入之備。而鐵其門。石其墻。礎其径。左盤右
紆。峯升其塁。公之軒峙其中。閣騒其後。直舎
翼其側。戍楼保障庫廋廐廠之属。為屋者若
干。西望則逾原野。而雪嶺界天。如三万丈白
玉屏風者。東視則阻墟落。而瀛海蘸天。如三
万頃碧瑠璃田者。南嚮則浩乎原野。寛舒広
衍。平蕪茵布。一目千里。野與海接。海與天連
者。是皆公几案間一物耳。以故軒之南名静
勝。東名泊船。西名含雪。公息斯遊斯。則一日

早午晩之異。一年春夏秋之變。千態萬状。拍凡可歡者。雖互出更呈。而所以出為呈奇者凡三焉。東瀛晨霞之絢如。南野薫風之颯如。西嶺秋月之皎如者。天之所與也。遠而滄波瞞兮島嶼分。鴉背曠兮岡巒縈。近而腴田壼環陂水常足。其林可樵。其叢可藪者。地之所獻也。城之東畔有河。其流曲折而南入海。商旅大小之風帆。漁獵來去之夜篝。隱見出没於竹樹烟雲之際。到高橋下。繋纜閣櫂。鱗集蚊合。日々成市。則房之米。常之茶。信之銅。越之竹箭。相之旗旄騎卒。泉之珠犀異香。至鹽魚漆枲。危筋膠鎌鋳之衆。無不彙聚區別者。人之所頼也。於呼不出此室。收天地人以為吾有。避哉於是乎。懼其搖而散正矣。慮其躁而失常矣。杜戸瞑目。厚養弗已。發之於言則憤者。成歌詞。和者成政化。然後乃定其神。乃寧其氣。神與氣合。而太清為輿。元氣為馬。遊於玄々無窮之域。則雖鬼神弗克。測其機也矣。青牛真人有曰。躁勝寒。靜勝熱。清淨為天下正。藴學城解之曰。成而不欲盈。而不冲譬如躁之不能靜。靜之不能躁耳。夫躁能勝寒而不能勝熱。靜能勝熱而不能勝寒。皆滞於一偏。而非其正也。唯泊然清淨。不染於一非成非欲。非盈非冲。而後無所不勝。可以為天下正矣。今也公之以所守扁於軒。不趣勝熱無所不勝。則宇宙間與公相爭而相戰者。未之有也。所謂可以為天下正者也。其不知為者。咸謂公之威愛。能使人忻懼矣。如含雪泊船者。浣花老人蜀中僑遊之境。題扁所及而以此地同此景。稱以為名。在公乃吟中一風流尓。聽松村菴翁。由幼至老。鴻藻片章。被於天下。其名誼傳者。六十餘年於此矣。是以公欲需翁題詩其上者。蓋亦有年矣。丙申夏適介人請詩及跋。且要翁能言之二三子題于後。書于板。掛于室。俾關左人歎之。翁告予曰。我未嘗東遊。奚以得措一辭。幸予所目撃述以序可也。予退讓弗允。蓋予之序。乘韋也。翁之詩與跋。呉景也。遂以所聞見者次而為之序。文明八年丙申。秋八月。華玉峯叟蕭菴

龍統

村菴靈彦

傳聞靜勝軒中景。四面窻扉一一開。野闊青丘呑薜芥。天晴碧海望蓬萊。商帆似自平蕪過。漁火如從遠樹來。我老無期泊船處。關心西嶺雪成堆。

雪樵景茝

兵鼓鼙中氣受降。聞君延客日臨牕。風帆多少載詩去。吹雪士峯晴墮江。

默雲龍澤

籍籍威名關以東。又知天下有英雄。鼓鼙不起邊城靜。驅使江山入轂中。

補菴景三

江戸城高不可攀。我公豪氣甲東關。三州富士天邊雪。收作青油幕下山。

蕭菴龍統

雲連雪嶺水連呉。城上軒窻開畫圖。最愛似留行地日。碧天低野入平蕪。

古今壯遊之士。有志於四方者。必以經歴關左山東之地為先焉。凡遊關左者。必以見富士山。過武藏野。渡隅田河。登筑波山。則皆誇四方觀遊之美也。予壯年之時。跂而望之。然今耄矣。遂初志者。百不獲一。以是為恨。頃間太田左金吾源公者。關左之豪英也。守武州江戸城。而有功於國矣。蓋武之為州也。以用武為名。甲兵四十萬。應卒如響。乃山東之名邦也。江戸之城。於是乎在。雄據其要而堅備其壘。所以一人當險。萬虜不進。亦乃武州之名城也。矧夫此城最鍾勝景。寔天下之所稱也。睥睨之隙。隨地形勢。使有樓館。此有臺榭。特置一軒。扁曰靜勝之軒。是為其甲也。亭曰泊船齋。曰含雪。各其附庸也。若其褰軒燕座。同瞻四面。則西北有富士山。有武藏野。東南有隅田河。有筑波山。此乃四方之觀。在此一城也。而一城之勝。又在此一軒也。繇是四方有志之士。不欲復遠遊。但願一登此城。到此軒者。亦其理之當然也。而今金吾公。試其客之西上者。求京師諸人之題詠。而將藻飾其軒楣間之詩板也。得命同題者。及予五人。然此五人之中。東遊經歴其地者。惟統正宗一人而已。故以序屬正宗。具陳于前。告不知者。

如往觀焉。於是就予以求后題。不肯拒辭。輒用所聞於正宗之說。而附于篇末。且復傳語金吾公。雖予老矣之後。而跂望之志尚在焉。文明八年。龍集丙申。八月初吉。書于岩栖之村菴希世靈彥。

寄題左金吾源大夫江亭

湘山暮樵得幺

士嶺衡天東海瀾。靜中勝景畫中看。一由旬雪梅花鶴。載泊前傳晩照殘。

武陵興德

華構臨江天宇低。北帆南楫日斜西。髩端雪白漁竿客。萬頃玻瓈可釣齊。

相陽中榮

華館相依主亦賢。江亭茲試武城絃。東溟浸戸波黏地。西嶺當窓雪界天。珠履三千門下客。玉樓十二洞中仙。憑誰說與蘇夫子。赤壁休誇前後篇

河陽東勧

士嶺之東湘水北。一亭新架有高城。閭閻撲地育民庶。經籍滿床羅俊英。鷗渚鷺汀春晝靜。竹籬茅舍春光清。丹青難畫戰圖外。帷幄運籌張氏情。

左金吾源大夫江亭記

關左形勝之雄。以武爲冠。武者大國也。其山木奇傑。而兼要衝者。江戸其武之冠乎。距相府連瞑可百里焉。緑蕪白沙並海以北。玉彎之山。羅帶之水。跋涉忘勞。而不覺日之將晩也。翠壁丹崖。屹然以高峙。珍卉佳木。蔚然而中秀。適左金吾公源大夫之所築新城也。攀以躋焉。俯以臨焉。四面斗絶。直下百丈。東南佳山水。歷々以在枕履之下。南顧則品川之流。溶々漾々以滌碧。人家鱗差乎北南。而白墻紅樓。鶴立翬飛以翼然乎其中。東武之一都會有揚一益二之亞称也。東望則平川縹緲兮長堤緩迴。水石瑰偉兮佳氣鬱芬。謂之淺艸濱。白花大士遊化之場。巨殿寶坊。輪奐以掩映乎數十里之瀛。補洛妙境。神人所幻云。其後則滄洲茫乎。百川與海會。呉楚東南坼。乾坤日夜浮。即此乎。其前則谷岩出沒而原野莽蒼。天塹之哉多仞。一夫當關則百方不

可以近世乃知此地面勢實一方金湯之最。而無所與二也。昔周室中微。有諸侯患。仲山甫城于東方。國人安以集也。宣王大興焉。公補於斯。外拒敵之喉襟。內據武府之腹背。東民賴之。公之功可謂與仲山甫頡頏者。城上置閣燕之室。扁曰靜勝。靜勝蓋兵家之秘密乎。當其西審而有富士峯之靈。天削芙蓉以玉立。三萬餘丈。其寫曰含雪也。凭南檻則積水涵天。沙背含吐洪瀾。以出鯿于曉夕。峯山隔岸。雲鬟梳洗濃翠。而隱見于陰晴。自然無

軸之畫也。島渚鷗汀。漁家民屋。枕藉以雜處。沙戸水扉。人朴地僻。旅船之所泊也。青龍赤雀。舳艫相銜。蘭橈桂槳。舸艇舫艭如織。而欸乃之聲無斷也。江情湖思宴樂矣哉。締小亭曰泊船也。摘字於浣花詩史。其人襟宇蕭灑。措意於騷雅之域。弟語而可以知而已。於是湘中僧。即以詩鳴其道者。或慕嚮公之逸韻。或歆羨其山水之美。以寄詩言志。金薤琳琅。其音玲瓏而成章。余亦寓錚〻於餘響。魚目入珠。燕石濫璞。非志也。公之求之嚴也。重以

紙尾書而見命。余朴而野者。文何之有邪。然督責弗過。譬避無地。辭磨鈍鑄朽以聊且槩託其景象之旻乙而云尓焉。文明丙申秋之杪也。湘山蓁楹得名。

已上

紅梅殿

老松殿　共ニ本社ノ左右ニアリ。

和《ワ》田《ダ》ノ平太胤《タネ》長《ナガ》屋敷　東鑑ニ。胤《タネ》長《ナガ》カ屋敷ノ地。荏《エ》柄《ガラ》ノ前ニ在テ。御所ノ東鄰ナレバ。昵《ヂツ》近《キン》ノ士。面〻コレヲ望《ノゾミ》申《マウス》トアリ。胤《タネ》長《ナガ》ハ。建保元年。三月。流罪セラル。舊跡今畠《ハタケ》トナル。其所不分明也。

○大楽寺

大楽寺《ダイラクジ》ハ、胡桃山千秋大楽寺ト号ス。覚園寺ノ門ヲ入リ左ノ方ニ有。律宗也。開山ハ公珍和尚。本尊ハ、鉄像ノ不動。願行ノ作。是ヲ試ノ不動ト云フ。大山ノ不動ヲ鋳ル時。先ツ試ニ鋳タル像ト云フ。愛染。運慶作。薬師。願行作。此寺昔ハ胡桃谷ニアリシガ。後爰ニ移ス。胡桃ガ谷ハ條下ニ詳也。

○覚園寺

覚園寺《カクヲンジ》ハ、鷲峯山ト号ス。禅律ヲ兼。泉涌寺ノ末寺也。永仁四年ニ平ノ貞時《サダトキ》ノ建立也。開山ハ、心慧和尚。諱ハ智海。願行ノ法嗣ナリ。本尊ハ薬師。日光月光。十二神何レモ宅間法眼ガ作ト云フ。按スルニ。東鑑梅松論太平記等ニ。薬師堂谷《ヤクシダウガヤツ》ト有ハ此ノ地ノ事ナリ。東鑑ニ。建保六年。七月九日右京兆義時《ヨシトキ》。大倉郷ニ一堂ヲ建立シ。運慶カ所造ノ薬師ノ像ヲ安置ス。同年十二月二日供養ヲ遂ラルトアリ。又建長二年。二月八日。相州時頼《トキヨリ》。大倉《ヲホクラ》ノ薬師堂ニ参ラル。又同三年。十月七日薬師堂谷《ガヤツ》焼亡。二階堂ニ及フ南ノ方宇佐美《ウサミ》判官ガ荏柄ノ家ヨリ到ルトアリ。又帝王編年記ニ。義時建立ノ薬師堂。号大倉新御堂トアリ。然レハ當寺建立ノ前ヨリ。薬師堂有シト見ヘタリ。今七貫百文ノ御朱印アリ。鶴岡ノ二ノ鳥居ヨリ。當寺マテ。十四町バカリアリ。

梁牌銘

今上皇帝。聖壽無疆。天下元黎。淳風有道。異國降伏。昌熾祈之法場。伽藍常住。轉不窮之法輪。人々歸敬三寶。國々歌楽太平。敬白征夷大将軍正二位源朝臣尊氏謹書。左ノ方ニアリ
征夷将軍。冠蓋一天。武威統於萬邦。榮運及於億載。梵宇固基。至慈尊之出世。法燈無盡。照徧界之重昏。衆僧和合。諸天擁護。敬白。文和三年。十二月八日。住持沙門思淳謹誌。右ノ方ニ有。尊氏自筆ヲ染ルノ由。證文アリ。此梁牌ハ修理ノ時ノ年号也。

寺寶

不動ノ畫像　壹幅三尊。八千枚五十餘度ノ行者智海。七十餘歳ノ書之下ニ判アリ。智海ハ。心慧ノ諱ナリ。
伽藍ノ目録　壹幅。嘉元四年。四月廿一日。開山住持心慧書。下ニ判アリ。
年中行事　壹巻。思淳筆。
已上

地藏堂　額。大地藏殿。膝ニ永禄十二歳己巳。十月二

十四日トアリ。大地殿ノ三字ハ八《バ》分《フン》字《ジ》ナリ。昔《ムカシ》ノ額《ガク》ハフルクナリテ。作《ツク》リ直シタル物ナリ。傍ニ芳春院李龍周興新ニ造ル旃トアリ。地藏ヲ。俗ニ火《ヒ》焼《タキ》地藏ト云フ。鎌倉年中行事ニハ。黒地藏ト有テ。持《モチ》氏《ウジ》参詣ノ事ミヘタリ。相傳フ此地藏地獄ヲ廻リ。罪人ノ苦《クルシ》ミヲ見テタヘカ子。自ラ獄《ゴク》卒《ソツ》ニカハリ火ヲ焼《タキ》。罪人ノ焔《ホノホ》ヲヤメラルヽトナリ。是故ニ。毎年七月十二日ノ夜。男女参詣ス。數度彩《サイ》色《シキ》ヲ加ヘケレトモ。又一夜ノ内ニ本《モト》ノ如ク黒クナルトナン。鶴岡頼印僧正ノ行状ニ。至徳二年。三月二十七日。佐《サ》々木《キ》近江守基《モト》清《キヨ》ヲ使トシテ。頼印僧正ニ被仰云。二階堂ノ地藏菩薩ハ。義堂和尚造進スル所《トコロ》ナリ。建長寺ノ前住椿庭和尚。雖被供養。存スル子細アルニ因テ。重《カサネ》テ開眼供養ノ儀ヲノベラルベシトアリ。此地藏堂建立ノ時。奇事多シ。沙石集ニ見ヘタリ。沙石集ニハ丈六ノ地藏トアリ。鎌倉ノ濱ニ有シヲ東大寺ノ願行上人。二階堂ヘ移スト云リ。

弘法護摩堂ノ跡　山ノ上ニアリ。

棟《ムネ》立井《タテノヰ》　山上ニアリ。相《アヒ》傳フ弘法此井ヲ穿テ。閼伽ノ水ヲ汲《クム》ト云フ。鎌倉十井ノ一《ヒトツ》ナリ。

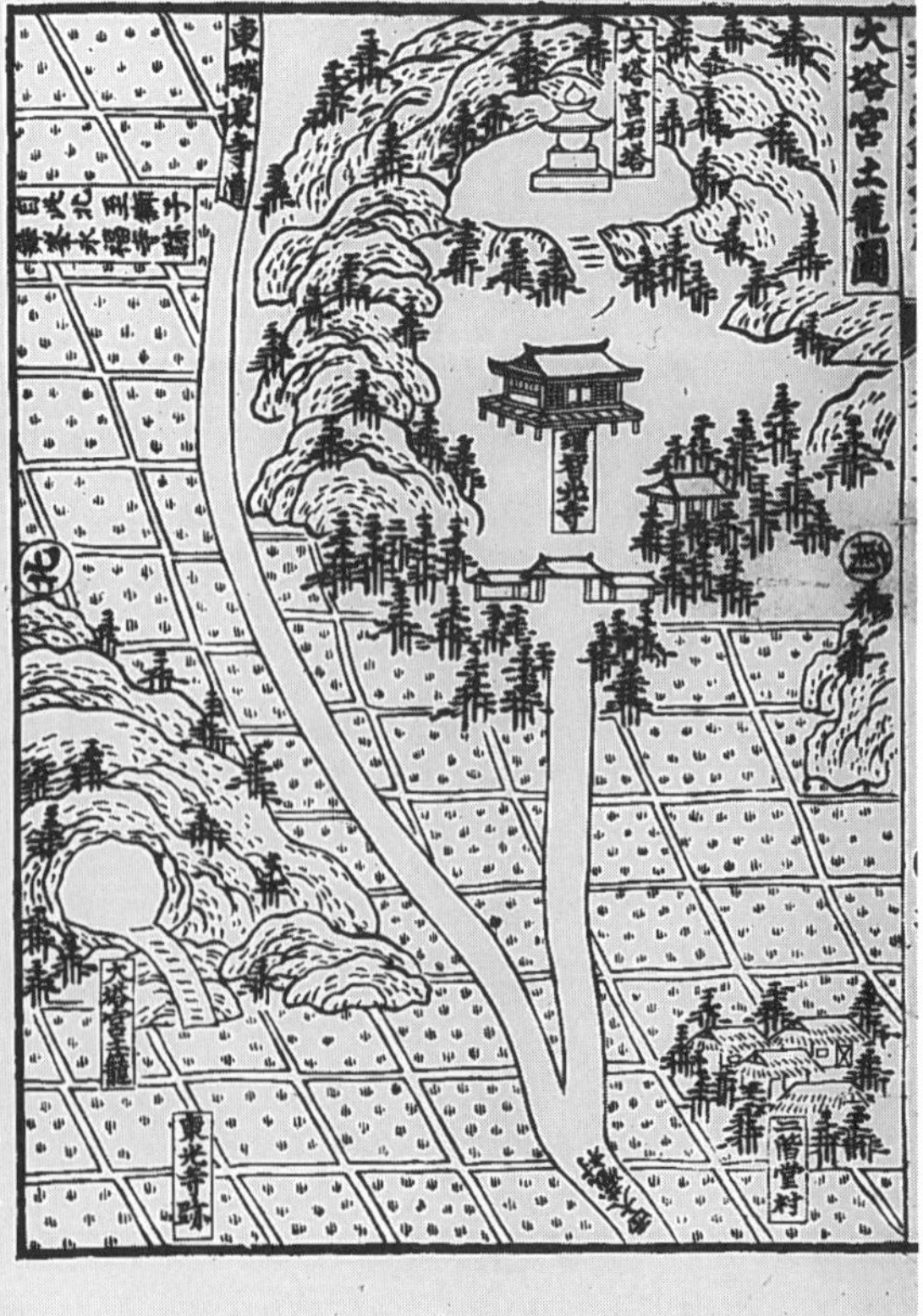

○大塔宮土籠

大《オホ》塔《タフノ》宮《ミヤ》ノ土籠《ツチノロウ》ハ。覺園寺ノ東南。二階《カイ》堂《ダウ》村山《ムラヤマ》ノ麓ニ有。二段ノ石窟ナリ。内ハ八疊敷バカリモアリ。太平記ニ。建武元年。五月三日。大塔宮ヲ。足《アシ》利《カヾ》直義《タヾヨシ》ウケ取《トリ》。鎌倉ヘ下シ奉《タテマツリ》テ。二階堂《ダウ》谷《ガヤツ》ニ土籠《ツチノロウ》ヲ塗《ヌリ》テゾ置《オキ》参《マヰラ》セケル。後ニ亂起《ヲコル》ニ及テ直義《タヾヨシ》。淵《フチ》邊《ベ》伊賀守義博《ヨシヒロ》ニ命シテ云《イハク》。始終讎《アタ》トナラセラルベキハ。兵部卿親王也。御邊《ゴヘン》ハ急キ藥師堂谷《ガヤツ》ヘ馳《ハセ》歸テ宮《ミヤ》ヲ刺《サシ》殺シ進《マイラ》セヨト下知セラレケレバ。義博《ヨシヒロ》馳《ハセ》テ承《ウケタマハリ》候トテ。建武二年。七月廿三日ニ弑《シイ》シ奉《タテマツ》ル。御首《クビ》ヲバ藪ノ中

へ投入タリシヲ。理致光院ノ長老。荼毘ノ事營《イトナ》ムト
アリ。則チ此ノ所ロナリ。石塔ハ理智光寺ノ山ノ上ニアリ。
按スルニ。通鑑ニ。北齊王高洋。其ノ弟永安王浚《シユン》。上黨
王渙《クワン》ヲ收《トラヘ》テ。皆ナ盛ニ鐵籠ヲ以テシ。地牢《ヂラウ》ニ置ク。飲食溲
穢共ニ一所ニ在リ。又高湛。祖珽ヲトラヘテ。桎梏シテ。地
牢ノ中ニ置ク。夜蕪菁ヲ燭《シヨク》トス。眼《マナコ》為ニ熏《フス》ベラル。是ニ因
テ明ヲ失《ウシナ》フトアリ。所謂ル地牢ハ。土ノ籠《ロウ》ナルベシ。異域ニ
モ有ル事也。然レトモ洋《ヤウ》ヤ湛《タン》ハ。君トシ兄トシテ。其ノ弟其
臣ヲ囚《トラ》フ。直義《タヾヨシ》ハ。臣下トシテ。親王ヲ弑《シイ》セリ。滔天ノ
罪悪。誅戮ノガルベキニアラズ。

○東光寺舊跡

東《トウ》光《クワウ》寺ノ舊跡ハ。大塔ノ宮土ノ籠ノ前ノ畠《ハタケ》也。醫《イ》王《ワウ》山《ザン》ト
號ス。開山ハ秀《スウ》考《カウ》。鎌倉大日記ニ。建武二年。七月廿
三日。兵部卿ノ宮。直義《タヾヨシ》ガ為《タメ》ニ。東光寺ニ於テ生害セ
ラルトアリ。竺仙録ニ。貞和三年。七月二十三日。日
本國。相模ノ州。鎌倉縣。東光禪寺ノ住持比丘友桂。
國朝ノ為《タメ》ニ寶塔ヲ建立ストアリ。空華集ニ。義堂。東
光寺ニテ。大塔ノ宮ヲ弔《トムラ》フノ詩アリ

東光ニ弔フ大塔兵部卿親王ヲ　義堂

塔影稜々トシテ半入ル雲ニ。王孫曾テ此ニ洒ク啼痕ヲ。獄中ノ劔
氣衝テ天ヲ起ル。門外ノ兵塵蔽テ日ヲ昏シ。山鳥作ス驚ノ龍鳳ノ
質。野童那ゾ識ン帝王ノ尊。興亡ハ不上ラ禪僧ノ眼ニ。只見ル
靈光ノ巋トシテ獨リ存スルヲ

○永福寺舊跡

永福寺《ジ》ノ舊跡ハ。土ノ籠《ロウ》ノ北ノ方ナリ。昔ノ二階堂ノ跡ナリ。
里俗ハ。山《サン》堂《ダウ》トモ。光堂《ダウ》トモ云フ。田ノ中ニ礎石今尚
存ス。俗ニ四ツ石。姥《ウバ》石《イシ》ナトト云アリ。東鑑ニ。文治五年
十二月九日。永福寺ノ事始也。奥州ニ於テ。泰衡《ヒラ》
管領ノ精舍ヲ御覽ゼシメ。當寺ノ華構ヲ企テラル。

彼ノ梵閣等並宇ヲ之中。二階堂アリ。大長壽院ト號
ス。東コレヲ摸セラルニ依テ。別シテ二階堂ト號ス。建
久三年。十一月廿日。營作已ニ其ノ功ヲ終フ。御臺《ミダイ》
所《ドコロ》御參《ゴサン》トアリ。其ノ外池ヲホリ。阿弥陀堂。藥師堂。三
重ノ塔。御願寺等建立ノ事アリ。元久二年。二月。武
藏ノ國土袋ノ郷ヲ。永福寺ノ供料ニ寄ラルトアリ。貞
永元年十一月廿九日。賴經將軍。永福寺ノ林
頭ノ雪覽《ミ》給ン為ニ渡御。倭歌ノ御會アリ。但シ雪
氣雨脚ニ變スルノ間。餘興未ダ盡キズシテ還御ス。路次
ニテ判官基《モト》綱申シテ云ク。雪為ニ雨ノ無シ全キ。武州泰《ヤス》

時《トキ》コレヲキカシメ給ヒ。仰《ヲホセ》ラレテ云ク。アメノ下《シタ》ニ。フレバゾ雪ノ色モ見ルトアレバ。又基綱《モトツナ》。三笠《ミカサ》ノ山ヲ。タノムカゲトテトアリ。梅松論ニ。義詮《ヨシアキラ》御所《ゴショ》。四歳ノ御時。大將トシテ。御輿《ミコシ》ニメサレテ。義貞《ヨシサダ》ト御同道有テ。關東御退治以後ハ。二階堂ノ別當坊ニ御座アリシ。諸士悉《コトゴト》ク四歳ノ若君《ワカギミ》ニ屬《ゾク》シ奉《タテマツ》リシコソ目出《メデタ》ケレトアルハ。此寺ノ別當坊也

○獅子巖

獅子《シシ》巖《ガン》ハ。永福寺舊跡ノ北。山ノ嶺《ミネ》ニアリ。巖ノ形獅子ノ如クナル故ニ名ク。護法錄ニ云。浦江縣ノ東南三十五里ニ有山。俗其形蹲踞シテ。獅子《シシ》ノ如ナルヲ以テ。獅子岩《シシガン》ト云フ。異國本朝事相似タリ。俚語ニ。二階《ニカイ》堂獅子舞《シシマイ》ノ峯《ミネ》ト云ナリ。昔ハ永福寺ノ内ナリ。永福寺ノ内ニ。二階堂有テ。繁昌ノ時ハ。寺内廣シテ。此邊ヨリ遥カ東南ノ村マデヲ。今ニ二階《カイ》堂村《ダムラ》ト云ナリ。此獅子巖ヨリ南ノ方。永福寺ノ礎石ノ有所ヲ考ヘ見ルニ。東鑑ニ。正嘉元年。八月十八日。陰陽師等。未明ニ西御門ノ山ニ登テ見レバ。時ニ殘月在リ酉。日ハ出ツ東ニ。彼是ノ方角ヲ糺《タダ》セバ。最明寺永福寺ハ。卯酉《ウトリ》ニ相當リ。大慈寺ト最明寺トハ。辰戌《タツイヌ》ニ相當ルト有。今我ガ相公ノ命《メイ》ヲ銜《フク》シテ。此志ヲ編纂《ヘンサン》ノタメニ此地ニ來リ。彼山ノ上ニ登リ方角ヲ見レハ。實ニ此獅子巖ノ山ノ南ノ方ヒ。禪興寺トハ。正東西ニ相當ナリ。

○理智光寺

理智光寺《リチクワウジ》ハ。五峯山理智光寺ト號ス。土籠ノ東南ナリ。太平記ニハ。理致光院トアリ。本尊ハ阿弥陀。作者不知。腹中ニ名佛ヲ藏ムル故ニ。俗是ヲ鞘阿弥陀ト云フ。開山ハ願行。牌ニ當寺開山勅謚宗燈憲静宗師トアリ。願行ノ牌ナリト云フ又大塔宮《タフノミヤ》ノ牌アリ。没故兵部卿親王尊霊ト有。裏《ウラ》ニ建武二年。七月廿三日トアリ。此牌ハ淨光明寺ノ慈恩院ニ有シヲ。理智光寺ニアルベキ物也トテ。慈恩院ヨリ當寺ヘ移シ置《ヲク》也。

大塔宮ノ石塔　山ノ上ニアリ

鑪場《タタラバ》　西ノ方ニアリ。願行。大山《ヲホヤマ》ノ不動ヲ鑄タル所也ト云フ。按スルニ。此所ハ。胡桃山《ゴドウザン》大樂寺ノ舊跡ニ近シ。

○永安寺舊跡

永安寺《ヱイアンジ》舊跡ハ瑞泉寺ノ門外右ノ谷ナリ。永安寺ハ。源氏滿《ウヂミツ》ノ菩提所ナリ。氏滿ヲ永安寺壁山全公

ト云。應永五年。十一月四日ニ卒ス。開山ハ曇芳和尚諱ハ周應。夢窓國師ノ法嗣也。建長寺瑞林菴ノ元祖ナリ。永享十一年。己未。二月十日。持《モチ》氏《ウヂ》。此寺ニテ自害セラルト云フ。

加賀文庫
1790
4
二之下

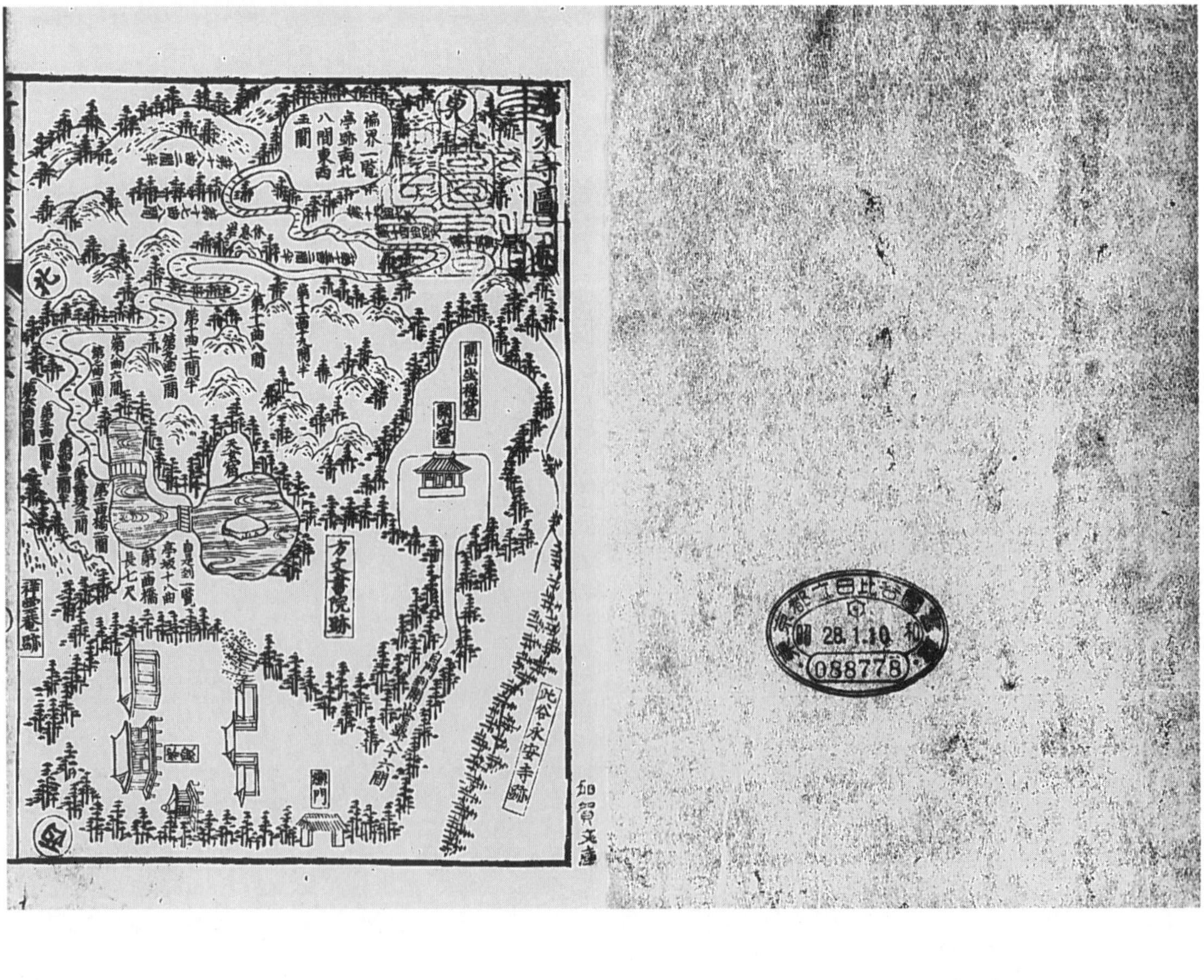
偏界一覧亭跡
南北八間東西三間
方丈書院跡
自是到一覧亭凡十八曲
第一曲橋長七尺
北谷永安寺跡
加賀文庫
28.1.10
088778

○瑞泉寺

瑞泉寺《ズイセンジ》ハ理智光寺ノ東北ニアリ。錦屏山《キンペイサン》ト號ス。關東十刹ノ内ナリ。源基氏《モトウヂ》ノ建立ナリ。基氏ヲ瑞泉寺玉岩昕公ト號ス。貞治六年四月二十六日卒去ナリ。開山ハ夢窻國師。本尊ハ釋迦。作者不知。寺領三十八貫文ヲ附ス。圓覺寺御朱印ノ内ナリ。鶴岡ノ一ノ鳥居ヨリ十四五町ハカリ有。

開山塔　總門ヲ入、右ノ方山際《ヤマギハ》ニアリ。夢窻國師ノ像。并ニ源基氏《モトウヂ》同氏滿《ウヂミツ》ノ像アリ。

坐禪窟　開山塔ノ後《ウシロ》ニ大ナル巖窟アリ。夢窻國師ノ坐禪セシ所ナリ。

徧界一覽亭跡《ヘンカイイチランテイノアト》　坐禪窟ノ上ノ山ニアリ。登ル事十八曲ノ坂ナリ。夢窻國師此亭ニテノ歌アリ。云ク。前モ又カサナル山ノイヲリニテ。コズヘニツヾク庭ノ白雲。此外諸名僧ノ詩等多シ。左ニ記ス。

一覽亭記

名區勝槩。充塞宇宙。天慳地祕。常惜於人。唯淺根上智。旁捜遐討。探玄剔賾。得司其要者爲。相陽之東。有紅葉谷。紆嶺而上。一牛鳴地。入錦屏山下。流泉琳々。前淨智夢窻石禪師。疊岩嵌地。刱瑞泉練若以居。前峯後洞。巧奪造化。洞之西。晷杓横空。風磴委蛇。盤回十八曲。至絶頂。翼然新亭。名之曰徧界一覽。暇日招予臨眺。其上大笑哉。屏張障列。若是其周回也。前有巨溟。浸天萬頃。一碧。海外嵬嵬而傑出者皆根。走湯。神山欝然。左有長谷。圓通大士闡化之境。右當富士。雄盤亙數百里。立空數千仞。積太古雪。突兀雲際。鶴岡靈山。則又分其次焉。且夫山川融結。高低遠近。各不相知。能司其要者。俾衆美奔趍。如挹如獻。千奇萬怪。雖然前陳使天不能慳而地不能祕。其幽花異卉。爛熳葦萋。雲數錦覆。香風遠吹也。方春之時。登斯亭也。則使人覩色明心。聞香入理。珍林寶樹。翹幢偃蓋。紫翠浮空。岩巒秀潤。方夏之時。登斯亭也。則使人增神育志。長養聖胎。霜露既降。楓林盡赤。商飆凄吟。來鴈叫雲。方秋之時。登斯亭也。則使人精爽飛越。覺天明朗。大雪新霽。凍日出海。諸峯璀璨。萬象寒色。方冬之時。登斯亭也。則使人還源返本。歸復實際。然則斯亭者。淅徒為縱遊觀之樂而作也夫。嘗試論之。十虚無間之謂遍。心所至極之謂界。殊途同歸之謂一。境與神會之謂覽。嘆此予之所謂人々者也。若夫包二儀超三界。育萬物空象像。則山中主人。獨而有之。又非人々之所能知也。主人謝請以爲記。嘉暦四年已巳。修禊十日。巨福山人清拙正澄撰

遍界一覽亭　　夢窗國師

天封尺地許歸休。致遠鈎深得自由。到此人人眼皮綻。河沙風景我爲廋。

題瑞泉一覽亭　　唐人旭元明　出日工集

欄干縹緲錦峯頭。塊視三山與十洲。翠玉一峯知華岳。青煙九點見齊州。無窮雲接蒼梧晩。不盡波涵碧海秋。便欲題詩招李白。御風騎氣共仙遊。

春日遊一覽亭　　曲江繼趙

路蹐層々登翠微。上頭亭子勢如飛。春風吹散宿雲霧。花柳千山錦一機。

和夢窻和尚遊一覽亭韻　　四明梵仙

歴到青雲最上頭。叫開閶闔作同遊。下方刹土無央數。消得凭欄一轉眸。

題遍界一覽亭　　前人

刹海三千在面前。天風扶掖倚闌干。眼高自覺乾坤小。不欲迢々著意看。

和夢窻和尚遊一覽亭韻　　建長楚俊　号明極

捫蘿陟近碧峯頭。賓主歡呼樂勝遊。物象爲供詩料用。呈奇獻巧奪人眸。

題遍界一覽亭　　前人

絶頂凭欄境物新。重々雲海浩無垠。眼觀爭似心觀好。一念超過兆刹塵。

同　　瑞鹿山人清拙正澄

徧若虚空極周普。界亾限劑超方所。一瞖絶存花亂舞。覽不在眼爲真觀。四重樞要闢天府。衆彙提々任旁午。析出精明開肺腑。直須拔剔淫頭數。東弗于逮擣萬鼓。西瞿耶尼走龍虎。南閻浮提廓庭宇。北欝單越眇寸土。部洲雙々如累黍。鄙彼東山徒小魯。新亭爽塏名蓋古。巧奪真宰泣難禦。手攀星辰與天語。

天壓鼇破勿愁苦大叫女媧吾語女。雲根五色急鍊補達人化境循此擧。元氣溟濛日呑吐。禪居說偈似亭主。主翁點頭一笑許。直千萬世付仰類。

又　　前人

迎闔山川入瀲藍。宛如帝網互交參。頂門亞堅摩醯眼。貶上眉毛落二三。

同　　東明慧日　塔曰白雲菴

脚力不辭窮到頂。憑欄方覺眼頭寬。平蕪盡處青山外。白鳥明邊正若看。

同　　南山士雲　塔曰傳宗菴

萬疊巒上尺闌干。收盡百城煙水寒。若使善財最初到。何須南走歷艱難。

同　　雲屋慧輪　塔曰長壽院

望眼入雲天地寬。大千曾不隔毫端。空餘午夜一輪月。誤作洞庭畫裏看。

同　　嶮崖巧安　塔曰悟本菴

一峰正露半空間。孤峻淸高絕頂寒。眼力窮邊休着意。古今一世似天寬。

天岸慧廣　佛乘禪師

天開靈秀神開祕。盡遠窮高向上關。未解諸塵三昧起。莫辭來此倚闌干。

同　　孤雲慧約　常照國師

晴拂海天山潑翠。八埏九野絕遮欄。衲僧好令通天眼。不作師顏咫尺看。

同　　此山妙在　塔曰定正院

登臨一十八盤巒。跕盡逢巓倚曲欄。無數劫微塵佛刹。沙門雙眼裏親看。

同　　東陵永璵　塔曰東雲菴

跕紆百褶入層雲。絕頂春和景物新。南望雪山瀛海北。諸峰點點一微塵。

同　　石室善玖　塔曰金龍菴

南岳祝融穿碧落。昔年騰蹈望扶桑。錦屛一覽三千界。雲漢撞眸眇大唐。

同　　河南雲樵陸仁造

日本諸山秀可觀。錦屛尤是好峯巒。乾坤一覽無餘界。雲霧長連十八盤。瀑瀉岩前明似練。葉飛谷口湿如丹。炎時絕頂究幽勝。試向危亭共倚欄。

同　　鑑翁士昭　東福寺

孤峯頂上坐當軒。異境靈蹤總現前。眼裏瞳人著通變。神光照徹盡乾坤。

同　　慈洞

欄干高聳入雲端。坐斷乾坤表裏寬。窮到上頭親着眼。大千不隔一眸間。

同　　雲山智越　浄妙禅昌菴

層簷翼翼叢林端。前接雲天後倚山。下視諸方皆嗒嘆。徽讙直透上頭關。

同　　關東元古

無數恒河沙刹境。自它元不隔毫釐。頂門眼照四天下。正是當軒大坐時。

同　　大渡曇儀

高高峯頂立門風。獸倚危闌望不窮。萬里江山絶邊表。都來收在寸眸中。

同　　越山曇悢

曲徑縈回十八盤。登臨光處倚闌干。微塵刹土無邊境。六合雲收望眼寬。

同　　曇昌

錦屏山頂勢高寒。躋攀登危天地寬。終日凭欄回首處。塵毛刹海到眉端。

同　　妙縁

地靈人傑異人間。妙處分明到者難。觀盡海山千萬疊。無邊刹境在毫端。

同　　墨田光一

坐斷高高最上峯。闌干下視十方空。塵塵刹刹不曾隔。都在沙門雙眼中。

同　　武城曇眷

簷翼崚層接漢天。上頭關在碧峯巔。倚欄送目窮邊表。收盡三千及大千。

同　　伊北嘉運

着屋最高峯頂看。眼光通塞四維裏。好生觀也好生觀。大地山河歸自己。

同　　無惑良欽

憑高軒檻壓蒼崖。到此登臨眼豁開。要看大方無外處。莫嫌盤道太縈回。

同　　汝知

軒窓開豁碧峯頭。踞繞岩限境致幽。到得個中休歇地。茫茫宇宙寸眸收。

同　　筑波晋傳

層簷接漢勢如飛。天末雲收夕照微。眼底頭

空塵刹海。當頭薦取目前機。

同　　鳳城　曇林

透得孤危那一關。天開圖畫絶遮欄。眼頭高掛青霄外。下視洪荒八極間。

同　　建長　本心

宗匠機關在上頭。令人高歩樂清遊。貪觀不忍下山去。盡十方空一目收。

同　　巖島　士瓊

極目推原毫髪間。碧崔嵬外更無山。乾坤盡覆多少景。向此軒中正好看。

同　　西都　祥岩

大千捏聚一塵微。同青方知宇宙低。空盡眼頭無所有。金烏玉兎自東西。

同　　仁均

豁開雙眼望中寛。閲盡風光歇倚欄。本自十方無壁落。微塵刹土現眉端。

同　　良昇

石徑縈迂上翠巓。高人看屋縦遐觀。眼頭到處無遮障。日月星辰在曲欄。

同　　豊城　可竹

山重重又海漫漫。塵刹都來眨眼間。見得分明非見見。失誰高倚曲欄干。

同　　聰壽

塵塵刹刹盡乾坤。都在我儂心目間。莫倚欄干上機境。超過物外好生觀。

同　　元澗

向上機關觀撥透。乾坤無處覓封疆。寸眸未眺危欄外。塵刹明明不覆藏。

同　　懷義

捱到懸崖萬仞巓。當頭著屋敷椽寛。十虚衣隔絲毫許。只在欄干咫尺看。

同　　西都　宗竺

天何高也地何寛。多是紛紛錯倚欄。雙眼豁空超物外。盡微塵刹一毫端。

同　　相陽　圓詢

危欄側立望何窮。鳥道玄機無路通。一對眼睛烏律律。層巒疊嶂揷青空。

同　　山陽　曇晟

石磴重重到上方。憑空架屋勢如翔。當頭極望乾坤外。萬象森羅迴不藏。

同　東關聰文

面々峯巒翠作堆、目前無地著塵埃、十洲三島欄干外、何事赤松招不來。

同　仁與

高聳崔嵬到上頭、青霄雲外遠窮眸、海山盡是欄干物、不用馳神極隱幽。

同　宗山

亂山重疊倚危巒、路陟層雲弐風晴。徙倚曲欄雙眼活、大千初不隔毫端。

同　良權

茫々六合絶封疆、誰倚欄干對夕陽、四大部洲塵刹境。一毫頭許不曾藏。

同　宏章

分寸躋攀上碧巔、曲欄干外接雲天。擡頭萬里風烟闊、眼底寥々眇大千。

同　瑞香

崎嶇石磴入青雲、只擬身同天上人、歇倚危欄舒望眼、須弥百億等微塵。

同　信峯真獻

天路縈盤十八回。無邊境致畫圖開、主翁眼裏乾坤闊、明月清風入座来。

同　鎌倉元矩

眼力勞扵脚力勞、坤維面々勢周遭。不關天下秋毫小、自是岩房立處高。

同　宗胤

絶巔着屋傍雲衢、萬里山川是有無、開得通方作者眼。眇然天地一蘧廬。

同　聰真

危欄曲々倚雲霄、立處高時眼亦高、望外更無纎隙地。等觀天下若秋毫。

同　鳳城道州

盡十方空塵刹境。明々只在屋簷頭。更無毫髮可遮掩、剔起眉毛落二籌。

同　正詢

路遶山腰取次攀、門欄占斷上頭關。盡扶桑國周遭境。不出當人指顧間。

同　文祖

樓到凌空萬仭峯。踞尾峭壁嶮崖通、神様客運無方所、塵刹收歸一目中。

同　不破宗璨

崎嶇峭峻路盤回。行到層巓霽色開。下視千峯倚欄立。盡乾坤内景皆來。

同　西都宗器　南禪徳雲巻廷用和尚

海闊山高遶四圍。曲欄干上景無遺。眼前歴歴空宇宙。天外回頭更是誰。

同　東都元菴

巍巍峰頂絶遮欄。静坐當軒四望間。意在目前誰了郤。普天帀地一闌干。

同　武林慈懐

四顧寥寥無際涯。覆天日月遶簷牙。眼中不着絲毫瞖。大地山河空裏花。

同　紹弥

路繞羊腸進歩難。飛欄高聳白雲間。不藏天下於天下。萬象都盧一目看。

同　全珠

絶頂高寒路嶮難。十方空洞等閑看。除非到此倚欄者。餘外豈知天地寛。

同　妙珂

頂峯新護曲欄干。峭峻門風登者難。空盡眼前無限境。都盧收在一毛端。

同　希醒

攀崟躋危到絶巓。悠然獨倚曲欄邊。豁開一雙通方眼。四顧分明極大千。

同　志純

萬仞孤峯嚴數峯。靈蹤幽奇在其中。我來終日凭欄立。刹海重重眼底空。

同　宗昭

萬頃烟波千朶峯。收來盡在兩眸中。河沙刹土浮幢表。只向門頭戸底通。

同　俊透

已眼豁開心路通。大千曾不隔針鋒。恒河沙數微塵境。收在自家方寸中。

同　刑部正意

羊腸山路躡雲登。窮到孤峯最上層。已眼豁開天地闊。倚欄渾欲使飛騰。

同　西都智信

歴盡孤危曲徑通。欄干倚望細推窮。無邊廣大塵毛刹。究竟那離當念中。

同　鶴峯晋佐

等閑躡着通霄路。歇倚天邊十二欄。欲識毘

盧真浄體當頭還向此中觀。
同　　得定
金烏玉兎遶欄干。到此方知宇宙寛。不用遐
観重矯首。騰身踊躍入雲端。
同　　東海竺元
峭峻門庭著脚難。放開線路與人看。塵々刹
刹無邊境。盡在眉毛眼睫間。
同　　天台希融
乗閑絶頂倚層欄。縦目山川隠約間。倏尓欲
空乾像外。須弥百億念中觀。

同　　智明
乗興躋攀不覺疲。路頭布畛與分危。無邊刹
境供雙眼。只許通玄長者知。
同　　天府志玄 天龍二世無極和尚塔曰慈濟
琪樹瑤花遶路開。縈回石磴上崔嵬。山川萬
里歸青睫。放下何妨歌去來。
同　　甲州宏友
空断屏峯最上層。擬眺萬境競頭争。欄干十
二晴雲外。大地山河鎖眼睛。
同　　相陽文部

海闊山遥迴接空。推青流碧累重々。脚頭不
動危欄上。遠近洪纖印兩瞳。
同　　三笠興運
絶巓攀出曲欄干。向上門庭進歩難。脚力窮
邊雙眼闊。東西南北在毫端。
同　　關山祖燊
天門巨闢最高巓。四顧寥々廓大千。遮莫諸
峯争崄峻。座中齊在脚頭邊。
同　　武原諒孚
錦屏畫出綺窓幽。山水如麻亂入眸。一十八

盤難進歩時人莫向半途休。
同　　龜山與悦
雲中透出錦屏山。數曲朱欄縹渺間。漢々大
方本無外。招来天下與人看。
同　　丹山士令
横嶺飛甍接亂峯。望州烏石巧相同。森羅萬
象齊相見。見後休前兩眼空。
同　　不破圓遇
六角洞達飽天風。雲外猶疑有路通。滄海無
邊山萬疊。一雙眸子瞭然空。

同　　　信夫樂粟

峯勝層曲到通玄隱々朱甍露絶巓是我平
生雙眼快未曾見此遠風烟

同　　　豐田德彩

絶頂連雲緑勝藍當軒富士若終南怡然縱
目乾坤外華藏遊窮一十三

同　　　月下清源

欄干十二萬峯頭圖畫天開四望周人境俱
忘休歇去塵々刹々盡雙眸

　　　　桂柄正因

錦屏高出四無垠多少凭欄悵望人未至衲
僧真見處山河大地眼中塵

同　　　博多士閣

勝地多應當偉觀遠臨天外近東關頂門敲
瞎摩醯眼海色平吞萬疊山

同　　　長崗通川

倚空華構冠東州彈壓人間百尺樓但見眼
中天下小不知身在最高頭

同　　　秩父士誾

奥域靈區豁閟幽四隣之外絶遮欄當軒大

坐忘身世下視塵毛刹海間

同　　　望月懷珠

雲連危構夏中寒泥視三千刹海寛看至無
邊無際處不知月上玉欄干

同　　　武原宏先

曲欄干下宿雲屯海疊山重在脚跟見々之
時見無見眼皮不動蓋乾坤

同　　　三谷友丘

面々軒囪入望舒八紘平遠是庭除眼光爍
破四天下人在虚空背上居

同　　　鳳城德芙

雲錦屏風向上關欄干十二碧青天海山第
一扶桑景萬里如圖在目前

同　　　古渡德圓

十八盤頭獨倚欄山重々也海漫々揚修幼
婦如知妙登陟莫辭行路難

同　　　相山正參

脚力窮邊到歇場大千提舉置禪床悠然眼
蓋乾坤外萬里江山未是長

同　　　直江禮智

雲背登〻路詰盤。座中乃有此江山。危欄掛
在蒼穹上。八極風光透眼寒。
同　　新田旨的
不知何處是窮邊。盡十方空在目前。休去更
須重歌去。莫將白眼望青天。
同　　梅谷善應
去得休時且放休。大千之外擲雙眸。青鞋布
襪娘生脚。踏此何須更遠遊。
同　　輪江文昌
始破天慳詫海東。好山環翠聳蒼穹。無邊塵

刹煙雲景。走入危欄一曲中。
同　　帆山士昂
峯巒賁翠入層欄。座上重衾又覺單。歷〻八
紘雖在目。通法作者始能看。
同　　不破至德
全身坐斷上頭關。白鳥明邊兩眼寒。水萬支
兮山萬疊。等閑塞破玉欄干。
同　　天山士悦
相攸卜築此峯頭。豈比尋山買沃洲。收捨大
千入毛孔。不移寸歩眼中遊。

同　　大山妙超
玉欄之上與天通。百億山河在掌中。見後不
須重再見。人〻眼裏有青瞳。
同　　日光圓昌
無邊刹境悉圓融。入眼穿知眼識空。萬里乾
坤何太窄。巍〻獨座主人翁。
同　　相陽景恩
海濤峯樹碧重〻。兩袖清風坐半空。帝釋中
藏三隻眼。豁空南北與西東。
同　　西都士圭

不立孤危闘要關。倚欄終日伴雲間。擬踐箇
裡分疆域。却墮懸崖峭壁間。
同　　京師妙受
向下應須向上看。灼然到頂自平寬。白雲喝
散當軒坐。海岳三千在睫端。
同　　羽山宏雅
高架層欄最上頭。十虚周普座中收。瞖生眼
裡空華墜。到此何如暫歇休。
同　　武陵妙謙　塔日如意
十方虚空入眼睫。睫〻普入十方空。大地山

河是甚麽簷前鐵馬吼天風。

同　齊宮寛會

疊嶂連天蒼碧寒。白雲擎出玉欄干。孤笻到此暫休歇。便覺胸中宇宙寛。

同　相陽契珣

老樹飛崖屋似懸。不知身在最高巓。天無四壁地無戸。眼裡瞳人入大千。

同　相陽妙慧

層霄之外掛危欄。日月星辰遠座間。傾盡滄溟來洗眼。開窓我欲看青山。

同　赤城妙策

雲軒高峯碧峰頭。相見誰言在望州。四面開窓窮八極。大千全是海中漚。

同　越山祥津

眼空四海獨凭欄。萬象堂ゝ天地間。意在目前無外法。山連碧水水連山。

同　吉水良聰　建仁開漢和尚

通霄向上路頭長。華扁粧雲墨暈香。雙眼明邊情興遠。笑拈藤蔓絆斜陽。

同　西都士顚　東福卍菴和尚

飛磴連雲十八盤。青雲在近手堪捫。窓前踢倒煎茶水。富士峯頭白浪翻。

同　日光妙安

高低遠近起峰巒。八表無邊取性看。雲外眼睛鳥律漾。虚空撥下掛欄干。

同　名越守簡

遊息閒登萬仞峰。十方坐斷眼頭通。也知心外元無法。看到青山綠水中。

同　相陽下生

心隨境轉境非真。境逐心忘心是塵。盡十方空俱殞滅。可中方稱倚欄人。

同　武原奇英

萬疊遥岑分蟻垤。無邊巨海眇蹄涔。也知地位界高廣。歴ゝ三千屬下臨。

同　大原奇宣

歌步丹霄目力高。大千元不隔秋毫。衆人途路永休歇。地北天南盃自勞。

同　關東志董

獸倚欄干眇大千。眼中歴ゝ彩山川。外觀無物内無我。屋角松濤吼半天。

同　　五臺ノ普紹
懸崖峭壁要人行。欲到毋辭努力登。華藏重重歸眼底。誰知身在碧雲層。

同　　長峰ノ禅鑒
等視乾坤没兩般。飛鳥走兔遶欄干。不徒絶頂施床座。只貴人〻向上看。

同　　會津ノ上闡
雲外凭欄看〻高。古今十世鏡難逃。有時手捉天邊月。打落虚空背上毛。

同　　西都ノ義沖
九層雲上足遐觀。誰信蟭螟眼裏寛。搏取浮幢王刹海。重〻掛在玉欄干。

同　　那須ノ妙松
蜀錦屏風白玉欄。回頭已在碧雲端。眼妙十日無遺照。萬象收歸粒粟寛。

同　　秋山ノ妙竺
四簷雲片作簾櫳。北斗藏身萬象空。含眼黄昏開眼晝。恒沙刹土在胸中。

同　　大原ノ妙瓊
朶〻青山開歩障。重〻滄海入庭除。倚欄供望人無數。墻壁休將夾大虚。

同　　象先ノ文岑
寶坊結構着奇功。幻出風軒入半空。峭壁巉崖通得路。好山萬朶寸眸中。

同　　越山ノ圓旨
立處孤高見處寛。定乾坤眼不相瞞。蔟開碧落通霄路。把手同誰倚曲欄。

同　　關西ノ紹榮
四簷高出白雲頭。萬象挺然自獻酬。芥視三千大千外。莫將雙眼限閻浮。

同　　富士ノ真燈
翼〻飛簷聳碧岑。凭欄曲〻礙星辰。有時送目青霄外。華藏重〻總是塵。

同　　高橋ノ印元
大地撮来針眼大。等閑抛向几前安。虚空瞥首須弥舞。打鼓何妨普請看。

右詩歌一巻トシテ一覧亭集ト名ク。巻末ニ曰ク。一覧亭ノ事跡。正覺國師ノ年譜ニ云。嘉暦三年。戊辰。師在瑞泉。於絶頂構亭。名偏界一覧。額後自記云。嘉暦四禩。己巳。孟春下澣。木訥叟疎石書ス。謹テ按ズルニ嘉暦四年ハ乃元徳初元也。尓来《ショリ》百十二年。遭テ兵難ニ而斯ノ亭無シ絶。實ニ永亨十一年ノ春也。後四歳。嘉吉二年。壬戌。秋七月廿日。命ジテ工匠ニ而創ム事ヲ。八月四日植ツ柱ヲ。同月廿六日落成ス矣。資助悉ク出ル於江湖ノ諸名徳ニ者也。化縁ノ之簿藏ム于文庫ニ。以テ永ク為ス山中ノ盛事ト。住持小比丘古教妙訓謹テ識ス。

○天台山　附 長者窪

天台山《テンダイサン》ハ。瑞泉寺ノ北ノ高山ヲ名ク。此山ヲ天台山ト號スル事。何ノ代ニ名ヅケタルト云事不知。記録モナク。古老モ知レル人ナシ。今按スルニ。将軍家ノ屋敷《ヤシキ》ヨリハ。東北ニテ。鬼門《キモン》ニ當ルユヘニ。京都ノ天台山ニ似《ニ》テ名ケタル歟。山上ニ登レバ。金澤。并ニ江戸ノ海上。道中筋《スヂ》マデ見《ミ》ルナリ。山ノ北ノ谷ニ長者窪《クボ》ト云所アリ。古事未考。

○歌橋

歌橋《ウタノハシ》ハ。荏柄《エガラ》天神ノ馬場サキヨリ。少シ東ノ道ニアリ。鎌倉十橋ノ一ツナリ。歌ノ橋ト號スル事。其イハレ不知。

○文覺屋敷

文覺《モンガク》屋敷《ヤシキ》ハ。大御堂《オホミダウ》ノ西ノ方。頼朝《ヨリトモ》屋敷《ヤシキ》ノ南向《ミナミムカ》フナリ。文覺。鎌倉ニ来テ。此所ニ居ストナリ。東鑑ニ。養和二年。四月廿六日。文覺上人。營中ニ參ス。去ル五日ヨリ。三七日斷食シテ。江島《エノシマ》ニ參籠シ。懇祈肝膽ヲ碎《クダ》キ。昨日退出スト云フ。是鎮守府ノ将軍藤原ノ秀衡《ヒデヒラ》調伏ノタメナリトアリ。文覺ノ傳。元亨釋書ニアリ。

○大御堂谷　附 御堂御所舊跡

大御堂谷《オホミダウガヤツ》ハ。文覺屋敷ノ東ノ鄰。歌橋《ウタノハシ》ノ南向ナリ。阿《ア》弥陀《ミダ》山《サン》トモ云フ。頼朝卿。最初ノ建立。勝長壽院ノ舊跡ナリ。勝長壽院ヲ。南御《ミ》堂《ダウ》トモ。大《ヲヽ》御《ミ》堂《ダウ》トモ稱スル也。東鑑ニ。頼朝。元暦元年。十一月廿六日。營《イトナミ》ノ東南ニ當テ。一ノ靈《レイ》崛《クツ》アリ。仍梵宇ノ營作ヲ企《クワダ》テラル。是先考ノ御廟ヲ其ノ地ニ安スベキノ由。存念《ゾンジ》給フノ間。潛《ヒソカ》ニ此由ヲ後白河ノ法皇へ伺奏セラル。法皇ニモ勲《クン》功《コウ》ヲ感歎シ給フ餘ニ。判官ニ仰《ヲホセ》テ。東ノ獄《ゴク》門《モン》ノ邉ニ於テ。故左《サ》典《テン》廐《キウ》義朝ノ首ヲ尋出サレ。鎌田ノ二郎兵衛ノ尉政《マサ》清《キヨ》ガ首ヲ相副《ソヘ》。江ノ判官公《キン》朝《トモ》ヲ勅使トシテ。是ヲ下サル。文治元年。八月卅日ニ下着ス。二《ニ》品《ホン》頼朝迎へ奉《タテマツ》ン為《タメ》ニ。自《ミヅカ》ラ稲《イナ》瀬《セ》河《ガハ》ノ邉ニ參向シ給フ。御遺骨ヲ。文覺上人ノ弟子ノ僧等。頸《クビ》ニ懸《カケ》奉《タテマツ》ル。同年。九月三日子ノ刻ニ。故左典廐ノ御遺骨。政《マサ》清《キヨ》ガ首《クビ》ヲソヘテ。南ノ御堂ノ地ニ葬《ホウム》リ奉《タテマツ》ル。同年十月廿一日。南ノ御堂ノ本佛ヲ渡《ワタ》シ奉ル。丈六皆金色ノ阿弥陀佛。南都ノ大佛師成《ジヤウ》朝《テウ》。去ル五月廿一日ニ。御招請ニ依テ參向シ。佛像ヲ造立ス。同十月廿四日。御堂供養。導師八本覺院ノ僧正坊公顯。廿《ニジ》口《ク》ノ僧ヲ率《ヒキイ》テ參。堂供養ノ儀ヲ演《ノブ》。御堂ヲ勝長壽院ト號ス。元久二年ニ實《サネ》朝《トモ》ノ時。勝長壽院ノ領。上總ノ國畨《ハン》生《フノ》莊十二箇郷ノ事トアリ。又承久元年。正月二十七日。實朝卿。公暁《ギヤウ》ニ弑セラレ給フ（事ハ前ニ出ス。）廿八日戌《イヌ》ノ刻ニ勝長壽院ノ傍ラニ葬ル。去夜御首ノ在所ヲ不知。五體不具ナリ。依テ昨日公《キン》氏《ウヂ》ニ給ハル御鬢《ビン》ヲ御《ミ》頭《クシ》ニ用ヒ棺ニ入《イ》奉《タテマツ》ルトアリ。今其ノ所ヲ不知。帝王編年記ニ。文暦元年ニ。鎌倉ノ二《ニ》品《ホン》禪《ゼン》尼《ニ》。故右大臣ノ為ニ。高野山ノ内ニ金剛三昧院ヲ建立ス。奉行城ノ入道大《タ》蓮《レン》俗名ハ景《カゲ》盛《モリ》。本尊ハ正觀音也。御身ニ實《サネ》朝《トモ》公ノ遺骨ヲ籠《コメ》トアリ。按スルニ。實朝ヲ火葬ニシタル歟。壽福寺ニモ實朝ノ墳アリ。

御《ミ》堂《ダウノ》御《ゴ》所《シヨノ》跡　今其ノ所不知。東鑑ニ貞應元年。二月廿七日。二《ニ》位《イ》家《ケ》（平政子）勝長壽院ノ奥《ヲク》ノ地ヲ點シテ。伽藍并ニ御亭ヲ建ラル。同年七月廿六日御移《ワタ》徙《マシ》アリ。御堂ノ御所ト號シ。又廊《ラウ》御堂ト號ス。甍《コウ》御《ギヨ》ノ後。此地ニ火葬ストアリ。壽福寺ノ開山塔ニ。二《ニ》位《イノ》尼《アマ》ノ位牌アリ。甍御ノ事モ彼下ニ記ス。

○釋迦堂谷

釋《シヤ》迦《カ》堂《ダウガ》谷《ヤツ》ハ。大御堂ノ東ノ郷ナリ。東鑑ニ元仁元年。十一月十八日。武州泰《ヤス》時《トキ》。亡父義《ヨシ》時《トキ》。周關追福ノ為ニ伽藍ヲ建立セラル。今日柱《ハシラ》立。明年（以下ハ東鑑脱漏ニ見ヘタリ）六月十三日。新造ノ釋迦堂供養ヲ遂《トゲ》ラルトアリ。

此地ノ事ナルヘシ。

○犬懸谷　附 衣張山　短尺石

犬懸《イヌカケ》懸或作駈谷《ガヤツ》ハ。釈迦堂谷《ガヤツ》ノ東ノ鄰ナリ。土俗。衣掛《キヌカケ》谷トモ云《イフ》。此所ハ。釈迦堂谷《ガヤツ》トノ間ニ切抜《キリヌキ》ノ道アリ。名越《ナゴヤ》ヘ出ルナリ。昔ノ本道ト見ヘタリ。平家物語ニ。畠山《ハタケヤマ》ト三浦《ミウラ》トノ合戦ノ時。三浦ノ小次郎義茂《ヨシモチ》。鎌倉ヘ立寄《タチヨリ》タリケルガ。合戦ノ事ヲ聞テ馬ニ打乗《ノリ》。犬懸坂《イヌカケザカ》ヲ馳越《ハセコエ》テ。名越ニ出ルト有。此ノ道ナラン。又東鑑ニモ犬懸谷《ガヤツ》ノ事。往々《ワウワウ》見ヘタリ。上杉《ウヘスギ》朝宗《トモムネ》入道禅助《ゼンジヨ》。此辺ニ居宅ス。犬懸《イヌカケ》ノ管領ト号《ガウ》ス。朝宗《トモムネ》ハ山ノ内ノ徳泉寺ヲ建立ナリ。其子上杉氏憲《ウヂノリ》入道禅秀《ゼンシウ》ヲ犬懸《イヌカケ》ノ入道ト号ス。此ノ上ノ山ヲ衣張山《キヌハリサン》ト云フ。相伝フ頼朝卿。大蔵谷《ガヤツ》ニ御座ノ時。夏日此山ニキヌヲハリ。雪ノ降《フリ》掛《カヽル》ガ如ニシテ見給フ故ニ名クト也。或ハ云ッ。昔シ此ノ地ニ比丘尼寺《テラ》アリシニ。彼ノ比丘尼。松ノ枝ニ衣ヲ掛《カケ》晒《サラ》セシガ。其ノ木《キ》後《ノチ》ニ枝葉栄《サカ》ヘテ。今山ノ上ニアル二本ノ松ノ大木ナリト云フ。犬駈《イヌカケ》ヲ俗ニ衣掛《キヌカケ》ト云《イフ》モ此ノ意ナリ。短《タン》尺石《ジヤクイシ》ト云フ石。山上ニアリ。其所謂《イハレ》ヲ不知。

○唐糸土籠

唐《カラ》糸《イトガ》土籠《ツチノロウ》ハ。釈迦堂谷《ガヤツ》ノ南《ミナミ》ニ巌窟アリ。唐《カラ》糸《イトガ》籠《ロウ》ト云伝《イヒツタ》フ。内ニ石塔数多アリ。相伝フ。唐糸ハ。手塚ノ太郎光盛《ミツモリ》ガ女《ムスメ》ナリ。頼朝ニ仕《ツカ》ヘ居ケルガ。木曽《キソ》義仲《ヨシナカ》ヘ内通シテ。頼朝ヲ殺サン為ニ。脇指《ワキザシ》ヲ懐中ニ隠《カク》シ置ケリ。遂ニ露《アラハ》レテ此ノ土ノ籠《ロウ》ニ入置《ヲカ》レケルトナン。東御門《ヒガシミカド》ノ山ノ上ニモ。唐《カラ》糸《イト》ガ土ノ籠ト云所アリ。然レトモ非ナリト云ヘリ。

○杉本観音堂

杉本《スギモト》観音堂ハ。海道ヨリ北ニアリ。額ニ。杉本寺。子純筆トアリ。子純ハ。建長寺第百五十九世子純和尚諱ハ得公歟。大蔵《ダイザウ》山《サン》ト號ス。坂東巡礼札所ノ第一ナリ。開山ハ行基ナリ。此寺ハ天台宗ニテ。叡《エイ》山ノ末寺ナリ。中比衰《スイ》微《ビ》シテ。妻《サイ》帯《タイ》山伏ナリシヲ。近年ノ住持僧コレヲ改《アラタ》メテ。今ハ清僧也。本尊十一面観音 慈覚作 右モ十一面 行基作 左モ十一面 慧心作 前ニモ又十一面アリ 運慶作。釈迦 天竺仏 毘沙門 宅間作 東鑑ニ。文治五年十一月廿三日。夜ニ入。大倉ノ観音堂回禄ス。別当浄台房。煙火ヲ見テ悲歎シ。焔ノ中ヘ走リ入テ本尊ヲ出ス。纔ニ焦トイヘトモ。身體ハ敢テ恙《ツツガ》ナシト。又建久二年。九月十八日。幕下。大倉ノ観音堂ニ御参ノ事アリ。太平記天正本ニ。斯波三郎家長。軍利ナフシテ杉本観音堂ニテ腹《ハラ》切トアリ。寺領五石六斗アリ。

○報國寺

報國寺《ホウコクジ》ハ。功臣山《コウシンザン》建忠報國寺ト號ス。杉本《スギモト》ノ南向ナリ。關東ノ諸山ナリ。開山ハ佛乗禅師天岸慧廣。建武二年三月八日ニ寂ス。東帰集有テ世ニ行ハル。源尊《タカ》氏《ウヂ》ノ祖父伊豫守家時ノ建立ナリ。家時ヲ報國寺殿義恩ト號ス。木像アリ。本尊釋迦。文殊。普賢。迦葉。阿難。迦葉ハ。宅間法眼ガ作也。宅《タク》間ノ迦葉ト云伝ヘテ名仏也。此邉ヲ宅《タク》間ガ谷《ヤツ》ト云ナリ。宅間カ旧居歟。今寺領十三貫文アリ。空華集ニ。漸入佳境之標有トアリ。今ハナシ。開山塔ヲ休耕菴ト云フ。

○滑川

滑川《ナメリカハ》ハ。上《カミ》ニテハ胡桃《クルミ》川ト云フ。浄妙寺ノ前ヨリ下《シモ》テヲ滑《ナメリ》川ト云フ。其下《シモ》文覚《モンガク》屋敷ノ邉ニテハ。坐禅川ト云フ。文覚此ニ居テ坐禅スル故ニ名クト云フ。其下《シモ》小町ニテ夷堂川ト云フ。其下《シモ》延命寺ノ脇《ワキ》。大鳥居ノ邉ニテハ。スミウリ川ト云フ。其下《シモ》閻魔堂ノ前ニテハ。閻魔川ト云。一川六名有。太平記ニ載スルヲ見ルニ。青《アヲ》砥《ト》左衛門藤綱《フヂツナ》ガ屋敷。此邉ニ有ケルカ。或時青砥左衛門夜ニ入テ出仕シケルニ。イツモ燧袋ニ入テ持タル銭《ゼニ》ヲ十文。取ハヅシテ此滑《ナメリ》川ニ落シタリケルヲ。五十銭ヲ以テ松明ヲ買テ尋出シタルトナリ。諸人是ヲ聞。小利大損カナト笑ケレバ。左衛門眉ヲヒソメ。サレバコソ御邉達ハ。愚ニシテ。世ノ費ヲ不知。

民ヲ慿《タノ》ム心ナキ人ナリ。錢《ゼニ》十文ヲ只今求メズハ。滑《ナメリ》川《カハ》ノ底ニ沈《シヅ》ンテ長クウセヌベシ。其ノ松明《タイマツ》ヲ買《カヒ》ツル五十錢ハ。商《アキ》人ノ家ニ留テ長ク失《ウシナ》フベカラズト云《イヘ》リ。今按《アン》ニ。二程全書ニ。程子昔シ雍華ノ間ニ遊《アソ》ブ。關西ノ學者六七人從《シタガ》ヒ行《ユ》ク。一日千錢ヲ亡《ウシナ》フ。僕者ノ曰。晨爨ニ遺ルニ非ズ。必ス水ヲ渉《ワタル》時ニ此ヲ沈《シヅ》ムルナラント。程子曰。惜《ヲシ》イカナ哉。或人ノ曰。是誠ニ可《ベシ》惜《ヲシム》也。一人ノ曰。微《ビ》ナル哉千錢。亦何ゾ惜《ヲシム》ニ足《タラン》。一人ノ曰。水中ト囊中ト。人亡《ウシナ》フト人得《ウル》ト。以テ一視スヘシ。何ソ惜《ヲシム》ベキ事ヲ歎《ナゲカ》ゼン。程子ノ曰。人苟ニ此ヲ得バ亡《ウシナ》フニ非ズ。今遁千水ニ墜《ツイサ》バ用ナシ。吾是ヲ以此ヲ歎《タン》ズト云フ。是誠ニ異域同談ナリ。左衛門カ心。能ク程子ニカナヘリ。

○十二所村　附 河越屋敷

十《ジフ》二《ニ》所《シヨ》村《ムラ》ハ。報國寺ノ東ノ民家ナリ。又ハ十《ジフ》二《ニ》郷《ガウ》谷《ガヤ》トモ云フ。里人ノ云。家村十二所アル故ニ名ク。今ハ僅ニ三四所アリ。鎌倉大草子ニ。上杉禪《ゼン》秀《シウ》ガ亂《ラン》ノ時。源《ミナモト》ノ持《モチ》氏《ウヂ》。上杉憲《ノリ》基《モト》ガ。佐《サ》介《スケガ》谷《ヤツ》ノ第《タイ》ニ遁《ノガ》レ行《ユク》時。塔《タウ》ノ辻《ツジ》ハ。敵《テキ》篝《カガリ》ヲ焼テ警固シケル間。岩《イハ》戸《ト》ノ上ノ山路ヲ廻《メグ》リ。十《ジフ》二《ニ》所《シヨ》ニ懸リ。小《コ》坪《ツボ》ヘ打出。前濱《ハマ》ヲヘテ。佐《サ》介《スケ》ヘ入セ給フトアリ。此東鄉ヲ河《カハ》越屋敷ト云フ。河越

太郎重頼《シゲヨリ》ガ舊宅カ。

○胡桃谷　附 大樂寺舊跡

胡《クル》桃《ミ》谷《ガヤツ》ハ。淨妙寺ノ東ノ谷《ヤツ》也。大樂寺ノ舊跡アリ。昔シ藥師堂有リ。今ハ亡《ホロビ》テ礎石ノミアリ。本尊ハ今大樂寺ニアリ。大日記ニ。永享元年二月十一日。永安寺炎上。類火ニ依テ大樂寺焼失ストアリ。此所。永安寺ヘ近《チカ》ケレハ。永享ノ比マテ爰ニ有シト見ヘタリ。

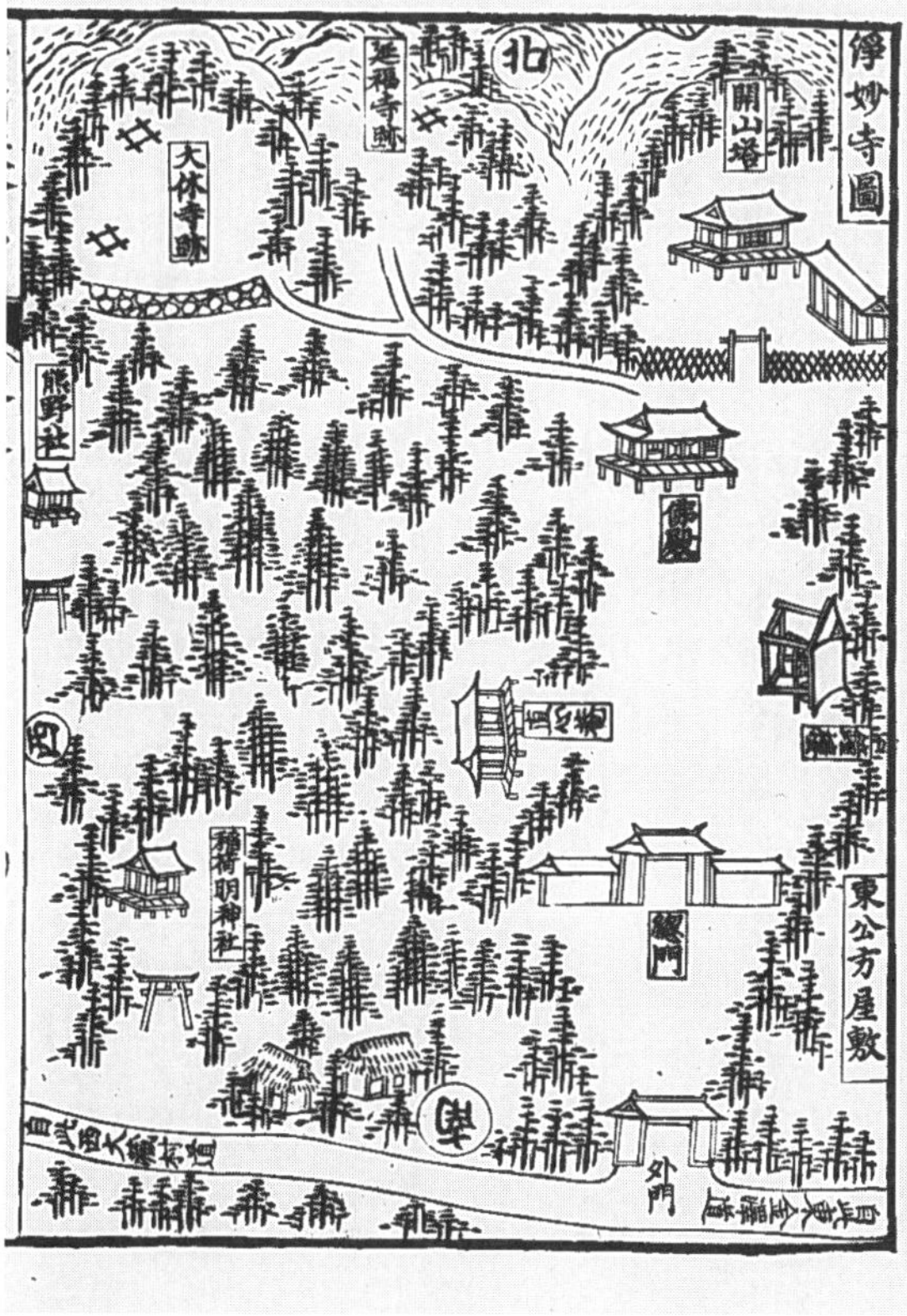

○浄妙寺　附 稲荷明神社

浄妙寺《ジヤウミヤウジ》ハ。稲荷山ト號ス。五山ノ第五也。開山退耕和尚諱ハ行勇。千光ノ法嗣也。鶴岡八幡宮供僧次第云。慈月坊ノ行勇。荘厳坊法印。元ハ玄信。周防國人。實ハ四條殿ノ息子。當社ノ供僧職ハ讓于有俊。入壽福寺葉上僧正室。後補彼寺長老。第二世ナリト云云。又浄妙寺ノ開山ナリ。按スルニ。源尊氏ノ父。讃岐守貞氏《サダウヂ》ヲ浄妙寺殿貞山道観ト號ス。元弘元年九月五日逝去。當寺ノ檀那ニテ。當寺ヲ修復ノ後。浄妙寺ト改メタルト見ヘタリ。昔ハ當寺ヲ極樂寺ト號スト元亨釋書ニ見ヘタリ。寺領四貫三百文ノ御朱印アリ。至徳三年七月。源義満《ヨシミツ》。五山ノ座次ヲ定メ。建長寺ヲ第一トシテ。京師天龍寺ノ次也。圓覺寺ヲ第二。壽福寺ヲ第三。浄智寺ヲ第四。浄妙寺ヲ第五トス。是ヨリ先座位ノ沙汰アラズ。此時歸依ノ僧ヲ贔屓《ヒイキ》シテ。私ニ定ケルトナン。

佛殿　本尊ハ阿弥陀。作者不知

開山塔　光明院ト云。開山ノ像アリ。又源直義ノ木像アリ。又光明院殿本覺大姉ト書タル位牌アリ。裏ニ法樂寺殿ノ嫡女。八月廿日逝去トアリ。足利義氏《ヨシウヂ》ヲ法樂寺殿正義ト號ス。其女ヲ光明院ト號ス。權大納言隆親《タカチカ》ノ室《シツ》。隆顯ノ母ト。足利ノ系圖ニミヘタリ。又日光山ニテ光明院講アリ。日光ノ中興ニ昌宣ト云僧アリ。義氏ノ子ナリト云フ。光明院ハ昌宣ノ俗姉ナル故ニ其法事アルカ。

鐘樓　門ヲ入右ニアリ

稲荷山浄妙禪寺鐘銘

稲荷山浄妙寺者。相陽五岳之其一也。天正庚寅之騒亂以来。鳴鐘缺典矣。粤秀甫昌三首座。出自己財鑄之。不日而成。請銘於余。峻拒不允。為之銘。銘曰。荷山禪刹。浄域妙場。退耕明月。遍照扶桑。葉上眞子。漉纓苑芳。雪覆富士。水繞瀟湘。九乳脱範。百錬將剛。號令沃贊。我覺皇兔氏巧妙。鯨音悠揚。拘留青石。後主清凉。于晨于夕。以宮以商。倒懸息苦。善根無央。驚眠破夜。落幽迪陽。殷盧岳簾。期豊嶺霜。聞塵清浄。功德無量。九界六道。刹界十方。神人擁護。佛運綿長。承應第二。歳在癸巳。八月十九日。前住建長後住南禪最岳叟元良題。冶工太田佐兵衛尉正直。

稲荷社《イナリノヤシロ》　寺ノ西ノ岡《ヲカ》ニアリ。浄妙寺ノ鎮守ナリ。東鑑ニ、弘長元年五月一日、大倉ノ稲荷ノ辺聯カ物怱シトアリ。尭慧法師カ北國紀行ニ、浄妙寺ニ入テミルニ、杉《スギ》ノ木《コ》ダカキ社《ヤシロ》ハ、稲荷明神也。白狐アラハル丶時ハ、寺家ニ佳瑞アリ。門外ノ叢祠ハ、鎌《カマ》ヲ手《タ》向《ムケ》侍《ハベ》リ。往古ノ縁起ウセテ、何《ナン》ノ御神トモ不知トイヘリ。サテハ此ノ御社ハ、大織冠ノ御鎮座カ。山ナル鎮守ハ、彼ノ霊剣ノ鎌《カマ》ヲ納《ヲサ》メラレシ鎌倉山是ナリトヲボユルトアリ。今按スルニ、大織冠鎌《カマ》ヲ埋《ウヅミ》シ地、并ニ稲荷ノ社、鎌倉山ノ事、前ニ詳ニ記スルガ如シ。此地ニハ非ス。尭慧法師ガ紀行ハ、里俗ノ云フニ任《マカ》セテ書タリトミヘタリ。

直心菴　天瑞和尚。諱ハ守政。應永三十年十一月晦日ニ寂ス。壽六十ト云云。塔頭今残リ存スル所此《コヽ》ノミナリ。

靈芝菴　自牧和尚。諱ハ志淳。嗣法佛源禪師ニ。

瑞龍菴　靈岩和尚。諱ハ道昭。嗣法桑田ニ。

芳雲菴　芳庭和尚。諱ハ法菊。嗣法太平ニ。

禪昌菴　雲山和尚。諱ハ智越。嗣法無隠ニ。延文三年五月廿一日ニ寂ス。

東漸菴　笑岩和尚。諱ハ乾知。

佛智菴　象先和尚。諱ハ乾岩。嗣法鳴岩ニ。

萬春菴　三山和尚。諱ハ祖教。

知足菴　蒙菴和尚。諱ハ志聰。

右塔頭ノ名五山記ニアリト云ドモ、今ハ滅《ホロビ》タリ。

○延福寺舊跡

延福寺《エンフクジ》ノ舊跡ハ、浄妙寺ノ境内西北ニアリ。雲谷山《ウンコクザン》ト號ス。足利左馬助源高義《タカヨシ》ノ菩提所ナリ。高義ヲ延福寺ト號ス。尊氏ノ兄《アニ》ナリ。開山ハ足菴和尚。佛國禪師ノ法嗣ナリ。

○大休寺舊跡

大休寺《ダイキウジ》ノ舊跡ハ、浄妙寺ノ境内。延福寺ノ舊跡ノ西ニアリ。熊野山《ユヤサン》ト號ス。此西ノ方ニ熊野《ユヤ》ノ祠アリ。大休寺ノ跡ニハ石垣《イシガキ》ノ跡アリ。古キ井《イ》二ツアリ。源ノ直義《タヾヨシ》ノ菩提所ナリ。此辺直義《タヾヨシ》ノ舊宅也。直義《タヾヨシ》ヲ大休寺殿贈正二位古山慧源大禪定門ト號ス。又ハ大倉《オホクラ》二位ノ大明神ト號ス。開山ハ月山希一和尚。玉山ノ法嗣ナリ。貞治五年丙午六月十三日ニ示寂。直義ノ位牌ハ浄光明寺ニモアリ。又洛ノ村雲ニモ大休寺アリ。直義《タヾヨシ》ノ寺ナリ。

公方屋敷圖

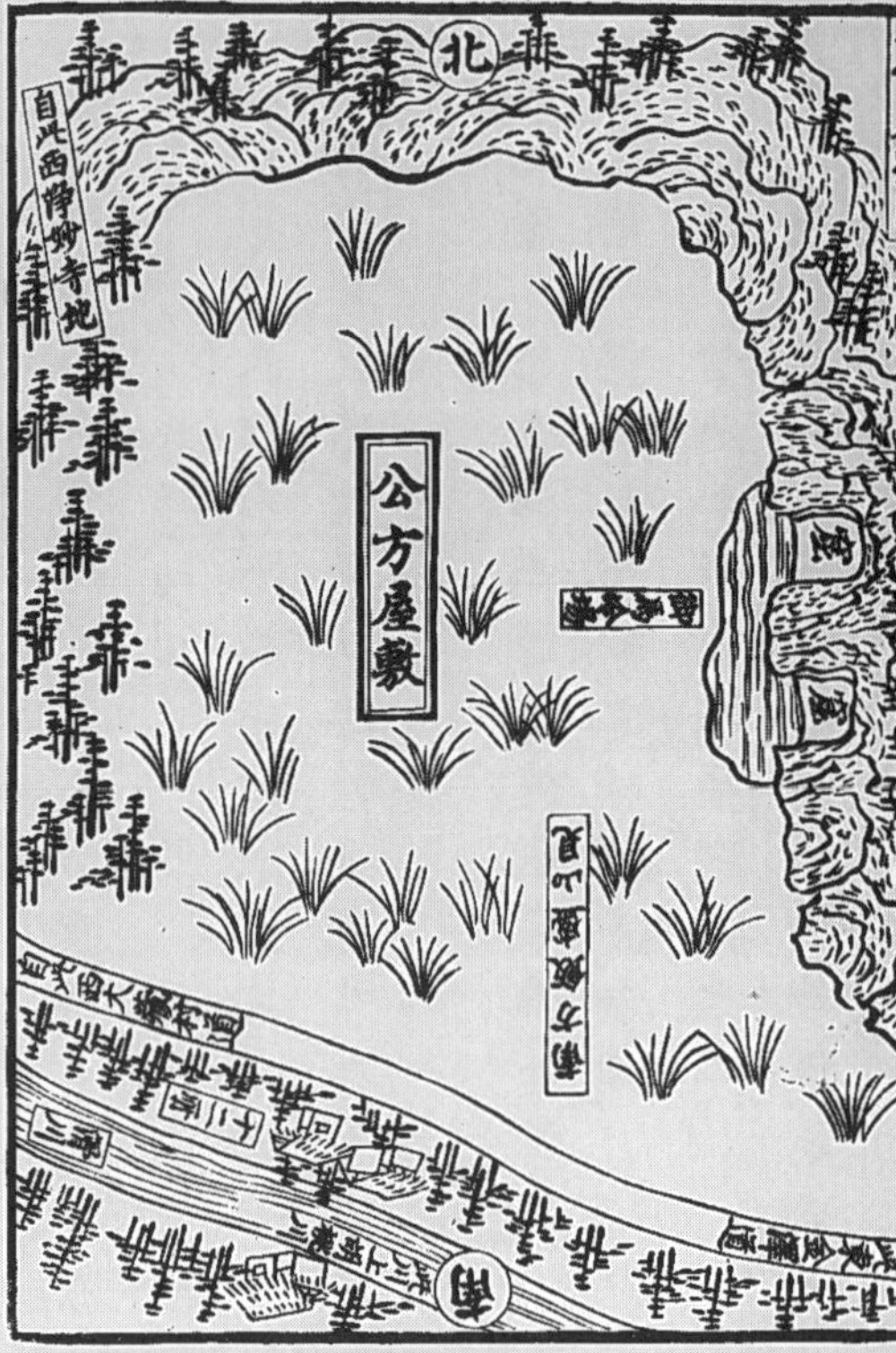

○公方屋敷　附飯盛山　御馬冷場

公方《クバウ》屋敷《ヤシキ》ハ淨妙寺ノ東《ヒガシ》芝野《シバノ》ナリ。此ノ所ロ源ノ尊氏《タカウジ》ノ舊宅ニテ。代代《ダイダイ》關東管領《クワンレイ》ノ屋敷ナリ。太平記ニ。元弘三年。五月二日ノ夜半ニ。足利殿ノ二男。千《セン》壽《ジユ》王《ワウ》殿《ドノ》。大藏谷《オホクラガヤツ》ヲ落テ。行《ユキ》方不知成《ナリ》給フト有ハ。此屋敷ナリ。相模入道滅亡ノ後。尊氏《タカウジ》ハ京都ニ居シテ。千壽王殿ハ義詮《ヨシアキラ》ト號ス。此所ニ居住。後ニ上洛有テ。其舍弟基氏《モトウジ》。關東ノ管領トシテ。此屋敷ニ居住。自《ヨリ》爾以來。氏滿《ウヂミツ》。滿兼《ミツカネ》。持氏《モチウジ》。相續シテ居住ス也。持氏沒落ノ後。持氏ノ末子成氏《シゲウジ》。永壽王《ワウ》ト云。土岐左京ノ大夫持益《モチマス》アヅカリテ。信州ニアリシヲ。越後ノ守護上杉相模ノ守房定《フササダ》。京都ノ公方ヘ訴訟シテ。關東ノ主君トス。寶徳元年。二月十九日。鎌倉ヘ下向。此ノ所ニ御所造營有テ居住ナリ。此ノ地繁昌ノ時。鎌倉ニテモ京ニ似セテ。管領ヲ將軍ト云ヒ。或ハ公方《クバウ》。又ハ御所《ゴシヨ》ト稱ス。故ニ爰《コヽ》ヲ今ニ公方屋敷ト云フ也。里俗或ハ尊氏屋敷。基氏屋敷。持氏屋敷ナド、云フハ此故ナリ。成氏《シゲウジ》。後《ノチニ》下野ノ古《コ》河《ガ》ヘ退《シリゾク》。其ノ子孫義氏《ヨシウジ》。鎌倉ヘ歸《カヘ》リ居《キヨ》ヲ願ノ由《ヨシ》。鶴《ツル》岡《ガ》ニ願文數通アリ。イツレノ時カ古《コ》河《ガ》ノ公方御歸《カヘリ》アラントテ。畠《ハタケ》ニモセズ。今ニ芝野《シバノ》ニシテヲケリト里老語《カタ》レリ。關東管領興廢ノ事。鎌倉大草子。鎌倉年中行事。鎌倉九代記等ニ詳ナリ。尊氏屋敷ハ。巖《イハ》窟《ヤ》堂《ダウ》ノ南方。又長壽寺ノ南鄰ニモアリ。三所共ニ尊氏ノ舊宅ト云フ。此ノ所ノ南方ニ高キ山アリ。飯《イヒ》盛《モリ》山ト云フ。富士權現ヲ勸請ス。鎌倉年中行事ニ。源ノ成氏《シゲウジ》。六月一日。飯盛山ノ富士參詣トアリ。此ナラン。又此ノ公方屋敷ノ東ノ山際ニ。御馬《ムマ》冷場《ヒヤシバ》トテ巖窟《イハヤ》ノ内ニ水《ミヅ》アリ。賴朝《ヨリトモ》ノ馬。生唼《イケズキ》。磨墨《スルスミ》ノスソシタル所《トコロ》ナリト云傳ヘテ二所アリ。淨妙寺ヨリ此邊マデ足利《アシカヾ》家ノ屋敷ト見ヘタレバ。賴朝ニ不可限《カギル》。馬モ一疋ノミナラシヤ。鶴岡《ツルガヲカ》ノ鳥居ノ前ヨリ此地マテ十五町アリ。

○五大堂

五大堂《ゴダイダウ》ハ。公方屋敷ヨリ東。海道ヨリハ北。河ノ向《ムカヒ》ニ有。明王院ト云フ。里民或ハ大行寺トモ云フ。真言宗。仁和寺ノ末寺ナリ。頼経《ヨリツネ》将軍ノ祈願所ナリ。東鑑ニ。寛喜三年。十月十六日。将軍家ノ御願トシテ。二階堂ノ内ニ。五大尊堂ヲ建立スベキノ由。方角日時ヲ校量セラル。同年十一月十八日。五大尊ノ像造始《ツクリハジメ》ラル。嘉禎元年。二月十日。堂建立。将軍家渡御。同年三月五日。鐘楼ヲ立ラル。同年。六月廿九日。鐘《カネ》ヲ懸《カケ》ラル。同日ニ。五大明王ノ像ヲ安置ス。同ク明王院五大尊堂供養ノ儀有。願文ハ。大藏卿菅《スガノ》爲長草ス。内大臣實氏《サネウヂ》清書ス。安鎮ハ辨《ベン》ノ僧正定豪。将軍家出御トアリ。今堂ニ。不動一尊ヲ安ス。筑後法橋ガ作。寛永年中ノ同録ニ。四尊ハ焼失シテ。不動一尊残レリト云フ。薬師。大日ノ像モアリ。東鑑ヲ見レバ。此五大堂。初《ハジメ》ハ甘縄《アマナハ》ノ地ニ可建《タツベキ》由《ヨシ》ナリシガ頼経《ヨリツネ》ノ若《ワカ》宮《ミヤ》大路《オホヂ》ノ屋敷ヨリハ。鬼門《キモン》ニ當ルヲ以《モツ》テ此地ニ定ムルトナリ。又嘉禎三年。三月十日。二位家子平ノ政十三年ノ御忌景。追善ノ為ニ。明王院ノ東ニ丈六堂ヲ造《ツク》ラルルトアリ。北斗堂ヲモ。此地ノ北辺ニ建ラレタルコト見《ミ》エタリ。

○大慈寺舊跡

大慈寺《ダイジジ》舊跡ハ。五大堂ト。光觸寺トノ間。南ノ谷《ヤツ》ニアリ。東鑑ニ。建保二年。七月廿七日。大倉大慈寺供養ナリ。新御堂ト號ス。實朝《サネトモ》将軍ノ時ナリ。後正嘉元年。十月一日。修理ノ事アリ。本堂。丈六堂。新阿弥陀堂。釋迦堂。三重塔。鐘樓等。荘嚴ノ美。殆《ホトンド》古跡ニ過《スギ》タリトアリ。宗尊親王ノ時ナリ。

○梶原屋敷　附大巧寺舊跡

梶原《カヂハラ》屋敷《ヤシキ》ハ。五大堂ノ北ノ方山際《ヤマギハ》ニアリ梶原《カヂハラ》平三景時《カゲトキ》ガ舊跡ナリ。東鑑ニ。景時ハ。正治二年。十二月十八日ニ。鎌倉ヲ追出サレ。相模國一ノ宮《ミヤ》ヘ下《クダ》ル。彼家屋ヲ破却シテ。永福寺ノ僧坊ニ寄附セラルトアリ。頼家《ヨリイヘ》ノ時ナリ。今此所ニ。大《オホキ》ナル佛像ノ首《カシラ》バカリ。草菴ニ安置ス。按スルニ。東鑑脱漏ニ。安貞元年。四月二日。大慈寺ノ郭内ニ於テ。二位家子平ノ政第三年忌ノ為ニ武州泰時《ヤストキ》丈六堂ヲ建《タテ》ラルトアリ。此ノ所大慈寺ヘ近《チカ》ケレハ。疑《ウタガハ》ラクハ其ノ丈六佛ノ首《カシラ》ナラン歟。又里老ノ云ク。昔《ムカシ》大行寺ト云シ真言寺《テラ》此所ニアリ。頼朝《ヨリトモ》ノ祈願所ニテ。或ハ此寺ニテ。軍《イクサ》ノ評議シテ勝利ヲ得ラレタリ。故ニ大巧寺ト改《アラタ》ム。後《ノチ》ニ小町《コマチ》ヘ移シ、日蓮宗トナル。今ノ小町《コマチ》ノ長慶山大巧寺是ナリト。シカレトモ。東鑑等ノ記録ニ不見。按スルニ。五大堂ヲ大行寺ト號スレバ。昔《ムカシ》ノ大行寺ノ跡ハ。五大堂ヲ云ナランカ。不分明也。

○塩嘗地蔵

塩《シホ》嘗《ナメ》地《チ》蔵《ザウ》ハ。道ノ端。辻堂《ダウ》ノ内ニアリ。石像ナリ。光觸寺ノ持分《モチブン》ナリ。六浦《ムツラ》ノ塩《シホ》賣《ウリ》。鎌倉ヘ出ルゴトニ。商《アキナヒ》ノ最花トテ。塩《シホ》ヲ此石《イシ》地蔵ニ供スル故ニ名ク。或《アルハ》云。昔此石像光《ヒカリ》ヲ放《ハナ》シヲ。塩《シホ》賣《ウリ》像ヲ打仆《ウチタフ》シテ塩《シホ》ヲ嘗《ナメ》サセケル。ソレヨリ光《ヒカリ》ヲ不放。故ニ名ツクト云。異域ニモ亦是アリ。程明道京兆ノ鄠ノ簿《ボ》ニ任スル時。南山ノ僧舎ニ石佛アリ。歳々傳ヘ云フ其首光《ヒカリ》ヲ放ツト。男女集《アツマリ》見テ晝夜諠雑タリ。是ヨリサキ政ヲナス者。佛罰ヲ畏レテ敢テ禁ズル事ナシ。明道始テ到ル時。其僧ヲ詰テ云ク。我聞ク石佛歳々光《ヒカリ》ヲ現ズト。其事有《アリ》ヤ否ヤ。僧ノ云ク。コレアリ。明道戒メテ云。又光《ヒカリ》ヲ現スルヲ待テ必ズ来リ告ヨ。我職事アレバ往事アタハズ。マサニ其首ヲ取テ。就テ是ヲ見ルベシト云フ。是ヨリシテ又光《ヒカリ》ヲ現スルコトナシ。此事明道ノ行状ニ見ヘタリ。此塩賣《ウリ》モ如何《イカ》ナル人ニヤ。鶴岡ノ一ノ鳥居ヨリ此所マテ。廿町バカリアリ。

○光觸寺　附熊野權現ノ小祠

光《クワウ》觸《ソク》寺《ジ》ハ。藤《トウ》觸《ソク》山《ザン》ト號ス。道ヨリ南也。開山ハ一遍上人。藤澤清淨光寺ノ末寺也。堂ニ光觸寺ト額アリ。後醍醐天皇ノ宸筆也。本尊阿弥陀　運慶作　観音　安阿弥作　勢至　湛慶作　此本尊ヲ頬焼《ホウヤケ》阿弥陀ト云也。縁起ノ畧ニ云。順徳帝。建保三年。京都ニ大佛師有リ雲慶法印ト號ス。將軍右大臣家ノ招請ニ因テ下向ノ刻。鎌倉ノ住人スクリノ氏女町ノ局。時ニ年卅五。雲慶ニ對面シテ。此佛ヲ作《ツク》ラシム。四十八日ヲ限リ。成就セシ事ヲ願。雲慶其言ニ隨テ成就ス。来迎ノ三尊。長《タケ》ハ法ノ三尺ナリ。氏女信心歡喜シテ。持佛堂ニ安置シ。香花ヲ捧《サヽゲ》。持念怠ラズ。家ニ萬歳法師ト云下法師アリ。常ニ專修念佛シテ信心有ト云ドモ。倭ニシテ妄語偸盗人ヲ煩《ハヅラ》ハシム。人コレヲ惡《ニク》ム。時ニ家々ニ物ノ失スル事アリ。人互ニコレヲ恥ツ。起請誓文ニ及ブ。獨リ衆ヲ萬歳ニ歸ス。氏女怒テ。命ジテ是ヲ禁ス。我身ハ急用アツテ。轡ノ水雖谷《ヤ》ト云所ヘ行。命ヲ受ル者。萬歳ヲカラメテ。ツキヲ焼テ。左ノ頬ニ火印ヲサス。退テ見レハ火痕ナシ。

氏女還リ怒ラン事ヲ恐テ。再ヒ火印ヲサスト云ドモ。又痕《アト》モナシ。氏女夢《ユメミ》ラク。本尊枕ノ上ニ立テ悲テ曰。我頰《ホウ》ヲ見ヨト。氏女夢覺テ本尊ヲ見ルニ。火印ノ痕《アト》アリ。涕泣懺悔シテ。萬歳ガ罪ヲ赦《ユル》シ。龜谷《カメガヤツ》ヨリ佛師ヲ招テ。火痕ヲ修セシムル事。二十一重ニ及フ。終ニ復《フク》セズ。末代人ニ見セシメンガ為《タメ》ニ。修スル事ナカレト云テ。其ノ後氏女出家シテ。法阿弥陀佛ト號ス。此奇異ニ驚《オドロイ》テ。田《タ》代《シロ》ノ阿闍梨ニ寺地ヲ請テ。比《ヒ》企谷《キガヤツ》ニ岩藏寺ト號シ。一宇ヲ建立シ。本尊ヲ安置ス。世ニコレヲカナヤキ堂ト云フ。建長三年。九月廿六日。氏女年七十三ニシテ。此本尊ニ向ヒ。端坐合掌シ。念佛シテ往生シヌ。萬歳ハ後ニ大《タホ》礒《イソ》ニ菴ヲ結ヒ。弥《イヨ》〻《ヽ》專修念佛シ。名號ヲ書《カキ》アキナフテ。大往生ヲ遂《トゲ》畢《ヲハン》ヌト云《ウン》云。緣起二巻アリ。筆者ハ亞相藤為《タメ》相《スケ》。繪ハ。土佐ノ將監光《ミツ》興《オキ》ナリ。跋ニ文和第四ノ曆。暮秋下旬。權大僧都靖嚴トアリ。弥陀ノ厨《ヅ》子《シ》ハ。源ノ持《モチ》氏《ウヂ》ノ寄進也。又沙石集ニ云。鎌倉ニ町ノツボ子トヤラン聞ヘシ德人有ケル。近ク仕《ツカ》フ女童《メラハ》。念佛ヲ信シテ。人目ニハ忍《シノ》ビツヽ。密《ヒソカ》ニ數返シケリ。此ノ主《アルジ》ハ嚴シクハシタナク。物ヲ忌《イミ》祝《イハ》フ事ケシカラヌ程《ホド》ナリ。正月一日ニカヨロシケルガ。申付タル事ニテ心ナラズ南無阿弥陀佛ト申《マウシ》ケルヲ。此ノ主《アルジ》斜《ナヽメ》ナラズ怒《イカリ》。腹立テ。イマ〳〵シク人ノ死《シ》タル樣《ヤウ》ニ。今日《ケフ》シモ念佛申ス事。返《カヘス》〻《ガヘス》不思議也トテ。頓《ヤガ》テトラヘテ。錢《ゼニ》ヲ赤クヤキテ。片《カタ》頰《ホウ》ニアテヽゲリ。念佛ノ故ニハ。何ナル科《トガ》ニモ當《アタ》レト思テ。ソレニ付《ツイ》テモ佛ヲゾ念ジケル。思ハズニ痛《イタミ》モ無《ナカ》リケリ。サテ主《アルジ》。年《トシノ》始《ハジメ》ノ勤ナンドセントテ。持佛堂ニ詣《マウ》デヽ。本尊ノ阿弥陀佛金色ノ立像ヲ拜シケレバ。御頰《ホウ》ニ錢《ゼニ》ノ形《カタチ》黑《クロ》ク付テ見ヘケリ。怪ミテ能《ヨク》〻《ヽ》見ルニ。金《カナ》燒《ヤキ》シツル錢《ゼニ》ノ形《カタチ》。此メラフガ頰《ホヽ》ホドニアタリテ見《ミヘ》ケリ。アサマシナンド云《イフ》ハカリナクテ。メラフヲ呼《ヨン》デ見《ミル》ニ。聊モ疵《キズ》ナシ。主《アルジ》大ニ驚キ。慙愧懺悔シテ。佛師ヲ呼《ヨン》テ金《キン》薄《バク》ヲ押《ヲサ》スルニ。薄ハ幾《イク》重《ヘ》トモナク重《カサ》ヌレドモ。疵ハ都《スベ》テカクレズ。當時モ彼ノ佛御坐《ヲハシマ》ス。金《カナ》燒《ヤキ》佛ト申《マウシ》アヒタリ。親《マノアタ》リ拜《ヲガミ》テ侍リシ。當時ハ三角ニ見ヘ侍《ベリ》トアリ。此ノ阿弥陀ノ事ナルベシ。前ノ說トハ異ナリ。孰《イヅレ》カ是《ゼ》ナル事ヲ不知。又堂ニ尊氏。氏滿。滿兼。持氏ノ位牌有。

熊《クマ》野ノ權現ノ小祠　堂ノ前ニアリ。鎮守ナリ。

○一心院舊跡

一《イチ》心《シン》院《ヰン》ノ舊跡ハ。光觸寺ノ南ノ方ニ。柏《カシハ》原《バラ》山《キ》ト云アリ其ノ下ニアリ。其ノ所ノ名ヲ明《アカ》石《シ》ト云フ。故ニ明《アカ》石《シ》ノ一心院ト云《ヒ》傳フ。寺《テラ》ノ跡《ト》トモ。又堂庭《ダウノニハ》トモ稍《サシ》云《イフ》所アリ。巖《イハ》窟《ヤ》ノ内ニ木像ノ朽《クチ》タル有《リ》。一心院ノ舊跡也ト云傳フ。

○月輪寺舊跡

月輪《グワチリン》寺《ジ》ノ舊跡ハ。光觸寺ノ北。霧澤《キリガサハ》ノ内ニ。好《ヨシ》見《ミ》ト云ニアリ。故ニ好《ヨレ》見《ミ》ノ月輪寺ト云《フ》。其所ニ房《バウ》屋敷ト云所アリ。月輪寺ノ跡ナリ。鎌倉年中行事ニモ勝長壽院。心性院。遍照院。一心院。月輪院。此五人ハ。公方《クバウ》ノ様《サマ》ノ護持ノ僧ナリトアリ。心性。遍照ノ二院。其跡不分明《ナラ》。

○牛蒡谷　附首塚

牛《ゴ》蒡《バウ》谷《ガヤツ》ハ。光觸寺ノ北ニアリ。此谷ニ首《カベ》塚《ヅカ》ト云巖窟《イハヤ》アリ。里人ハ首《カウベ》ヤグラト云。鎌倉ノ俗語ニ。巖窟ヲヤグラト云ナリ。相傳《ヒツタフ》。相摸入道平ノ高《タカ》時《トキ》滅亡ノ時。一門ノ首《クビ》ヲ爰ニ埋《ウヅム》トナリ。光觸寺ノ道。鹽《シホ》嘗《ナメ》地藏ヨリ。峠《タウゲ》坂ヲ越《コエ》テ金《カナ》澤《ザハ》ヘ行ナリ。此坂ヲ。朝《アサ》夷《イ》名《ナ》ノ切《キリ》通《トホシ》ト云也。朝夷名ノ切通ヨリ東ハ。第八巻ニ記ス。

新編鎌倉志巻之二

新編鎌倉志　三
加賀文庫
1790
5

新編鎌倉志巻之三目錄

巨福路坂
青梅聖天
地藏堂
建長寺
龜谷坂　附勝縁寺谷
長壽寺　附尊氏屋敷
山内
德泉寺舊跡
管領屋敷
尾藤谷
禪興寺　附最明寺舊跡
明月院
淨智寺
松岡
圓覺寺
十王堂橋
離山
常樂寺
證菩提寺舊跡
大長寺
不動堂　附男瀧　女瀧
玉繩村
洲崎村　附寺分村　町屋村

新編鎌倉志巻之三

河井恒久友水父纂述
松村清之伯胤父考訂
力石忠一叔貫参補

○巨福路坂

巨《コ》福《フク》路《ロ》（或ハ作ル小《コ》袋《ブクロ》路ニ。或ハ作ル禮ニ。又ハ作ル呂ニ。）坂《サカ》ハ。雪《ユキノ》下《シタ》ヨリ建長寺ノ前ヘ出ル切《キリ》通《トヲシ》ナリ。太平記并ニ神明鏡ニ。新《ニッ》田《タ》義《ヨシ》貞《サダ》。鎌倉合戦ノ時。堀《ホリ》口《グチ》美濃ノ守貞《サダ》満《ミツ》ヲ。巨《コ》福《フク》呂《ロ》坂《サカ》ヘ指《サシ》向《ムケ》ラルト有ハ。此所ニハアラズ。市《イチ》場《バ》村《ムラ》ノ西ニ。巨《コ》福《フク》呂《ロ》谷《ガヤ》ト云所アリ。是ヲ指《サス》ナリ。則此道《ミチ》筋《スヂ》ナリ。此ノ所《ロ》ハ。巨《コ》福《フク》呂《ロ》谷《ガヤ》ヘ行《ユク》坂《サカ》ノ名《ナ》ナリ。太平記神明鏡ヲモ。巨《コ》福《フク》呂《ロ》谷《ガヤ》トナシテ見ルベシ。古老ノ云。此ノ邊ヨリ市《イチ》場《バ》村《ムラ》ノ邊マデヲ。巨《コ》福《フク》呂《ロ》谷《ガヤ》ト云。故ニ建長寺ヲ巨《コ》福《フク》山《サン》ト云也ト。鎌倉九代記ニ。新田義《ヨシ》興《オキ》。脇《ワキ》屋《ヤ》義《ヨシ》治《ハル》。鎌倉ニ攻《セメ》入《イリ》シ時。基《モト》氏《ウヂ》方《ガタ》ノ兵。小《コ》袋《ブクロ》坂《サカ》。假《ケ》粧《ハヒ》坂《サカ》ニ集リテ堅《カタ》メタリトアルハ。市《イチ》場《バ》村《ムラ》ノ西ヲ云《イフ》ニハ非ス。則《チ》此ノ所《ロ》ヲ指《サス》ナリ。義《ヨシ》興《オキ》。義《ヨシ》治《ハル》。已ニ源《ゲン》氏《ジ》山《ヤマ》ヘ登リ。鶴《ツル》ガ岡山《ヤマ》ヘ登ルトアルヲ以《モツテ》知ル也。

○青梅聖天

青《アヲ》梅《ムメノ》聖《シヤウ》天《デン》ハ。雪《ユキノ》下《シタ》ヨリ小《コ》袋《ブクロ》坂《サカ》ヘ登ル左ニ小《コ》坂《サカ》アリ。巌窟《イハヤ》ノ内ニ聖天ノ宮《ミヤ》有。故ニ坂《サカ》ヲ聖天坂ト云フ。是ヲ青《アヲ》梅《ムメ》ノ聖天ト云事ハ。俗ニ傳フ。鎌倉ノ将軍。一日疾《ヤマヒ》劇《ハゲ》シクシテ。時ナラズ青梅ヲ望《ノゾ》マル。諸所ヲ尋ヌルニ。此宮ノ前ニ俄《ニハカ》ニ青梅實《ミ》ノル。是ヲ将軍ニ奉テ。終ニ疾《ヤマヒ》愈《イユ》ヌ。故ニ名クト。

○地蔵堂

地《ヂ》蔵《ザウ》堂《ダウ》ハ。小《コ》袋《ブクロ》坂《サカ》ヨリ山ノ内ヘ行《ユケ》バ右ノ方ニアリ。伽《カ》羅《ラ》陀《ダ》山《セン》心平寺ト云フ。建長寺ノ境内ナリ。鎌倉大日記ニ。建長元年ニ。小《コ》袋《ブクロ》坂《サカ》ノ地蔵堂建立トアレバ。建長寺草創以前。地《ヂ》獄谷《ゴクガヤツ》ト云シ時ヨリ。地蔵此所ニアリ。濟《サイ》田《タ》地蔵ノ根本ナリ。事ハ建長寺ノ條下ニアリ。

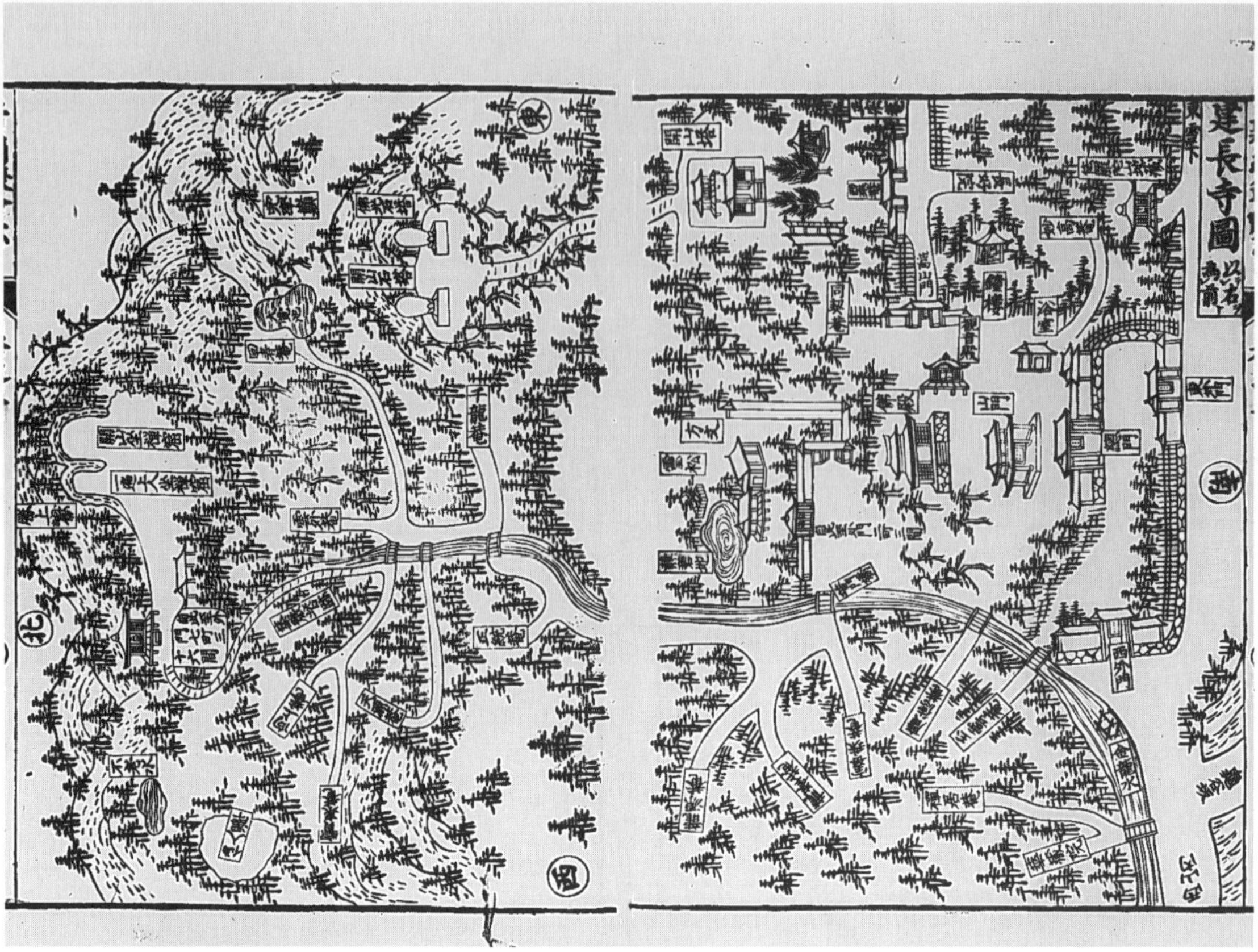

○建長寺

建《ケン》長《チヤウ》寺《ジ》ハ。巨《コ》福《フク》山《サン》ト號ス。五山ノ第一ナリ。相摸ノ守平ノ時《トキ》頼《ヨリ》ノ建立ナリ。東鑑ニ。建長五年。十一月廿五日。建長寺供養也。去ル建長三年。十一月八日ニ事始有テ既ニ造畢ス。丈六ノ地藏菩薩ヲ以テ中尊トス。同像千體ヲ安置ス。相州。殊ニ精誠ヲ凝サシメ給フトアリ。開山。宋ノ大覺禪師。諱ハ道隆。蘭溪ト號ス。寛元四年丙午ニ來朝ス。元亨釋書ニ傳有テ詳ナリ。今寺領九十五貫九百文アリ。

金《キン》龍《リウ》水《スイ》　西ノ外門ノ前ニ有。鎌倉五名水ノ一ツナリ。

東ノ外門　額《ガク》ハ。海東法窟。崇禎元年。十一月。竹西書トアリ。

西ノ外門　額ハ。天下禪林。崇禎元年。十一月竹西書トアリ。竹西ハ朝鮮人ナリ。

總《ソウ》門《モン》　額ハ。巨《コ》福《フク》山《サン》。筆者不知。或ハ寧《ネイ》一《イツ》山《サン》ト云ヒ。又ハ趙《テウ》子《ス》昂《ガウ》ト云《イフ》。巨ノ字。上ノ一畫ノ下ニ。一點ヲ加テ書タリ。時ノ人褒美シテ。此額此點ヲ加ヘテ。百貫ノ價ヲ添《ソヘ》タリト云シヨリ。百貫點《テン》ト云フナリ。

山門　額ハ。建長興國禪寺。二行ニ書ス。宋ノ子曇ガ筆ナリ。山門ノ樓上ニ十六羅《ラ》漢アリ。イツノ時カ紛失シテ。今ハ體アリ。又此門下ニテ。七月十五日ニ。梶《カヂ》原《ハラ》施《セ》餓《ガ》鬼《キ》ト云ヲ行フ。相傳フ。昔開山在世ノ時ニ。武者一騎来テ。施餓鬼會《エ》ノ終リタルヲ見テ。後《コウ》悔《クワイ》ノ色有テ歸ル。時ニ禪師コレヲ見テ。呼《ヨビ》カヘサセテ。又施餓鬼會ヲ設《モウケ》テ聽《キカ》シム。時ニ彼武者。我ハ梶《カヂ》原《ハラ》景《カゲ》時《トキ》ガ靈ナリト云テ謝《シヤ》シ去ル。爾《シカ》ショリ以来。此寺ニハ毎年七月。施餓鬼ノ會終テ後《ノチ》。梶原施餓鬼ト云ヲ設ルナリ。心經ヲ梵《ボン》音《ヲン》ニテ。二三人ニテ誦《ヨミ》。餘《ヨ》ノ大衆ハ無言ニテ行道スルナリ。是ヲ此寺ニテ梵語心經ト云ナリ。

浴《ヨク》室《シツ》　總門ヲ入。右ノ方ニアリ。浴室ト額有。筆者不知。

佛殿　祈禱ノ牌《ハイ》ヲ懸《カケ》テ。毎晨祈禱ノ經呪不怠《オコタラ》。本尊地藏。應行ガ作。相傳フ此寺建立ナキ以前。此地ヲ地《チ》獄《ゴク》谷《ガヤツ》ト云。犯罪ノ者ヲ刑罰セシ處ナリ。平ノ時《トキ》頼《ヨリ》ノ時代ニ。濟《サイ》田《タ》ト云者。重科ニ依テ斬罪ニ及フ。太刀ドリ。二《フタ》太刀マテ打《ウチ》ドモ不切《キレ》。刀《カタナ》ヲ見レバ折《ヲレ》タリ。何ノ故《ユヘ》カアルト問《トヒ》ケルニ。濟《サイ》田《タ》答テ曰。我平生地藏菩薩ヲ信仰シテ常ニ身ヲ不放《ハナタ》。今モ尚髻《モトヾリ》ノ内ニ秘スト云フ。依テコレヲ見レバ。果《ハタ》シテ地藏ノ小像アリ。背《セナカ》ニ刀《カタナ》ノ跡アリ。君臣歎異シテ。則《ソクジ》濟《サイ》田《タ》ガ科《トガ》ヲ赦《ユル》ス。濟田此ノ地藏フ。心平寺ノ地藏ノ肚《ト》中《チウ》ニ收《ヲサ》ムトナリ。此寺草創ノ時。佛殿ノ地藏ノ頭内ニ移ス。長《タケ》一寸五分。臺座トモニ二寸一分。立像ノ木《モク》佛《ブツ》ナリ。背《セナカ》ニ刀《カタナ》ノ跡《アト》アリト云フ。佛殿ノ内。土《ツ》地《チ》堂《ダウ》ニハ。太帝。太元。韋駄天。感應《イン》使《ス》者《ジヤ》。聖徳太子。千手觀音。文殊。藥師ノ像アリ。又代《ダイ》々《ダイ》將軍ノ位牌アリ。昔ハ地藏。釋迦。觀音ノ三佛。三千佛アリト云フ。大友興廢記ニ。建長寺ニ千體ノ小地藏有《アリ》。サユウト云者《モ》ノ作也ト有。祖師堂ニハ。達磨。慧能。百丈。臨濟。開山ノ像。前代住侍ノ像牌等アリ。

梁牌ノ銘

令上皇帝。千佛垂手ヲ扶持シ。諸天至心ヲ擁護ス。長ク保チ南山ノ壽ヲ久ク為ル北闕ノ尊ト同ク胡越ヲ於一家ニ通ス車書ヲ於萬國ニ。正五位下行相模ノ守平ノ朝臣時《トキ》頼《ヨリ》敬テ書ス（左ノ方ニアリ）伏ツ願クハ三品親王征夷大將軍。干戈偃息シ。海晏河清シ。五穀豐登。萬民康樂。法輪常ニ轉シ。佛日増シ輝ク。建長五年。癸巳。十一月五日。住持傳法宋ノ沙門道隆謹テ立ツ（右ノ方ニアリ）

鐘樓　山門ノ東方。山ノ上ニアリ。鐘ノ圍《メグリ》一丈四尺七寸。厚《アツサ》四寸。長《タケ》六尺六寸。龍《リウ》頭《ヅ》一尺七寸。銘如左。

巨福山建長興國禪寺鐘銘

南閻浮提。各以音聲長為佛事。東州勝地。聊
蒐榛莽闢此道場。天人影向。龍象和光。雲歛
霧開。今樓觀百尺。嵐敷翠拂兮勢壓諸方。事
既前定。法亦恢張。圓範洪鐘。結千人之縁會。
宏撞高架。鎭四海之安康。脱自一模。重而難
揚。圓成大器。鳴則非常。蒲牢纔吼。星斗睥藏。
華峯答響。心境倶亡。扣之大者。其聲遠徹。扣
之小者。其應難量。東迎素月。西送夕陽。昏寐
未醒。攪之則寤。宴安猶惰。警之而莊。破塵勞
之大夢。息物類之顛狂。妙覺覺空。根塵消殞。
返聞聞盡。本性全彰。共證圓通三昧。永資檀
施千禪。因此善利。上祝觀王。民豐歳稔。地久
天長。建長七年。乙卯。二月廿一日。本寺大檀
那。相摸守平朝臣時頼。謹勸千人。同成大器。
建長禪寺住持宋沙門道隆謹題。御勸進監
寺僧琳長。大工。大和權守物部重光。

觀音殿　佛殿ノ前。東方ニアリ。額ハ圓通閣。毎月
十八日。大衆集リテ觀音懺法アリ。

圓通閣　　俊明極

聞思修證得圓應十方通。耳聽衆色別。眼觀
諸響同。來門設羅像。白屋奉真容。此閣付神
驗。靈光曾嚴雄。

方丈　龍王殿ト名ク。釋迦。蘭溪。時頼束帯ノ像ヲ
置。

書院　聽松軒ト名ク。

蘸碧池。并影向松　共ニ書院ノ庭ニアリ。元亨釋
書ニ。福山寢室ノ後ニ池アリ。池ノ側ニ松アリ。其樹
條直シ。一日斜偃シテ室ニ向フ。衆僧コレヲ怪ム。
禪師語テ云。偉服ノ人。松ノ上ニ居テ我ト語ル。我問
フ何レノ處ニ住スルト。對曰。山ノ左鶴岡ナリト。語
已テ不見其人ノ居ルヲ以テノ故ニ松偃ノミ。諸徒
ノ曰。鶴岡ハ八幡大神ノ祠ナリ。恐ハ神コヽニ來
ルノミ。コレヨリ其徒其樹ニ欄楯シテ。名テ靈松ト
云フトアリ。今或ハ影向ノ松ト云フ。

蘸碧池　　俊明極

誰鑿地為沼。寒泉涵泳濱。青林浮水面。翠巘
浸波心。堅看山形側。横觀樹影沈。曉遊成勝
覽。聊作五言吟。

開山塔　外門ノ額。嵩山。佛光筆　中門ノ額。西來菴　筆者

不知。昭《セウ》堂《ダウ》額《ガク》圓《エン》鑑《カン》。開山筆　昭堂ノ内。右ノ方ニ達磨ノ像アリ。開山ノ像ハ自作ナリ。側《カタハラ》ニ拄杖アリ。開山宋《ソウ》ヨリ携ヘ來ル。故ニ渡《ト》海《カイ》ノ拄杖ト云ナリ。左ノ方ニ乙《ヲ》護《ゴ》童《ダウ》子《ジ》ノ像アリ。此《コレ》ハ江島《エノシマ》ノ辨才天ヨリ。隨侍ノ為《タメ》ニ遣シテ。開山一生ノ間隨身スト云傳フ。然レトモ乙護童子ハ本ヨリ伽藍ニハ有ベキ物ナリ。江島ヨリ來ニアラジ。

舎《シヤ》利《リ》樹《ジユ》　昭《セウ》堂《ダウ》ノ前《マヘ》ニアル混《ビヤク》柏《シン》ヲ名ク。元亨釋書ニ。蘭溪ヲ闍《ジヤ》維《イ》シテ。五色ノ舎利ヲ得タリ。其《ソノ》煙《ケムリ》樹葉ニ觸《フレ》テ。纍《ルイ》々《ルイ》然《ゼン》トシテ皆舎利ヲ綴《ツヾ》ル。門人遠方ヨリ至ル者。數十日ヲ歴テ葬所ニ到テ。林木ヲ捜索シテ多ク舎利ヲ得タリトアリ。此《コレ》ヨリ舎利樹ト名クトナリ。

嵩《スウ》山《ザン》并ニ兜《ト》率《ソツ》巓《テン》　開山塔ノ後《ウシ》ロノ山ヲ嵩山ト號ス。峯《ミネ》ヲ兜《ト》率《ソツ》巓《テン》ト云フ。兜率巓ニ。開山并ニ佛光ノ石塔アリ。佛光禪師ハ。圓覺寺ノ開山ナレドモ。建長寺ニテ葬ル故ニ。塔ハ嵩《スウ》山《ザン》ニアリ。

嵩山　　俊明極

五嶽標《ヘウ》中岳。屹《キツ》居天地心。衛常如侍衛。岱華似恭欽。慧日輝幽谷。慈風動少林。孰知西祖意。昭顯海東岑。

寺寶

圓《エン》鑑《カン》　壹面。厨《ヅ》子《シ》ニ入ル。西來菴ニアリ。開山所持ノ鏡《カヾミ》ナリ。高《タカ》サ三寸五分。横《ヨコ》三寸アリ。鏡面ニ。觀音半身ノ像。手ニ圓扇ヲ持《モチ》。少シ俯シタル樣ニ見ユルナリ。頭ニ天冠ヲイタヾク。首尾。如意ノ如ニ見ユル物ノ端ニ。瓔珞ヲ垂ル。珠《タマ》ヲ連《ツラヌ》ル絲《イト》ハナシ。下ニ巾《キレ》ノ如クナル物ヲ著ス。眼裏ニハ睛《ヒトミ》ヲ不入。鏡ノ後《ウシロ》ニ。水中ニ三《ミ》日《カ》月《ヅキ》ノ影《カゲ》。逆《サカサマ》ニ鑄《イ》付《ツク》。其高サ半分バカリアリ。上ニ梅枝ヲ鑄《イ》付《ツケ》タリ。是ヲ捉《トラ》ルヤウニ環《クワン》ヲ付タリ。鏡ノ形《カタチ》鼎《カナヘ》ノ如シ。是ヲ圓《エン》鑑《カン》ト號スル事ハ。開山在世ノ時ヨリ。自《ミヅカ》ラ圓鑑ト額ヲ書《カキ》。今ニ昭《セウ》堂《ダウ》ニ掛《カケ》サセ給ヲ以テナリ。其圖如左。

圓鑑圖

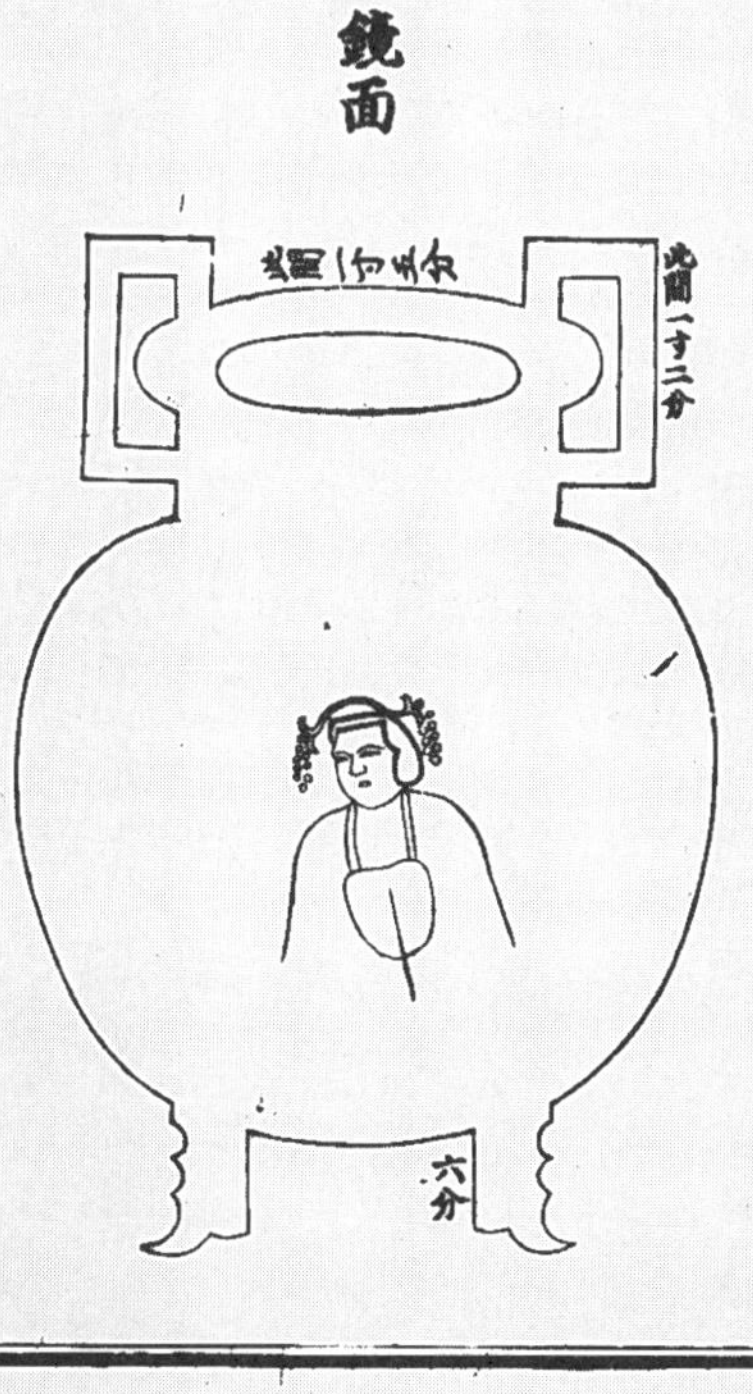

鏡後

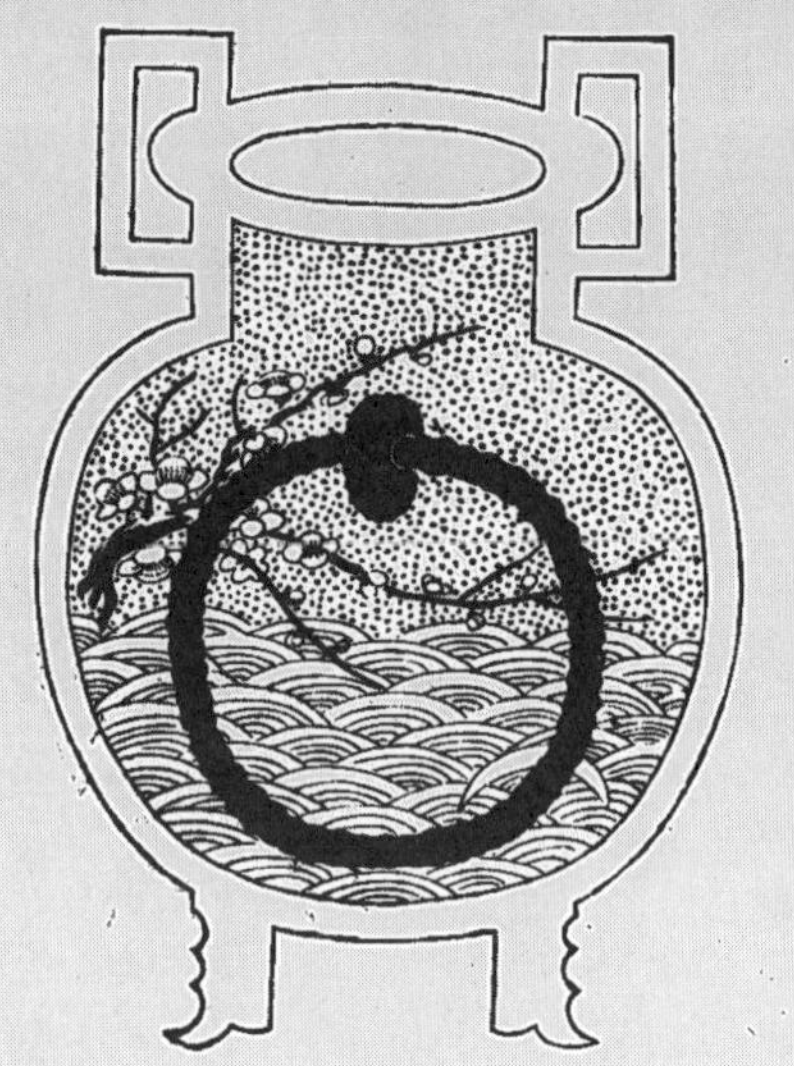

元亨釋書ニ。大覺禪師所持ノ鏡《カヾミ》アリ。没後其ノ徒《ト》コレヲ收ム。或人夢ミラク。其ノ鏡禪師ノ儀貌ヲ留ムト。徒ニ告テ乞見レバ髩鬚トシテ觀自在ノ像ニ似タリ。諸徒傳ヘ看テ異之。平帥時宗 コレヲ聞テ。請テ府ニ入ル。其ノ晻曖ヲ疑テ。工ニ命シテ磨冶セシム初メ幽隱ナリ。一磨ヲ經テ。大士ノ像。鮮明嚴好ナリ。平帥悔謝シテ作禮ス。後ニ寧一山記作ルトアリ。日件錄ニ。西來菴ニ大覺禪師ノ圓鑑アリ。觀タリコレ。ヲ拜スレバ。鏡中ニ觀音ノ半身ノ像アリ。手ニ芭蕉ノ扇ヲ持。正ク視レバ朦〻トシテ。眇ニ見レバ儼然タリトアリ。又宗牧ガ東國紀行ニ。建長寺御影堂ノ鏡ノ面クモリタルニ。十一面ノ尊容。サダカニヲガマセラレタリトカケリ。十一面ニハ非ズ。圖《ヅ》ノ如ナル像ナリ。寧一山及ビ諸師ノ記文如左。

圓鑑ノ讃 并ニ序　寧一山

圓覺寺ノ比丘宗英。得テ此ノ鏡ヲ於宋國ニ持チ歸ル。經テ三年ヲ後。大覺退テ壽福ニ往キ。甲州ニ以テ鏡ヲ送リ獻ス之ヲ。經テ一旬餘ヲ。忽然トシテ鏡面垢生ス。其後漸〻ニ現ス大士ノ慈容ヲ。法光寺殿 平ノ時宗 聞テ之ヲ。收藏シ禮事ス之ニ。二年ノ後。遣テ本寺ノ觀音ノ像ヲ乃チ藏ム腹ノ中ニ。今〻繪テ此ノ像ヲ求ム題ヲ。一寧爲ニ述フ偈ヲ云ク。衆生法界ノ性。湛トシテ如シ圓鏡ノ明カナルカ。一念忽然トシテ起テ。乃チ有リ生佛ノ名。此ノ鏡自リ宋國。萬里逾ユ滄溟ヲ。鎔鍊シテ出テ摸冶ヲ。作ル此ノ博山ノ形ヲ。虚圓淨ニシテ無シ垢。日月當ル青冥ニ。師資互ニ獻授ス。不敢テ私ニ緘縢ス。一朝半蒙翳。如ク呵ス晨霧ノ輕ヲ。靜ニ觀ス翳霧ノ中ヲ。大士如幻ニ成ル。良哉白衣ノ仙。救テ苦ヲ唯尋聲ヲ。度ス人ヲ生死ノ海ニ。應現隨フ羣情ニ。現ス無量ノ手眼ヲ。圓通唯徹證。是レ必ス有大縁故ニ示ス。水月ノ影ヲ。偉ナル哉法光寺。珍藏ス此ノ淨聖ヲ。不敢テ閟以テ私セ。造テ像ヲ藏ス此ノ鏡ヲ。要ス令ム緇素ト與ニ白。投シテ誠ヲ共ニ瞻敬セシメ。令ム復繪テ此ノ像ヲ。用テ以テ示ス永〻ニ。我説テ偈ヲ贊揚ス。無ク

言無自性。嘉元三年乙巳清明節。一山一寧比丘拜書。

同贊　佛光禪師

示現宰官。示現菩薩。示現比丘。三原作夢。一處失照。有来由絶朕兆。古佛鏡中明千山孤月皎。

同贊　月江印和尚

菩薩應現諸三昧。變化無在無不在。夢裏眞形鏡裏觀。空花實相無留礙。無學叟祖元拜贊。

日面佛。月面佛。靈影藏形。弄巧成拙。悟得牛過窻櫺。掃蕩無明窠窟。幻化空身即法身。西方入定。東方出。謂是臣福開山。又是觀音化迹。等閑打破鏡來看。方信本来無一物。日本國建長禪寺開山大覺禪師鏡中現觀音相。育王月江正印拜贊。

同贊　元僧本無

日本國建長禪寺靈鏡見像贊　有序　宋成都蘭溪禪師道隆。得法于無明性和尚。遂佩大父松源單傳直指之道。往化日本。爰感國君輔臣衆相契合。大振厥宗。晩示滅于建長之寢室。弟子收瘞舍利。西来菴賜大覺禪師圓鑑之塔。已而相州太守平公時宗。追慕罔怠。忽一夕夢。師語曰。世間生死人之大常。公何哀戀不已。吾之徒德溫。收吾生前所蓄銅鑑。公若欲見老僧。看鑑足矣。覺而召溫叙夢事。索鑑覽之。果於雲霧中。儼有人面焉。者亟命工刮磨之。乃得觀世音菩薩妙相嚴然具備。合府僚佐爭先快覩。莫不嗟異。太守感茲靈瑞。爲剏圓覺禪寺。造傑閣以奉大士。且併藏其靈鏡焉。師之法孫元壽。求良工繪鏡像于袁帛將寘于西来菴。以永禮供養。過予天竺炷香求贊。敬説偈曰。普眞靈智妙法身。徧現十方無量刹。慈應之用不思議。如月在水春在花。上天竺峯寶陀岩。鷹巣鏡容十一面。光明顯靈靡差忒。施作佛事無有窮。從是東行日本土。有大比丘衆所歸。宰官夢與鏡現像。等施悲願力如是。我聞菩薩本因地。由聞思修入三摩。心精遺聞證圓通。此方乃以音聞得。良由無礙慈忍力。十方言音起即觀。以是

比丘大徹用。似鏡照鏡空藏空。佛子若以同
異求離氷求水無是處。彼以無媒應一切。我
今亦以無言贊滴露。投置浮幢王。同一器量
無邊表。諸來善入圓鑑門。作是觀者名正觀
至正癸未。春三月二日。杭州路上天竺廣大
靈感觀音教寺傳天台教沙門釋本無。題于
白雲堂。

同贊　　元僧梵琦

生蜀之蘭溪。即以為號。出宋之淛水。謂稱飽
參。姑蘇雙塔見無明老人。舉牛過窓櫺而透
徹。廬山歸宗夢張公水部。願身隨瓶鉢以護
持。得拄杖於異僧。感天童之護法。及開日本
巨福。王臣敬崇。屢坐名藍道場。衲子國遠使
松源慧燈不夜。播大覺遺教無窮。茶毗示寂
後涅槃。舍利入西來窣堵。囑平太守相見於
鏡中。果睹聖觀音每彰於身後。堂々大道。臺
疊清規。付之的子親孫。仰若泰山北斗者也
日本國巨福山建長禪寺開山第一代祖大
覺禪師蘭溪隆和尚遺像。遠孫比丘元志侍
者求贊。至正丙午春。嘉興路在城報恩光孝
禪寺前住山楚石道人梵琦敬書。

同紀實　　德雋

曩焉有比丘宗英者。之宋得鏡。形肖博山。持
之而歸。後三載。大覺祖師遭乎流言。而有甲
州之行。英將其鏡獻之於師。以備顧鑑。師旋
于相之巨山。未幾而逝矣。神是德溫收鄉之
鏡。本郡太守平公時宗。追慕師而不可見。晨
夜憂想罔怠。一夕。師夢告平公曰。死也者人
之大常也。何故哀之劇。吾之徒德溫有鏡。吾
平生愛之也。欲見老僧者。此鏡是矣。覺而召
溫索其鏡覽之。如雲霧中有人而昏。命工磨
之。乃觀音大士之妙相悉備。闔府僚屬。乃至
遐邇州縣來禮者憧々不絕。毋不歎異平公。
感斯奇瑞。以其鏡秘之。躬以奉圓覺寺山門
之閣。或曰。平公悔擲聽流言之過而為之也。
爾來今垂百年矣。應安甲寅。十一月二十三
日。將夜。圓覺寺俄遭畢方之祟。巨山以其比
隣衆咸駭而愴惶。老而病者攀陟而望之。壯
而健者匍匐而救之。夜追過半。炎上稍息。有
守嚴者。篤行之僧也。嗟彼廣居羅于斯災矣。

戚々乎念之。坐久而假寐。空中有聲曰。汝知之否。祖師現形之鏡。藏于寶雲閣千手大悲之腹中矣。嚴也。恍惚應之曰非也。我聞之於師。其置正觀音腹也。若曰在于千手則謬也。遂焉夢覺。乃呼同舍者語之。翌日嚴將守高者。訪鹿阜於灰燼之中。而歸將過利濟菴之門傍。有木像仆地。手足摧折。不見其首。往來者圍之爭觀曰。火發庫堂。其焰先及大殿之北。阿而後燬于山門。人得延燎之有隙。上閣救聖像。茫々焉逞其高檐放落之。故梵相用

致傷損。守嚴以手摸像腹。鏗然有聲。取而視之。鏡也。使若有人誘之。然高也懼人喧逐濫隨。故潛袖之。速行將到巨山。尚以為遲。輒就路側出之。以拜觀其鏡。瑩如也。聖像見于鏡心。畧有曉暎之色。擁其像。如一髮生于晴虚焉。我祖本形。淨智圓明。體自空寂。蕩々焉如如焉無相無蹟。豈以鏡中仮見。徒誇乎人哉。嗚呼。時丁末運。善巧淺薄。於是彰著其靈異。以視不信心者耳。佛光。一山。本無。月江。虎關。諸師。有贊焉。有銘焉。有序焉。有傳紀焉。今併

摭其言以為事實。元綸首座。俾余書之。永留西來菴。永和元年。季冬朔也。法孫比丘德雋九拜書。按スルニ本無ノ贊ノ中ニ。太守感茲靈瑞為之糾。圓覺禪寺トアリ。元亨釋書ニ。弘安二年ニ佛光禪師來朝。五年ニ圓覺寺成。佛光禪師ヲ開山第一祖トストアリ。シカレハ圓覺寺ハ。此奇瑞ノ為ノ故ニ創スルニハアラス。本無ハ異邦人ナル故ニ此事ヲ詳ニセザルナラン。今按スルニ。古今醫統ニ。畫寫鏡法。雌黄一錢。粉霜硇砂。各一分。右細研以膠水調。任意於鏡上描畫人物花草

故事ヲ候乾火ニ焼片時。以磨鏡。藥磨去其畫自見トアリ。後義堂ノ日工集ヲ見ルニ。應安七年。十一月廿三日ノ五更ニ。圓覺寺失火ス。其災ノ起リハ。其日寺僧鬻柴者ト價ヲ論ジテ。鬻柴者ヲ罵辱ス。其男潛ニ寺ニ入。柴屋ニ火ヲ投テ去ル故ニ焼亡ス。其夜建長ノ守嚴首座。夢ノ告有ト称シテ。圓覺山門ノ閣ニ登リ。観音ノ像ヲ破リ。其胸ニ藏ストコロノ寶鏡ヲ取。建長ノ方丈ニ歸ル。諸人競ヒ観テ希有トス。是蓋シ事ノ變ニ因テ偸ニ奪ヒ去ナリ。豈犯罪ナラズ哉。上杉刑部大輔憲春來テ。

圓覺ノ火災ヲ問。又圓覺ノ靈鏡ノ建長ニ移ル事ヲ聞テ。希有ナリ哉ト問。義堂曰。吾ガ家初ヨリ如キ是ノ怪ヲ不説カ。是レ巫覡邪法ノ術トコロナリ。古人ノ云。打破シ鏡ヲ來レ。與汝相見セン。又曰。明鏡モ亦非臺ニ。是心鏡ヲイフナリ。而モ尚ヲ打破スルモ亦非之ヲ。況ヤ幻藥ヲ以テ鑄ル所ノ世鏡ヲ守ランヤ乎トアリ。

開山自作ノ小觀音像　壹軀。長タケ一寸五分

開山九條ノ袈裟　貳頂。環ハ水晶。

開山七條ノ袈裟　貳頂。環ハ琺瑁。六角ナリ

開山ノ念珠　貳連。金剛子。

開山ノ直綴　三領。

開山ノ坐具　貳張。

朗然居士ノ畫像　壹幅。開山自筆ノ賛ナリ。如シ左ノ。

拙ク而無比。與ニ它ノ佛祖結ブ冤ヲ。老テ不知羞ヲ。要ス為ニ人天ノ開ク正眼ヲ。是非海ノ中ニ闊歩ス。輥百千遭。劍戟林裏ニ横タフ身ヲ。好一片ノ膽。引得テ朗然居士ヲ。於テ霎拳上ニ能ク定ム乾坤ヲ。負フ累蘭溪老人ニ。向テ巨福山ニ倒ニ乘ル那ノ艦ヲ。相同ク運ニ出ス自家ノ珍ヲ。一一且ツ非ス從リ外來ルニ。辛未季春。住持建長禪寺宋ノ蘭溪道隆。奉ル為ニ朗然居士ニ書ス于觀瀾閣ニ。

勝

金剛經　壹巻。開山ノ筆。

朱衣達磨ノ畫　壹幅。開山ノ筆。

釋迦ノ畫像　壹幅。顔輝ガ筆。

觀音ノ畫像　卅二幅。啓書記ガ筆。

白衣ノ觀音ノ畫像　壹幅。思恭ガ筆。

涅槃像　貳幅。一幅ハ兆殿司《テウデンス》。一幅ハ新筆。

羅漢ノ畫像　八幅。兆殿司筆。

十六羅漢ノ畫像　壹幅。顔輝ガ筆。

十六善神ノ畫像　壹幅。唐筆。

三幅對ノ繪　中ハ釋迦。思恭ガ筆。左右ハ猿。猿ハ牧溪《モツケイ》筆。察スルニ。釋迦猿猴別筆ナレトモ。取リ合セテ對トス。畫體相似タルヲ以ナリ。

並蔕《ヘイテイ》蓮ノ繪　貳幅。顔輝ガ筆。

牡丹ノ繪　壹幅。唐筆。

法華經　壹部一軸。紺紙金泥。日蓮ノ筆也。紬紙ノ繪モ日蓮筆也ト云フ。八ノ巻ノ末ニ。金泥ニテ如此ノ判アリ。又ツギメくニモ有。花押數ヲ考ルニ。源持氏ノ判ナリ。如シ左ノ。

右ノ外ニ開山ノ袈裟等散失シテ常州ニ有シヲ
我相公コレヲ納メラル。相公住持頑室ニ與ル書
并ニ寶物等如左。

持氏判

與頑室和尚書　源光國

未接道容。渇望日久。伏惟寶坊清靜。法候萬福。就告家臣額田久兵衛信通。出所藏大覺禪師法衣墨蹟等。是宜在貴寺者。故今附介喜捨永以鎭山門。其物件錄別幅。收納惟幸。

延寶六年七月廿四日

大覺禪師僧伽梨　黄紗 環ハ玳瑁　壹頂
大覺禪師尼師壇　黄紗　壹張
大覺禪師拂子　壹柄
大覺禪師肖像　壹幅
大覺禪師牙　納玉塔　壹箇
大覺禪師墨蹟　識衆法語。具名字印章　貳幅
空山和尚僧伽梨　生絹 環ハ象牙。　壹頂
空山和尚尼師壇　緞子　壹張

錦江和尚肖像　讚ハ中巖　壹幅
不動明王并ニ矜伽羅制多迦　各壹軀
華照月ノ彫造。栂尾ノ明慧ノ供養。

復水戸相公書　建長頑室玄廉

如賜示教。雖未奉芝顔。辱惠鳳箋。薰沐拜誦。就審臺閤鈞安。尊候佳勝。伏承大家之良臣額田氏信通。累世所秘在之大覺祖之法衣墨蹟等。所錄別幅之件々。永令鎭護吾山門。不堪戰慄感荷之至。誠惟四百年後如逢蘭溪再世之春。閣下非仁德之溥。爭蒙如斯之餘庇乎。噫時哉有數。圭復無措。佗時趨于貴府速伸忱謝。皇恐端肅不悉。

建長興國禪寺碑文　壹卷。其文如左。碑ハ今絶タリ。

吾佛之以導人者。變化無方。出沒無狀。無過明心見性。一以同歸者也。然有生上智者。鮮希於自強易為修習。習之猥。肩鄙俚。流而忘返。輙淪於不意之鄉。孰知聖性清明在余之躬者耶。於是達磨以來百丈。建為叢林。廣居使其混處其間。一以清規而繩率之。共弘厥旨。猶蓬生麻中。未曾不自直。由是王臣知其

事事者。不負靈山之囑。克任厥責。殆偏於天下也。所以今茲日本建長寺者。實由是矣。蓋乃先是掌國政者平公朝臣時頼。天縱明識。欲興厥宗。而土曠人稀。末由就緒。有西蜀蘭溪道隆禪師者。得法於開先慧性禪師。性嗣靈隱崇岳禪師。岳傳於達磨為二十五世孫。隆。既妙悟。茲欲宣化。期遠遊與道偕行。當趙宋淳祐六年。本朝寛元丙午之歳。萬里波浪一息來朝。公乃窺其顔角。而語諸左右曰。非人間世之所有也。而西方聖人之教。不治而

不亂。國政有是。余何憂哉。然其教各有所宗。禪為統要。國亦備矣。而至人未至。覺悟者鮮。故不易治。抑乃堂々大道。猶若青天。蓋有不能出者。猶可惜哉。人其至矣。吾將有為未就。請師始主常樂小剎。乃遍擇靈地。至建長辛亥。得之於此山內。曰巨福禮鄉。十一月初八日。開基創草。為始作大伽藍。擬中國之天下徑山為五岳之首。山以鄉名。寺以年號。請師為開山第一祖。乃悉常樂之產。於茲復增置若干所為常住僧業。常樂既虛。乃於茲寺月

輸上殿僧衆十貫。以一貫守之。為之定式。聞二載。癸丑。規模稍備。先是欲大殿立三尊。公曰。此地昔幽谷也。當為刑場。誤犯國憲者。殞首於此多矣。殊不知又涉為陰獄耶。先有地藏菩薩祠於此亦有意也。令毋他設。宜即以是為本尊。於是為其像而作丹崖翠巒之狀。以擬佉羅陀山安處其中。復作小像千數。擁衛兩傍。既畢。請師觀之。乃歎曰。勝哉人間之事。乃有希奇者。若是耶。何故此余未來朝時。所夢見似之。先兆如此。豈偶然哉。余之於此有

緣也久矣。而一日蝦夷國人來朝。公以其乃無佛世界。欲地藏專化之。使其遊寺以植善根。而其蝦夷指之曰。是若人者。常俱群小像遊吾國。不識從何所來。乃有其像在於茲耶。公曰。蓋其本願欲度若等耳。今吾獲若于茲。蓋亦是之意焉。當以嚴奉事之。然果有之能偕其來否。夷人諾之。明年又來朝曰。所約若人者。招之不可。趣之不及。但得其所遺手執錫杖上一金鐶耳。謹以奉獻。視之像所執者果失其一。又師之將來朝也。遇一方面大目

長髯美秀者諸途而前曰。師道宜東化。縁在
彼。時其至矣。毋自趑趄。師訝而驚且敬之。心
不覺口語曰。斯何人耶。又而作之識余之心
事耶。欲詰其故。彼則前趨失其所在。俄一望
間有古神祠。隨列入欲炷香。乃祠山大帝行
廟。儀表當軒。即所遇者。猶若與語。於是默禱
之曰。此真若壮予行耶。余何莫謹切於此哉。
去計決矣。而果若適所聞命。願為護法。因而
既主蔣寺。即奉其為護法者。於是大啓玄關
妙闡洪桄。鐘鏜鼓鞳。雷轟霆震。象纏龍圍。山

臨海赴。蕭々焉。棣々焉。濟々焉。洋々焉。何曾
昔之有哉。然則何為乎。是乃莫不各揣厥已
大焉之事。而此未受血氣成形之以前。果為
誰耶。嗚呼怪哉。令之歴々言咲。或喜或悲。何
從而來。於寤於寐。一耶。異乎。而又五之宗祖。
垂範設教。無所不入。乃至萬有各異。百家自
張。乖離和合。錯綜空位為。夫即令華堂廣構。
大座寛横。彼主人者指揮酬答。又曷所以為
哉。廓尓之者。如觀杲日麗天。在吾方寸間耳。
其有未徹。則亦不假食息矣何哉。蓋乃若夫

佛祖宏綱。置而不論。人壽百年。希乎滿者。倘
乃剎那變改。將何以乎。智者行之。識者効之。
如志以求吾所失本物。終必得之。而後已。此
固蓋沭唯是沙門釋子之事而已矣。凡有
生孰莫大於斯哉。真化既弘。顯悟者有之。寄
契者有之。寺之未建以前。不無禅刹。然而叢
林規範。法則儀式。往々人亦皆未聞也。乃至
與夫考撃揵稚魚板法器等類。師皆躬自為
人耳。引手誨々。教誨亹々。而不為倦。尚多差
忒。是後明師宿德繼以作興。至于今日。何其

盛哉。先是有南詢禅者覺音者。遇師於天童
師問國之法道。書曰。八宗並行。禅固有之。未
之廣也。由之師有東為之興。八宗者。蓋謂三
論。法相。倶舎。成實。華嚴。律。天台。真言。此外又
有浄土宗。然原夫最初佛法茲來。自欽明十
三年壬申之歳百濟以獻經像。至建長辛亥
則已七百年矣。諸宗陸續来於中國。亦已殊
不復枚論。禅則自達磨熊耳西歸之後。逾八
十有六年。當本朝推古二十有一。歳在癸酉。
去欽明壬申六十二年。云来於蔡與聖德太

子。歌詞酬答。然所示相狀不以貴人嚴謂猶
信解品說。長者方便脫瓔珞服也。知是時未
以化行。復示空棺。隨乃隱去。次則有釋道昭。
白雉年間。本傳法相。玄奘謂曰。經論文博。勞
多功寡。我有禪宗。其旨微妙。傳爾以歸。既返
從學之者非為鮮也。又後聖武天平七年。唐
玄宗時。釋道璿者。來茲弘化。復嵯峨代間。釋
名慧蕚。奉皇太后命。渡海求法。塩官齊安國
師。使釋義空倶以歸朝。后建檀林蘭若處之。
後蕚再返於彼。僦土刻石以為豐碑詳記其

事歸置本朝。題曰日本國首傳禪宗記。然綿
歷歲月。寢而不傳。乃至建久二年。有千光法
師名榮西。兩入炎宋。以傳宗旨并及衣盂而
歸。建立禪刹安處徒侶。抑亦戰矣。而西則曰。
吾之滅後五十歲。禪當大興。茲草々耳。茲
落成。果如其數。蓋有時也。嘗當論之。至人大
數。出隱歇興皆有其時。非適然耳。非特今時。
前古皆然。唯以世代遼莫盡知焉。今以迦文
之道。東播之迹。明珠尚爾。而況又復遠於其
前者耶。周穆王時。文殊目連已至化導。且示

高四臺。是迦葉佛第三會說法之處。人聞周
之穆王之代亦已怪矣。況迦葉佛哉。此乃道
宣律師得之於天人語也。豈其誣乎。時王因
造三會道場築中天之臺。其高千仞即列禦
寇所謂化人者也。信不誣矣。是故又有商太
宰問孔子之聖。遂指西方之人。蓋是佛法久
已徧播天下者矣。史氏失書。至於降替。人亦
莫知。今人唯云自漢明至於今者。或沈亦不
知其然。然皆可考而所謂叢林之盛以弘厥
旨者。孰有如於今哉。彼之若是。此亦然也。莫

逃乎時。或曰。夫是宗也。理絶人區。事出天外。
何以時為謂乎。曰然。固若是。曰理曰事猶訓
蒙之說。姑促之言。蓋以絶人區之理。出天外
之事。欲行天下以導乎人倫者。必以天之時
人之宜也。譬夫天之時者。有宵與晝。人之宜
者。有作與息。若夫不由宵晝。自擅作息。當宵
而征。晦昧蹇躓。或至顛仆。曷若待晝以往。昭
明大達。直前絶阻。無所不通者不在言矣。此
非時宜而何。是故斯道行。茲寺建。有力檀那。
于以勸誠。名德宗師。於以弘化。此時之宜也。

由之人物華聚。規矩馳張。使人廓自己之靈。
猶夫畫往之所。徹見纖悉。何所掩而蔽乎。所
謂理絶人區。事出天外。皆在乎我耳。其自昧
者如之何。寺之建。自圓成。越五十六載。平公
之孫名貞時。繼掌國事。後為沙門。名崇演。奏
賜勅額。定為令額。余偶主茲。自開山數至二
十八葉。許寺歷歳。為九十六載。示所有記文。
請為碑。固余素不能為是者。謝之再四。聊不
獲已。偏審其事。乃為之書。復為頌曰。身毒聖
人　弘化初。事出天外理絶區。人有上智及下

愚。性近習遠將何如。淸規大智為與譲高堂
大殿羅衆徒。龍蛇混雜為之俱。一一自寶滄
海珠。扶桑葉覆東南隅。下有長者德不孤。丕
我廣構何渠渠。金襴大士高厥居。大鼓砰轟
雷震虛。玉麈不動電繞樞。指揮佛祖當軒趨。
二十八葉兆後余。萬事必與時相於。世出世
間同一途。象龍索記仍命書。刻垂不朽同吾
諸。此碑文ノ中ニ。開山ヨリ二十八葉ト有ヲ考レハ。妙高菴ノ開基。昔山聞悟。号ス覺海禪師也。其人ノ作ナランカ。文體絶作ニアラズ。録スルニ不足トイヘトモ。久ク當山ニ傳ルモノナレバ。姑ク載之。

以上

華《ケ》嚴《ゴン》塔《タフ》跡　勝上巘へ上ル路ノ左ニアリ。華嚴塔
供養ノ號有。其畧ニ云、鎌倉縣。山内居住。菩薩
戒ノ弟子尼圓成。為故夫主最勝園寺〔平貞時ナリ〕一
十三回忌ノ建之。元亨三年。孟冬。於数日慶讃
圓覺壽福兩山和尚。安座點眼佛事。三寶衆
于菩薩戒尼圓成號ス云云。

華嚴塔　　俊明極

佛ハ現ス舍那身。頓根人罕聞。浚窮華藏海。廣演
竺乾文。寄護如欄楯。秘函標相輪。都盧高七
級。千古鎮乾坤。

勝上巘　方丈ノ北ノ高キ山ヲ勝上巘ト云。開山ノ
坐《ザ》禪《ゼン》窟《クツ》アリ。昔開山此窟中ニテ坐禪シタマヒシ
トナリ。今窟中ニ石地藏アリ。又傳ヘ云フ。禪師此
窟中ニテ坐禪ス。一遍上人来視テ詠歌云。躍
リハ子テフシテタニモカナハヌヲ。イ子ムリシテハイ
カヽアルベキ。禪師聞之倭歌作テ荅云ク。躍リハ
子。庭ニ穂ヒロフ小雀《スヾメ》ハ。鷲ノスミカヲイカヾ知ヘキ。
此時上人。禪師ニ參シテ。阿誰ノ話ヲ受テ大悟
ストイフ。窟ノ右ノ側ラニ上人坐禪セシ窟有。是故
ニヤ。禪師三百年忌ノ辰。遊行上人ノ衆徒三百

餘員。宿忌半齋ニ出仕シテ。昭堂ノ前ニテ躍《ヲド》リ念佛執行セシトナリ。一遍上人號ハ知真坊。正應二年。八月二十三日ニ寂ストナリ。其時ノ宿坊妙高菴ナリ。又禪師。甲州東光寺ニ在日。信州諏訪明神現シテ師ニ謁ス。師鎌倉ニ歸ル日。神送リ來ル。藤澤ニ至テ。師止ン事ヲ許シテ遊行ノ鎮守タラシムト云傳フ。七月廿七日。藤澤ニ諏訪ノ祭アル是ナリ。窟ヘ行左ノ方ニ地藏堂アリ。地藏ハ運慶カ作ナリ。崇境寺ト名ク。

觀《クワン》瀾《ラン》閣《カク》　今ハ亡《ホロビ》タリ。勝上巘坐禪窟ノ前ニ跡有。

觀瀾閣　義堂

軒臨滄海渺風煙。坐見數州來往船。世事紛紛白鷗外。百年真樂一床眠。

仙《セン》人《ニン》澤《ザワ》　勝上巘ヨリ西ノ方ニアリ幽閒ノ地ナリ。

不《フ》老《ラウ》水《スイ》　仙人澤ノ傍ニアリ。鎌倉五名水ノ一ツナリ。

華藏院　門外ニアリ。伯英和尚諱ハ德俊。嗣法了堂。當山六十世。八月十二日示寂。

禪居菴　門外ニアリ。大鑑禪師諱ハ正澄號ス清拙。嗣法愚極。嘉暦元年來朝。當山二十二世。暦應二年。正月十七日。示寂。世壽六十六。寺ノ向ニ堂アリ。摩利支天ナリ。又髪《カミ》長《ヲサ》明神ト云アリ。清拙ノ老母。師ヲ慕ヒ。宋ヨリ渡リタルニ。師不謁。恨テ死ス。明神ニ勸請ストナリ。

玉雲菴　妙慈弘濟大師。諱ハ一寧。號ス一山。嗣法頑極。台州ノ人。當山十世。正安二年ニ來朝。文保元年。丁巳。十月廿五日示寂。世壽七十一。傳在元亨釋書。

廣德菴　正宗廣智禪師。諱ハ印元。號ス古先。嗣法中峯。薩州ノ人。當山三十八世。應安七年。正月廿四日ニ示寂。世壽八十。宋景濂碑銘ヲ作ル。事ハ長壽寺ノ下ニ有。

寶珠菴　本覺禪師。諱ハ素安。號ス了堂。嗣法同源。筑州ノ人。大覺ノ法孫。當山三十五世。貞和元年。十月廿日示寂。此處ニ啓書記カ舊跡アリ。貪樂齋ト云フ。玉隱和尚ノ詩アリ。如左。

三尺門前鋪土花。單衣也足破生涯。松風夜度太平樂。奸賊從來不打家。

龍峯菴　佛燈國師。諱ハ德儉。號ス約翁。嗣法大覺。相州ノ人。當山十五世。元應二年。五月十九日

示寂。世壽七十六。七會ノ録有テ世ニ行ハル。

龍源菴　此菴ハ元ト傳燈菴ナリ。傳燈菴絶テ後。正続菴ノ中ニ龍源軒ト云有シヲ此ニ移ス。今龍源菴ト云也。傳燈菴ハ宋ノ子曇ノ塔也。子曇ノ傳釋書ニ見タリ。

正続菴　佛國禪師應供廣濟國師。諱ハ顯日。號ス高峯ト。後嵯峨帝ノ之皇子也。嗣法佛光ニ。當山十四世。正和五年。十月廿日ニ示寂。世壽七十六。語録アリ。正続菴ノ額ハ良恕法親王ノ筆ナリ。

天源菴　大應國師。諱ハ紹明。號ス南浦ト。嗣法虚堂ニ。駿州ノ人。當山十三世。延慶元年。十二月廿九日ニ示寂。世壽七十三。四會ノ録アリ。堂ノ額。晋光トアリ。後宇多帝ノ宸筆ナリ。堂ニ南浦ノ像アリ。經藏ニハ一切經アリ。門ニ雲關ト額アリ。大燈和尚投機ノ所ナリ。透過雲關無舊路ト頌セシハ此ノ所ナリ。

寶泉菴　佛果禪師。諱ハ存圓。號ス天鑑ト。嗣法無礙ニ。當山六十三世。應永八年。四月十一日示寂。

向上菴　國一禪師。諱ハ世源。號ス太古ト。嗣法佛光ニ。常州ノ人。當山十七世。元亨元年。九月廿五日。世壽八十九ニテ示寂。

妙高菴　覺傳禪師。諱ハ周愷。號ス肯山ト。肥前ノ人。嗣法石菴ニ。當山廿八世。八月二日示寂。

長好院　昔ハ拙誠菴ト號ス。織田三五郎平ノ長好ヲ葬テ後チ。長好院ト改ム。長好ヲ極岩空八居士ト云フ。石塔アリ。

正宗菴　大興禪師。諱ハ道然。號ス葦航ト。嗣法大覺ニ。信州ノ人。當山六世。正安三年。十二月六日ニ示寂。

同契菴　妙覺禪師。諱ハ禪鑑。號ス象外ト。嗣法桃溪ニ。肥州ノ人。當山三十一世。文和四年。十一月十八日。世壽七十八ニテ示寂。

千龍菴　昔ハ雲澤菴ト云フ。今改ム之ヲ。佛日焰惠禪師。諱ハ楚俊。號ス明極ト。嗣法虎岩ニ。明州ノ人。元德二年來朝。當山廿三世。建武三年。九月廿七日示寂。世壽七十五。

雲外菴　佛壽禪師。諱ハ妙環。號ス樞翁ト。嗣法佛國ニ。下野ノ人。當山三十世。文和三年。二月十八日示寂。世壽八十二。

同春菴　佛覺禪師。諱ハ德瓊。號ス玉山ト。嗣法大覺ニ。

信州ノ人。當山二十世。建武元年。十月十八日示寂。世壽八十。此菴ノ後《ウシロ》ニ大覺池ト云アリ。大覺常ニ居ルト云フ。又上ノ山ニ原《ハラ》田《ダ》地藏ト云アリ。大地中ニ掘《ホリ》埋《ウヅメ》テ有トナリ。相傳フ原《ハラ》田《ダ》ノ次郎種直《タネナヲ》ガ子《コ》。鎌倉ニ來リ。己《ヲノレ》ガ父《チヽ》ノ骨モ此中ニ有ヤトテ。由比ノ戰死ノ人ノ骨ドモヲ取《トリ》聚《アツ》メ粉ニシテ地藏ヲ作リ。コヽニ甕ト云フ。

已上十八院。今存スルモノナリ。

雲光菴　大圜禪師。諱ハ覺圜。號ス鏡堂ト。嗣ニ法ヲ環溪ニ。西蜀ノ人。當山七世。德治元年。九月廿六日示寂。世壽六十。東渡諸祖傳ニ出タリ。

通玄菴　知覺禪師。諱ハ道海。號ス桑田ト。嗣ニ法ヲ大燈ニ。當山九世。延慶二年。正月八日示寂。

正受菴　佛慧禪師。諱ハ道隱。號ス靈山ト。嗣ニ法ヲ雪岩ニ。杭州ノ人。元應元年ニ來朝。當山十九世。正中二年。三月二日示寂。世壽七十一。

都史菴　佛頂禪師。諱ハ慧宗。號ス白雲ト。嗣ニ法ヲ佛光ニ。下野ノ人。當山廿六世。貞和二年十月晦日示寂。世壽八十四。

傳芳菴　覺雄禪師。諱ハ圓範。號ス無隱ト。嗣ニ法ヲ大覺ニ。紀州ノ人。當山十二世。德治二年。十一月十三日示寂。世壽七十八。

梅岑菴　仁菴和尚。諱ハ賈賢。嗣ニ法ヲ天初ニ。當山百四十世。五月十七日示寂。

大智菴　實翁和尚。諱ハ聰秀。嗣ニ法ヲ葦航ニ。當山三十六世。二月廿六日示寂。

大統菴　佛觀禪師。諱ハ蘊永。號ス青山ト。嗣ニ法ヲ夢窻ニ。當山三十九世。十月九日示寂。

梅洲菴　佛種慧濟禪師。諱ハ圓月。號ス中岩ト。嗣ニ法ヲ東陽ニ。當山四十二世。永和元年。正月八日示寂。世壽七十。

金龍菴　石室和尚。諱ハ善玖。嗣ニ法ヲ古林ニ。筑州ノ人。當山四十三世。康應元年。九月廿五日示寂。

廣嚴菴　東傳和尚。諱ハ士啓。嗣ニ法ヲ南山ニ。筑州ノ人。當山四十五世。應安七年。四月廿一日示寂。

龍淵菴　草堂和尚。諱ハ林芳。嗣ニ法ヲ龍山ニ。黄龍派也。當山五十一世。十一月十七日ニ示寂。

正本菴　可翁和尚。諱ハ妙悅。嗣ニ法ヲ佛國ニ。當山五十二世。八月廿二日示寂。

華光菴　鈍夫和尚。諱ハ全快。嗣ニ法ヲ靈岩ニ。當山五

十三世。至徳元年。八月十四日示寂。世壽六十六。

龍興菴　智覺普明國師。諱妙葩。號ス春屋ト。嗣法夢窓ニ。甲州ノ人。當山五十四世。嘉慶二年。八月十三日示寂。世壽七十八。

長生菴　中山和尚。諱法穎。嗣法佛應ニ。相州ノ人。當山五十六世。康應元年。十一月七日示寂。世壽七十四。

大雄菴　月心和尚。諱慶圓。嗣法月翁ニ。當山五十八世。九月十六日示寂。

瑞林菴　曇芳和尚。諱周應。嗣法夢窓ニ。當山五十九世。應永八年九月七日示寂。

建初菴　宗遠和尚。諱應世。嗣法肯山ニ。當山六十二世。三月十日示寂。

傳衣菴　大圓和尚。諱興伊。嗣法容山ニ。當山六十四世。七月十九日示寂。

正法院　老儂和尚。諱元耕。嗣法養直ニ。當山六十五世。二月九日示寂。

金剛院　東暉和尚。諱僧海。嗣法一峯ニ。當山六十六世。六月廿七日示寂。

吉祥菴　藏海和尚。諱性珍。嗣法西江ニ。當山六十七世。六月十一日示寂。

一溪菴　心源和尚。諱希徹。嗣法月山ニ。應永十年十月十三日示寂。

岱雲菴　東岳和尚。諱文星。嗣法大拙ニ。武州ノ人。當山七十一世。應永廿三年二月廿三日示寂。

實際菴　佛印大光禪師。諱曾可。號ス久菴ト。嗣法無礙ニ。當山七十三世。應永廿四年。正月廿六日示寂。上杉憲《ノリ》顯《アキ》ガ孫。憲《ノリ》將《マサ》ガ子也。嘗テ入ル中國ニ。

竹林菴　德岩和尚。諱保營。嗣法大曉ニ。當山七十四世。七月十三日示寂。

正濟菴　大綱和尚。諱歸整。嗣法樞翁ニ。正月七日示寂。

東宗菴　日峯和尚。諱法朝。嗣法大喜ニ。當山八十九世。四月三日示寂。

壽昌院　慶堂和尚。諱資善。嗣法大素ニ。當山九十二世。正月廿五日示寂。

右塔頭ノ名。關東五山記ニ載スト云トモ。今ハ廢滅シテ。僅カ十八院アリ。

○亀谷坂　附勝縁寺谷

龜谷《カメガヤツ》坂《ザカ》ハ。扇谷《アフギガヤツ》ト。山内《ヤマノウチ》トノ間《アヒダ》也。南ハ扇ガ谷。北ハ山ノ内也。壽福寺ヲ。龜《キ》谷《コク》山《サン》ト號シテ。龜ガ谷ノ中央ナリ。此ノ所ハ龜ガ谷ヘ行《ユク》坂《サカ》ノ名ナリ。龜ガ谷坂ヲ登テ扇谷《アフギガヤツ》坂《ザカ》ヲ下《クダ》レハ。左ニ勝縁寺ガ谷ト云アリ。昔シ寺《テラ》有ト云フ。今ハ此ノ谷《ヤツ》ニ。天神ノ小祠アリ。山内ノ方ヘ行。左ハ長壽寺ナリ。

○長壽寺　附尊氏屋敷

長《チヤウ》壽《ジユ》寺ハ寶龜山《ホウキサン》ト號ス。關東諸山ノ第一ナリ。源ノ基《モト》氏《ウヂ》父尊《タカ》氏《ウヂ》ノ爲ニ建立ス。尊氏ヲ長壽寺殿妙《メウ》義《ギ》仁《シ》山《ザン》大居士ト號ス。尊氏。京都ニテハ等持寺ト云。鎌倉ニテハ長壽寺ト云。延文三年。戊戌。四月廿九日ニ薨ス。當寺ニ牌アリ。開山ハ古先和尚。下ノ行状ニ詳カナリ。昔シハ七堂アリシトナリ。今ハ滅《ホロビ》タリ。鐘ハ圓覺寺山門ノ跡ニアリ。其ノ銘如シ左ノ。

相州路寶龜山長壽禪寺鐘銘

康應元年僧堂既ニ成ル。尚闕ク鐘魚ヲ。爰ニ有下賣ル銅鐘ヲ者上。其ノ直ヒ三萬錢。而今募テ縁ヲ市ヒ之ヲ。懸テ於堂ノ前ニ以テ爲ニ永遠ノ法器ト。應永丁丑。仲春日。幹縁ノ比丘等禪。住持比丘等海。知事比丘心乘。

客殿　本尊。釋迦。文殊。普賢。作者不知 開山并ニ中峯ノ木像。尊氏ノ木像。束帶 昔ハ佛殿有テ。惟久殿ト號シ。客殿ヲ獅王殿ト云フ。

尊氏ノ廟《ベウ》　客殿ノ後《ウシロ》。山際《ヤマギハ》ニアリ。又此ノ寺ノ南ヲ尊氏屋《ヤ》敷《シキ》ト云フ。大倉《オホクラ》并ニ巽《タツミノ》荒《クワウ》神《ジン》ノ東ニモ。尊氏屋敷アリ。三所共ニ尊氏ノ舊宅ナルベシ。

開山塔ノ跡　客殿ヨリ南。山ノ上ニアリ。昔ハ曇芳菴ト號ス。額ハ心印ト有シト也。今ハ塔ナシ。其地ヲ寶塔ト云フ。明ノ宋景濂。古先和尚ノ碑ノ銘ヲ作ル。護法錄ニ載ス。今コヽニ畧ス。

寺寶

尊氏狀　壹通。

義詮狀　壹通。

氏滿狀　壹通。

持氏狀　壹通。

開山勅謚正宗廣智禪師古先元和尚行狀　壹冊

師諱印元。字古先。姓藤氏。關西薩州人也。始六歳。不混群兒遊戯之中。辭親航海。遥抵東關相州圓覺桃溪悟禪師室。薙染奉侍其左右。既逮六年矣。嘉元三年。師十二歳。桃溪示寂。悟適建長開山蘭溪禪師高弟也。曾在鄮峯頑極和尚會裏。掌藏鑰。飽參碩德也。師到文保二年。二十四歳。鋭圖南志。附舶到岸。便挈一錫直登天台華頂峯頂。參見無見覩禪師。數月之間。咨以心法。覩憐其奮勵敏惠。指見天目山中峯國師。一見愜素志。老幻示法語數段。其畧云。設使於未悟之際。千釋迦萬彌勒。傾出四大海佛法。入你耳根。總是虚妄塵勞。皆非究竟法。禪師領茲誨。刻苦服膺。與衆作息。已許參堂。自誓參觀老幻之外。不出堂門。默究自怡者。僅經五六寒暑。告辭遊金陵鳳臺古林茂禪師法席。掛錫依棲。聊領雪隱事。社中名勝。如了菴欲。仲謀猷。南山日。大道璞。竺仙遷公。莫逆往來。皆有契遇忘年之交誼。兩旋西浙。歷參諸大尊宿。靈石。月江。笑隱。斷江。別傳。無言。各贈以挽留餞別法偈矣。時古心誠禪師。建立雪巖宗旨於大仰師不遠千里。便問江南津。集雲峯下參四藤條禪。叢林翕然。英衲爭趨。師周旋盤礴一歳有餘。復歸吳松曹溪。時日本樞府平相公。遠馳檄命。具禮敦請眞淨住持清拙禪將整頓叢規。拙翁開書允諾。促裝欲赴其命。師送到海壖告別。拙翁。正欲同師附舶往。師固辭。告以誓而不歸本國之意。翁。再三懇求不已。師亦飄然相隨東矣。嘉曆二年。拙翁領建長命。使師典藏鑰。冬節秉拂。韻吐如鐘。詞鋒俊快。拙翁。翌日陞座讚揚。延元四年。師四十三歳。天龍夢窻國師。請住甲州慧林。師已赴命。拈香嗣天目中峯大和尚。明年。住京師等持。貞和三年。師五十三歲。遷京師眞如。未幾再董等持。源相公。偶以建長虚席。敦請。固辭讓。以無隱晦和尚。師五十六歲。住京師萬壽。又遷相州淨智。同年。八月。檀賢藤氏。創奥州普應寺。為開山第一世。又華房州天寧律居。請師為開山禪刹。六十四歲。左武衛將軍。源氏基建長壽寺命師為開山祖。師六十五歲。赴圓覺請。未幾領建長衆。有東菴曰廣德。凡師隨檀信請所剏建。丹州願勝。信州盛興。武州正法。津州寶壽。皆憑師畫為開山。切度徒若干。受戒法者。不可勝記。師晩年養老於長壽。而不倦來參接化。貴官頂謁。以寛撫物。以惠教孫。師之手生應酬語句。更無彫蟲篆刻之體。一實尤慕高古朴畧之風。應安七年。正月二十日。頗示微恙。談笑如平日。二十四日午刻。索筆書身後行事遺誡。幷書心印大字。擲筆逝矣。世壽八十。僧臘六十七。葬全身於後曇芳菴。其塔曰心印。其神足宣演二子。聊記其師出處大概。示僕要為證。僕與師親炙五十餘年。知師行脚始末甚詳。宣演二子。斯葉子遍歷南方。將乞塔銘於大手筆。其志勤矣。故摩老眼。少述疇昔見聞矣。永和二曆。丙辰。仲春上澣。前巨峯石室叟善玖謹書。今按スルニ。宋景濂所作碑銘ハ。蓋シ此文ヲ潤色シテ成者ナラン

已上

○山内

山内ハ。粟船。本郷。倉田。戸塚ノ邊マテ山内ノ莊ト云ヘリ。東明慧日ノ筆跡ニテ。圓覺寺文書ノ目錄ニ。山内吉田御田一町御寄進ノ狀トアリ。吉田ノ邊マテ山内ノ莊ト見ヘタリ。里人ハ東ハ建長寺。西ハ圓覺寺ノ西野ノ道端《ミチバタ》。川邊ニ榎木《エノキ》アルヲ境トシテ。ソレヨリ東ヲ山内ト云。西ヲ市場《イチバ》村巨福路谷ト云。東鑑ニ。建久三年。三月廿日。山内ニ於テ。百箇日ノ溫室アリ。往返ノ諸人。幷ニ土民等可浴ノ由《ヨシ》。札ヲ路頭ニ立ラル。後白河法皇御追福為也トアリ。又建仁二年十二月十九日。頼家《ヨリイヘ》。山内ノ莊ヘ。鷹場《タカバ》御覧ニ御出トアリ。又仁治元年十月十九日。前武州泰時ノ御沙汰トシテ。山内ノ道ヲ作ラル。

是嶮難ノ間往還ノ煩《ワヅラヒ》アルニ依テ也トアリ。又昔シ首《ス》藤《ドウ》刑部ノ丞俊《トシ》通《ミチ》始テ相模國山ノ内ニ居宅ス。故ニ山ノ内ヲ家號トス。舊宅未ダ考ヘ。家紋《モン》ハ。白《シロ》一《イチ》文《モン》字《ジ》黒《クロ》一《イチ》文《モン》字《ジ》也。俊《トシ》通《ミチ》ハ。鎌《カマ》田《タ》兵衛正《マサ》清《キヨ》トハ從《イ》兄《ト》弟《コ》ナリ。首《ス》藤《ドウ》ノ系圖ニ見ヘタリ。

○德泉寺舊跡

德《トク》泉《セン》寺《ジ》ノ舊跡ハ。山ノ内。管領屋敷ノ東。町屋ノ後ロ也。上杉朝《トモ》宗《ムネ》建立ナリ。朝《トモ》宗《ムネ》ヲ德泉寺法名道元禪助菴主ト號ス。應永廿一年。八月廿五日卒ス。開山ハ東岳和尚諱ハ文昱。大拙ノ法嗣ナリ。

○管領屋敷

管《クワン》領《レイ》屋《ヤ》敷《シキ》ハ明月院ノ馬《バ》場《バ》先《サキ》。東鄰ノ畠《ハタケ》也。上《ウヘ》杉《スギ》民部ノ大輔憲《ノリ》顯《アキ》。源ノ基《モト》氏《ウヂ》ノ執《シツ》事《ジ》トシテ此所ニ居ス。其ノ後上《ウヘ》杉《スギ》家《ケ》。代〻此ノ所ニ居宅ス。其ノ時鎌倉ニテモ京ニ似テ。管《クワン》領《レイ》ヲ將軍或公方ナド丶称シ。執《シツ》事《ジ》ヲ管《クワン》領《レイ》ト云フ故ニ此ノ處《トコロ》ヲ管領屋敷ト云ナリ。後ニ上杉顯《アキ》定《サダ》。上州平《ヒラ》井ノ城《シロ》ニ居ス。シカレトモ山ノ内ノ管領ト云フ。憲《ノリ》顯《アキ》ノ末流ヲ。山ノ内上《ウヘ》杉《スギ》ト云ナリ。扇《アフギ》谷《ガヤツ》ノ上杉ト云アリ。扇《アフギ》谷《ガヤツ》ノ條下ニ詳《ツマビラカ》ナリ。

○尾藤谷

尾《ビ》藤《ドウ》谷《ガヤツ》ハ。管領屋敷ノ向《ムカ》ヒ。浄智寺ノ東鄰ノ谷《ヤツ》也。里人ノ云ク。昔シ尾《ビ》藤《ドウ》左近ノ將監景《カゲ》綱《ツナ》此ニ居ス。又圓覺寺額《ガク》ノ添《ソヘ》状《ジヤウ》ニ。延慶元年十一月七日。進上尾藤左衛門ノ尉殿。越後ノ守貞《サダ》顯《アキ》トアリ。此尾藤歟。又佛日菴ニ。小田原ヨリノ文書アリ鼻《ビ》頭《ドウ》谷《ガ》ト書ケリ。

加賀文庫
1790
6
鎌倉志
三之下

○禪興寺 附最明寺舊跡

禪《ゼン》興《コウ》寺《ジ》ハ。福《フク》源《ゲン》山《サン》ト號ス。淨智寺ノ向《ムカヒ》。明月院ノ門ヲ入テ左ナリ。關東十刹ノ第一也。平ノ時《トキ》頼《ヨリ》ノ建立。即《スナハ》チ最《サイ》明《ミヤウ》寺《ジ》ノ舊跡ナリ。東鑑ニ。建長八年七月十七日。宗尊將軍。山ノ内ノ最明寺ニ御參リ。此ノ精舍建立ノ後《ノチ》。始テ御禮佛也。同年。十一月廿三日。相州時《トキ》頼《ヨリ》。最明寺ニテ落飾。法名覺《カク》了《リヤウ》房《バウ》道《ダウ》崇《ソウ》。戒師ハ宋《ソウ》ノ道《ダウ》隆《リウ》トアリ。當寺ノ開山モ道隆ナレトモ無及德詮ヲ第一祖トス。昔ハ七堂伽藍アリシト也。源ノ氏《ウヂ》滿《ミツ》建立ノ時ノ堂塔并ニ地圖。今明月院ニアリ。甚タ廣大ナリ。今ハ佛殿バカリアリ。明月院ノ持《ヂ》分《ブン》ナリ。寺僧ノ云ク。上杉道《ダウ》合《ガウ》ハ當寺ノ檀那ナリ。明月院ハ。道合ノ菩提所ナルユヘニ。當寺ヲ領スルトナリ。

佛殿　本尊ハ釋迦ナリ。首《クビ》バカリ慧《ヱ》心《シン》ノ作ナリ。土地堂ニハ。蜀ノ大帝ノ像。一軀。韋駄天ノ像一軀。運慶ガ作。地藏ノ像一軀。運慶ガ作。平ノ時《トキ》宗《ムネ》。同ク貞《サダ》時《トキ》。上杉重《シゲ》房《フサ》ノ像。各一軀。祖師堂ニハ。大覺禪師ノ像アリ。牌ニ。開山建長大覺禪師ノ座トアリ。平ノ時《トキ》頼《ヨリ》ノ像アリ。泥塑也。蘭溪《ケイ》ノ作ト云フ。牌ニ最明寺崇公禪門覺靈トアリ。又玉隱和尚ノ像アリ。或人金地院ノ最嶽叟ニ問。鎌倉ニ何ノ異事カアル。答曰。實朝将軍右大臣。最明寺崇公禪門ノ覺靈。開山建長大覺禪師ノ塵。此三本ノ牌。他ニ異ナリ。此事寺僧ノ物語ナリ。

梁牌ノ銘

上祈。皇心廣大。聖德無邊。保叡算於千秋。固宏基於億載。本寺大檀那。正五位下行左馬頭。源朝臣氏滿敬書。左ノ方。伏願。檀信歸崇。承靈山付囑旨。法輪常轉。興少林直指禪。康暦元年己未。十二月二日。開山大覺禪祖四世孫。住持文怡謹立。右ノ方。按スルニ文怡ハ悦山ト号ス。大覺四世ノ孫ナリ。

鐘樓　鐘銘アリ。其文如左。

福源山禪興仰聖禪寺鐘ノ銘

大日本國。相州路。鎌倉縣。福源山禪興仰聖禪寺者。最明寺殿道崇公。捧一莖艸。我祖大宋國ノ大覺禪師。秉化權之道場。而甲於十剎者也。左典厩源氏滿公。相尋成厥志矣。殿堂門廡。僧房輪藏。凡叢林所宜有悉具焉。梵鐘鏗々。淸規井々。四衆圍繞。八部護持矣。時乎數罹兵燹。蓋歸灰燼也。惟參禪之殿。如魯之靈光之巋然。因以爲修禪之場。禪師眞相及崇公塑像宛尓。朝香夕燈。梵行黽勉無間斷也。烟霞既老。日炙風吹。頽然傾側。久抱興復之志。而不得之。寛文改元。辛丑ノ歳。東都豪貴內藤佩帶內助。上杉氏。嘆斯敗壞。界黄金若干。施鳳樓之手。輪奐改觀。晝誦夜禪。緇徒復昔無寶鐘之制也。延寶第六。鈞選。前長壽東陽杲禪師。董莅此席。誓革舊弊。修繕像設。杲禪師族出長坂氏。長坂氏血鑓九郎本名彦五郎信政也。早立勇志。享祿天文間。每臨戰場。毋不摹其鎗。源淸康公。屢賞厥武功。辱稱血鎗九郎。自是大旌勇名於華夷。何之榮加焉。備徠冢嗣必以之稱。可謂貽厥孫謀而世其祿也。信政孫長坂信次。纘箕裘。勤侍幕下。東照大神君。賜名於小血鎗。累位升五品。補丹州刺史。不幸不得其死。然於是乎。令嗣血鎗九郎貞雄。卜隱於江濱。嘯歌山水。消遣世慮。力去塵累。淸淨自居。延寶第九。辛酉。仲夏初四日。宴如終世。於其啓手之間。謂信之。欲薦祖先資冥則歸依三寶。棄捨家資。以鑄銅鐘。此予志也矣。信之。謀諸果禪師。禪師可其言。且說云。凡梵鐘之設。厥功也偉哉。修多羅說。聞說經乎光中大莊嚴寺。脱受苦乎地府。向此音中證果拔苦。不可勝言。夫息已往之業輪。而證當來之聖果。其驗無迅於梵鐘也。信之。卒然謝陁云。嗟吁。信次。已不得其死。貞雄亡隱没。不遂夙志。僅中年去世。宿昔之所感可知而已。貞雄遺言誠有以乎哉。請道促此事也。相共勤力。開紅爐吹皮鞴以鑄此巨鏞焉。造化輔冶功。立成大器矣。不煩於官而工。敏於事。高樓亡架焉。貞雄志願。於盛成就矣。仍乞山野銘焉。山野嘉於其貞雄末後之願輪。與緇徒衲之願輪。輪々究轉。相共優遊覺路。略敍其顛末。係以小銘。銘曰。淵之勝域。瑞靄飛騰。聿來胥宇。建寺度僧。畫棟結甍。雕甍鏤冰。其勢焉。此王室股肱。鈞選董席。蘭溪雲仍。丕開鑪鞴。衆集羣能。冕氏成器。離婁督繩。高架樓上。非圓非楞。洪纖考擊。全無虚應。雷鞫鏘吼。石裂崖崩。犇馳龍象。驚覺聾瞽。姑蘇月落。豐嶺霜凝。庭臺烟樹。等演宗乘。仰冀塵刹普響。悲願恢弘。自利利他。福源益增。返聞聞性。禪道勃興。四海一軌。百穀三登。佛日舜日。日々同升。旹天和第二。龍舞玄黓閹茂皐月初四日。前南禪見僧錄司剛室叟崇寛謹銘。當山住持比丘東陽道杲。旋主長坂血鍵九郎信之。冶工武州江戸宇多川藤四郎藤原次重。

平時賴茶毗《ダビ》所　佛殿ノ傍ニアリ。東鑑ニ弘長三年十一月廿二日。戌刻ニ。入道正五位下行相摸守平朝臣時賴。年三十七。最明寺ノ北亭ニテ卒去。臨終ノ儀。衣袈裟《ケサ》ヲ著シ縄床ニ上リ。坐禪シ。聊動揺ノ氣無シ。頌ニ云。業鏡高懸。三十七年。一槌打碎。大道坦然ト。同廿三日葬禮ストアリ。時賴。奉佛修禪事。元亨釋書顧雜王臣ノ下ニ傳ヲ出セリ。按スルニ東鑑ニ相州時賴山內ノ亭ト有ハ。此最明寺ノ地也トミヘタリ。

玉澗　佛殿ノ前ノ川ヲ名ク。

維新橋　玉澗ノ橋ヲ名ク。

六國見《ミ》　佛殿ノ後ニ見ユル高山ナリ。圓覺寺ノ上ノ山ナレトモ。明月院ノ十景ノ一ナル故ニ爰ニ記ス。安房《アハ》。上總《カツサ》。下總《シモフサ》。武藏《ムサシ》。相模《サカミ》。伊豆《イヅ》ノ六國見《ミ》。故ニ名ク。

○明月院

明《メイ》月《ゲツ》院《イン》ハ。禪興寺ノ東ニアリ。開山ハ密室守嚴和尚。大覺ノ法孫《ソン》也。上杉安《アハ》房《ノ》守《カミ》憲《ノリ》方《カタ》ノ建立。憲方ヲ明月院天《テン》樹《ジユ》道《ダウ》合《ガフ》ト號ス。應永元年甲戌。十月廿四日逝去。六十歳。本尊觀音。腹ノ中ニ小佛ノ像數千アリ。大日。虚空藏。愛染ノ像也ト云フ。密室ノ木像アリ。此《コノ》院ハ。昔ハ禪興寺ノ塔頭ナリ。今ハ禪興寺ノ方丈トス。建長寺領ノ内。三十一貫文。此寺ニ附ス。

寺寳

九條ノ袈裟　壹頂。藕絲ニテ織《オル》ト云フ。黄龍ヨリ千光。千光ヨリ大覺。大覺ヨリ無及。相承シテ今ニ存ス。

舍利　壹粒。金塔ニ入。源ノ義《ヨシ》經《ツネ》守《マモ》リノ舍利。古《コ》河《ガ》ノ御所ヨリコレヲ納ム。金文紗ノ直《ヒタ》垂《タレ》ノ袖ニ包《ツツミ》デ有レヲ。袖ハ古河ニ殘スト云フ。

布袋ノ木像　壹軀。運慶作。

牡丹ノ繪　貳幅對。趙昌筆ナリ。牡丹ノ花種々アリ。一種コトニ。其傍《カタハラ》ニ金字ニテ花ノ名ヲ書ス。

二十八祖ノ畫像　壹幅。唐畫。

鶴ノ繪　壹幅。筆者不知。

鳩ノ繪　壹幅。宋ノ徽宗皇帝ノ筆ト云傳フ。

禪興寺并ニ明月院ノ地圖　壹枚。圖ノ面ニ源ノ氏《ウヂ》滿《ミツ》ノ花押アリ。昔鑁《バン》阿ノ時ノ圖《ヅ》也。

中峯自賛ノ像　壹幅。賛ニ曰。天目山不遠。遠山在眉睫。要識幻住真。畫圖難辨別。春滿錢塘潮。秋湧西湖月。覩面不相瞞。也是眼中屑。遠山華居士。寫幻影請汚老幻。明本信筆トアリ。

賛ノ中ニ幻住ト有ハ中峯ノ菴号ナリ。

指月和尚ノ畫像　壹幅。賛ニ曰。虚空五彩畫雲端。無相ノ相還真相看。應物現形福源ノ水。指頭明月影團々。右ハ前ノ禪興明月堂指月和尚ノ肖像。嫡孫仙溪首座。繪之。就于老衲需賛揚。不賛成云。天文。龍集辛亥季春。廿一日。建長修幻道人釋ノ祖台。書于聽松軒下。

玉隠和尚ノ畫像　壹幅。賛有。文字湮滅シテ不分明。

已上

瓶《カメ》ノ井　院ノ後ロニアリ。鎌倉十井ノ一ツナリ。

上杉《スギ》道合《ダウガフ》ノ石塔　方丈ノ西北ニ岩窟《イハヤ》ヲホリ。其中ニアリ。十六羅漢ヲ窟中ノ両方ニ切付《キリツケ》タリ。中央ハ釋迦多寶ナリ。鎌倉九代記ニハ。上杉《スギ》安房守入道道合《ダウガフ》ハ。應永元年。十月廿四日。朝《アサ》霜《シモ》ト諸共《モロトモ》ニ消《キヘ》行《ユキ》ケル。尸《カバネ》ヲハ極樂寺ニ送《オク》リテ。草根一堆ノ墳《ツカ》ノ主《ヌシ》トナストアリ。然ラバ此ニハ石塔バカリ有カ。

明月院ノ舊跡　道合《ダウガフ》石塔ノ前ノ畠《ハタケ》也。昔ハ此ニ憲方《ノリカタ》ノ靈屋《タマヤ》有シトナリ。

○淨智寺

淨智《ジヤウチ》寺ハ。明月院ノ向《ムカフ》ナリ。金峯山ト號ス。五山ノ第四ナリ。平ノ師時《モロトキ》建立。師時《モロトキ》ヲ淨智寺ト號ス。法名ハ道覺ト云。寺ニ牌アリ。開山ハ宋ノ佛源禪師諱ハ正念大休ト號ス。文永六年ニ來朝ス。元亨釋書ニ傳アリ。當寺ハ。宋ノ兀菴禪師ノ開基ナレトモ。後宋ニ歸ル時。附法ノ弟子眞應禪師壯年ナリ。故ニ佛源ニ請《シヤウ》ヲ遺ス。因テ眞應佛源兩師ヲ開山トモ云ナリ。今寺領六貫百文餘アリ。鎌倉大草子ニ。京ノ村《ムラ》雲《クモ》大休寺ノ開基妙詰《メウキツ》侍者ハ。夢窻國師ノ法眷ニテ。源ノ直義《タダヨシ》ノ歸依僧ナリ。關東ヘ下向淨智寺ニ住シ。大同《ダイドウ》妙詰《メウキツ》和尚ト號ス。悟道發明ノ人ニテ。正念ニ終リ給ヒシ事。寺ノ舊記ニ殘レリ。シカレトモ太平記ニハ。曾テシラサル事ヲ。イカナル無智愚盲ノワザニヤアリケン。妙詰《メウキツ》ヲ妙吉《メウキツ》ト書。或ハ愛宕《アタゴ》ノ天狗ノ化シタルト記シ置タリトアリ。

外門　昔《ムカシ》佛光ノ筆ニテ。寶所在近ト額有シト也。今ハ亡《ホロビ》タリ。

山門　昔《ムカシ》解脱門ト額有シトナリ。今ハナシ。

佛殿　本尊ハ釋迦。彌勒。彌陀ナリ。作者不分明。

寺寶
韋駄天像　壹軀。宅間法眼作。
地藏像　壹軀。運慶作。
平貞時證文　貳通。
已上
鐘樓　門ヲ入左ニアリ。鐘銘如左。
相州金峯山淨智禪寺鐘銘。
東海小比丘仁叟碩寛撰
須弥南畔。吠瑠璃樹下。日域。關東道。相模州
鎌倉府。金峯山。淨智禪寺。雖為湘山五峯一

員。二百年來。寶殿荒廢矣。而今環寺殘衆相
議而企一宇鼎建之功。鑄小鐘以掛旃。銘曰。
鹿山之巽《タツミ》。龜谷之乾《イヌヰ》。五岳靈地。八州福田。功
德成就。淨智同圓。橐籥已奮。模範爰連。華鐘
陶鑄。蒲牢完全。雖為形小。預先禮專。攬凡鳧
眠。結聖諦緣。宵分百八。靜慮三千。法規茂〻。
號令闐〻。檀門久遠。宗風永扇。常耀舜日。伏
望堯天。十方舉出。祝太平年。慶安二己丑歲。
八月初七日。勸進者舊。龜齡。禪歷。掌財。監寺。
是偏。助緣。崇逸。同禪積。同元成。冶工武州江

都住宇多川甚左衛門藤原親次。
開山塔　藏雲菴ト名ク。佛源ノ塔ニハ非ス。真
應禪師ノ塔也。真應諱ハ宏海。號南洲。嗣法兀
菴。
甘《カン》露《ロ》井《セイ》　開山塔ノ後ニ有。清泉ヲ云ナリ。門外
左ノ道《ミチ》端《バタ》ニ清水沸出ツ。或ハ是ヲモ甘露井ト云
ナリ。鎌倉十井ノ一ツナリ。
盤《バン》陀《ダ》石　開山塔ノ後ロニアリ。
正紹菴　佛宗禪師諱崇喜。嗣法佛光。上野國
人也。元亨三年。六月八日示寂。今此一菴バ

カリアリ。
正源菴　佛應禪師諱妙準。號太平。嗣法佛國。
龍華山真際精舍　法海禪師諱靜照。號無象。
嗣法石溪。
正覺菴　佛性禪師諱妙受。號天菴。嗣法佛國。
楞伽院　竺仙和尚諱梵僊。嗣法古林。明州人
元德二年來朝。貞和四年。戊子。七月十六日
示寂。世壽五十七。
大圓菴　别傳和尚諱妙胤。嗣法虚谷。
同證菴　心聞和尚諱令聞。嗣法南峯。

正印菴　大同和尚諱ハ妙哲。嗣法ス佛國ニ。
興福院　大見和尚諱ハ妙奝。嗣法ス大年ニ。
福生菴　義耕和尚諱ハ可田。
右塔頭ノ名。關東五山記ニ有トイヘドモ皆廢亡ス。

○松岡

松岡ハ。圓覺寺ノ南向ナリ。東慶寺ト號ス。比丘尼寺ニテ。禪宗也。開山ハ北條平ノ時宗《トキムネ》ノ室。秋田城介《ジヤウノスケ》義景《ヨシカゲ》女《ムスメ》。貞時《サダトキ》ノ母《ハヽ》ナリ。潮音院覺山志道和尚ト號ス。時宗。弘安七年。四月四日ニ卒去。明年落飾シテ當寺ヲ創ス。十月九日開山忌アリ。第二世ハ。龍海雲和尚。第三世ハ。清澤和尚。第四世ハ。須宗和尚。第五世ハ。用堂和尚。後醍醐天皇ノ姫宮。山ニ入テ薙染受具。應永三年。丙子八月ニ示寂。第六世ハ。仁芳義和尚。第七世ハ。簡宗擇和尚。第八世ハ。松圭杉和尚。第九世ハ。應嗣化和尚。第十世ハ。甘聰棠和尚。第十一世ハ。柏室樹和尚。第十二世ハ。靈菴鷲和尚。第十三世ハ。郎翁心和尚。第十四世ハ。聞璋見和尚。第十五世ハ。明玄遠和尚。第十六世ハ。渭繼璜和尚。第十七世ハ。旭山暘和尚。生實ノ或ハ作小弓ニ非也御所八正院源義明ノ息女ナリ。弘治三年。七月十一日ニ示寂。第十八世ハ。瑞山祥和尚。第十九世ハ。瓊山清和尚。喜連川源頼純ノ息女ナリ第二十世ハ。天秀泰和尚。豐臣秀頼ノ息女ナリ。元和元年ニ東照大神君ノ命ニ依テ。山ニ入雜髮ス。時ニ八歳。正保二年。乙酉。二月七日ニ示寂。佛殿ノ後ニ石塔アリ。第二十一世ハ。永山和尚。喜連川源ノ尊信息女。則今ノ住持ナリ。寺領百二十貫文也。

山門　額。東慶總持禪寺トアリ。

佛殿　本尊。釋迦。文殊。普賢。共ニ金銅ノ像ナリ

鐘樓　山門ノ外。右ニアリ。此寺ノ鐘ハ。小田原陣ノ時失シテ。今有鐘ハ。松岡《ガ》ノ領地ニテ。農民ホリ出シタリト云フ。銘ヲ見ルニ補陀落寺《フダラクジ》ノ鐘ナリ。故ニ此鐘ノ銘ハ補陀落寺ノ條下ニ記ス。此寺ノ昔ノ鐘ノ銘今尚殘レリ。其文如左。

相陽山内松岡東慶寺鐘銘

梵刹置鐘。令人天休息輪迴苦利益大矣。松岡住山了道長老。以寺用百緡鑄洪鐘。求銘於圓覺清拙叟。銘曰。松岡之山。寺曰東慶。鐵磨花宗。末山芳省。緇流駢羅。禪學鼎盛。必假洪鐘發號施令。孔方戴馳。工倕是命。爐鞴奏功。範模畢正。簴簨既張。蒲牢斯震。晨興夜坐。朝諷夕詠。鯨音一吼。龍集本敬。左建右圓。天近樓迎。新聲飄揚。迩益遐應。曾是聞聽。厚壞徹聽。十虚佾頌。五濁清淨。聞塵忽空。返我聞性。檀門福壽。紺園殊勝。千秋萬年。國界安靜。壬申。元徳四年。結制後二日。都寺比丘尼遠峯性玄。首座比丘尼無際親證。住持比丘尼果菴了道。大檀耶菩薩戒尼圓成。圓成ハ平ノ貞時ノ室。戒名ナリ。了道ハ。或曰當寺第六世仁芳ト共ニ兩住持也ト。然レトモ第六世ニテハ。時代相應セズ。何代目ノ住持ト云事未ダ考ヘ。

蔭凉軒　方丈ノ北ニアリ

海珠菴　山門ヲ入右ニアリ。

永福軒　山門ヲ入左ニアリ。

青松院　佛殿ノ東北ニアリ。

妙喜菴　青松院ノ北ナリ。

右皆脇寮ナリ。

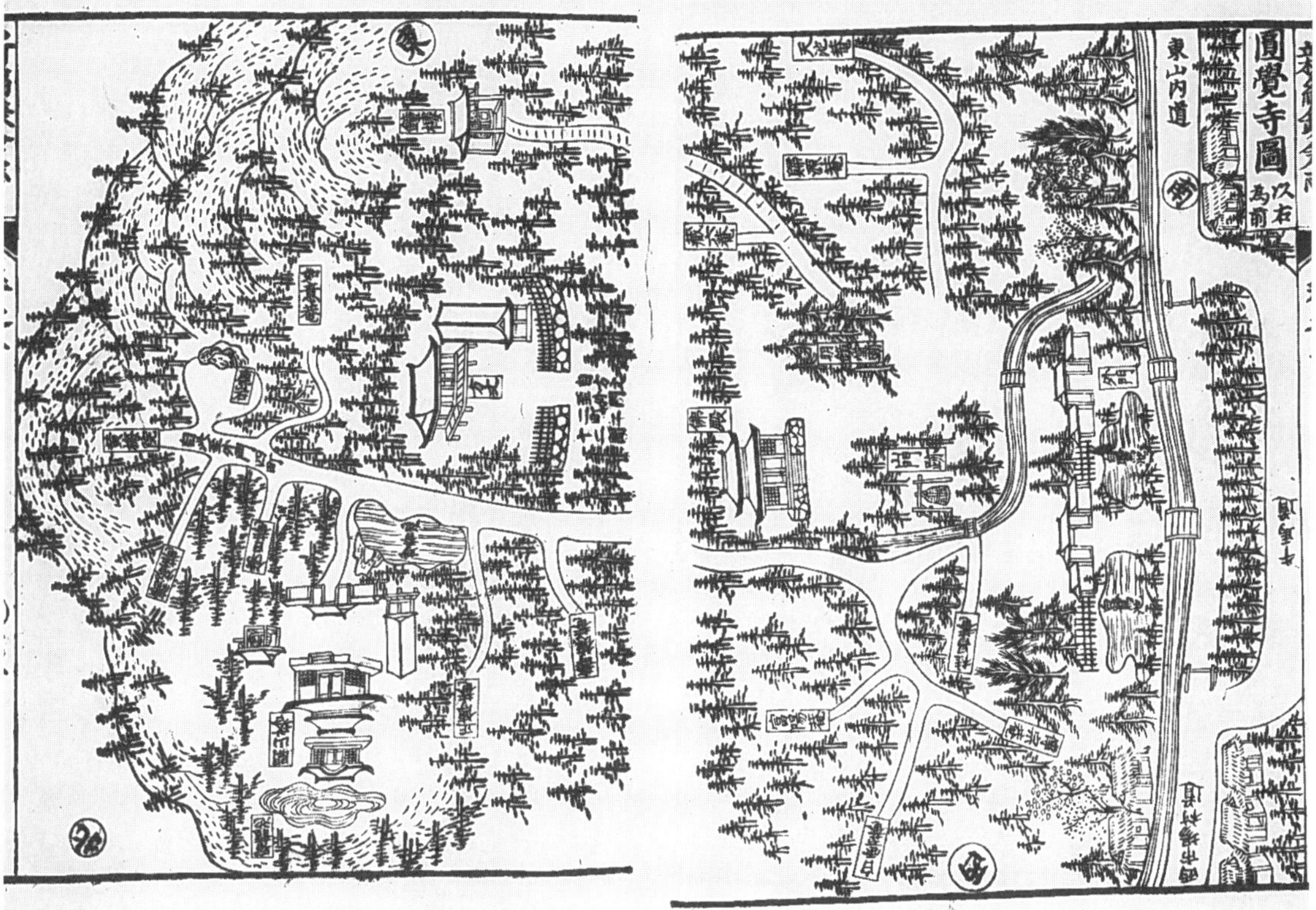

○圓覺寺

圓覺寺《エンガクジ》ハ。瑞鹿山《ズイロクサン》ト號ス。五山ノ第二ナリ。相摸ノ守平ノ時宗《トキムネ》。弘安五年。壬午。臘月八日ニ建立。開山ハ。宋ノ佛光禪師。諱ハ祖元。字ハ子元。弘安二年ニ來朝。元亨釋書ニ傳アリ。今寺領百四十貫文アリ。

白鷺池《ハクロチ》　總門ノ左右ニ有《アル》池ヲ云フ。開山來朝ノ時。八幡大神。白鷺《ハクロ》ト化シテ。鎌倉ノ鄕導ヲナシ。此池ニ止《トゞ》レリ。因テ此地ニ寺ヲ建立ス。是ノ故ニ白鷺池ト名クト云フ。

外門　今ハ無シ。妙莊嚴域ト云額有シトナリ。

總門　額。瑞鹿山トアリ。後光嚴帝ノ宸筆ナリ。

山門ノ跡　山門ハ今亡ビテ。礎石ノミアリ。額。圓覺興聖禪寺トアリ。花園帝ノ宸筆也。此所ニ鐘《カ子》アリ。鐘樓モナク。四柱ヲ立テ小鐘ヲ懸タリ。銘《メイ》ヲ見レハ長壽寺ノ鐘《カ子》ナリ。何レノ時コヽニ移シ置タル事歟。寺僧モ不知。銘ハ長壽寺ノ條下ニ記ス。

佛殿　額。大光明寶殿トアリ。後光嚴帝ノ宸筆ナリ。春屋ノ添狀アリ。曰ク。貴寺佛殿ノ寶額。添ニ勅筆ヲ降シ賜リ候。誠ニ山門千歳ノ恩澤。叢林萬方ノ光輝ニ候也。珍重〻〻。正月廿五日妙葩トアリ。祈禱ノ額ハ。夢窻ノ筆ナリ。本尊ハ寶冠ノ釋迦。梵天。帝釋。共ニ卿殿カ作ナリ。祖師堂ニ。達磨。百丈。臨濟。開山ノ像アリ。前住ノ牌アリ。土地堂ニ。伽藍神。又代々将軍ノ牌アリ。

梁牌銘

皇圖益固。猶逾億萬斯年。民士清平。廣統三千刹海。本寺大檀那。左中將征夷大將軍源朝臣義滿敬立。東方佛域新開。儼靈山法筵。日祖庭深密。榮少林華木春。永和二年。丙辰。十月念九日。庚辰。當代住持嗣祖沙門此山妙在謹題。西方按スルニ此山妙在ハ。當山第四十三世。定正院ノ開基也。

明鏡堂ノ跡　佛殿ノ東ニアリ。

方丈　聖觀音ノ木像ヲ安ス。此像元ハ明鏡堂ノ本尊ナリシカ。堂頽破シテ此ニ移シ安スト云フ。毎月十八日。大衆懺法アリ。

寺寶

佛牙舍利　長一寸二分。水晶ノ塔ニ納ム。正續院ニアリ。正續院ハ。元舍利殿ニテ祥勝院ト號ス。後ニ開山塔トス。日工集ニ。正續院舍利記ニ云。建仁ノ開山千光。實朝大臣殿ト世々互ニ師檀香火ノ縁アリ。千光。大臣殿ノ命ヲ受テ宋ニ渡リ。佛牙舍利ヲ取テ來ル。今ノ正續院ノ佛牙是也トアリ。又舍利記一巻。正續院ニ有。其文如左。

萬年山正續院佛牙舍利記

日本國。相州。鎌倉都督右府將軍源實朝。一夕。夢到大宋國。入一寺。嚴麗。因見長老陞座說法。衆僧圍繞。道俗瞻庭。實朝。向傍僧問彼寺名。僧曰。京師能仁寺也。次問長老誰。僧曰。當寺開山南山宣律師也。又問宣律師入滅年久。何今現在。曰汝未知耶。聖者難測生死。無隔應現隨處。律師今現再誕日本國。實朝大將軍是也。又問長老左邊侍者是誰。僧曰。侍者今現再誕日本國。鎌倉雪下供僧良眞僧都是也。實朝。夢中問答數刻而覺。心中生奇異想。使門使者召良眞僧都。僧都又有夢。早晨詣幕府。使者於路上相遇。即隨使者參謁。實朝先問曰。僧都來何也。僧都仍悉說夢中事。實朝曰。與我夢合也。其時壽福寺開山千光和尚又有夢。三夢事不差。實朝自悟南山之後身。深希拜彼靈跡。仍廢世務思之在兹因懷渡宋之志。使命工造船。諸官僚衆諫。令工作船。不動之謀。船成。以啓實朝。即致祓禊之祭。推欲泛海。果是船不動。以為不祥而止矣。便遣十二人使節於大宋國。良真僧都。葛山願成為貫。大友豊後守。小貳孫太郎。小山七郎左衛門。宇都宮新兵衛。菊池四郎。村上次郎。三浦修理亮。海野小太郎。勝間田兵庫。南條次郎等。齎金銀貨財。載材木器用。遂達大宋國京師能仁寺。相通夢中事。金銀施佛僧。材木修殿宇。衆僧不堪抃躍。衆議計報

答。使者等語寺主曰。我國貨財不乏。况復將軍不欲也。深願佛牙舍利。借與一年。持還本國。使將軍致贍禮結勝緣。將軍歡喜何物過此。寺主云。帝王有勅封。難出外國。使者等懇切請之曰。潛持深藏。不使人知。將軍信士也。一禮之後。速返謝。衆僧議投使者。寺僧數人為舍利伴使者來朝。道經京城。皇帝有旨留之。安內道場。保護供養。過半年餘。使者等空歸關東。言上事來由右府。及數度奉使者。終不合。叡慮。實朝大怒曰。天氣不憐。我渡宋之

意。還抑留舍利。遺恨次第也。外國有其例。起百萬兵。奪一人僧。理猶必然。况是佛身舍利也。豈可比量。不如我只一人。上洛遂瞻禮。藤九郎盛長。年垂八十。白髮滿頭。已雖老耄。聞實朝怒。思事可惡。扶杖參謁泣諫。實朝止之。真忠臣之義也。躬自請使節。實朝許之。不日裝束。已及發行。曰。今度逆旅。偏為老翁浮沈。不思再生。還海道供奉者二千餘騎。遂達京城。不入旅邸。直詣內裏。奏聞實朝之愁訴。皇帝猶不聽。盛長跪庭上。大怒高聲叫云。走上

宸殿。必致自害。官僚相嘆。皆各奏聞。皇帝不獲。作勅封出舍利。盛長又奏。老翁於關東。悉聞良真僧都願成等語。舍利尊容。一見即知。舍利尊容。而後面賜勅封為幸。又有旨曰。然者疑勅封耶。又奏曰。勅封雖可恐。使節之義尋常如此。不賜一官許昇殿。面封舍利授之。盛長歡喜頓繫舍利。速出內裏。不還旅館。即日直赴關東。先以使者報關東。實朝大喜預掃道路。布荒薦。供奉數萬。新飾衣裳。實朝徒步跣足。行待小田原館。盛長已到。捧舍利獻

實朝。實朝受之。涕涙悲泣。燒香禮拜。便捧戴
小輿。實朝躬自舁肩。遂歸鎌倉。伶人前後奏
舞樂。姣童左右擎旌蓋。萬人奉幣帛雲集。十
方獻香花雨散。時又有瑞相。紅雲一道出鶴
岡廟。擁舍利輿。皆道神靈來迎。南海波上峨
冠者數百。連現合掌良久沒。是又龍王出現
歟。觀者驚歎。實朝愈流感涙。遂到鎌倉安勝
長壽院。特建大慈寺遷之。每年十月十五日。
有舍利會。天下逆亂。飢饉疫癘。旱魃洪水。之
於舍利塔前禱之。皆有靈驗。天災頓息。異

國家古。文永。弘安。兩度侵本朝。祈禱塔前。兩
度有瑞光。指西南方。其亂即息。關東代々。都
督。崇敬此舍利。皆蒙德。鎌倉諺曰。國土平安。
武運久長。皆依舍利崇敬受威靈云々。萩原
天皇。後醍醐天皇。兩度有勅命。雖被召。爲鎌
倉鎭守之靈物。故終無進獻。勅命兩度有感
止之。最勝園寺殿平貞時曰。佛牙舍利自鎭
關東垂二百年。崇敬因異它。我累祖安穩。鎌
倉繁昌實不疑之所也。後代有怠。必衰運祚。
圓覺妙場。鎌倉戌亥方也。鎭此舍利永代爲

鎌倉守護之靈祠也。使於圓覺寺。特移舍利
殿。以遷大慈寺佛牙此也。記出問注所史詞
雖拙。簿理事分明。故存舊文。私不加筆削。勝
長壽院乃大御堂也。大慈寺乃新御堂也。燬
建武兵火云。舍利殿舊號祥勝院也。良真房
跡。今建長寺妙高菴元弘三年。癸酉。七月八
日綸旨云。可以圓覺寺舍利殿爲開山常照
國師塔頭之旨天氣也。今萬年山正續院也。
觀應三壬辰。四月十八日。征夷將軍。入山瞻
禮佛牙舍利也。舍利奇瑞一件。在公方記錄

不載。中山和尚記錄曰。義時息女年八歲。俄
有神託云。我自鶴岡來。垂跡於此境。年未久。
草創事跡。身心不安。茲有奇特事。佛牙舍利
自大宋國。遙降臨此境。三界之寶。何物過此。
我等日々時々致瞻禮。漸滅業報。然者垂跡
此境。永代不有限。非唯我一神。日本國中天
神地神。大神小神。禮敬無隙。福祿增長。此境
衆生。盡得壽福。汝等諸人不知耶。云神即拳
此舍利記何人作云事ヲ不知。善鄰國寶記ニ
モ。此記ヲ畧シテ載タリ。按スルニ東鑑ニ。陳和卿

ハ。宋人。東大寺ノ佛ヲ造《ツクル》也。彼寺供養ノ日。頼《ヨリ》朝《トモ》。對面アラント仰《オホセ》ラルレドモ。多ク人ノ命ヲ斷《タチ》給フ。罪業重《オモ》シトテ不謁申。建保四年。六月八日。鎌倉ニ來リ。實《サネ》朝《トモ》將軍ハ權化《ゴンゲ》ノ再誕也。恩顔ヲ拜センガ為《タメ》參《サン》上スト。實朝。對面アリ。和卿三拜シテ曰。貴客ハ。昔《ジ》宋朝育王山長老タリ。我ハ其門弟ニ列スト。此事去ル建暦元年。六月三日丑刻ニ。將軍家。御寝ノ際《アヒダ》ニ。高僧一人來テ。此趣《オモムキ》ヲ告《ツゲ》タテマツル。御夢《ム》想《サウ》ノ事。敢《アヘ》テ御《ゴ》詞《コトバ》ニ不出處ニ。六个年ニ及テ和卿カ申《マウス》ト符合ス。仍テ實朝。

前生ノ住所育王山ヲ拜センタメ為《タメ》ニ。唐ニ渡《ワタ》リ給《タマ》ハントテ。和卿ニ仰《オホセ》テ。唐船ヲ造ラシム。同五年。四月十七日。造畢ス。役夫數百人。彼ノ船ヲ由比浦ニ浮メント。筋カヲ盡《ツク》シ曳《ヒケ》ドモ。此所唐船出入ノ海浦ニ非ル故《ユヘ》。浮《ウカ》ベ出ス事アタハズ。徒《イタヅ》ラニ砂頭ニ朽《クチ》損ストアリ。此説トハ異《コトナ》リ。帝王編年記ノ説モ東鑑ト同シ。日工集ニ。貞治六年。四月十五日。府君源氏滿。圓覺寺正續院ニ入テ。佛牙舎利ヲ頂戴《ス》。蓋《ケダ》シ府君一代ニ一度開封ス。是大宋國京師能仁寺舎利也トアリ。又神明鏡ニ。建永年中。

葉《ヨウ》上《ジヤウ》僧正。明慧上人。遣唐使トシテ。道《ダウ》宣《セン》律師ノ在世ノ時。感徳有シ佛牙ノ御舎利。所望ノ為《タメ》ニ渡シケリ。唐帝ヨリ申《マウシ》給《タマハリ》テ歸朝有《アリ》。實《サネ》朝《トモ》大臣ハ。道宣ノ再誕也。サテ鎌倉ノ乾《イヌイ》正續院ニ置《オキ》奉ル。葉《ヨウ》上《ジヤウ》ハ建仁寺ノ本當タリシカバ。此寺ニ於《オイ》テ禪法ヲ初《ハジ》メ修ス。我《ワガ》朝禪法ノ初《ハジメ》ナリ。明慧ハ栂《トガ》ノ尾《ヲ》建立ナリトアリ。

開山自畫自讃像　壹幅。讃文如左。

者《コノ》俗漢無眼目。不怕人罵。只怕人觸《フレン》。懽喜花柳春風。惡發《スヘ》天翻地覆。有來由沒拘束。優曇花正開。嵒々遠山綠。弘安七年。九月三日。無學翁書于得月樓。按スルニ得月樓ハ。建長寺方丈ノ二階ノ名ナリ。今ハ樓ナシ。額ハ方丈ニアリ。

寧一山自筆ノ狀　壹通。其文ニ正續菴承仕ノ行者。可與遍地一宇。乾元二年。正月三日ト有。狀ノ初ニ花押アリ。其形如左。一山ト云フ字歟

寧一山ノ花押

臨濟禪師ノ畫像　壹幅。無準ノ贊ナリ。

佛鑑禪師ノ畫像　壹幅。與東陵ノ贊ナリ。
伏見帝ノ宸筆　壹幅。勅謚佛光禪師ト有。三行大字也。
花園帝并ニ後光嚴帝ノ宸筆　壹軸。花園帝ノ宸筆ハ圓覺興聖禪寺トアリ。三行大字ナリ。後光嚴帝ノ宸筆ハ瑞鹿山大光明寶殿トアリ。共ニ一軸トス。
後小松帝ノ院宣　壹幅。至德元年。七月五日トアリ。
光嚴帝ノ綸旨　壹幅夢窓國師ニ賜ル綸旨ナリ。
五百羅漢ノ畫像　五十幅。内十七幅ハ兆殿主ガ筆。餘ハ唐筆ナリ。
平ノ時《トキ》宗《ムネノ》書　壹幅。自筆ト云。釋書ニ。己卯（弘安二年）。吾カ建長虚ス席ヲ。副元帥平ノ時《トキ》宗《ムネ》。驍幣ヲ具テ海ニ航シテ。名宿ヲ聘ス。明牧元ヲ以テ退招ニ充《アツ》トアリ。蓋シ此ノ時入宋ノ沙門詮英等ニ與ル書ナラン。其ノ文如左。
時《トキ》宗《ムネ》。留ル意ヲ宗乘ニ。積テ有年序。建營シ梵苑ヲ。安止ス緇流ヲ。但シ時宗。毎ニ憶フ樹ハ有其ノ根。水ハ有其ノ源。是ヲ以テ欲ス請テ宋朝ノ名勝ヲ助行ヒ此ノ道ヲ。煩ス詮英二兄ヲ。莫ク憚ルコト鯨波ノ險阻ヲ。誘引シ俊傑ヲ。歸リ来ルヲ本國ニ。為ル望ト而已。不宣。
弘安元年。戊寅。十二月廿三日。詮藏主禪師。英典主禪師。時《トキ》宗《ムネ》和南。
佛光禪師ノ書　壹幅。自筆。
祖元。瑞肅皇帳申覆ス茲ニ承ル鈞汗ノ緘至ル圓覺供僧ノ田産。將軍ノ公文。及ヒ鈞座備申ノ文狀。共ニ三紙。一一ニ燒テ香ヲ覽訖ル。山懷甚タ為ニ法門ノ為ス賀ヲ。誠ニ是レ國家及ヒ大將軍太守。千年植ル福ヲ之基。萬劫作ル佛ト之本。老懷預ル此ノ鉢飯ニ。霑惠多シ矣。佛天照臨。誠ニ非ス小事ニ。謹テ此ニ申ブ謝ヲ。来日參シテ詣府ニ。擇ニ面ニ既サン。不宣。祖元皇〻申覆。右此二書ヲ取合セテ時宗佛光ニ與ヘ。佛光時宗ニ返簡ト云。然レドモ文路不通。按スルニ別物ナラン也。
後光嚴帝ノ宸筆　壹幅。額ナリ。最勝輪ト有。
後小松帝ノ宸筆　壹幅。額ナリ。黄梅院トアリ。
青蓮院道圓法親王ノ墨跡　壹幅。至德元年。十二月十一日トアリ。
開山所持ノ硯　壹面。圓硯班石ナリ。徑リ一尺バカリ。厚サ一寸五分アリ。
觀音ノ畫像　壹幅。唐畫。筆者不知。
跋陀婆羅菩薩ノ畫像　壹幅。畫師宗潤ガ筆。
辨才天ノ石像　壹軀。紫石。長七寸有。蛇形ナリ。相傳フ圓覺寺ノ鐘ヲ鑄ル時。江ノ島ヨリ来ルト云フ。

南院國師ノ真跡　壹幅。
普明國師ノ真跡　壹幅。
勅會法華御八講ノ役付ノ書　壹巻。東明和尚ノ筆ナリ。元亨二年。十月廿四日トアリ。
南山自賛ノ畫像　壹幅。賛ノ文如左。
者箇面皆。太奇恠矣。你是阿誰。我不知你喚作南山。不是不是。鑑公太守。所寫影像。携来求賛トアリ。是崇壽寺ノ開山也。鑑公ハ平ノ高時ナリ。
前ノ平中納言奉書ノ添状　壹幅。平中納言未考。

西園寺ノ書　貳幅。一幅ハ伊豆守殿。維親トアリ。一幅ハ名ナシ。文章ハ同事ナリ。
平ノ貞時圓覺寺ノ壁書　貳幅。一幅ハ。永仁二年。正月日トアリ。一幅ハ。乾元二年。二月十二日トアリ。共ニ貞時ノ花押アリ。
同自筆ノ書　貳幅
平ノ高時書　壹幅。文保二年。五月廿二日トアリ。
文章ノ初ニ如左ナル花押アリ。則高時ガ花押ナリ。

平高時判

源ノ尊氏自筆ノ法華經　壹巻。巻ノ第八ナリ。奥書ニ奉為三品觀公大禪定門。修五種妙行。觀應三年。九月五日。書寫了。正二位源ノ尊氏。花押アリ。觀公ハ尊氏ノ父貞氏也。貞山道觀ト云。淨妙寺ノ條下ニ見ヘタリ。
同直判ノ状　貳幅アリ。一幅ハ。建武三年。九月十五日ト有。一幅ハ。文和三年。十一月廿日トアリ。
源ノ義満ノ墨蹟　四幅。一幅ハ。宿龍トアリ。一幅ハ。桂昌トアリ。一幅ハ。普現トアリ。普大字ナリ。朱印二ツ有。上ハ道有トアリ。下ハ天山トアリ。共ニ小篆文ナリ。按スルニ。義満。始ハ道有ト號ス。後ニ道義ト改ム。又一幅ハ。圓覺正續院ニ。常陸ノ小鶴《コツル》庄ヲ寄附ノ状ナリ。應永三年。十二月廿七日。入道准三后前ノ太政大臣ト有テ。下ニ花押アリ。花押藏ニ載ト同シ。

已上

鐘樓　佛殿ノ左ノ方。山ノ上ニアリ。鐘ノ銘如左。
相模州。瑞鹿山。圓覺興聖禪寺鐘ノ銘。
鶴岡之北。富士之東。有大圓覺。為釋氏宮。恢廓賢聖。賦強象龍。範國天地。橐籥金功。鑄金去鑄鍛鍊頑銅成大法器啓迪昏蒙長鯨吼月幽谷傳空法王號令神天景從藉民贊國植德旌忠停酸息苦超越樊籠高輝佛日普扇皇風浩々湯々聲震寰中風調雨順國泰民安皇帝萬歲重臣千秋正安三年辛丑七月初八日大檀那從四位上行相模守平朝臣貞時勸緣同成大器當寺住持傳法宋沙門子曇謹銘勸進者當寺僧宗證奉行兵部橘朝臣邦博同兵庫允源朝臣仲範大工大和權守物部國光掌財盛寺僧至源道虎此月

十七日巳時。大鐘昇樓。供音發盧。謹具名目于后。喜捨助緣傳信。共壹千五百人。本寺僧衆。貳百三十員。大者。舊慧寧。覺眼。宗證。道範。頭首者。覺泉。覺俊。師侃。玄挺。崇喜。道生。性仙。知事者。聰因。知足。可珍。至牧。天順。元安。祖安。西堂者。德熙。自聰。德詮。源清。志遠。當寺住持宋西澗和尚子曇。里俗謬リ傳ヘテ云。此鐘ハ古ヘ龍宮ヨリ上ル。故ニ種々ノ奇瑞アリト。

開山塔　方丈ノ西北ニ行事四五町許ニアリ。正續院ト名ク。門ニ萬年山ト額アリ。此院。昔ハ平ノ

貞時ノ建立ニテ禪勝院ト號シ。佛牙舍利殿ナリシヲ。後ニ開山塔トスト云フ。昭堂ノ上ニ常照ト額アリ。開山ノ木像。肩膝ニ。鳩《ハト》ト龍トヲ置。元亨釋書ニ。祖元宋ニアリシ時。禪定ノ中ニ嘗テ神人ヲ見ル。告テ云。願クハ和尚我國ニ降レト。如是ノ事數タビ。神人ノ至ルゴトニ。先一ツノ金龍來テ袖ノ中ニ入ル。忽群鴿子アリ。或ハ青白ノ者。或ハ飛啄ノ態。或ハ予ガ膝ノ上ニノボル。其ノ由ヲ不測。此ノ國ニ入ニ及テ。人有テ語テ曰。當境ニ神アリ。八幡大菩薩ト云フ。後ニ八幡宮ニ至リ。殿梁ノ上ヲ視ルニ。數箇ノ木鴿子アリ。是ヲ問フ。對者ノ曰ク。コレ神ノ使鳥ノミ。予則チ知ル。定中ノ峨冠ハ。此ノ神ナル事ヲ。老僧ガ此ニ到ル偶然ナラザルノミ。老僧ガ陋質ヲ遣ラバ。膝ノ上ニ鴿子及ヒ金龍ヲ安シテ。以テ往年ノ識ニ應ゼヨト有。又元ノ揭傒斯。塔ノ銘ヲ作ル。其文如左。

佛光禪師塔銘

應奉翰林文字登仕郎。同知制誥。
兼國史院。編脩官。揭傒斯撰。并書。
資政大夫禮部尚書全岳柱篆

佛法入中國。至宋末莫盛於呉越之間。簡公。奮響於淨慈。範公。揚英於徑山。月公。擢穎於靈隱。聞公。揭照於育王。靈鷲則愚公建其標。大慈則觀公振其軌。天童則一公抗其旌。升其堂入其奧。并包翕受。融液暢朗則佛光禪師。師會稽鄞人。許伯濟之子也。初母陳。夢一僧抱嬰兒來。遂有娠。將產夜。見白衣女子登其牀。端妙姝麗。不類常世人。忽不見。俄頃而產。白光燭室。及晬試以百玩。惟咲取佛書一卷而已。七歲入小學。沈鬱寡言。功兼諸生。平

居與姊妹坐。必異席。遇酒肉如見惡臭。惟閑入山寺。聞禪誦聲。即欣然慕之。年十三。遭父憂。遂祝髮淨慈。事簡禪師。為弟子。明年。入徑山。禮範公。語輒不契。居五年。忽夜四更。聞廊前板響。乃大悟。遂下靈隱。見月公。之育王。謁聞公。聞公移淨慈以記室名。辭。再上徑山。還淨慈。留知藏。參愚公於靈鷲。叩觀公於大慈。一日。見井上轆轤。大獲無礙之樂。凡昔聞諸老言。未契者。皆脫然若固有。不假磨礱。自出光澤。不待劇劓。自入規矩。於是師之道益隆。德

益尊。四方傾企慕向者日益衆。里人羅季勉治薛鄉。辟主白雲。居七年。終母喪。再還靈隱。賈太傅。悅其道請主台之真如。又居七年。歸之如水之赴壑。德祐初。辟地雁峰。大兵忽臨。白刃交師頸。師堅坐說法不顧。衆歛兵作禮而去。明年。還天童。依一公。而宋亡。明年。夏五月。日本有賢大夫曰平將軍者。遣使來迎。慨然赴之。六月。至日本。平將軍而下傾國郊迎。入主・建長寺。平將軍躬執弟子禮。越五年。平將軍。建寺曰圓覺。復延師主之。一據講席。群鹿

咸集。因號其山曰瑞鹿之山。至元廿三年。庭前桂橋忽夏枯。師曰。吾將逝矣。九月三日。手書別諸方。至夕。挙偈竟。端坐而逝。後三日葬其骨建長之後山。壽六十一。僧臘四十九。後四十有一年。其徒慧廣。來遊袁之仰山。道過余乞銘。余聞西域諸國。去中土至遼遠。然車馬可計日而至。而其人不知有孔氏者。諸佛之所興也。東南諸國。邈在海中。而皆言孔氏。蓋去中土近。人居巽離文明之方。然尊信佛法。與西域同。特以海路不能限之耳。佛光禪

師。起會稽。其道甚尊顯。平將軍得以坐致之者。其地近。又適其時也。嗚呼。佛光。亡忠孝人歟。師諱祖元。字子元。又自號無學云。銘曰。邈矣前聖。萬化之宗。孔釋雖異。忠孝則同。有聞佛光。其德蘇晦。火德既微。東入于海。孰知我元。參天配地。孔釋並隆。無遠弗至。東望大海。混混茫茫。惟師之道。其大莫量。載騰扶桑。杲杲出日。惟師之德。照曜四溢。師既往矣。國人具來。惟師之化。永世弗摧。

宿《シユク》龍《リウ》池《チ》　開山塔ノ後ニアリ。開山來朝ノ時。龍現シテ舟ヲ護リ送。而此池ニ止ル。故ニ名ク。

坐《ザ》禪《ゼン》窟《クツ》　開山塔ノ上ニアリ。開山坐禪セシ所ナリ。

鹿《ロク》岩《ガン》　方丈ノ後ノ山上ニアリ。此寺創草ノ時。鹿ノ奇瑞アル故ニ瑞《ズイ》鹿《ロク》山《サン》ト號ス。鹿岩有モ此故ナリ。

妙《メウ》香《カウ》池《チ》　方丈ノ北ニアリ。

虎《コ》頭《トウ》岩《ガン》　妙香池ノ北ニ有。

佛日菴　正續院ノ東北ニアリ。檀那塔ナリ。所謂檀那ハ平ノ時宗ノ塔ヲ慈氏殿ト號ス。本像アリ。位牌ニ法光寺殿道《ダウ》果《クハ》大禪定門。弘安七年。甲申。四月四日トアリ。同ク貞《ザダ》時《トキ》ノ塔ヲ無畏殿ト號ス。木像アリ。位牌ニ最勝園寺殿宗《ソウ》演《エン》大禪定門。應長元年。十月廿六日トアリ。同ク高時ノ塔ヲ同光殿ト號ス。木像アリ位牌ニ。日輪寺殿崇《ソウ》鑑《カン》大禪定門。元弘三年。五月廿二日トアリ。又觀音院殿覺《カク》山《サン》志《シ》道《ダウ》大姉ト云牌アリ。時宗ノ室。松岡ノ開山ナリ。

桂昌菴　象先和尚。諱ハ道欽。嗣法默翁。十二月六日寂ス。

傳宗菴　南山和尚。諱ハ士雲。嗣法聖一。建武三年。十月七日寂ス。崇壽寺ノ開山ナリ。

白雲菴　東明和尚。諱ハ慧日。嗣法直翁。暦應三年。十月十四日寂ス。六十九。

富陽菴　東岳和尚。諱ハ文昱。嗣法太拙。應永廿三年。二月廿三日寂ス。

壽德菴　月潭和尚。諱ハ中圓。嗣法義堂。應永十四年。九月七日寂ス。

正傳菴　大達禪師。諱ハ正因。號明岩。嗣法西礀。應安二年。四月八日寂ス。

萬富山續燈菴　佛滿禪師。諱法忻。號大喜。嗣法大平。今川基氏《ウヂノ》子《コナリ》。貞治五年。九月廿四日寂。五十三。

傳衣山黃梅院　正覺心宗普濟玄猷佛統天龍國師。諱疎石。號夢窓。嗣法佛國。觀應二年。九月晦日。示寂。

如意菴　佛眞禪師。諱妙謙。號無礙。嗣法佛國。應安二年。七月十三日寂。

歸源菴　佛慧禪師。諱是英。號傑翁。嗣法之菴。永和四年。三月十二日示寂。

天池菴　容山和尚。諱可久。嗣法險崖。延文五年。四月十八日示寂。

藏六菴　佛源禪師。諱正念。號大休。嗣法石溪。温州人。文永六年。己巳。十月九日來朝。正應二年。十一月晦日示寂。世壽七十五。

右十二院。今存スルモノナリ。

龍門菴　高山和尚。諱通妙。嗣法寒潭。五月十七日寂。

海會菴　朴中和尚。諱梵淳。嗣法適菴。永亨五年。十二月晦日寂。

東雲菴　東陵和尚。諱永璵。嗣法雲外。貞治四年。五月六日寂。

慶雲菴　香林和尚。諱識桂。嗣法肯山。二月十八日寂。

珠泉菴　學海和尚。諱歸才。嗣法大綱。永亨十年。十月廿九日寂。

正源菴　少室和尚。諱慶芳。嗣法空室。永德元年。十二月十日寂。

寶龜菴　梅林和尚。諱靈竹。嗣法大川。應安七年。三月三日寂。

臥龍菴　大川和尚。諱道通。嗣法佛源。曆應元年。三月二日寂。

利濟菴　東峰和尚。諱通川。嗣法佛源。文和二年。二月廿三日寂。

定正菴　此山和尚。諱妙在。嗣法佛國。永和三年。正月十二日寂。

瑞光菴　眞覺禪師。諱志高。號天外。嗣法南州兀菴。法孫。康永二年。八月朔日寂。

大義菴　天澤和尚。諱宏潤。嗣法雲屋。貞治六年。十月十四日寂。

長壽院　佛地禪師。諱ハ慧林。號ス雲屋ト。嗣法佛光ニ。元德元年。五月十日寂ス。
瑞雲菴　大本禪師。諱ハ居中。號ス嵩山ト。嗣法西礀ニ。康永二年。二月六日寂ス。
寶珠院　大雅和尚。諱ハ省音。嗣法古調ニ。六月八日寂ス。
青松菴　大拙和尚。諱ハ祖能。嗣法千岩ニ。永和三年。九月十三日寂ス。
大仙菴　宏覺禪師。諱ハ德悟。號ス桃溪ト。嗣法大覺ニ。嘉元四年。十二月六日寂ス。
等慈菴　不聞和尚。諱ハ契聞。嗣法ス東明ニ。應安元年。七月十二日寂ス。
妙光菴　無外和尚。諱ハ方圓。嗣法不聞ニ。應永十五年。五月五日寂ス。
頂門菴　大傳和尚。諱ハ有承。嗣法大淸ニ。十三日寂ス。
雲光菴　東林和尚。諱ハ友丘。嗣法一山ニ。應安二年。八月廿三日寂ス。
右ノ二十一院。五山記ニ載ストヘトモ。今ハナシ。

○十王堂橋

十王堂橋《ジウワウダウバシ》ハ。圓覺寺ノ前ヲ西ヘ行ハ。藥師堂アリ。其前《マヘ》ノ橋《ハシ》ヲ名ク。藥師堂ノ前ニ。此ノ比《ゴロ》マテ十王堂有《アリ》シガ。今亡《ホロビ》タリ。鎌倉十橋ノ一ツナリ。

○離山

離《ハナレ》山《ヤマ》ハ。山ノ内ヨリ西ヘ行《ユケ》バ。市場《イチバ》村《ムラ》也。村《ムラ》ノ出口《デクチ》ニ道《ミチ》二條アリ。北ハ戸《ト》塚《ヅカ》道。西ハ玉縄道。戸《ト》塚《ヅカ》道ノ東ニ芝《シバ》山《ヤマ》アリ。是ヲ離《ハナレ》山《ヤマ》ト云。里老ノ云。梶《カヂ》原《ハラ》平三景時《カゲトキ》ガ古《フル》城《シロ》ト。梶原ガ舊宅ハ。五大堂ノ北ニアリ。鶴《ツル》ガ岡ノ鳥居ヨリモ此地マテ。三十二三町アリ。

○常樂寺

常樂寺《ジヤウラクジ》ハ。離山《ハナレヤマ》ノ東北。粟《ヲ》（或ヘ作ル舟ニ）船ノ郷《ガウ》ニアリ。粟船《ゾクセン》山ト號ス。常樂寺略傳記ニ云ク。古老相傳フ。以テ粟船ヲ號スル村ニ。依テ山ニ得タリ名ヲ。此ノ地往《ムカシ》時為タリ海濱。以テ載セ粟ヲ船ヲ繫ク于此ニ。一夕變シテ而化ス山ト。今ノ粟船山是ナリ也。其ノ形如シ船ノ。又海濱化シテ為ル桑田ト。人家ス于此ニ。故ニ曰フ粟船村ト。山ノ南ヲ曰フ垢掃《アカハヒ》村ト。昔シ掃フ船中ノ垢ヲ處ナリ也。又山ノ北ニ有リ小山。形チ圓ナリ。轉シテ里民呼テ曰フ柄杓《ヒシヤク》山ト。汲ム垢水ヲ器化ス山ト。其ノ餘依リ名ニ不具ニ記セ。此ノ地四切ノ之下。腐貝朽蘆。古株青泥等。今猶ヲ存ス。鑿テ井ヲ知ル焉トアリ。此寺ハ平ノ泰時ノ建立ナリ。泰《ヤス》時ヲ常樂寺ト號シ。法名觀阿ト云フ。位牌ニ。過去觀阿禪門トアリ。本尊。阿彌陀ノ三尊ナリ。東鑑ニ。仁治四年六月十五日。故前ノ武州。（泰時）周闋ノ御事ヲ。山ノ内粟《ヲフ》船ノ御堂ニ於テ修セラル。又建仁六年六月十五日。前ノ武州（泰時）十三年忌ノタメ。彼ノ墳墓青船ノ御塔ヲ供養セラル。導師ハ大阿闍梨道禪トアリ。按スルニ。元亨釋書ニ。副元帥平ノ時頼。隆蘭溪《リウランケイ》ガ來化ヲ聞。延テ常樂寺ニ居シムト有。此ノ寺元ハ天台宗ナリシガ。蘭溪入院ノ後。禪宗ニナリタリト云傳フ。故ニ梵仙《ボンセン》ノ榜ニハ開山蘭溪トアリ。

寺寶

定規　貳篇。共ニ板ニ刻シテアリ。一篇ハ蘭溪。一篇ハ梵僊《ボンセン》。其ノ文如シ左ノ。

光陰有リ限。六七十歳。便チ在リ目前ニ。苟シ若シ虚ク過サハ一生ヲ。灼然トシテ難シ得復。本既ニ挂ケ佛衣ヲ之後。入リ此ノ門ニ來ル。莫ク分ツコト彼此ノ之居。各〻當ニ行フ斯ノ道ヲ。儻シ以テ粟船ノ上殿ヲ為シ名ト。晝夜恣ニ情ニ。於テ戯洓ス。但タ與俗無シ殊ナルコト。乃シ於テ殺ニ何ノ益カ之レ。今ヨリ後。本寺ノ主者。既ニ為リ衆僧ノ之首ト。當ニ依テ建長ノ矩式ニ而行フ。晝則チ誦經ノ之外。可シ還ル僧房中ニ。客前坐禪。初後夜ノ之時ハ。以テ香ヲ為シ定式ト。領シテ衆ヲ坐禪。二更三點可シ擊ツ鼓ヲ。房主歸テ衆方ニ休息ス。四更一點。仍チ復タ坐禪ス。至テ開靜ノ時方ニ入ル寮ニ。夜中不可ラ高聲ニ談論ス。粥飯ノ二時。並ニ須ク齊ク赴ク。不可ラ先後ス。令立テ此ヲ為ス定規ト。不可ラ故ニ犯ス。若シ有ハ恣ニ意ヲ不ル從ハ之ニ者。申シテ其ノ名ヲ來ル。可シ與フ重罰ヲ。住山道隆

道隆

常樂寺ハ乃シ建長ノ之根本ナリ也。開山ノ版榜。切々タル訓誨。明キコト如シ日月ノ。誠ニ不可ラ忽ニス。今以ニ晩來ノ之者ハ。似タリ不ルニ知ラ之ヲ。於テ輪番ニ僧衆多ク遊フ它處ニ。今評定シテ宜ク時々檢點ス。或ハ住持自ラ去リ。或ハ臨テ時ニ委ス人ニ。若シ乃シ點シテ而不ル到ラ

之者。即時出院。各宜知悉。評史衆。前堂柏西堂。都管信。都寺興。維那習藏主。方首座。安首座。桂首座。用都聞。衣鉢胃清。貞和丁亥三月二日。住山梵僊

梵僊

巳上

鐘樓　鐘銘アリ

鎌倉粟船山常樂禪寺鐘銘

鎌縣之北偏。幕府後面。有一仁祠。蓋家君禪閣墳墓之道場也。境隔囂喧。足催坐禪之空觀。寺號常樂。自擬安養之淨刹。弟子追慕難休。夙夜于苔壠之月。遺恩欲報。欣求於華界之雲。便鑄鳧乳之鐘。聊添鴈堂之飾。於是狂風韻遠。可以驚長夜之夢。輕霜響和。可以傳三會之曉。當時若不記錄者。後代誰得相識乎。仍課刀筆以刻銘文。寶治貳年戊申。三月廿一日。左馬允藤原行家法師法名生蓮。作辭曰。偉乎斯器。造化自然。陰陽炭調。山谷銅甄。鳧氏功著。蒲牢名傳。入秋兮報應。律兮懸響和。青女聲驚。金仙動三千界。振九五天。於是先主。早告歸泉。爾來第午。屢踰涙淵。讓恩如降。陵鍛似伺。夙夜之志。旦夕未俊。桑門閑鑽。盧墳墓邉花。鐘新鑄。安道場前。揚九乳韻。祈七覺縁。開曉獲益。長夜覊眠。下自八大。上至四禪。以此善種。萌彼福田。

文殊堂　額。秋虹《コウ》殿トアリ。文殊。毘沙門。不動ヲ安ス。文殊ハ。首バカリ。蘭溪宋ヨリ持来リ。體ハ本朝ニテ蘭溪作リ續《ツギ》タルトナリ。

泰《ヤス》時《トキ》ノ墓　山ノ上ニアリ。

姫《ヒメ》宮《ミヤ》　山ノ上ニアリ。相傳フ泰《ヤス》時《トキ》ノ女《ムスメ》ノ墓ナリト。

色天無熱池　寺ノ艮ノ隅《スミ》ニアリ。

木《キ》曽《ソ》塚《ヅカ》　姫《ヒメ》宮《ミヤ》ノ西ニアリ。此塚。本ハ常樂寺ノ未申ノ方。十町バカリ田ノ中ニ有テ。里民呼デ木《キ》曽《ソ》免ト云フ。相傳フ。木《キ》曽《ソ》義《ヨシ》仲《ナカ》ノ嫡子。清水冠者義《ヨシ》高《タカ》ガ塚《ツカ》ナリ。義《ヨシ》仲《ナカ》ハ。江州ニテ討ル。義《ヨシ》高《タカ》ハ。頼《ヨリ》朝《トモ》ノ聟《ムコ》ニテ。鎌倉ニ在《アリ》シガ。ヒソカニ遁テ。武州入《イル》間《マ》河《ガハ》原《ラ》ニテ。追手ノ堀《ホリ》藤次親《チカ》家ガ郎黨。藤内光《ミツ》澄《ズミ》ニ討ル。光《ミツ》澄《ズミ》首ヲ持テ歸ル實檢ノ後爰ニ葬ルト也。東鑑ニ。元暦元年。四月廿六日トアリ。延寶庚申。二月廿一日ニ。田ノ主石井《イ》某ト云者。塚《ツカ》ヲ掘《ホリ》出シテ。今ノ所ニ移ス。塚ノ内ニ。青磁ノ瓶アリ。

内ニ枯骨泥《ドロ》ニ交《マジハツ》テ有シヲ洗《アラ》ヒ清《キヨメ》テ塚ヲ建シ
トナリ。

○証菩提寺書跡

証《シヤウ》菩《ボ》提《ダイ》寺《ジ》ノ旧跡ハ。本《ホン》郷《ガウ》上ノ村ニ無量寺ト云。真言寺《デラ》アリ。則是ナリ。証菩提寺ヲ。五《ゴ》峯《ホウ》山《サン》ト號ス。此ノ辺モ山ノ内ノ荘ナリ。東鑑ニ。建保四年。八月廿四日。相州時頼奉テ。山内証菩提寺ニテ。故佐《サ》奈《ナ》田《ダ》余《ヨ》一《イチ》義《ヨシ》忠《タヾ》ガ追善ヲ修ス。又建長二年。四月十六日。山ノ内証菩提寺修理アリ。是レ右大将家ノ御時。佐《サ》奈《ナ》田《ダ》ノ余一ガ菩提ノ為ニ。建久八年ニ建立ト有。本尊阿弥陀仏ナリ。故ニ後ニ無量寺ト改メタル歟。

寺宝

頼朝証文　壹通。其文如左。

制止　証菩提寺殺生事。四至東限坂中并小槻峯。南限谷沢木戸口。西限辺淵橋。北限竹後大道。右当寺者。弥陀如来利生之砌也。於件四至之所。不可殺水陸之生類者。自今以後若背此旨。猶致狼藉者。不論貴賤。可被処罪科。仍為向後。制止如件。建久八年。丁巳。六月二日。頼朝判アリ。

古証文　貳通。一通ハ。其文如左。

山ノ内証菩提寺ノ内。新阿弥陀堂。供僧職。二口ノ事。中納言法師俊済。依右守先例。如元可被致沙汰之状如件。元亨元年。十二月廿九日。三位法印ノ御房エ沙弥トアリ。花押アリ。何人ノ判ト云事未考。一通ハ。文ハ大略前ト同シ。建武元年。十一月廿四日ト有テ。花押アリ。今考ルニ。花押藪ニノスル所。足利左馬頭源直義ノ判歟。

以上

鐘楼

鐘ノ銘アリ其文如左。

海東相州山ノ内本郷ニ。有奇麗祠。号証菩提寺。文治五年。創闕終功。素律八月。供養盤儀。金刹教主之安尊像也。瑩冰雪以徴妙。幕府賢将之凝信心也。寄田園以随喜。尓降寒暑相换一百余廻。属宇雖未及頽危。鴻鐘既以破損。繇茲管領施主金吾禅儀。一族抽精誠三下遂冶鋳。宜達遠音於千界。永垂勝利於群生。作銘曰。偉哉法鼓。陶冶呈勤。二儀合気。九乳備文。扣待霜降。動知秋分。声報山月。響達嶺雲。自迷覃悟。告暁与聴。無明除睡。十方驚所《キツ》徳之廣被。豈敢不欣。凡厥四衆。悉預餘薫。
文保二年戊午。四月日。大工。山城権守物部
依光。

○大長寺

大長寺《ダイチヤウジ》ハ。岩瀬《イハセ》村ノ内ニ有。龜鏡山《キキヤウザン》ト號ス。淨土宗。
知恩院ノ末寺也。開山ハ。増上寺ノ觀智國師ナリ。
寺領五十石ノ御朱印アリ。

○不動堂　附　男瀧　女瀧

不動堂《フドウダウ》ハ。今泉《イマイヅミ》村《ムラ》ノ内ニアリ。今泉山ト額アリ。不
動ノ石像。弘法ノ作ト云フ。堂ノ向《ムカウ》ニ瀧《タキ》アリ。高サ一
文計アリ。南北ニ相向テ落《ヲツ》。南ヲ男《ヲ》瀧《ダキ》ト云。北ヲ女《メ》
瀧《タキ》ト云フ。

○玉縄村

玉《タマ》縄《ナハ》村《ムラ》ハ。山ノ内ヨリ西ノ方ナリ。關東兵亂記。鎌倉九
代記。北條盛衰記等ニ。玉縄《タマナハ》城《ジヤウ》ト有ハ此所ナリ。今
松平備前守源ノ隆綱《タカツナ》居宅トス。後《ノチ》ノ甘《アマ》縄《ナハ》ノ條下ト
照《テラ》シ見《ミ》ルヘシ。鶴岡ノ鳥居ヨリ。此所マデ。四十八町バカ
リアリ。

○洲崎村　附　寺分村　町屋村

洲《ス》崎《サキ》村《ムラ》ハ。山ノ内ノ西ナリ。太平記ニ。義《ヨシ》貞《サダ》。鎌倉合戰ノ
時。赤橋《アカハシ》相模守守時《モリトキ》ヲ大將トシテ。洲《ス》崎《サキ》ノ敵ニ向《ムカフ》
ルトアルハ此所ナリ。赤橋《アカハシ》腹《ハラ》ヲ切《キリ》ケレバ。十八日ノ晩《クレ》
程《ホド》ニ。洲《ス》崎《サキ》一番ニ破《ヤブ》レテ。義《ヨシ》貞《サダ》ノ官軍ハ。山ノ内マデ入
ニケリトアリ。山ノ内ハ東ノ方ナリ。皆此道《ミチ》筋《スヂ》也。鎌倉
年中行事ニ。藤《フヂ》澤《サハ》炎上ノ時。公方様《サマ》。成氏《シゲウヂ》洲《ス》崎《サキ》マデ
御出。ソレヨリ御使ヲ遣《ツカ》ハサルトアリ。此村ノ東ヲ寺《テラ》
分《ブン》村《ムラ》ト云フ。西ヲ町《マチ》屋《ヤ》村《ムラ》ト云フ。町《マチ》屋《ヤ》村《ムラ》ハ。金澤ニモ此ノ
名アリ。

新編鎌倉志巻之三

新編鎌倉志　四
加賀文庫
1790
7

新編鎌倉志巻之四目録

鐵井 附鐵觀音 鎌倉十井
志一上人石塔
松源寺
巖窟不動
華光院
上杉定政舊宅
壽福寺 附龜谷 源氏代々屋敷
英勝寺 附太田道灌舊跡
源氏山
阿佛卵塔跡
智岸寺谷
泉谷 附泉井
淨光明寺 附綱引地藏 東林寺舊跡
相馬天王祠
藤原爲相石塔 附忍性石塔
藤谷
扇谷 附扇井 飯盛山 大友屋敷
梅立寺 附熱田社
法泉寺谷
御前谷 附尼屋敷
淸涼寺谷
海藏寺 附底脱井
山王堂谷
景淸籠
播磨屋敷
梅谷 附綴喜里
武田屋敷
假粧坂
六本松

葛原岡

梶原村

新編鎌倉志巻之四

河井恒久友水父纂述
松村清之伯胤父考訂
力石忠一叔貫參補

○鐵井 附 鐵観音 鎌倉ノ十井

鐵《クロガネ》ノ井《ヰ》ハ、雪《ユキ》ノ下《シタ》西南ノ路傍ニアリ。里人ノ云、此ノ井ヨリ鐵観音ヲ掘《ホリ》出シタル故ニ名クト。今鐵《クロガネ》ノ井ノ西向《ムカフ》ニ鐵像ノ観音。大《オホキ》ナル首《カウベ》バカリ小堂ニ安ス。胴《ドウ》ハ燒《ヤケ》テ堂内ニアリ。新清水寺ノ観音ト云傳フ。今按スルニ、此観音堂ノ西ニ巌《イハ》窟《ヤ》堂《ダウ》アリ。東鑑ニ、正嘉二年、正月十七日。秋田ノ城ノ介泰《ヤス》盛《モリ》ガ甘《アマ》縄《ナハ》ノ宅ヨリ火《ヒ》出《イデ》テ、壽福寺。新清水寺。窟《イハヤ》堂《ダウ》。若《ワカ》宮《ミヤ》ノ寶藏。同ク別當坊等燒亡ストアリ。然ラハ此災ニカヽリテ、土中ニアリシヲ掘《ホリ》出《イダ》シタル歟。鎌倉ニ十井アリ。棟《ムネ》立《タテ》ノ井。瓶《カメ》ガ井。甘《カン》露《ロ》ノ井。鐵《クロガネ》ノ井。泉《イヅミ》ガ井。扇《アフギ》ノ井。底《ソコ》脱《ヌケ》ノ井。星《ホシ》月《ヅキ》夜《ヨ》ノ井。石《イシ》ノ井。六《ロク》角《カク》ノ井。此ヲ鎌倉ノ十井ト云フ。

○志一上人石塔

志一上人ノ石塔ハ、鶴《ツル》ガ岡ノ西。町屋ノ後《ウシロ》。鶯《ウグヒス》谷《ガヤツ》ト云所ノ山ノ上ニアリ。里人ノ云。志一ハ。筑《ツク》紫《シ》ノ人也。訟《ウツタヘ》アリテ鎌倉ニ來レリ。已《スデ》ニ訟モ達《タツ》シケルニ。文状ヲ本國ニ忘《ワスレ》置《オイ》テ如何《イカヾ》セント思ハレシ時、平生志一ニツカヘシ狐《キツネ》アリシガ。一夜ノ中ニ本國ニ往キ。明曉。彼ノ文状ヲクワヘテ歸リ。志一ニ奉リ。其マヽ息《イキ》絶《タエ》テ死ケリ。志一訟《ウツタヘ》カナヒシカバ。則《スナハチ》彼ノ狐《キツネ》ヲ稲荷《イナリ》ノ神ト祭リ祠《ホコラ》ヲ立ツ。坂《サカ》上《ノウヘ》ノ小祠是也。志一ハ。管領源ノ基《モト》氏《ウヂ》ノ代ニ。上《ウヘ》杉《スギ》家《ケ》。崇敬ニヨリ。鎌倉ヘ下ラレケルトナン。太平記ニ。志一上人鎌倉ヨリ上テ。佐々木佐渡ノ判官入道道《ダウ》譽《ヨ》ノ許《モト》ヘオハシタリ。細川相模ノ守清氏ニタノマレ。將軍ヲ咒《シユ》咀《ソ》シケルトアリ。

○松源寺

松源《シヤウゲン》寺《ジ》ハ。日《ヒ》金《ガネ》山《サン》ト號ス。鐵観音ノ西。巌《イハ》窟《ヤ》堂《ダウ》ノ山ノ中、壇ニアリ。本尊ハ。地蔵運慶ガ作。相傳フ。頼朝卿。伊豆ニ配流ノ時。伊豆ノ日金ニ祈《イノツ》テ。我《ワレ》世ニ出《イデ》バ必ズ地蔵ヲ勧請セント約《ヤク》セシ故ニ。コヽニ移《ウツ》スト云フ。

○巖窟不動

巖《イハヤ》窟不動ハ。松源寺ノ西。山ノ根ニアリ。巖《イハヤ》窟ノ中ニ。石像ノ不動アリ。弘法ノ作ト云フ。東鑑ニ。文治四年。正月一日。佐《サ》野《ノ》太郎基《モト》綱《ツナ》ガ窟《イハヤ》堂《ダウ》ノ下ノ宅焼亡。鶴《ガ》岡ノ近所タルニ因テ。二品頼朝宮中ニ参リ給フトアリ。此處ノ事ナラン。此前ノ道ヲ巖《イハヤ》窟小路《コウヂ》ト云フ。東鑑ニ。大學ノ助義《ヨシ》清《キヨ》。甘《アマ》繩《ナハ》ヨリ。龜《カメ》谷《ガヤツ》ニ入。窟《イハヤ》堂《ダウ》ノ前路ヲ經ルトアリ。此路《ミチ》筋《スヂ》ナラン。東鑑ニハ。窟《イハヤ》堂《ダウ》トアリ。俗《ゾク》。或ハ岩《イハ》井《ヰ》堂《ダウ》ト云フ。巖《イハヤ》窟堂《ダウ》。今ハ教圓坊ト云僧ノ持《モチ》分ナリ。昔ハ等覺院ノ持分ナリケルニヤ。岩井堂日金ノ事。可被盡卿塔之由承候。先以目《メデ》出《タク》候。然者。御万歳ノ夕。至于三會之曉。留慧燈於彼地。可覆慧雲於他界給之条。殊以令庶幾候之間。以彼所限永代奉避渡候了。兼又同以被申方候之由承候。其段可令存知候也。恐々謹言。應永卅三年。七月十七日。等覺院法印御房ヘ。尊運判トアル状アリ〔尊運今河範廣ノ子ナリ〕。又岩井堂日金ノ事。如本院僧正。任證文。成敗不可有相違候。恐々謹言。五月九日。等覺院ヘ。空然判トアル状アリ〔空然古河政氏ノ子ナリ〕。

○華光院

華光《クハウ》院ハ。壽福寺ノ東《ヒガシ》向ナリ。真言宗。本尊ハ不動。佐《サ》介谷《スケガヤツ》稲《イナ》荷《リ》別當ノ所居也。昔ハ壽福寺ノ塔《タ》頭《チウ》ニテ。壽福寺斷命入院ノ時ハ先ツ此院ニ入テ。ソレヨリ壽福ヘ入院スト云フ。榮西ハ。顯《ケン》密《ミツ》禪《ゼン》ナル故ニ。始ヨリ真言宗ナリ。今ハ別院トナリヌ。

○上杉定政舊宅

上《ウヘ》杉《スギ》定《サダ》政舊宅ハ。華光院ノ前ヲ云フ。今ハ畠也。此地ヲ扇《アフギ》谷《ガヤツ》ト云也。鎌倉九代記ニ。上杉修理ノ大夫定《サダ》政《マサ》ハ。亨徳年中ヨリ。扇谷《ガヤツ》ニ居住ス。則此所ナリ。又此畠ヲ。里人。靈《レイ》巖《ガン》ト稱ス。昔寺アリト云フ。按スルニ。定《サダ》政《マサ》ノ先祖ニ。式部ノ大輔顯《アキ》定《サダ》。永和六年。四月二日ニ死去。靈巖院ト號ス。後《ノチ》此人ノ為《タメ》ニ。靈《レイ》巖《ガン》院ヲ建タル跡《アト》歟《カ》。或ハ亨徳以前。先祖ヨリ此所ニ居宅有ツル歟。未詳。定《サダ》政《マサ》ハ。明應二十年。十月五日逝去。五十一歳。法名ハ大通護國院範了ト號ス。此所ヲ扇《ガ》谷ノ上杉ト云フ。山ノ内ノ上杉ト共ニ兩管領ト稱ス。兩上杉《スギ》トモ云ナリ。山ノ内ノ條下ト。照見ルヘシ。

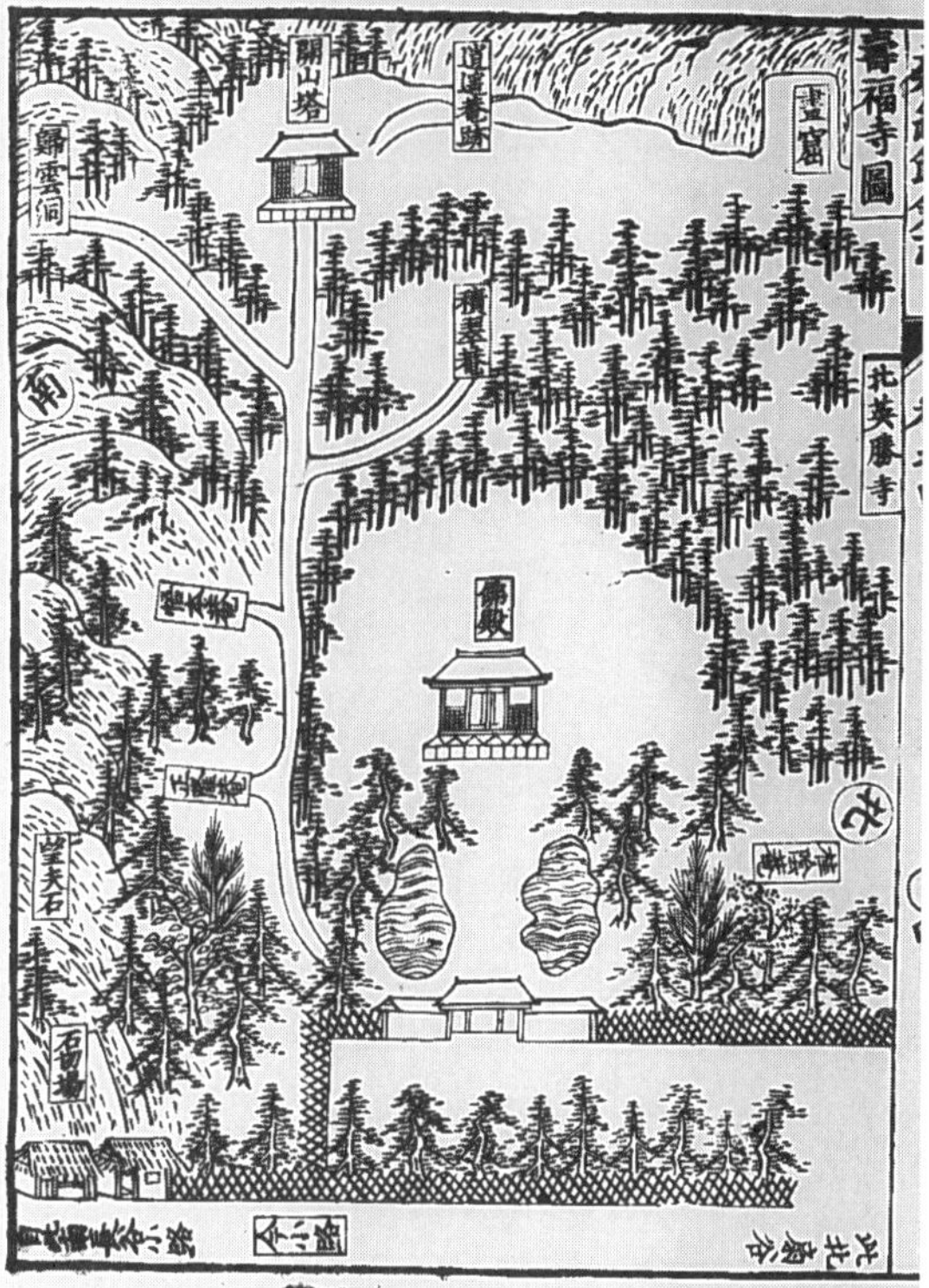

○壽福寺　附 龜谷　源氏代々ノ屋敷

壽福寺《ジユフクジ》ハ。龜谷山《キコクサン》。金剛壽福禪寺《コンガウジユフクゼンジ》ト號ス。五山ノ第三ナリ。開山ハ。千光國師榮西。本朝禪宗ノ鼻祖ナリ。元亨釋書ニ傳アリ。此地ヲ龜谷《カメガヤツ》ト云《イフ》。故ニ山ト號トス。源氏山《ゲンジヤマ》ヲ。本《モト》龜谷山ト云《イフ》。龜谷ノ中央ニテ。當寺ノ西北ナリ。扇谷《アフギガヤツ》。梅谷《ムメガヤツ》泉谷《イヅミガヤツ》ナドハ。龜谷《カメガヤツ》ノ内ナリ。龜谷坂《ザカ》ノ條下ニ詳《ツマビラカ》ナリ。此ノ地ハ。古《イニシヘ》源ノ賴《ヨリ》義《ヨシ》。同義《ヨシ》家《イヘ》。東國征伐ノ時。源氏山ニ登《ノボリ》。後ニ源氏山ノ條下ニ詳也。此地ニ居住セラル。後ニ義《ヨシ》朝《トモ》。爰ニ居住アリ。源氏代々ノ宅地ナリ。東鑑ニ。治承四年。十月七日。賴《ヨリ》朝《トモ》卿。故左典廐義朝ノ。龜谷《カメガヤツ》ノ御舊跡ヲ監臨シ給フ。則《スナハチ》當所ヲ點《テン》ジテ。御亭ヲ立《タテ》ラルベキ由沙汰アリト云《イヘ》ドモ。地形廣《ヒロキ》ニアラズ。又岡崎平四郎義實《ザネ》。彼ノ沒後ヲ弔《トブラヒ》タテマツランガ爲ニ。一ノ梵宇ヲ建《タツ》。因テ其ノ儀ヲ止《ヤメ》ラル。同五年。三月朔日。賴《ヨリ》朝《トモ》。御母儀ノ。御忌日《キニチ》タルニ因テ。土《ツチ》屋《ヤ》次郎義清《ヨシキヨ》。岡崎義實第二ノ子也。ガ龜谷《カメガヤツ》ノ堂ニ於テ佛事ヲ修セラル。又正治二年。閏二月十二日。尼《アマ》御《ミ》臺所《ダイドコロ》ノ御願トシテ。伽藍ヲ建立センガ爲ニ。土《ツチ》屋《ヤ》次郎義清ガ。龜谷《ガ》ノ地ヲ點《テン》ジ出サル。是下野國司《シモツケノコクシ》義朝ノ御舊跡ナリ。其恩ヲ報センガ爲ニ。岡崎義實。兼テ草堂ヲ立《タツ》。同十三日。龜谷《ガ》ノ地ヲ。葉上坊律師榮西ニ寄附セラル。清淨結界ノ地タルベキノ由。仰《ヲホセ》下サル。結衆等其ノ地ニ行道ス。施主監臨シ給フ。義清《ヨシ》。假屋《カリヤ》ヲ構《カマヘ》珍膳ヲ設《マウク》。建仁二年。二月廿九日。故大《タイ》僕《ボク》卿《ケイ》義《ヨシ》朝《トモ》ノ。沼《ヌマ》濱《ハマ》ノ御舊宅ヲ壞《コボチ》渡《ワタ》シ。榮西律師ノ龜谷《カメガヤツ》寺《テラ》ニ寄附セラル。此事。當寺建立ノ最初。其沙汰有《アリ》トイヘドモ。僅《ワヅカ》ニ彼ノ御記念《カタミ》ノ爲《タメ》。幕下將軍。殊ニ修復セラレ。其ノ破壞。暫ク顚倒ノ儀アルベカラザルノ由。定《サダ》メラルヽノ所ニ。僕《ボク》卿《ケイ》尼《アマ》御《ミ》臺《ダイ》所《ドコロ》ノ夢中ニ入テ。示《シメ》サレテ云。吾《ワレ》常ニ沼濱《ハマ》ノ亭ニ在テ。海邊ニ漁ヲ極ム。コレヲ壊《ヱブ》テ寺中ニ建立セシメ。六楽ヲ得ント欲《ホツ》スト。御夢《ユメ》覺《サメ》テノ後。善信《ゼンシン》ヲシテ記《シル》サシメ。榮西《エウサイ》ニ遣《ツカ》ハサルトアリ。元久元年。五月十六日。尼《アマ》御臺所。金剛壽福寺ニ於テ。御佛事ヲ修セラル。祖父母ノ御追善トアリ。

今寺領八貫五百文アリ。

外門　昔シハ天下古刹ト額有シト也。今ハ亡《ホロビ》タリ。

佛殿　本尊ハ。釋迦。文殊。普賢ナリ。釋迦ハ陳和卿カ作ナリ。俗ニ是ヲ籠《カゴ》釋迦ト云フ。籠《カゴ》ニテ作リ。上《ウヘ》ヲ張《ハリ》タルモノナリ。祖師堂ニ。達磨。臨濟。百丈。開山ノ像アリ。土地堂ニ。伽藍神。并ニ前住ノ牌。將軍家ノ牌ドモアリ。

寺寶

舎利　三粒アリ。五塔ニ納ム。是ヲ松風ノ玉《タマ》ト號ス。積翠庵ニアリ。相傳フ。實朝《サネトモ》ノ所持也ト。東鑑ニ。建暦二年。六月廿日。實朝將軍。壽福寺ニ渡御シ給フ。方丈。手ツカラ。佛舎利三粒ヲ相傳セシメ給フトアリ。方丈ハ。榮西也。此舎利ヲ。後《ノチ》又此寺ニ納ムル歟。又建保五年。五月廿五日ニ。壽福寺ノ長老行勇律師ニ。年來御所持ノ牙《キバ》ノ玉《タマ》ヲ御布施トセラルトアリ。今ハ無《ナシ》之。

十六羅漢畫像　十六幅。桂陰菴ニアリ。東鑑ニ。正治二年。七月六日。尼《アマ》御臺所《ダイドコロ》。於京都ニ。十六羅漢ノ像ヲ圖《ヅ》セラル。佐々《サヽ》木《キ》左衛門ノ尉定綱《サダツナ》。是ヲ調進ス。今日到來。御拜見ノ後。葉上《ヨウジヤウ》房《バウ》ノ寺ニ送《ヲクリ》奉《タテマツ》ラシメ給フ。十五日。開眼供養。導師ハ。榮西律師トアリ。其像ハ燒失シテ。今存スルモノハ新筆ナリ。

涅槃像　壹幅。新筆

千光ノ畫像　壹幅。新筆。賛ハ大明黄檗ノ隱元作

已上

開山塔　逍遥菴ト號ス。今ハ菴ナシ。塔ハ。積翠菴ニ屬ス。法雨塔ト額アリ。開山ノ木像ヲ安ス。東鑑ニ建保三年。六月五日。壽福寺ノ長老葉上《ヨウ》僧《ジヤウ》正榮西《エウサイ》入滅。痢病ニ依テ也。結縁ト称シ。鎌倉中ノ諸人羣集ス。遠江ノ守。親廣將軍家ノ御使《ツカヒ》トシテ。終焉ノ砌《ミギリ》ニ莅《ノゾ》ムト有。又元亨釋書ニハ。建保三年。榮西。相州ニ在シ。一日。源僕射實朝《サネトモ》ヲ辭ス。實朝ノ云。師已ニ老《ヲイ》タリ。寺未成。何事ニカ行《ユク》ヤ。對《コタヘ》テ云ク。我王城ニ入テ滅《メツ》ヲ取ント欲スルノミ。篤ニ命シテ。京師ニ歸リ。微疾ヲ示ス。建仁寺ニ於テ。

椅ニ坐シ。安祥ニシテ逝ス。實ニ七月五日ナリ。年七十五トアリ。今按スルニ。東鑑トハ異《コト》ナリ。然レトモ。京鎌倉ノ諸寺。昔《ムカシ》ヨリ七月五日ヲ示寂ノ日トス。シカラバ。釋書ヲ以テ正トスベシ。又如實《ニヨジツ》妙觀《メウクハン》ト書タル牌アリ。二位尼平ノ政子《マサコ》ノ牌ナリ。東鑑脱漏ニ。嘉禄元年。七月十一日。二位家薨御シ給フ。六十九。是前ノ大將軍ノ後室。二代將軍ノ母儀也。同十二日。戌《イヌノ》刻。御堂御所ノ地ニテ火葬シ奉《タテマツ》ルトアリ。壽福寺ノ檀那ナルユヘ爰ニ佐ノ牌アリ。日件録ニ。鎌倉ノ右兵衛ノ佐ノ夫人ハ時《トキ》政《マサ》ノ女《ムスメ》也。壽《コトブキ》百二十歳ニテ卒ストアリ。東鑑ニ六十九トアル、ヲ正トスベシ

鐘樓　昔シ。イボナシ鐘ト云名鐘アリ。開山ノ時。宋《ソウ》ヨリ渡《ワタ》セリト云傳《ツタ》ヘタリ。小田《ヲダ》原《ハラ》陣《ヂン》ニ奪《ウバツ》テ鐵炮ノ玉ニ鑄《イ》タリト云フ。今有ル鐘《カネ》ハ新キ鐘ナリ。銘アリ如シ左ノ。

亀谷山壽福禪寺ノ鐘ノ銘

南贍部州。蜻蜓國。相州路。鎌倉府。亀谷山。壽福金剛禪寺。全盛ノ初メ。雖華鐘鵾鷄維《コレ》鼕矣。遭奪ハ亂世ノ凶賊ニ。歎音啞歳尚シ矣。今也。有リ積翠菴ノ檀越信士姓ハ者藍田。字ハ剛仲。諱ハ宗堅。宗堅生涯發シ弘誓ヲ鑄テ一小鐘ヲ欲シ準擬華鯨峯ノ舊時ノ大ニ備。而未タ果サ洎テ逝去ニ遺言ス於孝子ニ投シ資財ヲ鎔鑄ス梵鐘ヲ以預メ伸フ三十三回忌ノ供養ヲ且ツ夫レ佛世ノ梵王設テ祇桓ノ金鐘ヲ亦不レ讓ラ焉。予感ス白業ノ之丹悃ヲ不レ揆ラ鄙拙ヲ叨ニ為テ銘ヲ曰ク東海ノ日域。南宋ノ津梁。亀谷ノ法苑。鷲峯ノ餘香。呼ヒ華凡地ヲ擬ス選佛場ニ拈華ノ三佛。積翠ノ千光。成シ道ヲ鹿埜ニ興ス禪ヲ扶桑ニ。快ク旋シ法雨ヲ永ク涇ス異方ヲ假リ岐伯カ手ヲ依ル鳧氏ノ良ヲ。稟ケ簷更奪ヒ模範相張ル華鐘再ヒ鑄テ蒲牢全ク彰ハル聖界通シ響ヲ人間息ム狂ヲ疑闘皂氣鳴リ豐山ノ霜ニ破テ塵勞ノ夢ヲ存ス梵宮ノ常ヲ檀越植テ德ヲ善縁無シ疆リ眞靈解脱。子孫殷昌。窓回功勳。上製大章。蒼生歡娯。天下安康。

皆ニ慶安四載。歳舎ル辛卯ニ季春ノ日。守塔勸縁ノ比丘僧宣。助縁者舊ノ僧香帛。掌財ノ僧慧禎。檀那。藍田弥九郎。冶工。武州江戸住宇多川甚右衛門藤原親次。見建長仁叟碩寬誌ス旃ッ

畫《エガキ》窟《ヤグラ》　開山塔ノ後《ウシロ》ノ方。山ノ根ニアリ。俗ニヱカキヤグラト云フ。岩窟ヲ一丈四方ホドニホリ。内ニ牡《ボ》丹《タン》カラクサヲ。胡《ゴ》粉《フン》ニテ濃《コマヤカ》ク置《オキ》上《アゲ》テ彩色シタリ。窟中ニ石

塔アリ。實朝《サネトモ》ノ塔ト云傳フ。東鑑ニハ。實朝《サネトモ》ヲ。勝長壽院ノ傍《カタハラ》ニ葬《ハフル》トアリ。後人實朝ノ為《タメ》ニ是《コレ》ヲ作《ツク》リタルカ。今按スルニ。當寺ノ開山弁ニ二世行勇和尚共ニ實朝ノ歸依僧也。又平ノ政子《マサコ》。共ニ二師ヲ信仰セラレ。行勇ヲ戒師トシテ。實朝薨去ノ後。尼《アマ》ニナリ給《タマ》ヒケレバ。實朝ノ塔。此寺ニ有事ハ。此縁ナルベシ。

歸雲洞《キウンドウ》　寺ノ西南ノ山ニアリ。

石切山《イシキリヤマ》　歸雲洞ノ南ナリ。山下ハ石切場ナリ。東鑑ニ。亀《カメ》ガ谷ノ石切谷《イシキリガヤツ》トアリ。

望夫石《ボウフセキ》　石切山ノ上ニアリ。畠《ハタケ》山《ヤマ》六郎重保《シゲヤス》。由比ノ濱ニテ戰死ス。其婦此山ニ登《ノボリ》。望見テ戀死ニス。終ニ石《イシ》ト化スト云傳フ。重保《シゲヤス》戰死ノ事。後ノ重保ガ石塔ノ下ニ記ス。按スルニ。望夫石ト云モノ。異國ニモ又本朝ニモ。西國邊ノ海岸ニ往〻ニアリ。程伊川ガ云。望夫石ハ。只是江山ヲ望《ノゾミ》テ。石人ノ形《カタチ》ノ如クナルモノアリ。今天下凡ツ江邊ニ石ノ立《タチタル》者アレバ。皆呼《ヨン》デ望夫石トス。爰ニアルモノモ此類ナリ。

觀音堂ノ跡　石切山ノ東ノ方半腹ニアリ。今ハ堂ナシ。元亨釋書ニ。宋ノ佛源禪師。禪興寺ニ住スル時。夢ニ觀音大士告テ日。逢テ強ニ則止レト。後十年。建長寺ヨリ亀谷山ニ移ル。額ヲ見レハ金剛ノ字アリ。始テ聖識ヲ興ム。則チ西南ノ一巖ヲ鑿《ウガツ》テ壽塔ヲ瘞メ。補陀《フダ》ノ像ヲ刻テ指方ニ酬フトアルハ。此觀音堂ナラン。

桂陰庵　覺知禪師。諱ハ希一。號ス月山ト。嗣法ス玉山ニ。

貞治五年六月十三日寂ス。木像アリ。

正隆庵　靈光禪師。諱ハ慧堪。號ス大用ト。嗣法ス佛光ニ。

悟本庵　佛智圓應禪師。諱ハ巧安。號ス險崖ト。嗣法ス佛源ニ。元徳三年七月廿三日寂ス。

積翠庵　通照禪師。諱ハ慧雲。號ス寒潭ト。嗣法ス雲叟ニ。千光五世ノ法孫也

右ノ四院今尚存ス

松鶴庵　宏光禪師。諱ハ上照。號ス寂菴ト。千光四世ノ法孫也

桂光庵　覺照禪師。諱ハ德瓊。號ス林叟ト。嗣法ス大覺ニ。

大澤庵　象光和尚。諱ハ文峯。嗣法ス桃溪ニ。

定光庵　廣覺禪師。諱ハ文巧。號ス大拙ト。嗣法ス象外ニ。桃溪ノ法孫也。

聯燈庵　足菴和尚。諱ハ祖麟。嗣法ス桑田ニ。大覺ノ法孫也。

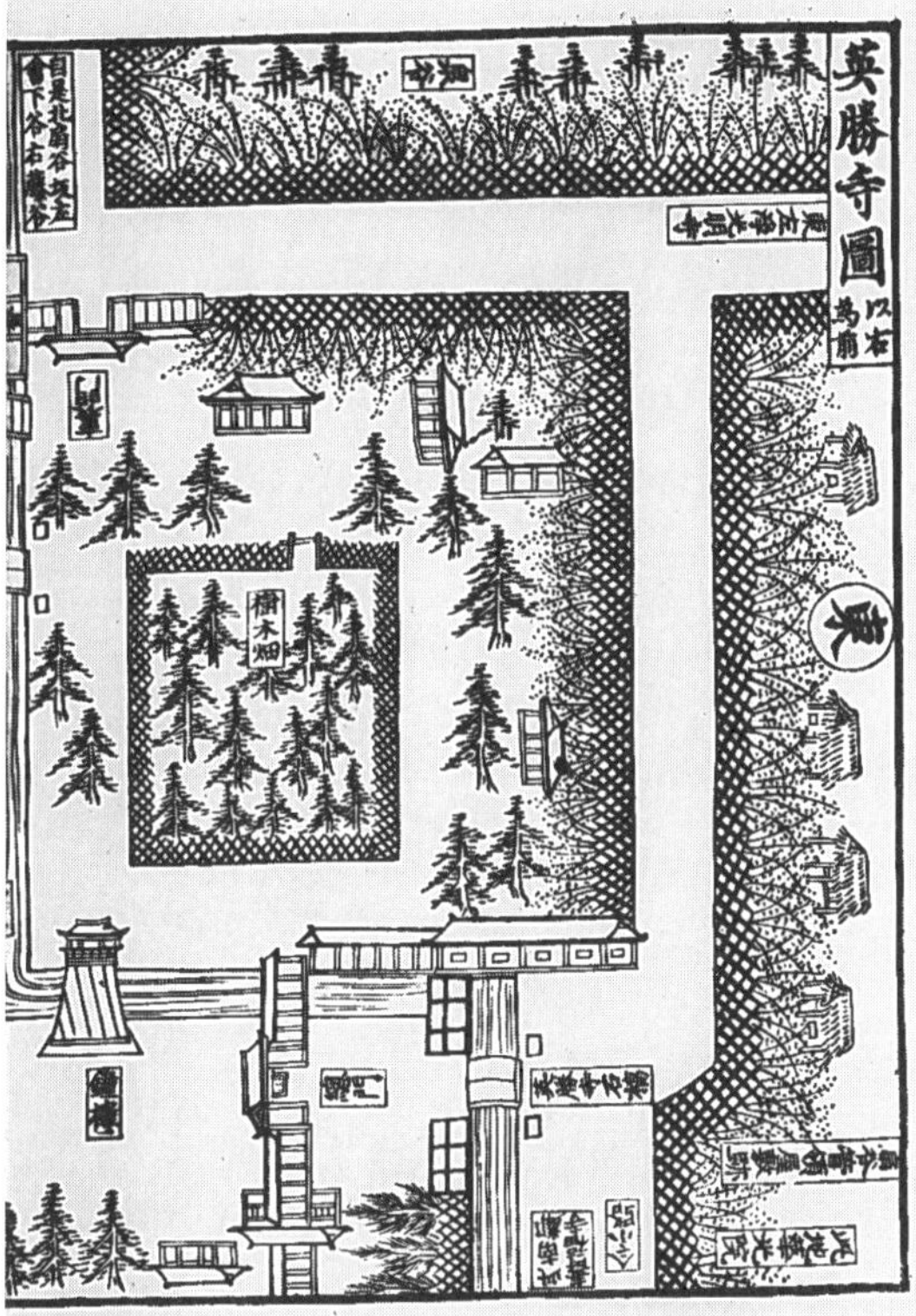

松月菴　起宗和尚。諱宗曽。寂菴ノ法ヲ孫也。
雲龍菴　謙叟和尚。諱宗禮。嗣法ス物外ニ。
大秀菴　大林和尚。諱秀茂。
桂昌菴　海岐和尚。諱充東。嗣法ス咲雲ニ。
瑞龍菴　益仲和尚。諱禅三。嗣法ス瑞雲千光七世ノ法ヲ孫也。
龍興山乾徳寺　開山覺知禅師。嗣法ス玉山ニ。
右ノ塔頭關東五山記ニ有ト云ドモ。今頽破セリ。

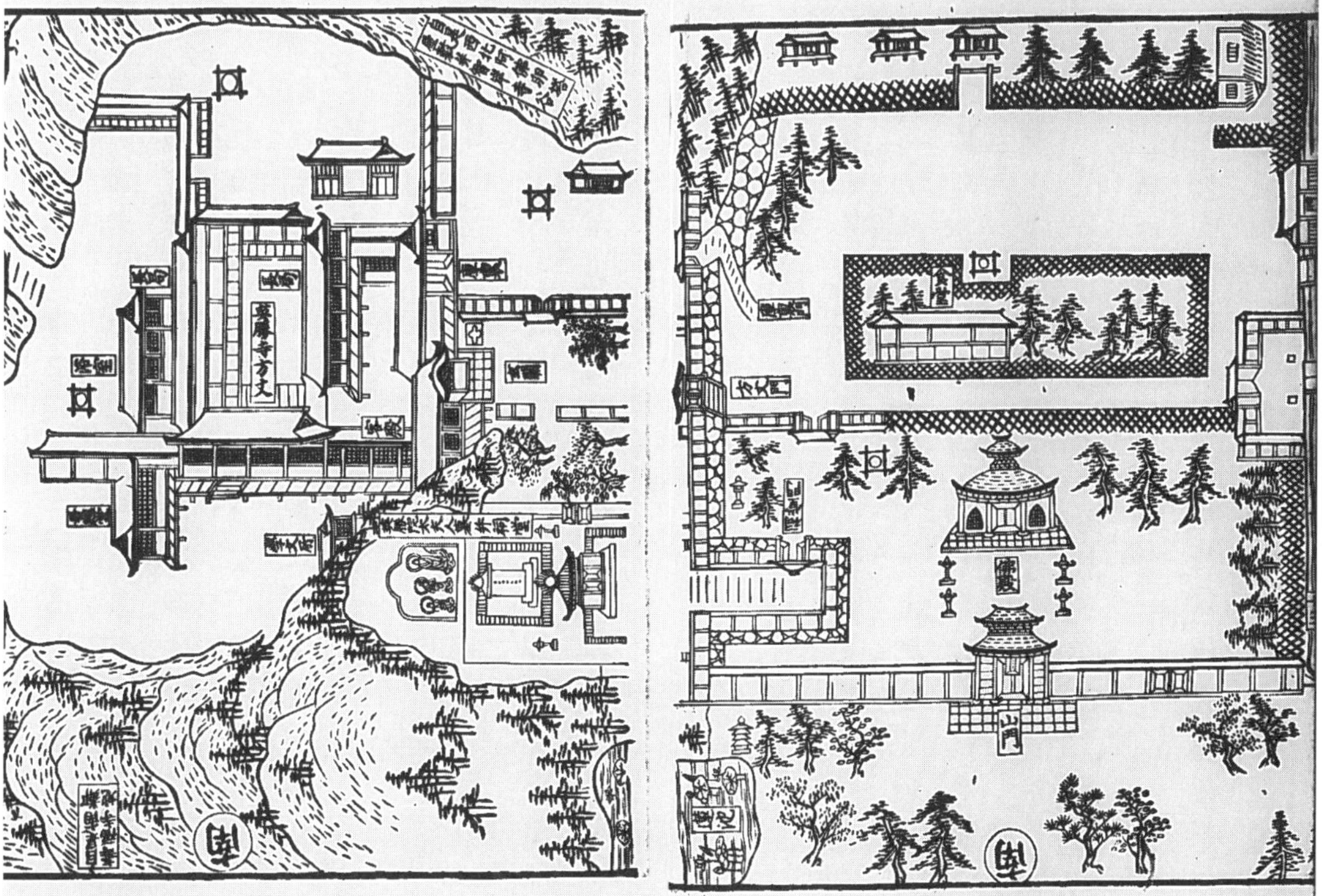

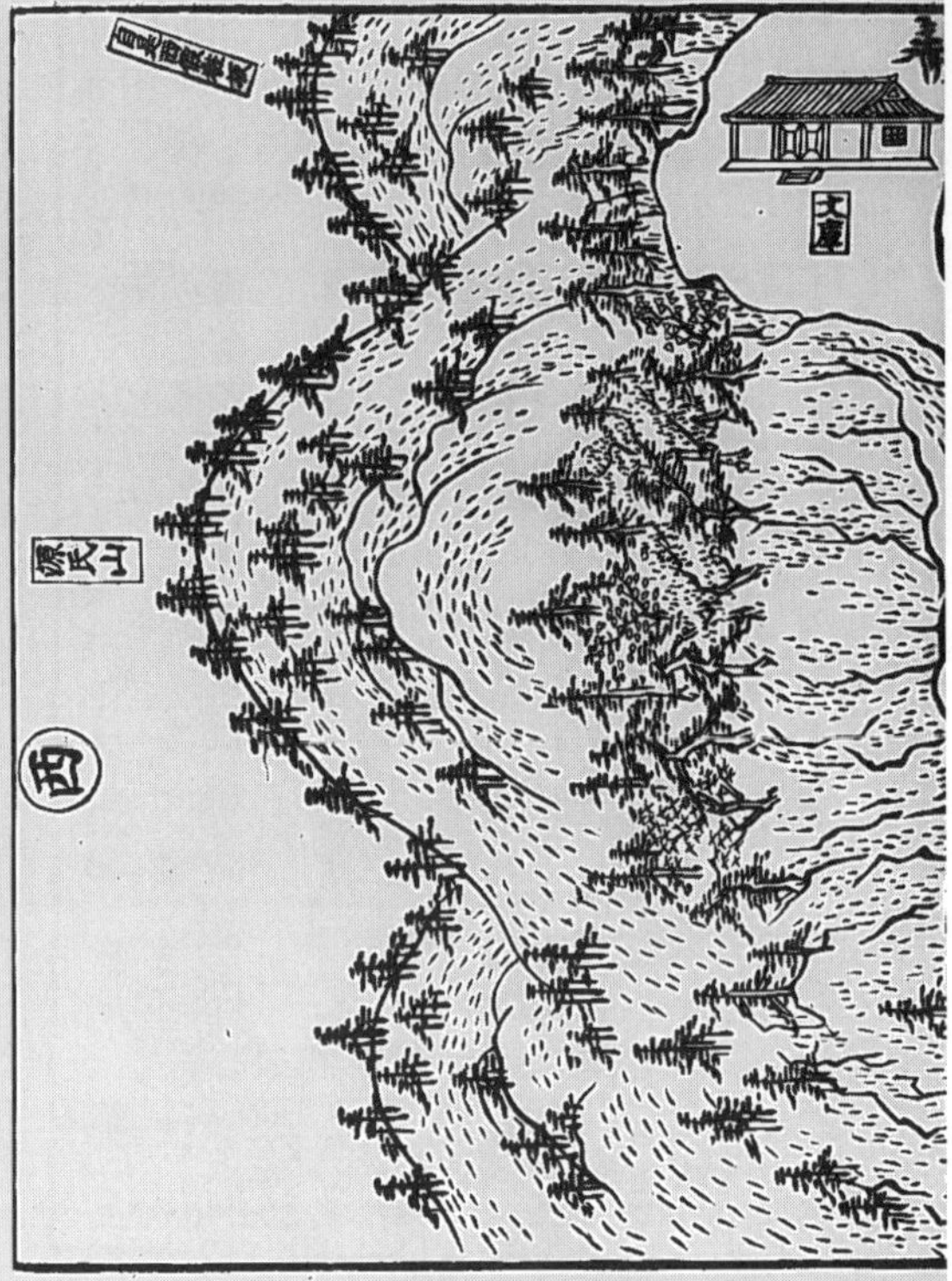

○英勝寺　附太田道灌ノ舊跡

英《ヱイ》勝《シヨウ》寺《ジ》ハ、壽福寺ノ北隣也。東光山ト號ス。太《ヲヽ》田《タ》氏英勝院禪尼、自《ミヅカラ》菩提ノ為ニ念佛道場ヲ此ノ地ニ創メ、水《ミ》戸《ト》中納言源ノ頼房卿ノ息女ヲ薙髪セシメ、開山住持トス。此ノ地ハ本《モト》太《ヲヽ》田《タ》道《ダウ》灌《クワン》ノ舊宅ナリ。寺領三浦池《イケ》子《ゴ》村《ムラ》ニテ四百二十石ヲ附ス。

總門　額ハ東光山。曼殊院良恕法親王ノ筆也。裏書ニ、寛永二十年四月十一日、無障金剛二品親王良恕書之トアリ。

山門　額ハ英勝寺。後水尾帝ノ宸筆ナリ。裏書ニ寛永二十一甲《キノヘ》申《サル》ノ年八月日、臨寫之トアリ。

棟札

奉ル敬立。相州英勝寺ノ山門。從四位下侍從源ノ頼重朝臣。寛永二十癸《ミヅノト》未《ヒツジノ》歳八月十六日。

佛殿　額ハ寶珠殿。良恕法親王ノ筆。本尊阿弥陀。運慶ガ作。左右ニ善導法然ノ像アリ。

棟札

上棟。相模ノ國鎌倉扇谷英勝寺。寛永十二秀兆困敦。十一月二十三日。太田禪尼英勝院長譽清春建ツ。住持玉峯清因。二品親王良純書ス之ヲ

梁牌ノ銘

寺ヲ名ヅケ英勝ト、山ヲ號ス東光ト。煩惱ノ利劒。苦海ノ慈航。寛永二十年八月日。正三位權中納言源ノ朝臣頼房立。左ノ方

惟レ茲ノ檀越。新ニ開ク道場ヲ。晨ニ誦シ夜讀ム。云ニ祈ル久ク長ヲ。住持玉峯清因。右ノ方

鐘樓　門ヲ入レハ右ニアリ。鐘ノ銘アリ。

相陽鎌倉英勝寺鐘ノ銘

扇谷ノ靈區。英勝ノ精廬。巧ニ鑄ル法器ヲ。新ニ脱ス模ヲ。華樓直ニ架ス。蒲牢高ク呼フ。聲来リ耳ニ往ク。外圓ニ中虚。漁嵐

成曉。湘烟向晡。遍滿忍界。透徹迷盧。梵唄無倦。德音不孤。令聞千歳。日居月諸。寬永二十年。五月吉日。法印道春撰。冶工。大河四郎左衞門吉忠。

方丈　佛殿ヨリ西ニアリ。地形一段高シ。

寺寶

阿彌陀經　壹部。伏見帝宸筆。

天神名號　壹幅。後陽成帝宸筆。

天神畫像　壹幅。小野於通畫賛。賛ハ假名文字ナリ。

兩界曼荼羅　壹幅。弘法筆。

阿彌陀畫像　壹幅。慧心筆。

三尊阿彌陀畫像　壹幅。慧心筆。

金泥曼荼羅　壹幅。慧心筆。

二十五菩薩畫像　壹幅。慧心筆。

稱讃淨土經　壹部。當麻中將姫筆。

繡梵字三尊　壹幅。當麻中將姫造。

源空自畫像　壹幅。

同證文裏書　壹幅。本願寺第七世真譽筆。

西明寺圓測仁王經疏　壹部。

大字繪名號　壹幅。或云弘法筆。

法華經　壹部一軸。菅丞相筆。經長八寸二分半。後陽成帝宸筆添状アリ。

阿彌陀名號　壹幅。增上寺觀智國師筆。

短尺　壹枚。觀智國師筆。

阿彌陀小佛像　壹軀。廚子ニ入。毗須羯摩作ト云傳。

舍利塔　壹基。

英勝寺記　壹軸。羅山林道春撰。其文如左。

相州。鎌倉。扇谷。東光山英勝寺者。太田禪尼所創建也。三面倚山。岩高林茂。佛殿東向。谷深水清。由比之濱。富士之峯。泉之谷。巨福之山。其餘登臨之秀麗。氣象多景。接于滿目。心境相通。則已身安養。自性淨土也。吾聞浮屠説。昔者。妙喜國月上轉輪王妃。殊勝妙顏。生憍尸迦。即王位後。謂世自在王佛處發意出家。號法藏比丘。歷劫正覺。立淨域于西方。即是阿彌陀佛也。釋尊出世。為韋提希夫人。説此佛功德。示其觀相。夫人聞而歡喜。與五百侍女。即見極樂世界。一念至信。皆往生彼土。

令禪尼。開念佛三昧之道場。泝獨乘其他力本願而已。欲使諸善男女有信念者悉皆往生。其功德不易測也。禪尼自少事東照大權現。恭勤不怠。寵遇甚渥。嘗應命奉養黄門賴房卿。黄門以之爲慈母。其恩義親愛之渥。人皆稱之。禪尼復奉黄門之令。愛以養之。使追阿播之迹。而住持此寺。嗚呼。殊勝妙顔者。如來之慈母也。韋提希者。淨土之願主也。然則禪尼。與殊勝妙顔。韋提希。異世同志。誠可喜也。其芳聲。傳于後代。與道場永無絶矣。至若安養不遠。如來現迎。而心境相通。身土不二。則亦可以見殊勝妙顔韋提希于今日歟。住持。戒諱清因。道號玉峯。禪尼。源姓。太田氏。法諱清春。雅號長譽。其院曰英勝。故號寺。寛永十三年。仲冬。二十三日。寺既成矣。事達台聽。翌年。臘月下浣。吉辰。賜相州三浦郡池子村若干戸。施入于寺。且免寺地税并篁畝。禪尼。拜命之忝。感戴有餘。黄門亦共動喜色。欲令此盛擧。垂于無窮。於是請余。載其事。因書以應焉。寛永十五年。春二月十八日。民部卿法印道春謹記。

　已上

石盤　方丈ノ前ニアリ。澤菴宗彭銘ヲ作ル。其文如左。

☳　星拱北兮水朝東。前風動兮物相從。後山靜兮人止裏。一根清兮諸根融。以歎石兮足潔躬。

☲　一陰生兮暗蒼穹。梅雨連兮客維舸江雲迷兮暮擁蓬。掛其象兮在午宮。石爲陽兮水湛中。

☱　惟時秋兮山除楓。二陽沈兮一陰汎上貯水兮奪化工。金風拂兮雲盡空。寒月涵兮影如弓。

☵　惠不孤兮物盡蒙。一得五兮其數充。此源深兮此流豐。水游至兮繞崆峒。朔方化兮于茲隆。

英勝院太夫人墓并祠堂　佛殿ノ西ニアリ。墓ノ後ノ岩ニ三尊ヲ彫刻ス。石碑ノ表ニハ。英勝院長譽清春トアリ。裏ニハ墓誌アリ。弘文院林恕撰ス。其文如左。

太夫人。源姓。太田氏。諱勝。父曰康資。母藤氏。遠山丹波守直景《ナホカゲ》女也。太夫人。笄歳始事東照大神君。侍枕席被恩寵。誕一女早夭。神君愍其無頼命水戸侯頼房為其准母。神君薨。後薙髪為尼。號英勝院。時〻拜謁台徳公。逮大猷公治世。眷遇特加。常侍營中談舊事。寛永十一年。六月。賜鎌倉扇谷數百弓地。建淨刹。號英勝寺。奉命養頼房女為比丘尼。號玉峯清因。住持此寺。乃是太夫人高祖左衛門大夫道《ダウ》灌《クワン》之舊蹤。所謂源《ゲン》氏《ジ》山《ヤマ》也。十五年。十一月。賜三浦池子村地為寺田。十八年。秋。太夫人寢疾。十一月四日。大猷公。親臨問之。時嗣君尚幼。然御駕來視。恩光之隆為世美談。明年。八月二十三日。遂屬纊。時年六十五。大猷公。哀惜賻儀鄭重。其後依頼房請。而大猷公。執奏賜宸筆額扁寺。且賜常紫衣宣旨。可謂身後之榮。施之不朽者也。孝孫源光國立

○源氏山

源《ゲン》氏《ジ》山《ヤマ》ハ。英勝寺ノ境内西ノ方ノ高山也。此ノ山亀《カメ》谷《ヤツ》ノ中央ナリ。詞林採葉抄ニ。亀谷《ガ》ノ山ハ。鎌倉ノ中央第一ノ勝地也ト有ハ。此山ナリ。此東南ノ麓ハ亀《キ》谷《コツ》山《サン》壽福寺ナリ。此山ヲ或ハ旗《ハタ》立《タテ》山《ヤマ》。又御旗《ハタ》山《ヤマ》トモ云フ。鎌倉九代記ニ。源氏山ト申スハ。古《イニシヘ》八幡太郎義《ヨシ》家《イヘ》。東國征伐ノ為《タメ》ニ下リ給ヒ。鎌倉ニ打入テ。此ノ山ニ旗《ハタ》ヲ立。終ニ強賊阿《ア》倍《ベ》ノ貞《サダ》任《タフ》宗《ムネ》任《タフ》ヲホロボシ給ヘバ。或ハ旗《ハタ》立《タテ》山トモ名クトアリ。今ニ旗《ハタ》竿《サホ》ノ跡トテアリ。又採葉抄ニハ。此山ヲ武《ム》庫《コ》山《ヤマ》トアリ。古老ノ云。武《ム》庫山ト云ハ。此山ノ古キ名ナリト云フ。義《ギ》堂《ダウ》武庫山ノ詩アリ。詩中ニ蔵甲兵ノ語。大《ダイ》臣《ジン》山《ザン》ノ故事ニ似タレドモ異《コト》ナリ。

武庫山　義堂

憶昔神人蔵甲兵。至今武庫有山名。峯如劍也嶺如戟。好與君王鎮不平。

○阿佛卯塔跡

阿《ア》佛《ブツ》卯《ウ》塔《タフ》ノ跡《アト》ハ。英勝寺ノ境内北ノ方ニアリ。昔此處ニ阿《ア》佛《ブツ》ガ卯《ウ》塔《タフ》有シト也。故ニ俗ニ阿佛卯塔屋敷トモ云フ。又極樂寺ノ境内ニ月《ツキ》影《カゲ》谷《ガヤツ》ト云フ所アリ。阿佛ガ栖《スミ》ケル地ナリ。阿《ア》佛《ブツ》ハ。藤原ノ爲《タメ》相《スケ》ノ母《ハヽ》ナリ。

○智岸寺谷

智岸寺谷《チガンジガヤツ》ハ。阿佛卵塔《アブツランタフ》屋敷《ヤシキ》ノ西北ノ谷《ヤツ》。英勝寺ノ境内ナリ。古《イニシ》ヘハ寺《テラ》有ケレドモ頽敗セリ。近比マデ地藏堂ノミ有シガ。是モ今ハナシ。地藏ハ鶴岡《ツルガヲカ》ノ供僧正覺院ニアリ。是ヲドコモ地藏ト名ク。相傳フ初メ堂守《ダウモリ》ノ僧アリ。貧窮ニシテ。佛餉ニ供スベキ物ナキ故ニ。此地ヲ遁レテ。佗所ニ移テ居住セント思定《サダム》。其夜ノ夢《ユメ》ニ。地藏枕本《マクラモト》ニ現シテ。ドコモ〳〵トバカリ云テ失《ウセ》ニケリ。彼僧此意ヲ悟《サトツ》テ。ドコモ〳〵トハ。何クモ同シ苦《ク》ノ世界《セカイ》ナリト云《イフ》事ナルベシトテ。居ヲ不移一生ヲ終《ヲハ》リケルト也。

○泉谷　附泉井

泉谷《イヅミガヤツ》ハ。英勝寺ノ東北ノ谷《ヤツ》也。東鑑ニ。建長四年。五月廿六日。右兵衛督教定《ノリサダ》朝臣ガ泉谷《ガヤツ》ノ亭《テイ》ヲ壞《コボ》ツテ。御《ミ》方《カタ》違《タガヘ》ノ本所トストアリ。是宗尊將軍ノ時也。御亭ノ跡。今所ロ不知。路端《ミチバタ》ニ井アリ。泉ガ井ト云。清水涌《ワキ》出ルナリ。鎌倉十井ノ一ツナリ。

淨光明寺地圖

○淨光明寺　附網引地藏・東林寺ノ跡

淨光明寺《ジヤウクハウミヤウジ》ハ。泉谷《イヅミガヤツ》ニアリ。泉谷山《センコクサン》ト號ス。建長三辛《カノト》亥《イ》ノ年。平ノ長《ナガ》時《トキ》ノ建立ナリ。長時ノ法名專阿ト云。開山ハ。真聖國師諱ハ真阿。東鑑ニ。文永二年。五月三日。故武州禪門。長時忌景ノ佛事。泉ガ谷ノ新造ノ堂ニテ修ストアリ。此寺今真言。天台。禪。律。四宗兼學ニテ。泉涌寺ノ末寺也。空華集ニ淨光明寺ノ三世智菴律師。華嚴。天台。三論。法相。四宗ノ院ヲ創建ス。兼テ顯密ヲ學ス。最モ華嚴淨土ノ二宗ニ明《アキラカ》也トアリ。寺領今四貫八百文アリ。

阿弥陀堂　堂塔頽破シテ。今此ノ堂バカリアリ。本尊ハ。阿弥陀ノ三尊。是ヲ上品上生ノ阿弥陀ト云フ。里俗ハ寶冠ノ弥陀ト云フ。開山并ニ平ノ長時《ナガトキ》ノ木像アリ。

寺寶

後醍醐帝ノ綸旨　貳通。一通ハ。元弘三年。十月五日。一通ハ元弘三年。十二月廿日トアリ。

後小松帝ノ官符宣　貳通。共ニ嘉慶三年。二月トアリ。其ノ一通ノ畧ニ云フ。當寺ハ。平ノ長時《ナガトキ》ノ本願。建長重光《シゲミツ》淵獻《エンケン》ノ之經始。真阿和尚ノ権輿トアリ。

同ノ口宣案　壹通。應永卅年。九月廿四日ニ。浄光明寺ノ開山真阿ニ勅シテ。真聖國師ト賜フトアリ。

源ノ尊氏ノ證文　貳通。共ニ観應三年トアリ。

源ノ直義ノ證文　三通。観應二年トアリ。

源ノ基氏ノ證文　貳通。貞治三年トアリ。

源ノ氏満ノ證文　壹通。亨徳二年トアリ。

源ノ満兼ノ證文　壹通。其ノ文ニ云ク。瑞泉寺。永安寺。両殿ノ御遺骨　一分ノ事。所ロ奉リ納メ當寺ニ也。早ク令メ修セ追薦ヲ。於万代ノ之勤行ニ。宜ク奉ル祈リ得脱ヲ於三明ノ之妙果ニ之状。如シ件ノ。應永六年十月三日ト有リ。瑞泉寺ハ基氏。永安寺ハ氏満。

源ノ持氏ノ證文　貳通。應永廿七年トアリ。

源ノ義満ノ證文　壹通。應安七年トアリ。

上杉顯定《アキサダ》ノ證文　壹通。顯定ノ判アリ。花押藪ニモ載セタリ。

浄光明寺ノ地圖　壹枚。地ノ界ニ如ク左ノ花押アリ。誰人ト云コトヲ不知ラ。

浄光明寺地圖ノ花押

愛染ノ像　壹軀。願行ノ作。

千手観音ノ像　壹軀。作者不知ラ。立像ナリ。

二十五條ノ袈裟　壹頂。願行上人ノ受持ナリ。

三千佛ノ畫像　壹幅。弘法ノ筆。

不動ノ像　壹軀。座像ナリ。是ヲ八《ヤ》坂《サカ》不動ト云フ。相ヒ傳フ。浄蔵貴所。八《ヤ》坂《サカ》ノ塔ノ傾キタルヲ祈リ直セシ時ノ本尊也。文覺上人。鎌倉ニ負ヒ來ルヲ。後ニ此寺ニ安置スト。今按スルニ。浄蔵貴所。塔ヲ祈ルハ天暦年中ノ事ナリ。元亨釋書ニ見《ミヘ》タリ。

八幡并ニ弘法ノ畫像　各々壹幅。此ノ両像ヲ互ノ御影ニト號ス。八幡ノ影ハ。弘法ノ筆。弘法ノ影ハ。八幡ノ筆ニテ。互《タガヒ》ニ形《カタチ》ヲ寫スト云ヒ傳フ。壒嚢抄ニ云。神護寺ニ。八幡ノ御影アリ。是ハ大師昔シ東大寺ノ大門ニテ對面有テ相互ニ御影ヲ寫シ給ヘリ。神筆ノ影像ハ納冷房ニアリ。御筆ノ神影ハ初ヨリ高雄寺ニ安置セラレシヲ。近衛帝ノ御宇ニ。東大寺ノ鎮守ニ祝ヒ進《マヰラ》セントテ。南都ヨリ頻《シキリ》ニ申シウク。又八幡《ヤハタ》ヨリ。去ル保延六年。正月廿三日ノ炎上ニ。醍醐天皇ノ勅定ニ依テ。敦實親王造作シ給ヒシ。僧俗二體ノ外殿ノ御神體燒失

セシ故ニ。社家ヨリ強ニ望ミ申ケレバ。鳥羽上皇キコシメシテ。不思議ノ重寶ナリトテ。鳥《ト》羽《バ》ノ勝光明院ノ寶藏ニ召《メシ》納《ヲサメ》ラレシヲ。後鳥羽帝ノ御時。建久八年。文覺上人。修造ノ時。又申シ請テ返シ納メラルヽト也。其ノ大菩薩ノ御影ハ僧形ニテ赤蓮華ニ坐シ。日輪ヲ戴テ。衲ノ袈裟ヲ掛テ。錫杖ヲ持シ給フト云云。又八幡愚童訓ニモ見《ミヘ》タリ。此《コレ》ヲ文覺。鎌倉ヘ持《モチ》來テ。此寺ニ納メタリト云《イヒ》傳フ。八幡。弘法。年代懸隔セリ。然レドモ。或ハ夢《ユメ》ニ示現シ。或ハ幻《マボロシ》ニ影《カゲ》ヲ見テ。皆神祕佛力ナド云ヘル

ハ。浮屠氏ノ例ナリ。

以上

慈恩院　本堂ノ西ノ方ニアリ。地藏ノ立像ヲ安ス。是ヲ矢《ヤ》拾《ヒロヒ》地藏ト云フ。相傳フ。源ノ直《タダ》義《ヨシ》ノ守《マモ》リ本尊ナリ。直《タダ》義《ヨシ》一戰ノ時。分ノ矢《ヤ》種《ダネ》盡《ツキ》ケルニ。小《コ》僧《ゾウ》一人走《ハシリ》來《キタツ》テ。發《ハナチ》捨《ステ》タル矢《ヤ》ドモヲ拾《ヒロ》ヒ。直《タダ》義《ヨシ》ニ捧《サヽゲ》ケル。怪《アヤシ》ク思ヒ。守リノ地藏ヲ見ケレバ。矢《ヤ》一筋《スヂ》。錫杖ニ持《モチ》添《ソヘ》ケルトナリ。今モ錫杖ハ幹《カラ》ナリ。又直《タダ》義《ヨシ》ノ位牌アリ。表《ヲモテ》ニ。當院本願。贈正二位大休寺殿古《コ》山《ザン》源《ゲン》公《コウ》大禪定門。神儀。裏ニ。觀應元年。二月廿

六日トアリ。又大塔宮《タフノミヤ》ノ牌モ有シガ。此牌ハ理智光寺ニアルベキ物也トテ。院主是ヲ送リ遣《ツカハ》シ。今彼寺ニアリ。

華藏院　本堂ノ東ニアリ。願行ノ作ノ不動ヲ安ス。右ノ二院。共ニ智菴和尚ノ開基ナリ。智菴ハ眞聖國師ノ法嗣ナリ。

玉泉院　本堂ノ西ニアリ。直《タダ》義《ヨシ》ノ證文アリ。康永三年八月八日トアリ。

網《アミ》引《ヒキ》地藏　阿弥陀堂ノ後《ウシロ》ノ山上。巖窟ノ内ニ。地藏ノ石像アリ。相傳フ。昔シ由比ノ濱《ハマ》ノ漁父。網《アミ》ニカケ

テ引キ上ゲタリ。故ニ名クト也。像ノ背《セナカ》ニ窪《クボ》キ所ロアリ。潮汐候《カウ》ニ随《シタガツ》テ増減スト云。或云藤原ノ為《タメ》相《スケ》ノ建立ナリト。背《セナカ》ニ文字アリ。供養ノ導師。性仙長老。正和元子ノ年。十一月日。施主真覚トアリ。性仙ハ浄光明寺ノ前住也。又圓覚寺鐘《カネ》ノ銘ニ。寺ノ頭首ノ中ニ。性仙ト云名《ナ》見《ミエ》タリ。此ノ人歟。時代モ相應セリ。

東林寺ノ跡　浄光明寺ノ向《ムカヒ》ニアリ。開山ハ真聖國師。昔シ律宗ノ寺ニテ。浄光明寺ト共ニ盛《サカ》ンナリ。尊氏ノ證文壹通。観應三年トアリ。浄光明寺ノ寶物トス。此ノ地今ハ武《ブ》士《シ》屋《ヤ》敷《シキ》トナルナリ。

○相馬天王祠

相《サウ》馬《マ》ノ天王ノ祠ハ。綱《ツナ》引《ヒキ》地蔵ノ山ノ西ノ麓《フモト》。岩窟ノ内ニアリ。相《サウ》馬《マ》ノ次郎師《モロ》常《ツネ》ガ祠ナリ。本《モト》師《モロ》常《ツネ》カ屋《ヤ》敷《シキ》ハ。巽《タツミ》ノ荒《スサ》神《ジン》ノ邊ニアリテ。天王ニマツヽテ。叢祠ヲ立《タテ》置《ヲキ》シヲ。後ニ此ノ處ニ移ストナリ。東鑑ニ。元久二年。十一月十五日。相馬ノ次郎師《モロ》常《ツネ》卒ス。年六十七。端坐合掌決定往生ス。是シ念佛ノ行者也。諸縁トシテ。緇素集リ拜ストアリ。

○藤原為相石塔　附忍性石塔

藤原ノ為《タメ》相《スケ》ノ石塔ハ。綱《ツナ》引《ヒキ》地蔵ノ後《ウシロ》ノ山巓ニアリ。藤《フヂガ》谷《ヤツ》ノ峯《ミネ》也。為《タメ》相《スケ》ハ。為《タメ》家《イヘ》遺跡ノ爭論ニテ。母阿佛《アブツ》ト鎌倉ヘ訟《ウツタ》ヘニ下リ。二人共ニ鎌倉ニテ終ル。事ハ十六夜《イザヨ》日《ヒノ》記ニ見《ミヘ》タリ。此ノ東峯《ミネ》ヲ越《コヘ》テ。多寶寺《ガ》谷《ヤツ》ト云所ロアリ。寺ハナシ。大ナル五輪アリ。文字ナシ。忍性ノ塔ト云傳フ。爰《コヽ》モ泉《イヅミガ》谷《ヤツ》ノ内ナリ。

○藤谷

藤《フヂ》谷《ガヤツ》ハ。綱引《ヒキ》地蔵ノ後《ウシロ》。藤原《フヂハラノ》為《タメ》相《スケ》石塔ノ下。西北ノ谷《ヤツ》也。為《タメ》相《スケ》鎌倉ヘ下リシ時。暫ク栖《スミ》タリシ跡也。故ニ藤《フヂ》谷《ガヤツ》ト云フト也。藤《フヂ》谷《ガヤツ》百首トテ。為《タメ》相《スケ》ノ歌アリ。今公家ニ藤《フヂ》タニノ稱號アルハ。為《タメ》相《スケ》ヨリ始《ハジマル》ト云《イヘ》リ。初メハ藤ガヤツト稱ス。後《ノチ》勅定ニテ。藤ガ谷《ヤツ》トハ言葉《コトバ》長シ。藤タニト稱スベシト也。

○扇谷　附扇ノ井　飯盛山　大友屋敷

扇《アフギ》谷《ガヤツ》ハ。亀《カメ》谷《ガヤツ》坂《ザカ》ヲ越《コヘ》テ。南ノ方。西北ハ海藏寺。東南ハ華光院。上《ウヘ》杉《スギ》定《サダ》政《マサ》ノ舊宅。英勝寺ノ地ヲ扇《アフギ》谷《ガヤツ》ト云。亀ガ谷ノ内ナリ。今里人扇《ガ》谷トバカリ云《イフ》時ハ。藤《フヂガ》谷《ヤツ》ノ前。英勝寺ノ裏《ウラ》門《モン》前《マヘ》ヲ。扇《ガ》谷ト云。故ニ爰ニ出ス。太平記ニ。天《テン》狗《グ》堂《ダウ》ト。扇《ガ》谷ニ軍《イクサ》アリト有。又此ノ所ニ。飯《イヒ》盛《モリ》山《ヤマ》ト云アリ。山ノ根ニ。岩ヲ扇ノ地《ヂ》紙《ガミ》ノ形《カタチ》ニ鑿《ホリ》。内ヨリ清水湧キ出ツ。扇ノ井ト名ク。鎌倉十井ノ一ツ也。鎌倉年中行事ニ。源ノ成氏《ウヂ》。六月一日。飯盛山ノ富士參詣ノ事アリ。此所ニハ富士權現ナシ。公方《クバウ》屋《ヤ》敷《シキ》ノ南ノ飯盛山ナリ。異山同名ナリ。今此飯盛山ノ前ノ畠ヲ。大友《ヲホドモ》屋《ヤ》敷《シキ》ト云。中岩月和尚自歷譜ニ。大友吏部乃祖ノ墳藤ヤ谷ニ請テ住セシムトアレバ。此山藤ガ谷ノ内ナレバ。藤ガ谷ニ。昔シ大友《ヲホドモ》甚ノ菩提所有テ。中岩。住持シタル也。此所ハ大友ノ舊宅ト見タリ。藤ガ谷ノ西ナリ。東鑑ニハ。扇ガ谷ハ不見。

○梅立寺　附熱田社

梅立寺《バイリウジ》ハ。海藏寺ヘ行ケバ右ナリ。江戸大乘寺ノ末寺也。寛永年中ニ。不受不施ノ僧建立ス。其後ノ住僧。國法ヲ懼《ヲソ》レテ。新義ノ悲田ト號シ。寺ヲ藥王寺ト改《アラタ》ム。昔シ此地ニ。夜光寺ト云寺有シト也。又山ニ熱田ノ社アリ。寛文年中ニ。金像ノ神體ヲ掘《ホリ》出シタリトテ今ニアリ。

○法泉寺谷

法泉寺《ハウセンジ》ガ谷《ヤツ》ハ。御前《ゴゼン》ガ谷《ヤツ》ノ東向ノ谷ナリ。皆田畠ナリ。昔シ此地ニ。竹園山法泉寺ト云寺アリ。關東十刹ノ内ナリ。開山。本覺禪師。諱ハ素安。號ス了堂。建長寺寶珠菴ノ鼻祖ナリ。今寺ハナケレドモ。五山西堂ノ公帖ニ。法泉寺住持職之事トノスルアリ。此寺ノ鐘今光明寺ニアリ。清拙ノ銘ナリ。其文如左。

竹園山法泉禪寺鐘銘

鐘器之宏。音韻高遠。發上ヽ下者也。建長首座。爲當寺住持了堂素安禪師。捐テ巳ガ貲ヲ以テ鑄之。與寺相爲ス永久。金山清拙正澄遂爲之ガ銘。曰。山ハ竹園。寺ハ法泉。系ハ西來。葉ハ再傳。禮樂興テ鐘惟レ先ズ。命ジテ工ニ倕ニ掌ラシム。範挻ヲ液ス金銅。聲注グ川。大器成ル。集簴懸ケ杵洪ニ撞ケ。音遐ニ宣ブ。司リ夜旦ノ令ス人天。息メ輪苦ヲ開ク。定禪心闡洞。十虚圓ナリ。咬七條ヲ唱フ。捸縁鏗ナリ。月霜到ル。客船梵刹隆ニ。禮壽延國永安。君萬年。大歳庚午。元德二年。三月二日。大工。山城ノ權守物部法名道光。

○御前谷　附尼屋敷

御前《ゴゼン》ガ谷《ヤツ》ハ。智岸寺ガ谷《ヤツ》ノ西ナリ。此前ノ弁ヲ尼《アマ》屋敷《ヤシキ》ト云。或云。御前ガ谷《ヤツ》尼《アマ》屋《ヤ》敷《シキ》。二所共ニ尼《アマ》御前《ゴゼン》ノ屋敷ニテ一所ナルヲ。土俗誤テ二ツニ分ツ。尼御前ト云ハ。二位ノ尼《アマ》平ノ政子也ト。政子《マサコ》ハ大《ヲホ》御所《ゴショ》トテ。始ハ頼《ヨリ》朝《トモ》屋《ヤ》敷《シキ》ニ居住。後ニ勝長壽院ノ奧ニ。伽藍并ニ御亭ヲ立。

南新御堂《シンミダウ》御所ト號ス。此地ニ居住ノ事未考《イマダカンガヘ》ズ。今按ズルニ。東鑑ニ。建長三年。十一月十二日。禪定《ゼンヂヤウ》二位家《ケ》。亀谷《カメガヤツ》ノ新造ノ御亭ニ御移徙《ワタマシ》ト有。此禪定二位家ハ。頼嗣《ヨリツグ》将軍ノ母《ハヽ》。二棟御方《ミムネノオンカタ》ナリ。亀《カメ》谷ニ居住セラル。此二位ヲ政子《マサコ》ト訛《アヤマル》歟。或云。鶴岡《ガヲカ》ノ古《コ》文書ニ亀《カメ》谷ノ禪尼ト書《カケ》ルアリ。是ハ上野國淵名《フチナノ》與一實秀《サネヒデ》或云。天野和泉前司政景ガ女ニテ。北條《ホウデウ》實泰《サネヤス》室《シツ》。越後守實時《サネトキ》母《ハヽ》ナリ。實泰《サネヤス》此所ニ居住ス。故ニ亀谷殿《ドノ》ト號ス。實泰《サネヤス》ガ室《シツ》。後ニ尼《アマ》トナリ。慈香ト號ス。亀《カメ》谷ノ禪尼ト云ト。又ハ天野《アマノ》屋敷《ヤシキ》トモ云フ。天野藤内遠景《トウカゲ》此トコロニ居住ス。故ニ名《ナヅ》ク。トイヅレヲ是《ゼ》トシガタシ。

○清涼寺谷

清涼寺《シヤウリヤウジ》谷《ガヤツ》ハ。法泉寺谷《ガヤツ》ノ北。海藏寺ノ外門前《マヘ》ノ東ナリ。清涼寺ハ忍性ノ開基ナリ。今ハ絶《タエ》タリ。元亨釋書忍性ノ傳ニ。弘長ノ初。相陽ニ入《イリ》。清涼寺ニ止ル。平副帥時《トキ》頼《ヨリ》。道譽ヲ郷。光泉寺ヲ創《ツクリ》テ居《ヲラ》シムトアリ。清涼寺ハ是ナリ。光泉寺今舊跡不分明《フンミヤウナラ》ズ。清涼寺ハ。泉涌寺ノ末寺帳ニモ見《ミヘ》タリ。

○海藏寺　附　底脱ノ井

海《カイ》藏《ザウ》寺《ジ》ハ。扇《セン》谷《コク》山《サン》ト號ス。此地テデ扇谷《アフギガヤツ》ノ内ナリ。開山ハ。源翁禪師ナリ。源翁。初メハ曹洞宗ナリ。後ニ大覺禪師ニ嗣法シテ。臨濟派トナル。昔ハ別山ナリ。天正ノ比ヨリ建長寺ノ塔頭《タツチウ》ニ屬ス。建長寺領ノ内一貫二百文附ス。土人此邊ヲ會《ヱ》下谷《ゲガヤツ》トモ云ナリ。

底《ソコ》脱井《ヌケノヰ》　總門ノ外。右手ノ方ニアリ。相傳フ。昔シ上杉《スギ》家《ケ》ノ尼《アマ》。參禪シテ。此井ノ水ヲ汲《クム》デ投機ス。歌アリ。賤《シヅ》ノ女《メ》ガ。戴《イタヾ》ク桶《ヲケ》ノ底《ソコ》ヌケテ。ヒタ身ニカヽル有明ノ月。此因縁ニ依テ。底《ソコ》脱井《ヌケノヰ》ト云傳フトナリ。

按スルニ。城陸奥守平ノ泰盛ガ女《ムスメ》。金澤越後守平ノ顯時ガ室ト成ル。後ニ比丘尼トナリ。無著ト號ス。法名如大ト云。佛光禪師ニ參シテ悟徹ス。投機ノ和歌アリ。チヨノウガイタヾクヲケノソコヌケテ。水タマラ子バ月モヤドラズト云云。チヨノウハ。無著ガヲサナ名也。此底脫井ノ事。無著ガ事ヲアヤマリ傳ヘタルカ。上杉家ノ尼。何人ト云事ヲシラズ。

總門　昔ハ。此所ニ山門アリシトナリ。

佛殿　本尊。藥師。是ヲ啼《ナキ》藥師ト云フ。相傳フ昔シ此山ノ土中ニ。毎夜小兒ノ啼《ナク》音《コヘ》シケルヲ。源翁怪《アヤ》シク思ヒ。其ノ處ヲ見ルニ小《コ》墓《ツカ》アリ。金色ノ光ヲ放チ。異香四方ニ薫ス。立《タチ》寄《ヨツ》テ袈裟ヲ脫《ヌギ》。墓《ツカ》ニオホヘバ。啼《ナク》音《コヘ》ヤミケリ。夜明《アケ》テ。此墓ヲ掘《ホリ》テミケルニ。藥師ノ木像。頭面ノミアリ。少モ不《ズ》朽《クチ》シテ鮮《アザヤカ》カナリ。則チ藥師ノ像ヲ刻ミ。其ノ腹中ニ收メ置タリ。故ニ里俗啼《ナキ》藥《ヤク》師《シ》ト云フナリ。

鐘樓ノ跡　當寺ノ鐘ハ。今西來菴ニアリ。其銘ニ。大檀那常《ジヤウ》繼《ケイ》トアリ。常繼ハ上杉《スギ》彈正少弼氏《ウヂ》定《サダ》ガ法名ナリ。氏定ハ。禪秀亂ノ時。藤《フヂ》澤《サハ》道場ニテ。應永廿三年。十月八日。自害ス。普恩院常繼仙巖ト號ス。當寺ノ檀那ナリト云フ。鐘ノ銘如レ左。

海藏寺鐘ノ銘

相州。扇谷山海藏寺ノ常住。鑄ル鐘ヲ。勸進ノ聖正南上座。大檀那沙弥常繼。應永念二年。十一月念二日。

寺寶

五部ノ大乘經　貳拾函。筆者不レ知。

二十五條ノ袈裟　壹頂。開山ノ袈裟ナリ。裏ニ書付《カキツケ》アリ。佛超禪菴空外叟ト七字ヲ朱ニテ書。下ニ花押アリ墨《スミ》ニテ書《カク》。空外ハ開山ノ號ナリ。武州多東郡天士淨底居士檀那也。至德乙丑二月念五日ト廿三字ヲ朱《シユ》ニテ書《カク》。下ニ書《シルス》之《ヲ》トアリ。此ノ二字ハ墨《スミ》ナリ。按スルニ。此ノ袈裟。開山ノ袈裟ニテ。書付ハ以後ニシタリトミヘタリ。開山ノ傳ニ。弘安三年ニ寂ストアリ。至德ハ後也。

開山自贊ノ畫像　壹幅。贊ノ文字滅シテ。眞字ノ識字ナド。カスカニ見ユルナリ。像ハ鮮カナリ。

開山源翁禪師傳　壹卷　其ノ文如レ左。

師諱ハ心昭。號ス空外ト。源翁ハ其ノ謚號也。世姓ハ源。越之前州荻村人也。初メ生レシ日。空中ニ有テ聲曰。此ノ兒離《ハナレ》家最尊。幼ニシテ投ジ隆上寺ニ為ル沙弥ト。翁性敏秀ナリ。七歳ニテ誦ス俱舎論ヲ。十有六薙染受具。此ノ時啻ニ獵ス釋墳ヲ。畧一千卷。十有八ニシテ謁ス峨山ニ道元ノ弟子於テ諸嶽ニ參ス禪門ノ宗ヲ。究ム洞上ノ旨ヲ。會中推シテ而為ル傑ト也。初メ康治帝在位ノ日。宮妖頻ニ發ス。久壽ノ間。一夕。宮中之宴ニ。月

卿雲客。皆列侍。管絃數奏。時及更深。殿閣大震。銀燭遽滅。帝座下。有寵妃玉藻前。放光於身。大照殿階。帝於是不豫。安部易託卜之曰。是玉藻所爲也。忽化狐逃東國。帝詔三浦介義明。千葉介常胤。上總權介廣常。殴其狐於下野州那須野。義明射而殺之。爾後百年餘。狐靈爲石。世俗曰殺生石。觸其石。則鳥獸人民。皆死。民之苦甚。時有僧大徹（峨山弟子）者。欲止其石怪而不能焉。寶治帝（後深草）詔翁曰。師往野州。憩此怪。翁到石之左右。白骨髑髏山積。

翁。拈破竈墮因緣曰。汝既是石靈。何處來。性向何所。題偈曰。法法塵塵。端的底。本來面目未曾藏。現成公案大難事。異類中行任度量。擧拄杖。草一下。石忽破碎。其夜一女子現。拜翁甚嚴。謝禮曰。嫗得淨戒。生天。言訖。烟沒。自此翁擧名籍甚。於洛鄙。鎌倉副元帥平時賴。聞翁之道驗。（本傳曰。鎌倉殿。蓋其時賴也。非將軍宗尊。）以奥州會津利根川庄。爲翁鐘粥之資。（本傳。布施百貫文之地。）時。建長年間也。翁復西遊。藝州。詣嚴島神祠。海波大怒。翁不前。須臾風靜潮落。龍現波間。翁因

授三歸五戒。步爲波上。浮盂盛以黃金翁。笑而曰。龍謝我耶。我莫納此物。我山會陽示現寺乏塩。願以汝力湧塩井於我山。令示現塩井是也。初會陽示現寺。密宗之道場也。翁。偶遊此靈山中。聽澗畔松颯颯。不忍去。因有投老於此之志。有一老叟。拜謝翁前。翁問曰。汝何人。叟曰。吾此山護法神也。願禪師住此度衆。翁曰。密徒偏山。何許吾住乎。老叟曰。偏山僧徒破戒邪行。吾嫌此穢久之。然而乏明眼師。幸辱師見跡。即此吾約師。師勿忘。叟忽沒。

地。翁怪之來。示現寺回祿發。有物如車輪光明爍爍。飛空中。山木破折。石岩震動。寺僧恐駭。而皆離散。餘密徒無孑遺。時建長七年。乙卯。四月十四日。郷劉請翁。翁感神約。入而住焉。海衆一千指。雲堂禪規嚴如也。寺有洞窟。喬木托根。一夕雷雨火起。其木爲燼。其下大穿溫泉涌出。神託人曰。此山無溫泉。是以奉師之沐浴。其靈異類如斯。示現寺。舊曰慈眼寺。有千手觀音像也。護法山。舊五峯山。以五峯森列也。翁改爲令之字也。示現。蓋以山

神ニ示現霊験ヲ也。護法ハ取ル山神守護正法ヲ。憧色ニ
有リ一女。家極テ貧シ然モ慕フ翁之道化ヲ。翁憐テ與フ法名ヲ
女感謝ノ餘ニ脱テ一衣ヲ為ス嚫ト。自裸形ニ而帰ル。路ニ得タリ銭
一孔ヲ。從リ此女ノ家日ニ富テ財豊也。後チ女薙テ髪ヲ誅テ茅ヲ
於山中ニ為ニ衆ノ洗ヒ衣ヲ針縫ス。今之洗衣菴是之也。河
州ノ刺史平ノ盛次。世ニ称ス太郎丸ト者也。欽ニ歆ヲ翁ノ道ヲ。
寄岩崎ノ莊若干畝ヲ為ス寺ノ産ト。住ニ示現ニ宛ト二十六
年。弘安三年庚辰。春正月七日。泊然而寂ス。門
人相聚テ瘗ヨ骨石ヲ於山之西南ノ隅ニ。扁シ塔ニ曰大寂ト
建治帝。勅ヲ諡ス源翁禅師ト。嗣法ノ弟子齢山ノ延等

十有餘人アリ。翁為リ人膽量廓如タリ。面貌豊偉。長眉
秀目。門下多ク得タリ人ヲ。暁ニ掛ク錫ヲ於建長ニ。入ル大覚之
室ニ。覚示スニ以ス臨済ノ毒手ヲ。翁ノ知見一時ニ消ス。因テ建ニ海
蔵寺ヲ於扇カ谷ニ居リ之。時時ニ参ス大覚ノ之室ニ云。又千
手經ノ讀蒙記ニ。殺生石ノ記ヲ載タリ。其畧ニ云。明徳
元年。鎌倉ヨリ。野州總持寺大徹沙門ニ命シテ。殺
生石ノ元ニ行テ。彼亡魂ヲ救ハシム。時ニ源翁ハ治病ノ
タメニ。奈《ナ》須《ス》ノ温泉ニ到ル次デ。殺生石ヲ打破ストア
リ。按スルニ。源翁禅師。大覚禅師ニ嗣法スト云事。源
翁ノ傳ニ載。寺僧モ云傳ル事ナレハ。明徳元年ノ説ハ誤

リナラン。源翁禅師ハ弘安三年ニ寂ストアリ。
以上
開山塔ノ跡　佛超菴ト號ス。今ハ亡《ホロビ》タリ。方丈ノ後ノ
山上ニ跡アリ。
辨才天ノ祠　方丈ノ西ノ方。岩窟ニアリ。兩寶殿ト號ス。
道《ダウ》智《チ》塚《ヅカ》　蛇《ジヤ》居《クガ》谷《ヤ》ノ西南ニアリ。或ハ阿《ア》古《コ》耶《ヤ》尼《ノ子》ノ
塚《ヅカ》トモ云フ。共ニ未考。
寂外菴ノ跡　寺ノ西南ニアリ。寂《ジヤク》外《グワイ》ハ當寺ノ第二世
ニテ源翁ノ法嗣也。木像。寺ニ有。此邊ヲ寂外《ガ》谷ト云
フ。又ハ蛇《ジヤ》居《クガ》谷《ヤ》ト云フ。頼《ヨリ》朝《トモ》。此ノ處ヲ切《キリ》通《トヲ》サントテ。

半《ナカ》バ掘《ホリ》ケルニ。蛇ノスム石有テ。血《チ》流ル故ニ止《ヤメ》ケルト也。
因テ之ニ蛇《ジヤ》居《クガ》谷《ヤ》ト云ト也。其ノ跡今アリ。其ノ外。棲雲菴。
照用菴。崇徳菴。翠藤菴。龍雲菴。龍操菴。福田
菴。龍隠菴等ノ塔頭ノ跡アリ。

○山王堂《カ》谷

山《サン》王《ワウ》堂《ダウ》谷《ガヤツ》ハ。源《ゲン》氏《ジ》山《ヤマ》ノ西北ニアリ。東鑑ニ。寛元三年。
三月十九日。大納言家。頼経日光ノ別當犬《イヌ》懸《カケ》谷《ガヤツ》ノ
坊ヨリ。亀《カメ》谷《ガヤツ》ノ山王ノ寶前ニ御參《マイリ》トアリ。昔ハ山王堂
有ケルトナリ。其ノ跡今畠《ハタケ》也。又名《ナ》越《ゴヤ》ニモ山王堂アリ。

○景清籠

景《カゲ》清《キヨ》籠《ロウ》ハ。扇《アフギガ》谷《ヤツ》ヨリ假《ケ》粧坂《ザカ》ヘ登ル道ノ端《ハシ》。左ニ大巖窟アリ。惡《アク》七兵衛景《カゲ》清《キヨ》籠《ロウ》也。或云。景《カゲ》清《キヨ》ハ鎌倉ヘ不下ラ可キ下ルトノ支《シ》度《タク》ノ爲ニ作リタルナラント。今按スルニ。長門本平家物語ニ。建久六年。三月十三日。大佛供養アリ。于時鎌倉在京ノ上總惡七兵衛景清。鎌倉殿《ドノ》ヘ降人ニ參《マヒリ》ケレバ。和田左衛門尉義《ヨシ》盛《モリ》ニ預《アツケ》ラル。昔平家ニ候《カウ》ゼシ樣《ヤウ》ニ。少《スコ》シモ口《クチ》ヘラズ。義《ヨシ》盛《モリ》ニ所《トコロ》ヲモ不置。一座ヲセメテ。猛先ニ取《トリ》。或ハ緣《エン》ノキハニ馬引《ヒキ》寄《ヨセ》ノリナドシケレバ。モテアツカヒテ。他人ニ預《アツケ》サセ給《タマ》ヘト申《マウシ》ケレバ。八《ハツ》田《タ》右衛門尉知《トモ》家《イヘ》ニ預ケラル。後ニハ大佛供養ノ日ヲ數《カソ》ヘテ。同七年。三月七日ニテ有ケルニ。湯《ユ》水《ミヅ》ヲ止《トヾメ》テ終ニ死ニケルトアリ。東鑑ニ。頼朝卿。建久六年。二月十四日。御上洛有テ。同年。七月八日。鎌倉ニ著御トアリ。時ニ義《ヨシ》盛《モリ》知《トモ》家《イヘ》モ供奉ス。シカレバ景《カゲ》清《キヨ》ガ死去。建久七年トアレバ鎌倉ニテ死《シ》タル事明《アキラ》カナリ。且《ソノウヘ》景《カゲ》清《キヨ》ガ女《ムスメ》ヲ。亀《カメ》谷《ガヤツ》ノ長ニ預《アツ》ケシト云傳フ。其《ソノ》塚《ツカ》今巽《タツミ》荒《クワウ》神《ジン》ノ後《ウシロ》ニアリ。彼《カレ》是《コレ》考《カンガフ》ルニ。此籠ニテ死タル歟。

○播磨屋敷

播《ハリ》磨《マ》屋《ヤ》敷《シキ》ハ。景《カゲ》清《キヨ》籠《ロウ》ノ北ノ方ヲ云フ。今ハ畠《ハタケ》トス。里老ノ云。播《ハリ》磨《マ》守《ノカミ》某《ソレガシ》ガ屋敷ナリト。未詳。按スルニ。高《カウ》播磨ノ守師《モロ》冬《フユ》。源ノ基《モト》氏《ウヂ》ノ執事ニテ甚權威アリ。此人ノ舊宅カ。

○梅谷　附綴喜里

梅《ムメガ》谷《ヤツ》ハ。假《ケ》粧坂《ザカ》ノ下ノ北ノ谷ナリ。此邊ヲ綴喜《キノ》里《サト》ト云フ。夫木集ニ。綴《ツヾ》喜《キノ》原《ハラ》ヲ相《サ》模《ガミ》ノ名所トシテ。家隆ノ歌アリ。誰《タ》ガ里ニ。ツヾキノ原《ハラ》ノ夕《ユフ》霞《カスミ》。烟《ケブリ》モ見ヘズ宿《ヤド》ハワカテシト。此ノ地ヲ詠ルナラン。

○武田屋敷

武《タケ》田《ダ》屋敷ハ。梅《ガ》谷ノ少シ南方也。今ハ畠トス。武田信《ノブ》光《ミツ》ガ舊宅歟

○假粧坂

假粧《ケワヒ》或ハ作ル氣生又形勢坂《ザカ》ハ。扇谷《アフギガヤツ》ヨリ西ノ方ヘ行《ユク》坂《サカ》ナリ。往還ノ道ナリ。相傳《ツタフ》昔シ平家ノ大将ノ首《クビ》ヲケシヤウシテ。實撿シタル地ナリ。故ニ名ク。或人云。古《イニシヘ》遊女ノ住居セシ故ニ名クトモ云《イフ》ト。曾我物語ニ。假粧《ケワヒ》坂《ザカ》ノ麓《フモト》ニ曾我《ソガ》ノ五郎時《トキ》宗《ムネ》ガ通《カヨヒ》シ遊女アリ。梶《カヂ》原《ハラ》源太景《カゲ》季《スヘ》モ。此女ニ通テ歌ナド詠シケルトナン。時宗カ歌モアリ。東鑑ニハ假粧坂不見《ミヘ》。太平記ニ新田義《ヨシ》貞《サダ》。五十萬七千餘騎ハ假粧坂ヨリ寄スルトアリ。又鎌倉大草子ニ。禪秀亂ノ時。持《モチ》氏《ウヂ》方《ガタ》ヨリ。氣《ケハ》生《イ》坂《ザカ》ヘハ。三《ミ》浦《ウラ》相《サガ》模《ミ》ノ入道ヲ差《サシ》ムケラルトアリ。此時持《モチ》氏《ウヂ》佐介ガ谷ニ居ラレタリ。

○六本松

六《ロク》本《ボン》松《マツ》ハ。假《ケ》粧《ハイ》坂《ザカ》ノ上ニ一本アル松ナリ。古《イニシヘ》ハ六本アリツル歟。里人云。駿《スル》河《ガ》次郎清《キヨ》重《シゲ》。此處ニ登テ鎌倉中ヲ見オロシタリト。上杉禪秀記ニ。源ノ滿《ミツ》隆《タカ》ノ兵《ツハモノ》共。拾萬騎ニテ。六本松ニ押《オシ》寄スル。上杉《スギ》彈正少弼氏《ウヂ》定《サダ》。扇ガ谷ヨリ出向テ。爰ヲ先途ト防《フセギ》戰《タヽカヒ》ケリトアリ。

○葛原岡

葛《クヅ》原《ハラ》岡《ガヲカ》ハ。假《ケ》粧《ハイ》坂《ザカ》ヲ越《コヘ》テ。北ノ野ヲ云ナリ。昔シ相《サガ》模《ミ》入道。右少辨藤原ノ俊《トシ》基《モト》ヲ害《ガイ》セシ地ナリ。太平記ニ。俊《トシ》基《モト》ハ。殊《コト》更《サラ》謀《ム》叛《ホン》ノ張本ナレバ。近日ニ鎌倉中ニテ。斬《キリ》奉《タテマツ》ルベシトゾ定《サダメ》ケル。サテ俊《トシ》基《モト》。已《スデ》ニ張《ハリ》輿《コシ》ニ乘《ノセ》ラレテ。假《ケ》粧《ワヒ》坂《ザカ》ヘ出ツ。爰《コヽ》ニテ工《ク》藤《ドウ》二郎左衛門請《ウケ》取テ。葛《クヅ》原《ハラガ》岡《ヲカ》ニ。大幕《マク》引テ。敷《シキ》皮《ガハ》ノ上ニ坐シ給ヘリ。俊《トシ》基《モト》。疊《タヽウ》紙《ガミ》ヲ取出シ。辭世ノ頌ヲ書《カキ》給フ。古來一句。無死無生。萬里雲盡。長江水清。筆ヲ閣《サシオキ》テ首《クビ》ヲ打《ウツ》トアリ。神明鏡ニ。元徳元年。俊《トシ》基《モト》。又關東ヘ召《メシ》下《クダ》サレ葛《クヅ》原《ハラ》ニテ。五月廿日ニ。誅《チウ》セラレケルニ。カクナン。秋《アキ》ヲマタデ。葛《クヅ》原《ハラ》ハラニ消《キエ》ル身ノ。露ノ恨《ウラ》ミヤ世ニ殘《ノコ》ルラン。トアリ。鎌倉九代記ニ。管領持《モチ》氏《ウヂ》。執事上杉《スギ》憲《ノリ》實《ザネ》カ家老長《ナガ》尾《ヲ》尾張守入道芳《ハウ》傳《デン》ニ。葛《クヅ》原《ハラガ》岡《ヲカ》ニテ行《ユキ》逢《アヒ》。終《ツイ》ニ芳《ハウ》傳《デン》ガ為《タメ》ニ生《イケ》捕《ドラ》ルト有ハ。此所ナリ。

○梶原村

梶《カヂ》原《ハラ》村《ムラ》ハ。葛原岡《ガ》ヨリ西ノ方。十四五町許《バカリ》行《ユク》ナリ。里老云。梶《カヂ》原《ハラ》平三景《カゲ》時《トキ》カ舊地也ト。此所ニ鎌《カマ》倉《クラ》權五郎景《カゲ》政《マサ》ガ宮《ミヤ》アリ。長《ハ》谷《セ》ニアル御《ゴ》靈《リヤウノ》宮《ミヤ》ノ本《モト》也ト云フ。鎌倉系圖ヲ考《カンガフ》ルニ。景《カゲ》政《マサ》景《カゲ》時《トキ》同姓一族ナリ。景《カゲ》政《マサ》。昔《ムカシ》此邊ニ居住シタルユヘ。其宮ヲ爰《コヽ》ニ立《タテ》タルナラン。景《カゲ》時《トキ》モ。此所ニ住シタルユヘ。梶《カヂ》原《ハラ》ヲ氏《ウヂ》トスルカ。景《カゲ》政《マサ》ハ。

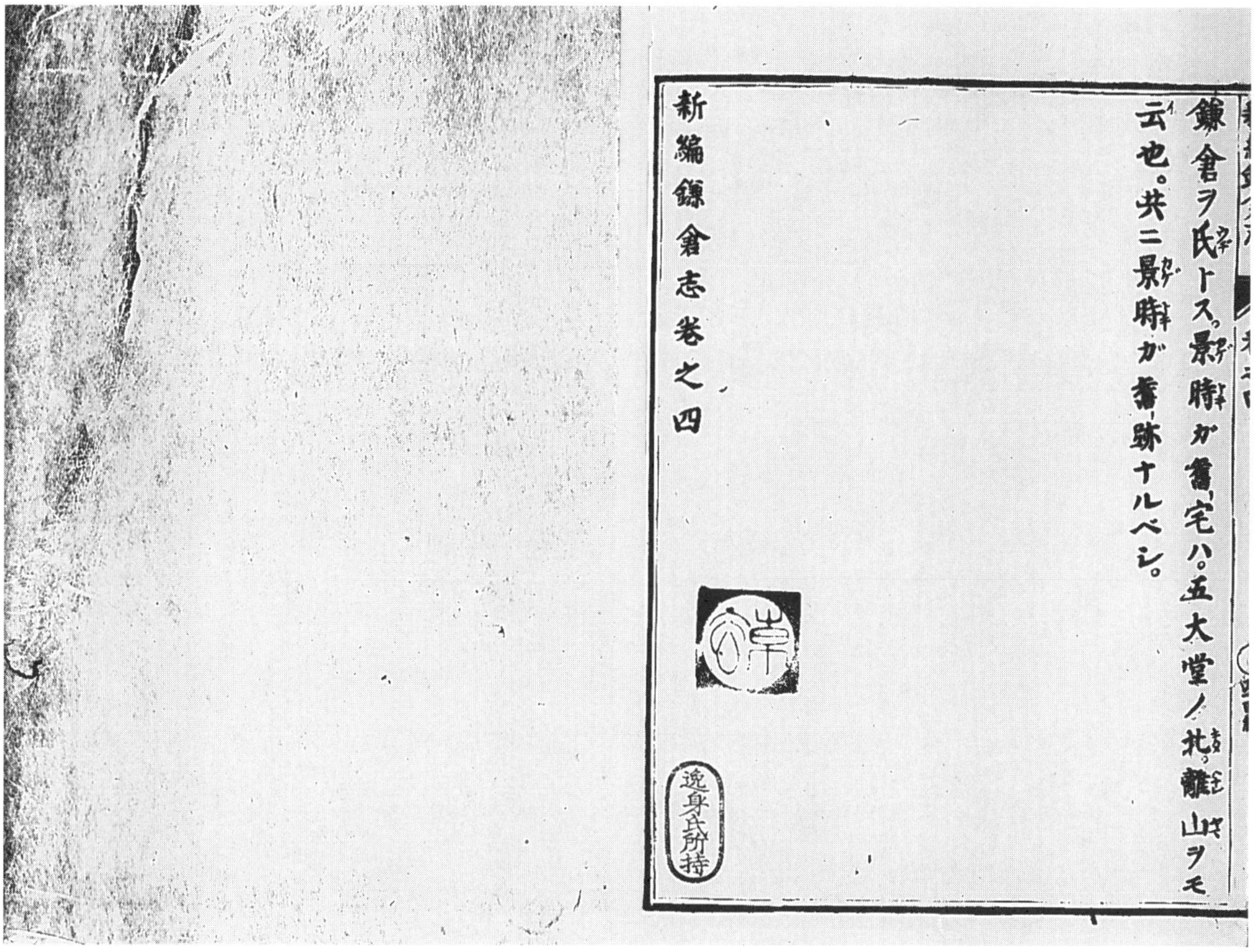
鎌倉ヲ氏《ウヂ》トス。景《カゲ》時《トキ》ガ舊宅ハ。五大堂ノ北《キタ》。龍山ヲモ
云《イ》也。共ニ景《カゲ》時《トキ》ガ舊跡ナルベシ。

新編鎌倉志巻之四

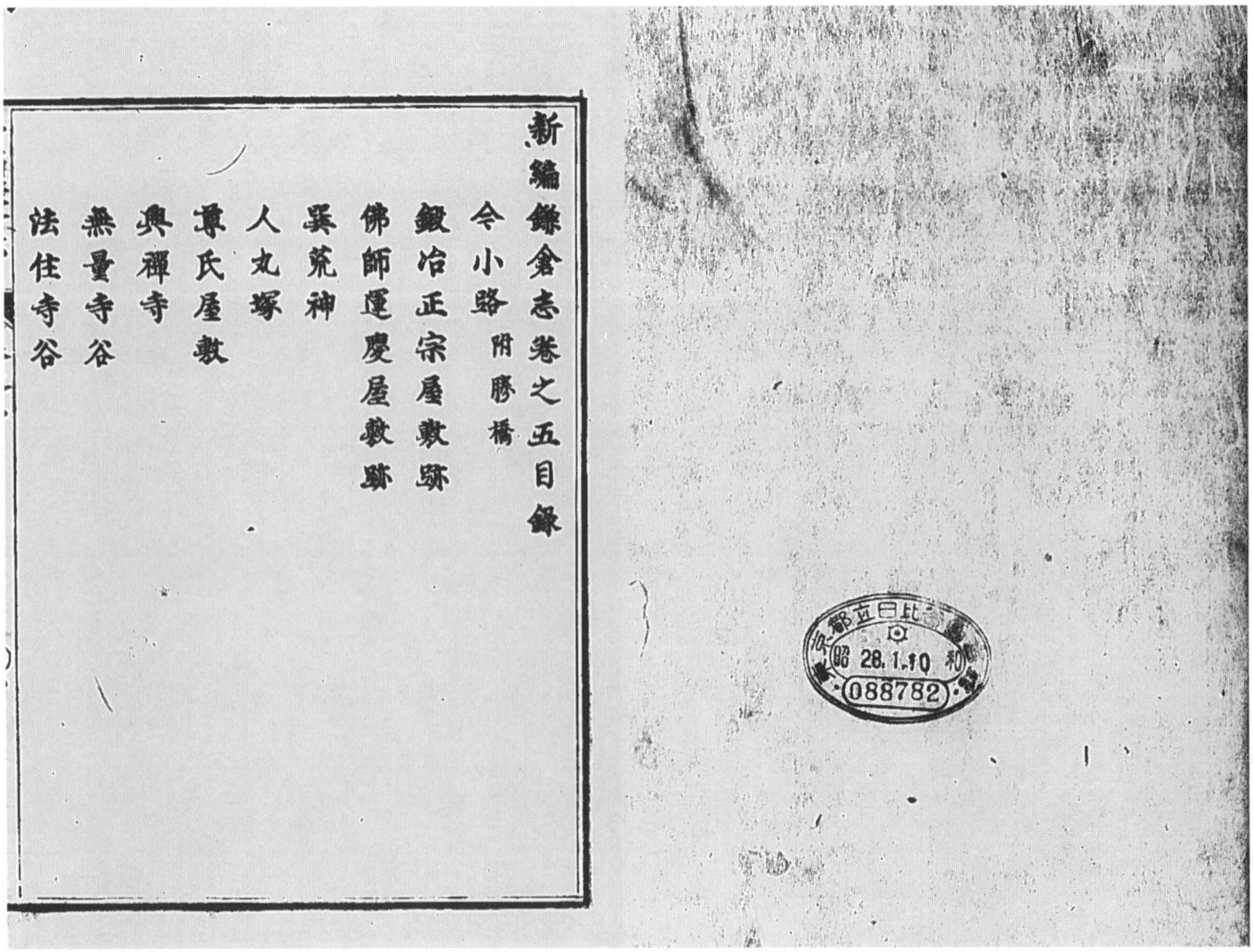
新編鎌倉志巻之五目録

今小路 附勝橋
鍛冶正宗屋敷跡
佛師運慶屋敷跡
巽荒神
人丸塚
尊氏屋敷
興禅寺
無量寺谷
法住寺谷

裁許橋
佐介谷　附 御所入　稲荷社　國清寺跡　隠里　銭洗水　蓮華寺跡　薬師堂跡
天狗堂
千葉屋敷
諏訪屋敷
七観音谷
飢渇畠
佐佐目谷　附 經時墓
塔辻
藤九郎盛長屋敷

甘縄明神
盛久頸座
稲瀬河
光則寺　附 宿屋光則書跡
大佛　附 切通
御輿嶽
常磐里　附 常磐御所跡
長谷観音堂
御霊宮

新編鎌倉志巻之五

河井恒久友水父纂述
松村清之伯胤父考訂
力石忠一叔貫父参補

○今小路　附 勝《カツ》橋《ハシ》

今《イマ》小路《コウヂ》ハ、壽福寺ノ前ニ石《イシ》橋《バシ》アリ。勝《カツ》橋《ハシ》ト云。鎌倉十橋ノ一ナリ。此ヨリ南ヲ今《イマ》小路《コウヂ》ト云。巽《タツミ》荒《ノクワウ》神《ジン》ノ邊《ヘン》ヨリ南《ミナミ》。長谷《ハセ》マデノ間ハ長谷《ハセ》小路《コウヂ》ト云ナリ。

○鍛冶正宗屋敷跡

鍛冶《カヂ》正宗屋敷《ヤシキ》ノ跡ハ。勝《カツ》橋《ハシ》ノ南ノ町。西《ニシ》頬《ツラ》也。今八町屋トナル。正宗ハ行光《ユキミツ》ガ子ナリ。行光。貞應ノ比。鎌倉ニ来リ爰ニ住スト云フ。今モ此ノ所ニ刃《ヤキバ》ノ稲荷《イナリ》ト云小祠アリ。正《マサ》宗《ムネ》ガマツリタル神ナリト云傳フ。

○佛師運慶屋敷跡

佛《ブツ》師《シ》運《ウン》慶屋《ケイガヤ》敷《シキ》ノ跡ハ。正宗屋敷ノ西ナリ。佛師運慶ガ宅地ト云傳フ。東寶記ニ。運慶。東寺ノ大佛師ナルトアリ。湛慶。康運。康辨。康勝。運賀。運助ハ運慶ガ子ナリ。東鑑ニモ。運慶往々《ワウワウ》出タリ。

○巽荒神

巽《タツミノ》荒《クワウ》神《ジン》ハ今《イマ》小《コウ》路《ヂ》ノ南《ミナミ》。寿福寺ノ巽《タツミ》ニアリ。故ニ名ク。本《モト》寿福寺ノ鎮守ナリ。今ハ浄光明寺ノ玉泉院ノ持《チ》分《ブン》也。社領一貫文アリ。

○人丸塚

人《ヒト》丸《マル》塚《ヅカ》ハ。巽《タツミノ》荒神ノ東ノ方。畠ノ中ニアリ。悪七兵衛景《カゲ》清《キヨ》ガ女《ムスメ》。人《ヒト》丸《マル》ト云《イヘル》者ノ墓也ト云傳フ。景《カゲ》清《キヨ》ガ女《ムスメ》ヲ亀《カメ》谷《ガヤツ》ノ長ニ預《アヅケ》シトナリ。此ノ辺《ヘン》亀谷《ガヤツ》ノ内ナリ。景《カゲ》清《キヨ》ガ籠《ロウ》ノ下ト。照《テラ》シ見《ミエ》ヘシ。

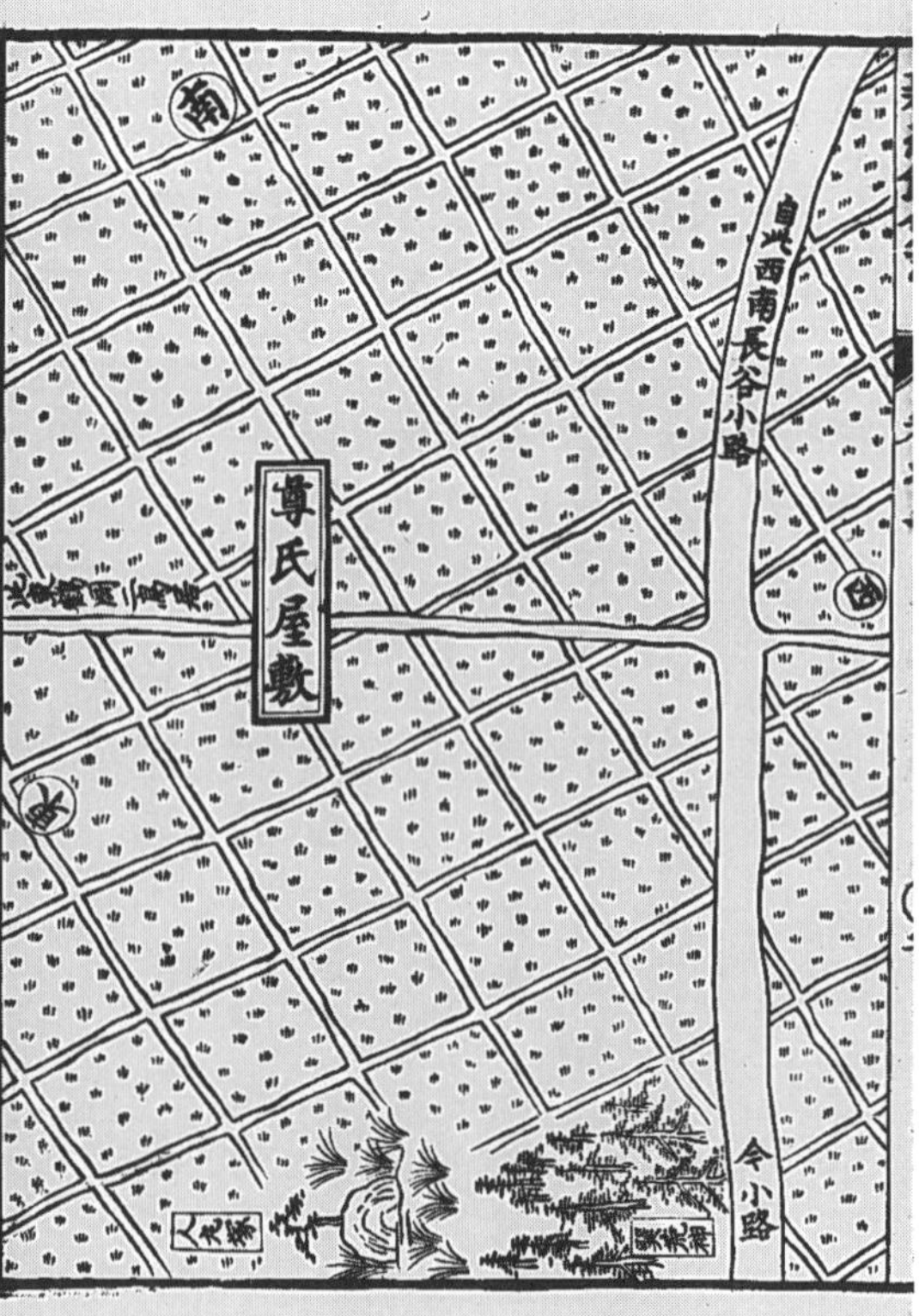

○尊氏屋敷

尊《タカ》氏《ウヂ》屋《ヤ》敷《シキ》ハ巽《タツミ》荒神ノ東南ノ隣《トナリ》ヲ云《イフ》ナリ。今按ズルニ。東鑑ニ。仁治四年。正月九日。足利大夫判官亀《カメ》谷《ガヤツ》ノ亭《テイ》トアレバ。此ハ尊《タカ》氏《ウヂ》先祖ノ屋敷トミヘタリ。此辺亀《カメ》谷《ガヤツ》ノ内ナリ。大《オホ》蔵《クラ》公《ノク》方《バウ》屋《ヤ》敷《シキ》モ。尊氏代々《ダイダイ》ノ宅《タク》地《チ》ナリ。又長寿寺ノ南隣ニモ尊氏屋《ヤ》敷《シキ》アリ。二所トモニ尊氏ノ旧宅ナラン。

○興禅寺

興《コウ》禅《ゼン》寺《ジ》ハ。寿福寺ノ南ニアリ汾《フン》陽《ヤウ》山《ザン》ト号ス。鎌《カマ》倉《クラ》筑後守ガ子甚十郎。先考ノ為ニ建立ス。開山ハ奥州松島ノ雲居諱ハ希膺ナリ。
山門　額。汾陽山トアリ。明僧黄檗山木菴筆ナリ。
佛殿　本尊ハ釋迦。阿難。迦葉。
鐘樓　鐘ノ銘アリ
鎌倉縣ノ畔リ汾陽山之禮越。日《ク》下《サカ》部《ベ》ノ姓。朝倉ノ氏正世公。與ニ慈母保福院一共ニ討テ為ニ先考玄英居士ノ。建ニ立シ菩提道場ヲ。號シテ為ス興禪禪院ト。令也賢婦慈明院殿。鑄テ華鯨ヲ以テ被ル寄附セ之ヲ。所ハ願フ者。以テ此ノ修善ノ功力ヲ。存スル者福樂壽命長遠。亡スル者離レ苦ヲ受テ安養ノ樂ヲ。九族ノ親戚。三界ノ精靈。俱ニ蒙リ利ヲ過ク普ク潤利益ヲ盡シ出テ迷衢ヲ。同ク登ル覺場ニ。銘ニ曰。聲シ中リ規ニ。韻應ス儀ニ。報シ寢興ノ刻ヲ。告ク禪誦ノ時ヲ。覺シ煩惱ノ夢ヲ。解ク見聞ノ衰ヲ。忽チ破テ邪險ヲ。直ニ生ス真慈ヲ。止メ幽冥ノ苦ヲ。脱ス流轉ノ羇ヲ。惟功惟徳。億千萬斯。以テ故ニ古徳ノ云。劫石ハ有リ消ル日。洪音ハ無シ盡ル期。正保二年。八月六日。雲居叟希膺。

坐禪巖　山ノ上ニアリ。石ヲ切リ山ノ南ト鄰ナリ。雲居坐禪セシ所ト云フ。

○無量寺谷

無《ム》量《リヤウ》寺《ジ》谷《ヤツ》ハ。興禪寺ノ西ノ方ノ谷ナリ。昔シ此處ニ無量寺ト云寺有。泉涌寺ノ末寺也シト云フ。今ハ亡《ナシ》。按スルニ。東鑑ニ。文永二年。六月三日。故秋田ノ城ノ介義景《カゲ》十三年ノ佛事ヲ。無量壽院ニテ修ストアリ。義景ハ。藤九郎盛《モリ》長《ナガ》カ子ニテ。居宅甘《アマ》繩《ナハ》ナリ。此邊マデ甘繩ノ内ナレバ。此ノ寺ト歟。後ニ無量寺ト云傳ル歟。又鎌倉九代記ニ。禪《ゼン》秀《シウ》亂ノ時。持《モチ》氏《ウヂ》方ヨリ。無量寺口《グチ》ヘハ上《ウヘ》杉《スギ》藏人憲《ノリ》長《ナガ》百七十騎ニテ向ヘラルトアルハ此所ナリ。今鍛冶綱《ツナ》廣《ヒロ》ガ宅有。

○法住寺谷

法《ハフ》住《ヂウ》寺《ジ》谷《ヤツ》ハ。無量寺ガ谷ノ南ナリ。昔シ律宗ノ寺ノ舊跡也ト云傳フ。

○裁許橋

裁《サイ》許《キヨ》橋《バシ》ハ。佐《サ》介《スケ》谷《ガヤツ》ヨリ流レ出ル川ニ渡《ワタ》セル橋ナリ。天《テン》狗《グ》堂《ダウ》ノ東ニアリ。里俗ニ頼《ヨリ》朝《トモ》ノ時。此所ニ屋《ヤ》敷《シキ》有テ訴訟ヲ決斷ス。故ニ名クト。今按スルニ。東鑑ニ。正治元年。四月一日。頼家《イヘ》將軍ノ時。問《モン》注《ヂウ》所《ジヨ》ヲ郭外ニ建《タテ》ラル。是頼朝卿ノ時ハ。營中ト一所ニ於テ。訴論人ヲ召《メシ》決《ケツ》セラルヽノ間。諸人群集シテ。皷騷ヲナシ。無禮ヲアラハスノ條。頗ル狼藉ノ基《モトヰ》タリ。故ニ他所ニ於テ此儀ヲ行《オコナ》ハル。熊《クマ》谷《ガヤ》直《ナホ》實《ザネ》。久《ク》下《ゲ》直《ナホ》光《ミツ》ト。境《サカヒ》論《ロン》對決ノ日。直實《ナヲザネ》。西侍ニ於テ。髻ヲハラフノ後。永ク御所中ノ儀ヲ停止セラレ。善信《ゼンシン》カ家ヲ以テ其所トス。今又別郷ヲ新造セラルトアリ。又同キ二年。五月十二日。念佛名ノ僧等ヲ禁断シ給フ。比企《ヒキ》ノ弥四郎。仰ヲ奉《ウケタマ》ハリ。コレヲ相具シ。政所《マンドコロ》ノ橋ノ邊ニ行向《ユキムカ》ヒ。袈裟《ケサ》ヲ剥取《ハギトリ》テ焼《ヤク》トアリ。又和田合戰ノ時。御所ノ西南政所《マンドコロ》ノ前ニテ戰フトアレバ。此所。頼朝屋敷ヨリハ西南ナレバ。政所《マンドコロ》アリケルカ又朝夷名《アサイナ》三郎義秀《ヒデ》。足利《アシカヾ》三郎義氏《ヨシウヂ》ト。政所《マンドコロ》ノ前ノ橋ノ傍《カタハラ》ニ於テ相逢トアリ。問注所《モンチウジョ》。政所《マンドコロ》ノ跡ナラン歟。頼朝ノ時ニ限ル

ベカラズ。其後ノ事ニテモアラン。或人ノ云。西行橋《サイギヤウバシ》トモ云フ。西行。鎌倉ニ来リ。此ノ橋ニ踟躕スル故ニ名クトナリ。何レヲ是《ゼ》トシガタシ。按スルニ東鑑ニ。西行。鎌倉ニ来ル事。文治二年。八月十五日。頼朝。鶴岡参詣ノ時。鳥居《トリイ》ノ邊ニ徘徊スル老僧アリ。名字ヲ問シメ給ヘバ。佐藤兵衛ノ尉憲清《ノリキヨ》法師也トアリ。此橋鶴岡ノ二ノ鳥居ヘ近シ。西行橋ト云モ。據《ヨリドコロ》ナキニアラズ。

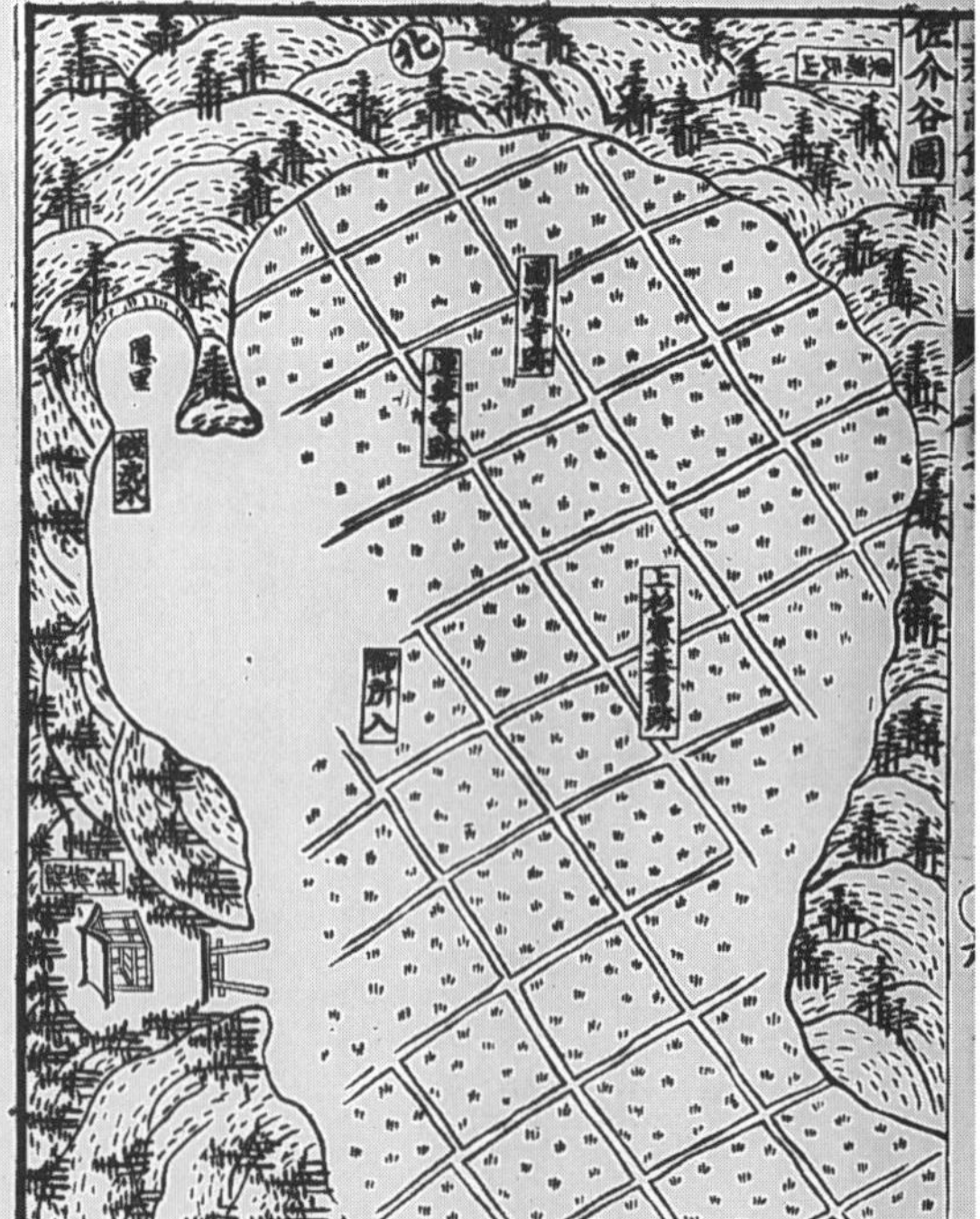

○佐介谷　附　御所入　圓清寺跡　蓮華寺ノ跡　稲荷ノ社　隱里　錢洗水　藥師堂ノ跡

佐介谷《サスケガヤツ》ハ。谷《ヤツ》ノ入口東南ヘ向フ。分内廣《ヒロ》クシテ。其内ニ又谷々《ヤツヽヽ》多シ。東鑑ニ寛元四年。六月廿七日。入道大納言家。頼家越後ノ守時盛《トキモリ》カ。佐介ノ第《ダイ》ニ渡御シ給フトアリ。又同五年。正月卅日。越後ノ入道勝圓カ。佐介ノ亭《テイ》ノ後《ウシロ》ノ山ニ光リ物《モノ》飛行ストアリ。又建長二年。六月廿四日。佐介ニ居住スル者。俄ニ自害ス。聞《キヽ》者競ヒ集リ見ル。此人ノ聟《ムコ》アリ。日来同宅ス。其聟《ムコ》田舎《イナカ》ヘ下ル。其隙ヲ窺ヒ。艶言ヲ息女ニ通《カヨ》ハス。息女アハテ。許容《キヨヨウ》セズ。簾ヲ投テ取ル之ヲ者ハ骨肉モ皆他

人ニ變《ヘン》ズルノ由《ヨシ》ヲ称ス。彼ノ父《チヽ》息女ノ居所ニ到リ。屏ノ風ノ上ヨリ櫛《クシ》ヲ投《ナゲ》入《イル》。彼ノ息女。不《ズ》意《ヲモハ》コレヲトル。仍テ父《チヽ》スデニ他人ニナゾラヘテ志《ココロザシ》ヲ遂《トゲ》ントス。時ニ聟《ムコ》不圖《ハカラズ》田舎《イナカ》ヨリ歸リ来ル間《アイダ》。忽《タチマチ》チ下《クダリ》。悲ムニタヘズシテ自害ス。聟《ムコ》仰天シ悲歎ノ餘リ即チ離別ス。妻《ツマ》父《チヽ》ノ命ニシタカハザルニ依テ。此ノ珍事出来ス。不孝ノ致《イタ》ストコロナリ。芳契《ホウケイ》ヲホドコス事アタハズト云剃出家修行シテ。舅《シウト》ノ亡《バウ》後《ゴ》ヲ弔《トムラフ》トアリ。又土俗ノ云。上總介《カヅサノスケ》。千葉介《チバノスケ》。三浦介《ミウラノスケ》ノ三介《サンスケ》此所ニ住居ス。故ニ三介《サンスケ》ガ谷《ヤツ》ト名《ナヅ》クト。是ハ據《ヨリドコロ》ナシ。古キ記録等ニハ。

佐介《サスケ》トバカリアリ。谷《ヤツ》ノ字ハナシ。今ハ佐介ガ谷《ヤツ》ト云フ。佐介遠江ノ守ガ舊跡モ此所ニアリ。又上杉《ウヘスギ》安房ノ守憲基《ノリモト》ガ舊宅モ此ノ所ニアリ。鎌倉大草子ニ云ク。應永廿三年。十月二日。犬懸《イヌカケノ》入道上杉《ウヘスギ》禪秀《ゼンシウ》。氏憲管領源ノ持氏《モチウヂ》ノ伯父《ヲヂ》滿隆《ミツタカ》ヲカタラヒ叛逆ノ時。持氏ハ。大倉《ヲヽクラ》ノ御所ヨリ。上杉憲基カ佐介ノ亭ニ遁レ来リ。滿隆禪秀ガ兵ヲ防キ戰《タヽカ》ハル。終ニ不叶《カナハ》ズシテ。持氏モ憲基モ極樂《ゴクラク》寺《ジ》口《グチ》ヘカヽリ。片瀬《カタセ》腰越《コシゴヘ》ヲ打過。伊豆ノ國清寺ヘ落行給フトアリ。

御所入《ゴシヨノイリ》　此ノ谷《ヤツ》ノ内ニアリ。古老ノ云。平ノ經《ツネ》時《トキ》ノ住セシ所也ト。按スルニ光明寺記主ノ傳ニ。平ノ經時。佐介ガ谷ニ隠居シ。專修念佛シテ卒《ソツ》ストアリ。經《ツネ》時《トキ》ノ墓。佐々目ノ山ノ麓《フモト》ニアリ。此ノ所ヨリ不遠。

國《コク》清《シヤウ》寺《ジ》ノ跡　此内ニ寺ノ内《テラノウチ》ト云所アリ。國清寺ノ跡ト云フ。鎌倉大草子并ニ上杉禪秀記ニ。上杉《ウヘスギ》憲《ノリ》顯《アキ》ノ建立也トアリ。今按スルニ。扶桑禪林諸祖傳ニ。松嶺秀和尚ノ傳ニ。上杉《ウヘスギ》大《ダイ》全《ゼン》居《コ》士《ジ》長基《チヤウキ》。豆州ノ國清寺ヲ遷《ウツ》シテ。湘江佐《サ》谷ニ鼎《テイ》建《ケン》ストアリ。大《ダイ》全《ゼン》居士ハ。安房ノ守憲《ノリ》定《サダ》ナリ。長基《チヤウキ》ハ其ノ法名ナリ。憲定ハ。明月院道合《ダウガウ》憲《ノリ》方《カタ》ガ子ニテ。憲基ガ父《チヽ》ナリ。憲顯《ノリアキ》カタメニハ孫《マゴ》ナリ。空華集ニ。豆州ノ國清寺ハ。昔《ムカシ》律《リツ》院《イン》ニテ。高雄《タカヲ》ノ文覺上人《シヤウニン》ノ舊宅也。上杉《ウヘスギ》憲顯《ノリアキ》。律ヲ革《アラタ》メテ禪《ゼン》トシ。佛國禪師ノ弟子無礙謙公ヲ開山祖トストアリ。鎌倉九代記ニ。憲顯ヲ。伊豆國清寺ニ葬ル。法名ハ國清寺殿桂《ケイ》山《ザン》道《ダウ》昌《シヤウ》ト云フ。然ルトキハ。憲顯ハ伊豆國清寺ヲ再興セラレ。其ノ孫《マゴ》憲《ノリ》定《サダ》ガ時ニ。伊豆ノ國清寺ヲ此所ニ遷《ウツ》シタルヲ。大草子。禪秀記ニハ。憲顯カ建立トカキタリ。又滿《ミツ》隆《タカ》禪《ゼン》秀《シウ》ガ亂《ラン》ノ時。持《モチ》氏《ウヂ》ハ。憲《ノリ》基《モト》ノ亭《テイ》ニ居セラレシヲ。岩《イハ》松《マツ》治部大夫。澁《シブ》川《カハ》左馬ノ介ガ手《テ》ノ兵。圓《ヱン》清寺ニ火ヲカケケレバ。餘煙佐《サ》介《スケ》ノ亭《テイ》ニモヘカヽルトアリ。其ノ後ハ絶《タエ》タリ。本尊ハ今伊豆ノ國清寺ニ在ト云フ。

蓮《レン》華《ゲ》寺《ジ》ノ跡　今俗ニ光明寺《クハウミヤウジ》畠《ハタケ》ト云フ。光明寺。本寺《モトデラ》此ノ地ニアツテ。蓮華寺ト號ス。後ニ光明寺ト改ム。鎌倉大日記《ダイニツキ》ニ。建長三年。經時《ツネトキ》ノ為ニ。佐《サ》介《スケ》ニ於テ蓮華寺建立。住持良忠トアリ。良忠此谷《ヤツ》ニ居住アリシユヘニ。佐介ノ上人ト云フナリ。光明寺ノ條下及ビ記主上人ノ傳ニ詳也

稲《イナ》荷《リ》ノ社　此ノ谷ノ内ニアリ。山林茂《シゲ》リタル地ナリ。扇谷華光院ノ持《ヂ》分《ブン》ナリ。毎年二月ノ初《ハツ》午《ムマ》ノ日鎌倉中ノ男女參詣多シ。雪ノ下等覺院ニ尊《タカ》氏《ウヂ》ノ證文一通アリ。其ノ文ニ。凶徒對治祈禱ノ事。殊ニ可レ被レ致サ精誠ヲ之状如レ件。延文四年。十二月十一日。佐介ガ谷ノ稲荷ノ社別當三位僧都ノ御房トアリ。尊氏ノ判アリ。

隠《カクレ》里《ザト》　稲荷ノ近所ニアル。大巖窟ヲ云フナリ。

錢《ゼニ》洗《アラヒ》水《ミヅ》　隠里ノ巖窟ノ中ニアリ。福神錢ヲ洗フト云フ。鎌倉五水ノ一ツ也。

藥師堂ノ跡　里老ノ云。此谷《ヤツ》ノ入口《イリクチ》ノ東南ニ。昔ハ藥師堂有ト云傳フ。然レドモ今其ノ所不レ分明ナラ。按ズルニ東鑑ニ。正嘉二年。正月十七日。秋田ノ城ノ介泰《ヤス》盛《モリ》ガ甘《アマ》縄《ナハ》ノ宅ヨリ火出テヽ。南風頻リニ吹テ。藥師堂ノ後《ウシロ》ノ山ヲ越《コエ》テ。壽福寺等焼失《ス》トアリ。泰盛ハ盛《モリ》長《ナガ》ガ孫ナリ。盛長ガ屋敷。甘縄明神ノ東ニアレバ。藥師堂其ノ北ニアタレリ。鎌倉大草子ニ。禪秀亂ノ時。持《モチ》氏《ウヂ》ハ憲《ノリ》基《モト》ノ亭《テイ》ニ取《トリ》籠《コモ》ラレシガ。藥師堂表《オモテ》ヘハ。結《ユウ》城《キ》彈正ノ少弼。二百餘騎ニテ向《ムカ》ヘラルトアリ。持氏ノ時マテ有ツル歟。

○天狗堂

天《テン》狗《グ》堂《ダウ》ハ。長《ハ》谷《セ》小路ヨリ。佐《サ》介《スケ》谷《ガヤツ》ヘ入《イリ》手《テ》ノ右ノ山ノ出《デ》前《サキ》ナリ。昔《ムカシ》愛《ア》宕《タゴ》ノ社《ヤシロ》アリケルトナリ。太平記ニ。天狗堂ト。扇《ガ》谷ニ軍アリト云ハ。此所ノ事ナリ。

○千葉屋敷

千《チ》葉《バ》屋《ヤ》敷《シキ》ハ。天《テン》狗《グ》堂《ダウ》ノ東ノ畠《ハタケ》ヲ云《イフ》。相《アヒ》傳《ツタヘ》テ千《チ》葉《バ》ノ介《スケ》常《ツネ》胤《タネ》ガ舊宅《タク》ト。東鑑ニ。阿静房安念。司《シ》馬《バ》ノ甘《アマ》縄《ナハ》ノ家ニ向フト云ハ是ナリ。司《シ》馬《バ》トハ千葉ノ成《ナリ》胤《タネ》ヲ云ナリ。成胤ハ常胤ガ嫡孫ニテ。胤《タネ》正《マサ》ガ子ナリ。

○諏訪屋敷

諏《ス》訪《ハ》屋《ヤ》敷《シキ》ハ。千《チ》葉《バ》屋《ヤ》敷《シキ》ノ東南ノ畠ヲ云《イフ》。昔《ムカシ》諏《ス》訪《ハ》氏

ノ宅宇《タクウ》アリシトナリ。

〇七観音谷

七観音谷《ガヤツ》ハ。天狗堂ヨリ西ノ方ノ谷《ヤツ》ナリ。昔シ此ノ所ニ観音堂有シト云フ。按ズルニ。東鑑ニ。元久元年。十二月十八日。尼御台《ダイ》所《ドコロ》ノ御願トシテ。七観音ノ像《ザウ》ヲ図絵セラルトアリ。或ハ此ノ像安置ノ堂アリツルカ。又建長二年。十二月十八日。相州時頼室家ノ御願トシテ。七観音堂ノ前ニテ。誦経ヲ修セラルトアリ。此ノ所乎《カ》。

〇飢渇畠

飢《ケ》渇《カチ》畠《バタケ》ハ。裁《サイ》許《キヨ》橋《バシ》ノ南路端《バタ》ナリ。此ノ所昔ヨリ刑《ケイ》罰《バツ》ノ所ニテ。今モ罪人ヲサラシ。斬戮スル地ナリ。故ニ耕作《カウサク》ヲセズ。飢《ケ》渇《カチ》畠《バタケ》ト名ク。

〇佐佐目谷　附経時ノ墓

佐《サ》佐《サ》或ハ作笹二目《メ》谷《ガヤツ》ハ。飢《ケ》渇《カチ》畠《バタケ》ノ西ノ方ノ谷《ヤツ》ナリ。此ノ谷《ヤツ》ニ昔シ寺有長楽寺ト号ス。法然ノ弟子隆《リウ》観《クワン》住セシトナリ。又武蔵ノ守平ノ経《ツネ》時《トキ》。寛元四年。閏四月朔日ニ卒シ。佐《サ》佐《サ》目《メ》ノ山ノ麓《フモト》ニ葬ル。後《ノチニ》梵字ヲ建《タテ》ラル。又頼《ヨリ》嗣《ツグ》将軍ノ御台《ダイ》所《ドコロ》ヲモ。経《ツネ》時《トキ》ノ墓《ハカ》ノ傍《カタハラ》ニ立ト。東鑑ニ見ヘタリ。今共《トモ》ニ其ノ所ヲ知人ナシ。

〇塔辻

塔《タフノ》辻《ツジ》ハ。佐《サ》佐目《メ》谷《ガヤツ》ノ東南道端ニ。二所ニ石《セキ》塔《タフ》有《アリ》。鎌倉ニ此ノ類ノ塔《タフ》多シ。辻《ツジ》ニアレバ塔《タフノ》辻《ツジ》ト云。建長寺。円覚寺ノ前。又雪《ユキノ》下鉄観音ノ前。又小《コ》町《マチ》口《グチ》ニモアリ。東鑑等ノ古記ニ。塔ノ辻ト載ハ皆小《コ》町《マチ》口《グチ》ヲ云ナリ。里俗ノ云。由《ユ》井《ヒノ》長者太郎大夫時《トキ》忠《タダ》ト云者《モノ》。三歳ノ児ヲ鷲《ワシ》ニツカマレ。方々ヲ尋《タヅネ》求《モトメ》テ。道路ニ棄《ステ》タル骨《コツ》肉《ニク》ノアル所ゴトニ。是ヤ我子《コ》ノ骨肉ナランカトテ。菩提ノ為ニ立タル石塔也。是故ニ所《シヨ》々ニ塔ノ辻《ツジ》ト云所多シト。今按ズルニ詞林采葉抄ニ。大織冠ノ玄孫ニ。染《ソメ》屋《ヤノ》太郎大夫時《トキ》忠《タダ》。南都良《ラウ》弁《ベン》ノ父也。文武天皇ノ御宇ヨリ。聖武天皇ノ御宇ニ至ルマテ鎌倉ニ居住シ。東八箇国ノ総追捕使トナリテ東夷ヲ鎮ムトアリ。是ナランカ。然レトモ未《タ》詳。良弁ノ父トハイヘドモ。元亨釈書ニモ不載。釈書ニ。良弁ハ近州志賀ノ里ノ人。或ハ相州ノ人トモ云ト有。又鷲《ワシ》ニツカマレシ事モアレハ。相似タルニヤ。

〇藤九郎盛長屋敷

藤九郎《ラウ》盛《モリ》長《ナガ》屋《ヤ》敷《シキ》ハ。甘《アマ》縄《ナハ》明神ノ前。東ノ方ヲ云。東鑑ニ。治承四年。十二月廿日。武衛御行始トシテ。藤《トウ》九《ク》郎《ラウ》盛《モリ》長《ナガ》ガ。甘《アマ》縄《ナハ》ノ家ニ入御シ給フトアリ。其後往《ワウ》々見ヘタリ。

○甘繩明神

甘《アマ》（甘或ハ作ル海土ニ）繩《ナハ》ノ明神ハ。御佐目谷《ミサメガヤツ》ノ西。路《ミチ》ノ北ニアル森林ナリ。天照大神ヲ勧請ス。神主《カンヌシ》ハ小池《コイケ》氏《ウヂ》也。東鑑ニ。文治二年。正月二日。二品《ニホン》（頼朝）弁ニ御臺所《ミダイドコロ》。甘繩《アマナハ》神明《シンメイ》ノ宮《ミヤ》ニ御参《ゴサン》アリ。又甘《アマ》繩《ナハ》神明《シンメイ》奉幣ノ事。往《ワウ》々見ヘタリ。里俗或ハ誤《アヤマ》テタマナハト云者《モノ》アリ。玉《タマ》繩《ナハ》ト云所《トコロ》ハ山内《ヤマノウチ》荘ノ内ニアリ。按スルニ。東鑑ニ。甘繩ニ。タマナハト假名ヲ付タリ。鎌倉九代記ニ。玉繩城ヲ甘繩ト書テ。假名ハタマナハト付タリ。東鑑ハ。字正シクシテ假名アヤマレリ。九代記ハ假名正クシテ字アヤマレル。讀人心ヲ付ヨ。又關東兵亂記ニ玉繩城アリ皆山内ノ荘ノ内ニアルヲ指スナリ。此地ヨリ西ノ方ハ長谷《ハセ》村也。東北ノ山ニ随テ。無量寺ガ谷《ヤツ》マデ甘《アマ》繩《ナハ》ノ内ナリ。

○盛久頭座

盛《モリ》久《ヒサ》頭《クビノ》座《ザ》ハ。塔辻《ノツジ》ノ道ヨリ。南。畠《ハタケ》ノ端《ハシ》ニ。芝野六七尺四方取《トリ》殘《ノコシ》テ有。長門本平家物語巻廿ニ。主馬《シュメノ》入道盛國《モリクニ》ガ末子《バツシ》ニ。主馬《シュメノ》八郎左衛門盛《モリ》久《ヒサ》。京都ニ隠《カク》レ居《イ》ケルガ。年來ノ宿願ニテ。等身《トウジン》ノ千手観音ヲ造立シテ。清水寺ノ本尊ノ右ノ脇ニ奉置《ヲキ》。千日参詣ス。右兵衛佐《スケ》殿《ドノ》。北條四郎時《トキ》政《マサ》ニ仰《ヲホセ》ラレ。盛《モリ》久《ヒサ》。京都ニ隠《カクレ》居《イ》タル由《ヨシ》聞《キコ》ヘケレバ。北條京中ヲ尋求《モトメ》ケレドモ。更ニ尋《タヅネ》不得《エ》。或時下女来テ。誠ニヤ盛《モリ》久《ヒサ》ハ。清水寺へ夜ゴトニ詣《マウデ》給フナリトゾ申タル。北條悦ンデ。清水寺ノ邊ニ人ヲ置《ヲキ》。窺《ウカヾヒ》見セ。盛久ヲ召《メシ》捕テ。右兵衛佐殿へ奉ル。盛《モリ》久《ヒサ》巳ニ鎌倉ニ下リ著ス。梶《カヂ》原《ハラ》景《カゲ》時《トキ》仰ヲ承テ。心中ノ所願ヲ尋《タヅネ》申ニ。子細ヲ不述《ノベ》。盛《モリ》久《ヒサ》ハ平家重代相傳ノ家人。重恩厚徳ノ者也。早ク斬刑ニ随《シタガフ》べシトテ。土屋ノ三郎宗《ムネ》遠《トヲ》ニ仰テ。首《クビ》ヲ刎ラルベシトテ。文治二年。六月二十八日ニ。盛久ヲ由《ユ》比《ヒノ》濱《ハマ》ニ引スヱ。盛久西ニ向テ念佛十遍許《バカリ》申ケルガ。如何《イカヾ》思ケン南ニ向テ又念佛二三十遍許《バカリ》申ケルヲ。宗《ムネ》遠《トヲ》太《タ》刀《チ》ヲ拔《ヌキ》。頸《クビ》ヲ打《ウツ》。其ノ太刀中《ナカ》ヨリ打《ウチ》折《ヲレ》ヌ。又打太刀モ目《メ》貫《ヌキ》ヨリ折ニケリ。不思議ノ思ヲナスニ。富《フ》士《ジ》ノスソヨリ光リニ筋《スヂ》。盛久ガ身ニ當《アタ》タルトゾ見ヘケル。宗《ムネ》遠《トヲ》使者ヲ立テ。此由ヲ右兵衛佐殿ニ申ス。又右兵衛佐殿ノ北方《キタノカタ》。夢《ユメ》ニ老僧一人出《イデ》来テ。盛久斬《ザン》首《シュ》ノ罪ニ當ラレ候《サフラフ》ガ。枉テ宥《ユウ》免《メン》候《サフラフ》べキ由申ス。北方《キタノカタ》。誰人ニ御座スルゾ。僧申ケルハ。我ハ清《キヨ》水邊ニ候《サフラフ》僧《ソウ》ナリト申スト覺ヘテ夢《ユメ》サメテ。此《コレ》ニ因《ヨツ》テ盛久ヲ召返サレタリ。右兵衛佐殿。所帯ハナキカト問給ヘハ。紀伊ノ國ニ候《サフラフ》シカドモ。君ノ御《ゴ》敵ニテカリ成テ候《サフラフ》ト申ス。安堵《ド》ノ御下文ヲ給ルトアリ。又東鑑ニ。大夫ノ尉伊勢ノ守平ノ盛國入道。去年召下サレ。文治二年。七月二十五日。断《ダン》食シテ死《シ》ス。是《コレ》下総ノ守季《スヘ》衡《ヒラ》ガ七男。平家ノ氏族也トアリ。此盛《モリ》國《クニ》ハ。盛《モリ》久《ヒサ》ガ父《チヽ》ニハアラズ。盛久ガ父《チヽ》ノ盛《モリ》國ガ為《タメ》ニハ叔《ヲ》父《ヂ》ナリ。盛《モリ》久《ヒサ》父《フ》子《シ》ノ事ハ。東鑑ニ不見ヘ。

○稲瀬河

稲《イナ》瀬《セ》河《ガハ》。或ハ水《ミ》無《ナ》能《ノ》瀬《セ》川《ガハ》トモ云フ。大佛ノ方。御《ミ》輿《コシガ》嶽《タケ》ヨリ長《ハ》谷《セ》ノ前《マヘ》ヲ。海ノ方ヘ流ル丶河ナリ。東鑑ニ治承四年。十月十一日。御《ミ》臺《ダイ》所《ドコロ》平ノ政子伊豆ノ國阿《ア》岐《ギ》戸《ト》ノ郷《ガウ》ヨリ。鎌倉ニ入リ御シ給フ。日《ヒ》次《ナミ》不宜《ヨロシカラ》ニ依テ。稲《イナ》瀬《セ》河《ガハ》ノ邊ノ民屋ニ止宿シ給フ。文元暦元年。八月八日。

三河ノ守範《ノリ》頼《ヨリ》。平家追《ツイ》討《タウ》使《シ》トシテ進《シン》發《パツ》ノ時。扈從ノ輩一千餘騎。頼朝卿。稲《イナ》瀬《セ》河《ガハ》ノ邊ニ桟《サ》敷《ジキ》ヲ構《カマ》ヘ見物シ給フトアリ。萬葉集ノ歌《ウタ》ニ。作者不知。真カナシミサ子ニハハユク鎌倉ノ。水《ミ》無《ナ》能《ノ》瀬《セ》川《ガハ》ニ潮《シホ》ミツナンカ。扶木集ニ。野《ノ》宮《ミヤ》ノ左大臣ノ歌ニ。東《アヅマ》路《ヂ》ヤ。水《ミ》無《ナ》能《ノ》瀬《セ》川《ガハ》ニミツシホノ。ヒル間モミヘヌ。五《サ》月《ミ》雨《ダレ》ノ比《コロ》。中納言為《タメ》相《スケ》ノ歌ニ。潮《シホ》ヨリモ。霞《カスミ》ヤサキニミチヌラン。水《ミ》無《ナ》能《ノ》瀬《セ》川《ガハ》ノアクル湊《ミナト》ハ。又。サシノボル。水《ミ》無《ナ》能《ノ》瀬《セ》川《ガハ》ノ夕《ユフ》潮《シホ》ニ。湊《ミナト》ノ月ノ影《カゲ》ゾチカヅク。従三位為《タメ》實《ザネ》ノ歌ニ。立マカフ。波《ナミ》ノシホ路モヘダヽリヌ。水《ミ》無《ナ》能《ノ》瀬《セ》川《ガハ》ノ秋ノ夕《ユフ》霧《ギリ》。法印尭《ギヤウ》慧《ヱ》ガ歌ニ。水浅《アサ》キ。濱《ハマ》ノ真《マ》砂《サゴ》ヲ越《コス》波《ナミ》モ。水《ミ》無《ナ》能《ノ》瀬《セ》川《ガハ》ニ春雨ゾ降《フル》。此《コレ》等《ラ》ノ歌。皆此河ヲ詠《ヨミ》タリ。水《ミ》無《ナ》瀬《セ》川《ガハ》ト云ハ。山城。太和。攝津ニモアリ。又梅松論ニ義《ヨシ》貞《サダ》。鎌倉合戦ノ時。大《オホ》館《ダテ》宗《ムネ》氏《ウヂ》。稲《イナ》瀬《セ》河《ガハ》ニ於テ討《ウタ》取《ト》ラルト有モ此所ナリ。

○光則寺　附宿屋光則カ舊跡

光《クワウ》則《ソク》寺《ジ》ハ。行《ギヤウ》時《ジ》山《サン》ト號ス。大佛ヘ行《ユク》道《ミチ》左《ヒダリ》ニアリ。此所ヲ宿《ヤド》屋《ヤ》トモ云フ。相傳フ。平ノ時《トキ》頼《ヨリ》ノ家臣宿《ヤド》屋《ヤ》左衛門光《ミツ》則《ノリ》入道西《サイ》信《シン》ガ宅《タク》地《チ》ナリト。昔《ムカシ》日蓮。龍《タツ》ノ口《クチ》ニテ首《クビ》ノ座《ザ》ニ及フ時。弟子日朗日心二人。檀那四條ノ金吾。父子四人。安國寺ニテ召《メシ》捕《トラ》テ。光《ミツ》則《ノリ》ニ預《アヅ》ケ給ヒ。土籠ニ入ラル。日蓮不思議ノ奇瑞有テ害ヲ免ル。因《ヨツ》テ光《ミツ》則《ノリ》信《シン》ヲ起シ。宅《タク》地《チ》ニ草庵ヲ結《ムス》ビ。日朗ヲ開山祖トス。光《ミツ》則《ノリ》ガ父《チヽ》ノ名ヲ行《ギヤウ》時《ジ》ト云。故ニ父《チヽ》ノ名ヲ山號トシ。我《ワガ》名ヲ寺號トスト云フ。近年。古田《タ》兵部ノ少輔重《シゲ》恒《ツネ》ガ後室。大梅院再興ス。故ニ今大梅寺トモ云ナリ。堂ニ。日蓮。日朗ノ木像。光《ミツ》則《ノリ》四條ノ金吾。父子四人ノ像モアリ。妙本寺ノ末寺ナリ。

日朗ノ土《ツチ》籠《ロウ》　寺ノ北ノ方。山上ニアリ。

○大佛 附 切通

大佛ハ。大異《オイ》山淨泉寺《ジヤウセンジ》ト號ス。此所ヲ深澤《フカサハ》ト云。大佛ノ坐像。長三丈五尺。膝《ヒザ》ノ通リニテ。横五間半。袖《ソデ》口《グチ》ヨリ指《ユビ》ノ末《スヱ》マテ二尺七寸餘アリ。建長寺持《モチ》分《ブン》ナリ。東鑑ニ。暦仁元年。三月廿三日。相模國深澤《フカサハ》里《ノサト》大佛殿ノ事始《コトハジメ》ナリ。僧淨光。尊卑《ソンビ》緇素《シソ》ヲ勸進シテ。此營作《エイサク》ヲ企《クハダ》ツ。同五月十八日。大佛ノ御頭《ミグシ》擧《アゲ》奉《タテマツ》ル。周《メグリ》八丈ナリ。仁治二年。三月廿七日。深澤ノ大佛殿。上棟ノ儀アリ。寛元元年。六月十六日。深澤村《ムラ》ニ一宇ノ精舎ヲ建立シ。八丈餘《アマリ》ノ阿弥陀ノ像ヲ安ス。今日供養ヲノブ。導師ハ。卿《キヤウ》ノ僧正良信。讃衆十人。勸進ノ聖人淨光坊。此六年ノ間。按スルニ暦仁元ヨリ寛元元マテ合テ六年。都鄙ヲ勸進ス。卑尊ヲ奉加セズト云事ナシトアリ。是皆頼經《ヨリツネ》將軍ノ時也。又建長四年。八月十七日。深澤ノ里ニ。金銅ニテ釋迦如來ノ像ヲ鑄《イ》奉《タテマツ》ルト有。宗尊親王ノ時ナリ。源ノ親行《チカユキ》東關紀行ニ。由《ユ》比《ヒ》ノ浦《ウラ》ニ阿弥陀ノ大佛ヲ作リタテヽツル。事《コト》ノ起リヲ尋《タヅ》ヌルニ。本《モト》ハ遠江ノ國ノ人淨光上人ト云者有。過《スギ》ニシ延應ノ比《コロ》ニ。關東ノ卑尊ヲ勸《スヽメ》テ佛像ヲ作ル。此ノ阿弥陀ハ八丈ノ長《タケ》ノ木像也トアリ。按スルニ暦仁元年ニ。淨光造作ノ佛モ八丈ノ阿弥陀佛トアリ。延應ハ暦仁ノ次ノ年ナリ。所謂六年ノ内ナレバ。東鑑ニ符合セリ。其ノ佛ハ何レノ時カ滅亡シテ。今ノ大佛ハ金銅盧遮那佛ナリ。東鑑ニ所謂。建長四年ニ鑄《イ》タル佛カ。堂ナシ。礎右ノミアリ。鎌倉大日記ニ。應安二年。九月三日。大風。鎌倉ノ大佛殿。顛倒。明應四年八月十五日。洪水。由比ノ濱ノ海水激揚シテ。大佛ノ堂ヲ破ルトアリ。建長寺過去帳ニ。大佛開山。大素和尚諱ハ素一トアリ。素一ハ。中興開山ナリト云フ。

題銅大佛　萬里居士

自註云。銅大佛。長七八丈。腹中空洞。應容數百人。無堂宇。而露坐突兀。洛誌云。南都
丰佛雲狐。雲狐之丰。佛東福
兄。在南都第東福。可憐佛六去年負實趺塵飲無堂宇。腸痩纔容數百人。

宿相之大佛寺　義堂

早歳曾遊頻甲子。垂將髮白對山蒼。寺瀕海岸吹松激。潮退灘沙送月長。去鴈亡書家萬里。寒砧牽夢楚三霜。客懷蕭颯秋風晩。憐爾園蔬小吐芳。

大佛切通《キリドヲシ》　大佛ノ西ノ方ナリ。此切通《キリドヲシ》ヲ越《ヨ》レバ常磐里《トキハノサト》ヘ出ルナリ。東鑑ニ治承五年。九月十六日ニ、足利《アシカヾ》太郎藤原俊綱《トシツナ》ガ郎等。桐生《キリウ》六郎。主《シユ》ノ俊綱《トシツナ》ガ首《クビ》ヲ持參シテ。梶原《カヂハラ》平三ガ許《モト》ニ案内ヲ申ス。シカルニ鎌倉ノ中ニ入《イレ》ラレズ。直《ジキ》ニ武藏《ムサシ》大路《オホヂ》ヨリ深澤《フカサハ》ヲ經《ヘ》テ腰越《コシゴヘ》ニ向フトアリ。深澤ヲヘテ行《ユク》道《ミチ》。此道《ミチ》筋《スヂ》ナランカ。鶴《ツルガ》岡一ノ鳥居ヨリ。此所マデ。二十町バカリアリ。

○御輿嶽

御《ミ》輿《コシ》（或作見越）嶽《ガタケ》ハ大佛ノ東ノ山ナリ。左京ノ大輔顯《アキ》仲《ナカ》ノ歌ニ。鎌倉ヤ。御《ミ》輿《コシ》ノ嶽《タケ》ニ雪キヘテ。水《ミ》無《ナ》瀬《ノセ》川《ガハ》ニ水マサルナリトアリ。水《ミ》無《ナ》瀬《ノセ》川《ガハ》ハ。前ニ出ス。又ハ御《ミ》輿崎《コシガサキ》トモ云ナリ。萬葉集ノ歌。（作者不知）鎌倉ノミコシガ崎《サキ》ノ岩グエノ。君ガクユベキ。心ハモタジ。中務卿ノ宗尊親王歌ニ。都《ミヤコ》ニハ。ハヤ吹《フキ》ヌラシ鎌倉ヤ。御《ミ》輿崎《コシガサキ》ノ秋ノ初風《ハツカゼ》トアリ。

○常磐里　附常磐御所跡

常《トキ》磐《ハ》里《ノサト》ハ大佛切通《キリドヲシ》ヲ越《コユ》レバ常《トキ》磐《ハ》里《ノサト》ナリ。東鑑ニ建長八年。八月廿三日。將軍家。新奥州政《マサ》村《ムラ》ガ常《トキ》磐《ハ》ノ第ニ入御シ給フト有。又弘長三年。二月八日。政《マサ》村《ムラ》ガ常《トキ》磐《ハノ》御亭ニテ。一日千首ノ和歌ノ會ノ事アリ。今此内ニ。里民、常《トキ》磐《ハノ》御《ゴ》所《シヨ》ト云傳ル所《トコロ》アリ。政《マサ》村《ムラ》ガ亭《テイ》ノ跡ナリ。政《マサ》村《ムラ》ヲ常《ジヤウ》磐《バン》院《イン》定《ヂヤウ》（或作覺）崇《ソウ》ト號ス。昔此所ニ常磐院ヲ建タル歟。新後撰集ニ。藤原景綱《カゲツナ》ガ歌ニ。ウツロハデ。萬代《ヨロヅヨ》匂《ニホ》ヘ山櫻《ザクラ》。花モトキハノ宿《ヤド》ノシルシニ。此歌ヲ。呂琢類聚ニ。都ノ常《トキ》磐ニ附タリ。鎌倉無案内ノ故ナラン。此歌ノ詞書《ガキ》ニ八年ノ時《トキ》範《ノリ》ガ常磐ノ山莊ニテ。寄花祝ト云事ヲヨミ侍《ハベ》リケルト有。時《トキ》範《ノリ》ハ。北《ホウ》條《デウ》重《シゲ》時《トキ》ガ孫ニテ陸奥ノ守時《トキ》茂《モチ》ガ子ナリ。景《カゲ》綱《ツナ》ハ。重《シゲ》時《トキ》ガ兄。泰《ヤス》時《トキ》ガ家士也。按ズルニ。時《トキ》茂《モチ》ヲモ常磐ト號ス。政《マサ》村《ムラ》ガ姪《ヲヒ》ナリ。時茂ヨリ。時範ニ至ルマデ。此所ニ山莊アリツルナラン。シカレバ。此歌鎌倉ノ常磐ヲヨメルナラン。又此所ニ。常《トキ》葉《ハノ》松《マツ》ト云アリ。

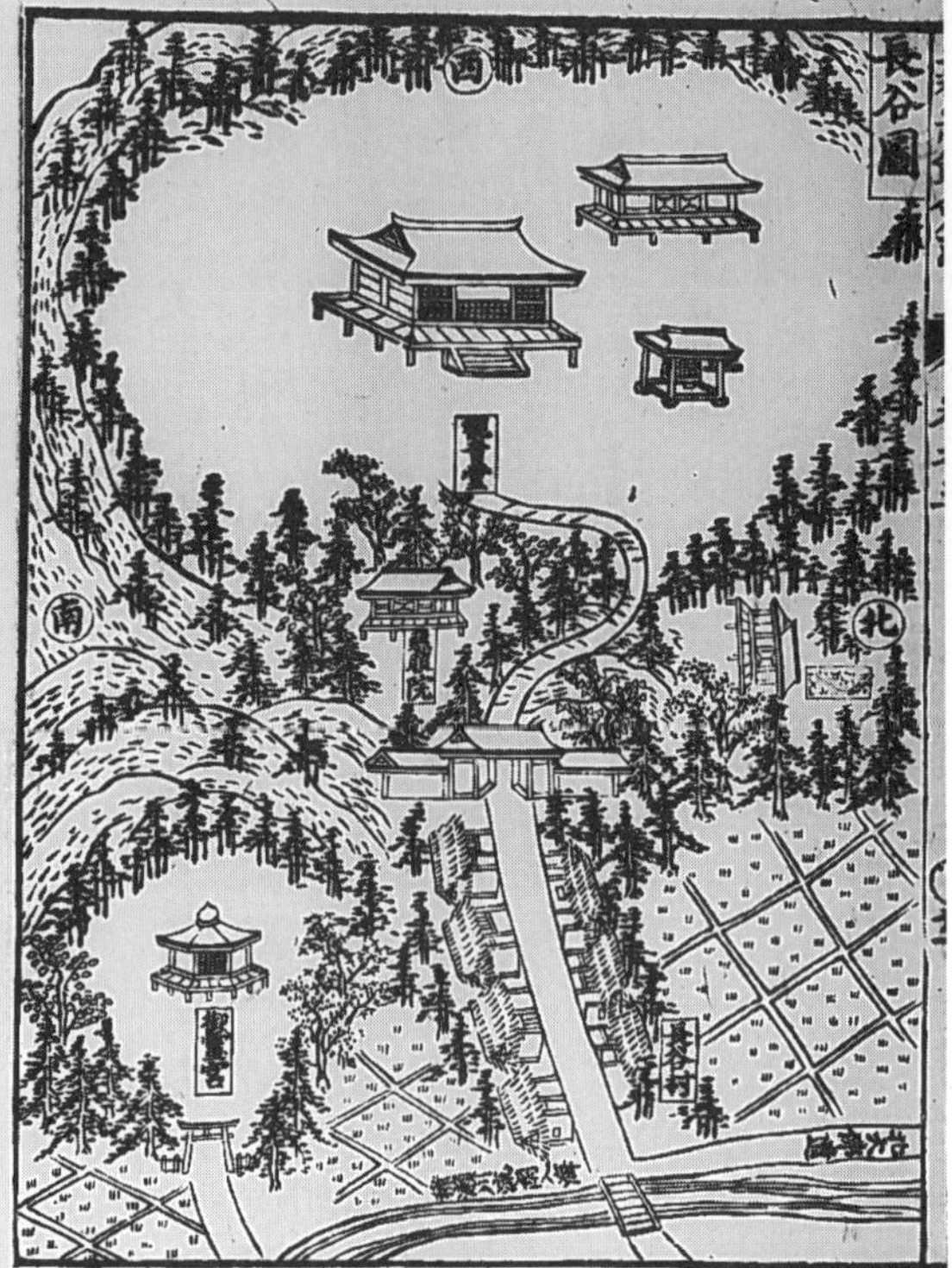

○長谷観音堂

長谷《ハセ》観音堂ハ、海光山《カイクワウザン》ト號ス。額ニ長谷寺。子純筆トアリ。子純ガ事、在杉本寺ノ下ニ。坂東巡禮札所第四ナリ。光明寺ノ末寺ナリ。相傳フ、此観音大和《ヤマト》ノ長谷《ハセ》ヨリ洪水ニ流サレ、馬入《バニウ》ヘ流レ寄タルヲ上テ、飯山《イヒヤマ》ニ有シヲ、忍性《ニンシヤウ》ト大江廣元《ヒロモト》ト謀テ、此ノ所ニ移スト。按スルニ忍性ノ傳ニ、建保五年ニ生《ム》マル。十六ニテ出家ストアリ。廣元《ヒロモト》ハ嘉祿元年ニ卒ス。時ニ忍性纔《ワヅカ》ニ九歳ナリ。且《カツ》釋書ニ、弘長ノ始メ相陽ニ入《イ》ルトアレバ、此ノ事不審。又云、和州長谷《ハセ》ノ観音ト此観音トハ一木ノ楠《クスノキ》ニテ作レリ。和州ノ

観音ハ木《キ》ノ本《モト》、此像ハ木ノ末《スヘ》也。十一面観音ニテ、長《タケ》二丈六尺二分。春日《カスガ》ガ作。按ズルニ、春日ト云ハ佛師ノ名ナリ。佛像ノミニアラズ、樂ノ假面ニモ春日ガ作多アリ。舊記ニ、番文會番主數ハ河内ノ國春日部ノ邑ノ人。兄弟共ニ佛師ナリトアリ。是ヲ春日ガ作ト云ナリ。浮屠附會ノ說ニ、春日大明神ノ作ト云テ、世人ヲ迷ハセリ。不可信。阿弥陀。作者不知。十一面ノ像。宅間法眼ガ作。如意輪像。安阿弥ガ作。勢至像。安阿弥ガ作。此ノ像ハ畠山《ハタケ》重忠《シゲタヾ》ガ持佛堂ノ本尊ト云傳フ。聖徳太子ノ像。作者不知。和州長谷開山徳道上人ノ像。自作。毎年六月十七日、當寺ノ會《エ》ニテ、貴賤老少參詣多シ。寺領二貫文アリ。鶴ガ岡一ノ鳥居ヨリ十八町許アリ。和州長谷寺観音ノ像ノ事、并ニ徳道ガ傳、元亨釋書ニ出。徳道ハ乃法道仙人也。

棟札

當寺者観音堅塵之靈場、威力自在之効驗。擧テ世皆崇信ス之ヲ。雖然大破年久シ。不能ハ興スコト焉。方今為武門永昌、闔國治平之祈念、入リ圓通之境ニ、開ク普門之道ヲ。乃使テ巧匠ヲ終ヘ土木之功ヲ、而所ナリ經營遷替スル也。相模州鎌倉長谷観音堂。正保二年乙酉月日。若狹國主、從四位上左近衛少將兼讃岐守源朝臣忠勝《タヾカツ》。奉行成田助右衛門尉、飯田新兵衛尉。大工桐山源四郎。今ノ棟札ナリ。昔ノ棟札ノ寫シ、光明寺ニアリ。其文如左。

大日本國相模州小坂ノ郡、鎌倉府海光山長

谷寺。荒廢七零八落年久矣。於茲征夷大將軍源朝臣家康。修造再興。上棟不日而成就。賞不觀音方便乎。伏願官門長保南山壽久。爲《タメ》北闕尊次冀佛法紹盛的々相承。億萬年。維《コレ》旹《トキ》慶長十二年。丁未。七月十二日。大工。吉野九郎右衛門尉。棟梁。増田四郎左衛門尉。造營奉行。石川吉兵衛尉。代官。深津八九郎貞久《サダヒサ》。奉行。伊奈備前守忠次《タヾツグ》。別當春宗敬白。禪書。福山寶珠菴元英祥珪書焉。

鐘樓　鐘ノ銘アリ如左。

長谷寺觀音堂鐘ノ銘

新長谷寺。稚鐘ノ威力十方ノ施主。消除不祥ヲ消除災難。心中ノ所願。決定成就。檀波羅蜜。具足圓滿。文永元年。甲子。七月十五日。當寺ノ住持眞光。勸進ノ沙門淨佛。大工。物部季重

慈照院　本堂ノ北東ニアリ。

慈眼院　本堂ノ東ニアリ。

○御靈宮

御靈《ゴリヤウ》宮《ミヤ》ハ。長谷《ハセ》村《ムラ》ヨリ西南ノ方ニアリ。鎌倉《カマクラ》權《ゴン》五郎平ノ景政《カゲマサ》ガ祠ナリ。景政《カゲマサ》ガ事。奥羽軍記ニ詳ナリ。東鑑ニ。建久五年。正月。御靈ノ社御奉幣。八田《ハツタ》知家《トモイヘ》御使《ツカヒ》タリ。御靈ノ社ノ事往々見タリ。保元物語ニ。後三年ノ御合戰ニ。鳥海《トリノウミ》城《ノタテ》ヲ落サレシ時。生年十六歳ニテ。左《ヒダリ》ノ眼《マナコ》ヲイサセテ。其ノ矢ヲ不抜シテ。答《タウ》ノ矢《ヤ》ヲ射《イ》テ敵ヲ打《ウチ》。名ヲ後代ニ揚《アゲ》。今ハ神トイハヽレタル。鎌倉權五郎景政トアリ。神主《カンヌシ》ハ。小坂《コサカ》氏《ウヂ》ナリ。景政ガ家臣ノ末《スエ》也ト云フ。梶原《カヂハラ》村ニモ。御靈ノ宮アリ。里老ノ云。當社ハ。本《モト》梶原村ニ有シヲ。後《ノチ》ニ此ノ地ニモ勸請ス。故ニ今祭禮ノ時ハ。彼ノ所《トコロ》ノ神主《カンヌシ》出合《デアフ》テ勤《ツトム》ト也

新編鎌倉志卷之五

新編鎌倉志　巻之六〔第九冊〕

新編鎌倉志巻之六目録

星月夜井 附虚空藏堂
極樂寺 附切通 辨慶腰懸松
月影谷 附阿佛屋敷
聖福寺舊跡
針磨橋
稻村 附稻村崎 横手原
靈山崎
袖浦
十一人塜
七里濱
音無瀧
日蓮袈裟掛松
行合川
金洗澤
津村
小動 附八王子宮
腰越村
滿福寺 附硯池
袂浦
龍口寺
固瀬村 附固瀬川
西行見返松
笈燒松
唐原
砥上原 附八松原
江島 附兒淵 仁田四郎抜穴

新編鎌倉志巻之六

河井恒久友水父纂述
松村清之伯胤父考訂
力石忠一叔貫参補

○星月夜井　附虚空藏堂

星月《ホシヅキ》夜《ヨ》ノ井ハ、極楽《ゴクラク》寺《ジ》ノ切通《キリドホシ》ヘ上ル坂《サカ》ノ下《モト》、右ノ方ニアリ。里老ノ云ク、昔ハ此井ノ中ニ、昼《ヒル》モ星ノ影《カゲ》見ユル故《ユヘ》ニ名ク。此辺ノ奴婢、此ノ井ヲ汲《クミ》ニ来リ、誤《アヤマツ》テ菜《ナ》刀《ガタナ》ヲ井ノ中ヘ落シタリ。爾シヨリ来《コノカタ》、星ノ影《カゲ》不見《ミエズ》ト。又此井ノ西ニ、虚空藏堂アリ。星月《ホシヅキ》山《サン》星井《セイ》寺《ジ》ト号ス。極楽《ゴクラク》寺《ジ》村《ムラ》ノ

成就院ノ持分《モチブン》也。成就院ハ真言宗。虚空藏ハ行基ノ作。長《タケ》二尺五寸。縁起一巻アリ。其略ニ云ク、聖武帝ノ天平中ニ、此井ニ光《ヒカリ》アリ。里民不思議ノ思ヲナシ、コレヲ見レバ、井ノ辺ニ虚空藏ノ像現《ゲン》ジ給フ。此由ヲ奏シケレバ、行基ニ勅シ、此像ヲ作ラシメ、爰ニ安置シ給フトアリ。後堀河百首ニ、常陸《ヒタチ》ガ歌ニ、我ヒトリ鎌倉《カマクラ》山《ヤマ》ヲ越《コエ》行《ユケ》バ、星月《ホシヅキ》夜《ヨ》コソウレシカリケレ。又法印堯慧ガ北国紀行ニ、極楽寺ヘイタルホドニ、イトクラキ山間《アヒ》ニ星月《ホシヅキ》夜《ヨ》ト云所アリ。昔シ此道ニ星《ホシノ》御《ミ》堂《ダウ》トテ侍《ハベリ》キナド。古老《コラウ》ノ申《マウシ》侍《ハベリ》シカバ、歌ニ、今モナヲ、星月《ホシヅキ》夜《ヨ》コソノコルラメ。寺ナキタニノ闇《ヤミ》ノ燈《トモシビ》トアリ。星御堂《ホシノミダウ》ト云フハ、此虚空藏堂ノ事ナリト云。今按ズルニ、此谷ノ名ヲ星月夜《ホシヅキヨ》ト云、アナガチ井ノ名ニハアラズ。千寿ノ謡ニモ、明《アケ》モヤスラン星月夜ト有。古歌ニモ、井《ヰ》ハ不詠《ヨマズ》。

寺宝

明星石　壹顆。黒《クロ》滑《ナメラカ》ナル石ニテ、常ニ湿《ウルホヒ》アリ。
馬ノ玉　壹顆。
貝ノ珠　壹顆
古銭　貳文。一文ハ崇寧通宝。一文ハ元豊通宝
唐ノ鏡《カラノカヾミ》　壹面
以上

○極樂寺　附切通　辨慶ガ腰懸松

極樂《ゴクラク》寺ハ靈《リヤウ》鷲《ジユ》山《セン》ト號ス。真言律ニテ。南都西大寺ノ末寺ナリ。開山ハ忍性菩薩。良觀上人ト號ス。元亨釋書ニ傳アリ。當寺ハ陸奥守平ノ重《シゲ》時《トキ》ガ建立ナリ。重時ヲ極樂寺ト號シ。法名觀覺ト云。東鑑ニ。弘長元年。十一月三日。平ノ重時卒ス。年《トシ》六十四。時ニ極樂寺ノ別業ニ住ス。發病ノ始《ハジメ》ヨリ。萬事ヲ抛《ナゲウ》チ。一心念佛正念ニシテ終ルトアリ。按ズルニ。元亨釋書ニ。初メ正嘉中ニ沙門アリ。一宇ヲ營《イトナミ》テ。丈六ノ弥陀ノ像ヲ安ズ。名《ナヅケ》テ極樂寺ト云。未《タ》落《ラク》シテ亡ス。平ノ重《シゲ》時《トキ》。其ノ宇《ウ》ヲ今ノ地ニ遷シテ齋《サイ》場《ヂヤウ》トス。重《シゲ》時《トキ》ノ子長《ナガ》時《トキ》。同ク弟業《ナリ》時《トキ》。力《チカラ》ヲ戮テ修營ストアリ。帝王編年記ニ。永仁六年。四月十日。關東ノ將軍家久明親王。御祈禱ノ為《タメ》ニ。十三箇寺ノ。寺領ノ違亂ヲ停止。殺生禁斷ノ事アリ。相州鎌倉郡ノ極樂寺。其ノ一《ヒトツ》ナリ。此寺昔《ムカシ》ハ四十九院アリシトナリ。今吉祥院ト云ノミアリ。寺領九貫五百文アリ。又千服《ブク》茶《チヤ》磨《ウス》トテ。大ナル石《イシ》磨《ウス》。門ヲ入右ノ方ニアリ。昔《シ》此ノ寺繁昌ナリシヲ。知《シラ》シメン為《タメ》ナリトイフ。鶴ガ岡ノ一ノ鳥居ヨリ是マデ凡三四町アリ。

本堂

本尊ハ釋迦。興正菩薩ノ作ナリ。嵯《サ》峨《ガ》ノ釋迦ヲ模《モ》シタリトイフ。十大弟子ノ像モアリ。作者不知。左《ヒダリ》ニ興正菩薩ノ木像。自作トイフ。右《ミギ》ニ忍性菩薩ノ木像。是モ自作ト云。又文殊ノ坐像アリ。古《イニシ》ヘノ文殊堂ノ本尊ナリト云フ。沙石集ニ。慈《ジ》濟《サイ》律師此寺ニ住セシ時。或《アル》夜《ヨ》ノ夢ニ。文殊告《ツゲ》テ曰ク。連歌シタリ付ヨト。イザカヘリナン本《モト》ノ都《ミヤコ》ヘ。慈《ジ》濟《サイ》律師付《ツケ》タリ。思《ヲモ》ヒ立《タツ》。心ノ外《ホカ》ニ道モナシトアリ。慈濟《サイ》律師ノ夢ニ見シハ。此像ナリト云《イヒ》傳ウ。文殊堂ノ跡。礎石今尚存ス。

寺寶

九條袈裟　查頂。乾陀穀子ノ袈裟。東寺第三傳ト書付アリ。今按スルニ。乾陀穀子ノ袈裟ハ。弘法大師ノ傳來ニテ。八祖相承トテ。東寺ノ寶物ナリ。今此寺ニ所有ハ其袈裟ヲ摸シタル。第三傳ト見ヘタリ。

繍心經ノ卓圍　查張。當麻ノ中將姫《ヒメ》ノ製ト云。廣《ヒロサ》一尺二寸四方。卓圍ハ俗ニ云打敷ナリ。

二十五條ノ袈裟　查頂。紗ナリ。八幡大神ノ所持ト云フ。按スルニ八幡ヘ調進ノ物ナリ。

瑜伽論　三巻。曹丞相ノ筆。其說荏《エ》柄《ガラ》ノ天神ノ條下ニ詳《ツマビラ》カナリ。

綸旨　貳通。共ニ嘉曆二年トアリ。

右馬允政季證文　查通。

尊氏ノ證文　查通。

義詮ノ證文　查通。

義滿ノ證文　查通。

氏滿ノ證文　查通。

千體地藏　弘法ノ作。本尊ハ。長《タケ》一寸餘。千體ハ。長《タケ》五六分バカリ也。今皆紛失シテ。纔ニ二三百バカリ殘リ。

開山忍性ニ賜菩薩號ノ勅書ノ寫　壹通。其文如左。

勅傳燈大法師位忍性者挑法燈於闇室。琢戒珠於日域。化儀之被遐邇。循循誘人。誦響之繼最實。翼翼克己。五十二位之內證雖叵瞻辨。五十二年之練行。於是自彰。廣致檀施。誠者悲增。乃任彼弟業之請。盍宜許其菩薩稱號矣。嘉曆二年五月廿五日。

忍性菩薩行狀畧頌　壹冊。其文如左。

良觀上人諱忍性。父伴貞行。母榎氏。和州城下屏風生。建保五年七十六。生年十一安貞元。就師學問信貴山。唱五字咒。祈道心。寬喜元年十三歳。誓斷食肉。學慈氏生年十四同二年。摺文殊像。并行戒。貞永元年十六歳。母儀逝去。訪菩提。看額安寺經八旬。同年剃髮而出家。毎月參詣安倍寺。首尾四年祈發心。生年十七天福元。登壇受戒東大寺。文曆元年十八歳。讀誦法華。發信心。採花供佛一夏中。嘉禎元年十九歳。六年毎月詣生馬。生年二十同二年。七日斷食。三箇度念五字明。五十萬。二十三歳延應元。誓斷婬酒盡未來。參籠生馬。二七日。祈菩提心。念文殊。同年四月二十日。興正菩薩受十重。二十四歳仁治元。
窮情上人聽古迹。則觀無常捨身財。悉施貧
乏。圖佛像。同年四月第三日。興正菩薩稟十
戒。同十一日受具戒。道出後住西大寺。僧衣
洗濯掃房舍。借書請寺與學徒。建常施院扶
病客。修悲田院濟乞丐。不堪行步亦癩人。自
負送迎奈良市。不有衣服施非人。我著疊蓆
湯。煖處到北山宿。誡現業癩者改悔謗法罪。
圖文殊像。摺般若。大聖感夢示詠歌。二十七
歳寛元元。關東下向。七月上。造立丈六文殊

像。同年先妣十三回。癩宿十八集千人。悉施
飲食勸齋戒。二十九歳同三年。泉州家原稟
別受。寶治元年三十一。唐船歸朝赴鎭西。請
來律宗三大部。三十六歳建長四。關東下向
弘律儀。先詣春日祈擁護折社榊枝。誓隨逐。
八月十四赴鎌倉。九月十五詣鹿島參籠三
日獻法華。極月四日到三村。院主歸德作律
院。止住十年移柳營。三十八歳同六年。始授
具戒作和上。生年四十同八年。鹿島神託示
靈異。四十五歳弘長元。請鎌倉住釋迦堂。四

十六歳同二年。光業召。請多寶寺。止住五年
行僧法。新宮之跡同四年。非人施行二千餘。
四十九歳文永二。始授灌頂者闍梨後授三
十有餘人。西明禪儀受重病。八幡告夢奉戒
陸。五十一歳文永四。八月移住極樂寺。講三
大部則七反。宗要三十古迹七。梵誡三十淨
心三。讀章服儀誡蠶衣。五十餘人斷絹綵。三
時勤行二時食。除病急緣無懈怠。不畜餘長
著。麁衣不嗜美食。先儉約取菓子種植山野。
獄舍施行盲與杖。非人與袋狗子飼。病者施

藥捨子養出狩餓貸施乞丐。入用餅果與學
覺。毎日三座供養法。四分梵網偈日誦文殊
講式壽量品。遺教行願各一卷。地藏文殊觀
自在。種子名號各一反。書寫三禮為衆生。釋
迦三願舍利禮。十方諸佛及師僧。三時禮拜
各三遍。地藏小呪并寶號。八字文殊各千反。
一稱一禮不為身。萬行萬善廻法界。同年極
月受灌頂。阿性上人勸修寺。五十三歳文永
六。江島祈雨甘雨降。鐵塔供養九月八。黄蝶
魚蛤集聽聞。新宮草創同六年。五十六歳同

九年。立十種願利群生。同十一年飢饉死於
大佛谷《ヤツ》集飢人。五十餘日施粥等。五十九歳
建治元。陽春三月二十三。當寺炎上。堂舍滅。
塔婆建立同二年。文殊告夢成合力。舞樂供
養弘安元。靈神感夢結縁人。皆生淨土悟無
生。自建治三至弘安。文殊二幅毎月圖。二十
五日異縮畫。六十二歳弘安元。椎尾山頂建
寶塔。掘出礎石數十六。六十五歳同四年。御
教書下異國祈。七夜不斷四王咒。稲村百座
仁王講。三千餘艘悉退散。六十七歳同六年。

疫癘滿國人民卒。和尚慈愍冀門前。毎日僧
徒加療養。六十八歳弘安七。祈雨齋戒滿六
年度〻請雨勸齋戒。一〻莫不降大雨。同年
補任二階堂。五大堂大佛別當。生年七十同
九年。始奉祈雨御教書請雨止雨二十餘。毎
度無不施效驗。金堂供養同十年。八月九日
眞言供。桑谷《クハガヤツ》病屋同十年。不擇親疎病者集。
和尚恒臨致問訊。七十二歳正應元。八月上
洛謁本師。興正菩薩爲闍梨。九月十九受灌
頂。正應已後十二年。初受重受比丘戒。二千

六百八十人。三十九年則不記。七十五歳同
四年。始結戒壇行別受。兩度四日六十人。七
十六歳正應五。興正菩薩第三廻。上洛供養
四王堂。勸惟千領施諸僧。七十七歳永仁元。
異國降伏院宣下。四月上洛到八幡。尊勝神
咒七晝夜。同年八月奉綸旨補東大寺大勸
進。七十八歳同二年。四天王寺大勸進。建石
鳥居二丈五。八十一歳永仁五。八月九日眞
言院。草創供養曼陀供。八十二歳同六年。建
立坂下馬病屋。常莅彼癡唱佛名。札書眞言

令繫頸新宮炎上正安二。陽春二月二十三。
不送年月致新宮勸請諸神十二社。八十五
歳正安三。田那部池慇祈雨未及歸寺大雨
降。八十七歳嘉元元。累日炎旱草不枯。普授
齋戒三萬餘。一日摺寫大般若。一滴不降經
五日。清瀧祈誓捨身命。小蛇出現甘雨降。伽
藍草創八十三。百五十四堂供養。寺院結界
七十九。塔婆建立二十基。二十五基塔供養。
渡一切經十四藏。圖畫地藏與男女一千三
百五十五。請來律宗三大部。一百八十六部

也。戒本摺寫與僧尼。三千三百六十巻。馬衣并惟與非人。都合三萬三千領。水田一百八十町。寄進聖跡三十二。亘橋一百八十九。作道七十一箇所。三十三所掘井水。六十三所殺生禁。浴室病屋非人所。各五五所休苦辛。三十七年當寺住。下洛以後五十二。自行化他滿足已。嘉元元六二十三。予將寢病不愈貴賤問訊終不斷。遺誡懇懃著大衣口誦秘明手結印。端座不動對釋尊。遂使壽算八十七通受夏臘六十一。七月十二予入滅延

慶第三冬十月。小比丘澄名謹誌。右偏爲慕德結緣只忘之所之。不顧人嘲。列二百五十句。擬二百五十戒。只恨纔讀口不行身。可愍可愍。可悲可悲。

以上

鐘樓

大日本國相州鎌倉府靈山山極樂寺

鐘銘

降伏魔力怨。除結盡無餘。露地擊犍稚。菩薩聞當集。諸欲聞法人。度流生死海。聞此妙響音。盡當雲集此。丁聽鐘聲。當願衆生。斷三界苦。頓證菩提。伏乞聖朝安穩。天長地久。伽藍繁昌。興隆佛法。十方施主。現當二世。心中所願。決定圓滿。于時寛永四丁卯年。二月廿五日。當寺住持沙門慧印。行事比丘慧性。勸進願主岩澤玄蕃允。并伶人源左衛門。

辨慶腰懸松　門ヲ入北ノ方ニアリ。義經《ヨシツネ》腰越《コシゴエ》ヨリ押《オシ》歸サレシ時。辨慶此松ニ腰ヲ懸。鎌倉ノ方ヲニラミタリト云傳ル

切通《キリドヲシ》　極樂寺ノ前ノ道。由井ノ濱ノ方ヘ出ル切通ナリ。忍性菩薩。切開《キリヒラ》カレシト云ル。太平記ニ。新田義貞ノ大將大館《オホダチ》次郎宗氏《ムネウヂ》。十萬餘騎ニテ。極樂寺ノ切通《キリドヲシ》ヨリ向フトアルハ此所也。南ノ方ハ稲村崎《イナムラガサキ》ナリ。下ニ詳ナリ。

○月影谷　附阿佛屋敷

月《ツキ》影谷《カゲガヤツ》ハ。極樂寺ノ地内。西ノ方ナリ。昔ハ暦ヲ作ル者居住セシトナリ。此所ニ阿佛屋敷アリ。十六夜《イザヨヒ》日記ニ。東《アヅマ》ニテスム處ハ月《ツキ》影谷《カゲガヤツ》トゾ云ナル。浦《ウラ》近キ山本《モト》ニテ。風イトアラシ。山寺《ヤマデラ》ノ傍ラナレバ。ノドカニスゴクテ。浪《ナミ》ノ音《ヲト》松風《マツカゼ》タヘズトアリ。英勝寺ノ地内ニモ阿佛屋敷ト

云有。彼《カシコ》ハ葬《ハウムリ》タル所ナル故ニ阿佛卯塔屋敷ト云。住《スミ》シ處ハ此《コノ》谷《ヤツ》ナリ。阿佛。為《タメ》相《スケ》ノ事。卯塔屋敷。為相ノ石塔ノ條下ニ詳ナリ。

○聖福寺舊跡

聖福《シヨウフク》寺《ジ》ノ舊跡。極樂寺ノ西南ニアリ。大ナル谷《ヤツ》ナリ。此地ニ熊野權現ノ社アリ。東鑑ニ。建長六年四月十八日。聖福寺ノ鎮守。諸神ノ神殿上棟《ムネアゲ》。所《イハユル》謂神驗。武内。稲荷。住吉。鹿島。諏訪。伊豆。筥根。三島。富士。夷《エビス》社等ナリ。是總ジテ。關東ノ長久。別シテ相州時頼《トキヨリ》ノ兩男。聖壽丸《シヨウジユマル》。福壽丸《フクジユマル》息災延命ノ為《タメ》ナリ。因テ彼兄弟兩

人ノ名字ヲ以テ寺號トス。去ル十二日ニ事始アリ。相模ノ國大庭《ヲホバ》御厨《ノミクリヤ》ノ内ニ。其地ヲ卜《ボク》ストアリ。又鶴岡記録ニ。八幡ノ御正體ヲ。新熊野聖福寺ニ移シ奉ルト有。今按スルニ此地ナリ。

○針磨橋

針《ハリ》磨《スリ》橋《バシ》ハ。極樂寺ノ南。七《シチ》里《リ》濱《バマ》へ出ル路ノ小橋ナリ。唐ノ李白ガ老嫗ノ杵《キネ》ヲ磨スルニ逢《アフ》。又江州磨《スリ》針《ハリ》峠《タウゲ》ノ故事ナドノ例カ。鎌倉十橋ノ一ツナリ。

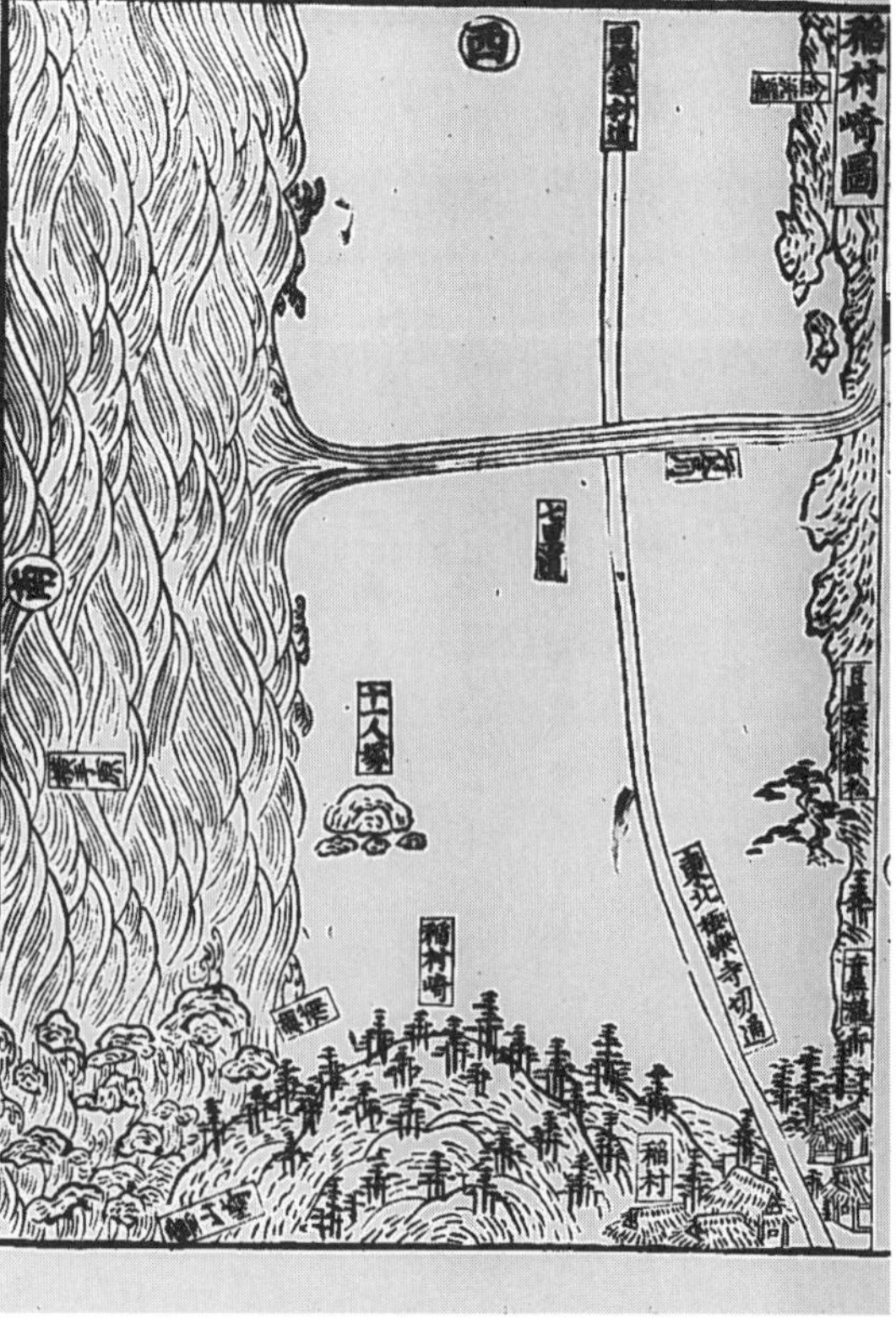

○稲村　附稲村ガ崎　横手原

稲《イナ》村《ムラ》ハ。極樂寺ノ南ナリ。海道ノ東ノ方ニ。稲《イネ》ヲ積《ツミ》タル如《ゴトク》ノ山アリ。故ニ稲《イナ》村《ムラ》ト名ク。昔。源《ミナモトノ》滿《ミツ》兼《カネ》ノ舎弟滿《ミツ》直《ナホ》此ノ村ニ居ス。故ニ稲《イナ》村《ムラ》殿ト云。又里《サト》見《ミ》義《ヨシ》豊《トヨ》ヲモ稲村殿ト称ス。是ハ房州ノ稲《イナ》村《ムラ》ナリ。南ノ海濱ヲ稲《イナ》村《ムラ》崎《ガサキ》ト云。東鑑ニ。建久二年。九月廿一日。頼朝卿。海濱ヲ歷覧シ給《タマハ》ン為ニ。稲村崎ノ邊ニ出御。小《コ》笠《ガサ》懸《カケ》ノ勝負アリト有。此海邊ヲ横《ヨコ》手《テ》原《バラ》ト云。太平記ニ。新田義貞。廿一日ノ夜半ニ。此處へ打《ウチ》莅《ノゾ》ミ。明《アケ》行《ユク》月ニ。敵ノ陣ヲ見給へハ。北ハ切《キリ》通《ドホシ》極樂寺也マデ。山高ク路《ミチ》嶮《ケハシキ》ニ。木

戸ヲ構《カマ》ヘ。垣楯《カイダテ》ヲ掻《カイ》テ。數萬ノ兵陣ヲ雙《ナラ》ベテ並居《ナミイ》タリ。南ハ稲村崎《イナムラガサキ》マデ。沙頭路狹《セバ》キニ浪打涯《ウチギハ》マデ逆木《サカモギ》ヲシゲク引懸テ。澳《ヲキ》四五町ガ程ニ。大船共ヲ並ベテ矢《ヤ》倉《グラ》ヲカキ。横《ヨコ》矢《ヤ》射《イ》サセント構《カマ》ヘタリ。誠《ゲ》ニモ此陣ノ寄《ヨセ》手《テ》叶ハデ引ヌランモ理リ也ト見給ヘバ。義貞《ヨシサダ》馬ヨリ下《オリ》給ヒ。海上《カイシヤウ》ヲ遥々《ハルバル》ト伏《フシ》拜《ヲガ》ミ。龍神ニ向テ祈誓シ給ヒケレバ。其夜ノ月ノ入方ニ。前々《サキザキ》更《サラ》ニ干《ヒ》ル事モナカリケル稲村崎《ガサキ》。俄ニ二十餘町干《ヒ》上《アガツ》テ。平沙渺々タリ。横《ヨコ》矢《ヤ》射《イ》ント構《カマ》ヘタル數千ノ兵船モ。落《オチ》行《ユク》潮ニサソハレテ。遥《ハルカ》ノ澳《ヲキ》ニ漂《タヾヨ》ヘリト有ハ此所ナリ。故ニ横《ヨコ》手原《テバラ》ト名《ナヅク》ルナリ。

○靈山崎

靈山崎《リヤウゼンガサキ》ハ。稲村《イナムラ》東南ノ出崎《デサキ》也。昔《ムカシ》ハ極樂寺ノ境内ナリ。極樂寺ヲ靈山ト號ス。故ニ此崎《サキ》ヲモ名ク。亦此處ニ佛法寺トテ忍性住セシ寺アリシトナリ。忍性御教書ヲ承テ雨ヲ祈シモ此所也。日蓮モ此所ニテ雨ヲ祈ル。法華ノ經文ヲ板ニ書テ流ス。今ニ其板往々《ワウワウ》ニ藏《ザウ》ス者アリト云フ。

○袖浦

袖浦《ソデノウラ》ハ。稲村崎《ガサキ》ノ海濱。形《カタチ》袖《ソデ》ノ如シ。故ニ袖《ソデ》ノ浦《ウラ》ト云フ。順徳帝ノ御製ニ。袖《ソデ》ノ浦《ウラ》ノ。花ノ浪ニモ知《シラ》サリキ。イカナル秋ノ色ニ戀《コヒ》ツヽ。定家ノ歌ニ。袖ノ浦《ウラ》ニ。タマラヌ玉ノ碎《クダケ》ツヽ。ヨリテモ遠クカヘル波哉。西行ガ歌ニ。シキナミニ。獨ヤ子ナン袖ノ浦。サハグ湊《ミナト》ニヨル舟モナシ。鴨ノ長明ガ歌ニ。浮《ウキ》身《ミ》ヲバ。恨《ウラミ》テ袖ヲヌラストモ。サシモヤ浪ニ心碎《クダケ》ン。

○十一人塚

十一人塚《ジフイチニンヅカ》ハ。稲村《イナムラ》ヨリ七里濱《ハマ》ヘユク道ノ左ニアリ。里民傳ヘテ。昔シ新田義貞ノ勇《ユウ》士十一人。此所ニテ討《ウチ》死《ジニ》シタリシヲ。塚《ツカ》ニツキコメ。上ニ十一面觀音堂ヲ立タル跡ナリト云フ。義貞ノ勇士十一人未考也。昔ヨリ此濱邊ハ戰場ナレバイヅレノ人ヲカ云傳ヘタル。不審。

○七里濱

七里濱《シチリガハマ》ハ。稲村崎《イナムラガサキ》ヨリ。腰《コシ》越《ゴエ》マデノ間ヲ七里濱ト云フ。關東道七里有《アリ》。以テ六町ヲ為ス一里ト故ニ名ク。古戰場ナリ。今モ太《タ》刀《チ》刀《カタナ》ノ折《ヲレ》。白骨ナド。砂ニ雜《マジハツ》テ有ト云フ。此濱ニ鐵砂《ズナ》アリ。黒《クロ》キ事漆《ウルシ》ノ如シ。極細ニシテ。イサヽカモ餘ノ砂ヲ不交《マジヘ》。日ニ映《エイ》ズレバ輝《カヾヤイ》テ銀ノ如シ。庖《ハウ》丁《テウ》小《コ》刀《ガタナ》等ヲミガクニ佳《ヨシ》也。又花《ハナ》貝《ガイ》トテ。ウツクシキ貝《カイ》アリ。兒女捻《ヨリ》テ作リ花ニスルモ。櫻貝《サクラガヒ》トモ云。櫻色ナル故ナリ。

○音無瀧

音無瀧《オトナシノタキ》ハ。針磨《ハリスリ》橋《バシ》ヲ渡リ。七里濱《ハマ》へ出レハ右ノ方。砂山《スナヤマ》ノ松陰《マツカゲ》ヲ廻《メグ》リ傳《ツタフ》テ落ル瀧《タキ》ナリ。砂山ナルユヘニ。常ニ水音《ヲト》モセズ。故ニ名ツク。

○日蓮袈裟掛松

日蓮袈裟《ケサ》掛《カケ》松《マツ》ハ。音無瀧《オトナシノタキ》ノ少シ南ナリ。海道ヨリ北ニアル一株ノ松ナリ。枝葉タレタリ。日蓮。龍口《タツノクチ》ニテ。難ニ遭《アフ》シ時。袈裟ヲ此松ニ掛《カケ》ラレタリト云傳フ。

○行合川

行合川《ユキアヒガハ》ハ。山ヨリ海ノ方へ流出ル川ナリ。日蓮龍口《タツノクチ》ニテ難ニ遭《アヒ》給シ時。奇瑞多キニ因テ。其由ヲ鎌倉へ告ル使者ト。又時頼《トキヨリ》ノ赦免ノ使者ト。此川ニテ行合《ユキアヒ》タル故ニ名ク。鶴岡ノ鳥居ヨリ。此川マデ。三十九町アリ。

○金洗澤

金洗澤《カネアラヒザハ》ハ。七里濱ノ内。行合川《ユキアヒガハ》ノ西ノ方ナリ。此所ニテ昔シ金ヲ掘《ホリ》タル故ニ名ク。東鑑ニ。養和二年。四月。頼朝《ヨリトモ》。腰越《コシゴエ》ニ出《イデ》。江島《エノシマ》ニ赴《オモム》キ還リ給フ時。金洗澤《カネアラヒザハ》ノ邊ニテ。牛《ウシ》追《ヲフ》物《モノ》アリト有。又元年。六月。六日。炎《エン》旱《カン》渉旬。仍テ今日雨《アメ》ヲ祈ン為ニ。靈所七瀬ノ御祓《ハラヘ》ヲ行フ。由

比濱《ヒノハマ》。金洗澤《カネアラヒザハ》。固瀬河《カタセガハ》。六連《ムツラ》。袖河。杜戸《モリド》。江島《エノシマ》龍穴トアリ。

○津村

津村《ツムラ》或ハ作積良ハ。金洗澤ノ山ノ後ロナリ。東鑑ニ。頼家《ヨリイヘ》将軍ノ時。積良《ツムラ》ニアル古《フル》キ柳《ヤナギ》。名木ノ由ニテ。御壺《ツボ》ニ移シ植《ウエ》ルノ事アリ。按ズルニ。昔ノ津《ツ》村《ムラ》ノ湊《ミナト》ト云ハ此所カ。或云。腰越《コシゴヘ》津《ツ》村《ムラ》ハ一郷《ガウ》ナリ。水濱ヲ腰越ト云。漁父ノ苫《トマ》屋《ヤ》也。山間ヲ津《ツ》村《ムラ》ト云。農夫ノ柴扉ナリ。江島ノ縁起ニハ。ツブラト書。圓《ツブラ》大臣ト云アリ。

○小動　附八王子ノ宮

小動《コユルギ》ハ。七里濱ヲ西へ行《ユキ》。腰越《コシゴエ》へ入《イル》左ノ方。離レタル巖山《イハヤマ》アリ。此所ヲコユルギト云フ。山上ニ八王子ノ宮アリ。又山ノ端《ハシ》ニ。海邊へ指出タル松アリ。風波ニ常ニ動クユヘニ。コユルギノ松ト云ト也。土御門《ツチミカド》内大臣ノ歌ニ。コユルギノ。磯《イソ》ノ松風音《ヲト》スレバ。夕《ユウ》波《ナミ》千《チ》鳥《ドリ》タチサハグナリ。又北條氏康《ウヂヤス》ノ歌ニ。キノフタチ。ケフコユルギノ磯《イソ》ノ波。イソヒデユカン夕暮《ユフグレ》ノ道。此等ノ歌ハ此所ノ事トモ云ヒ。或ハ大《オホ》磯《イソ》ノ濱ヲ詠《ヨム》トモ云フ。相摸ノ名所コユルギノ歌多シ。

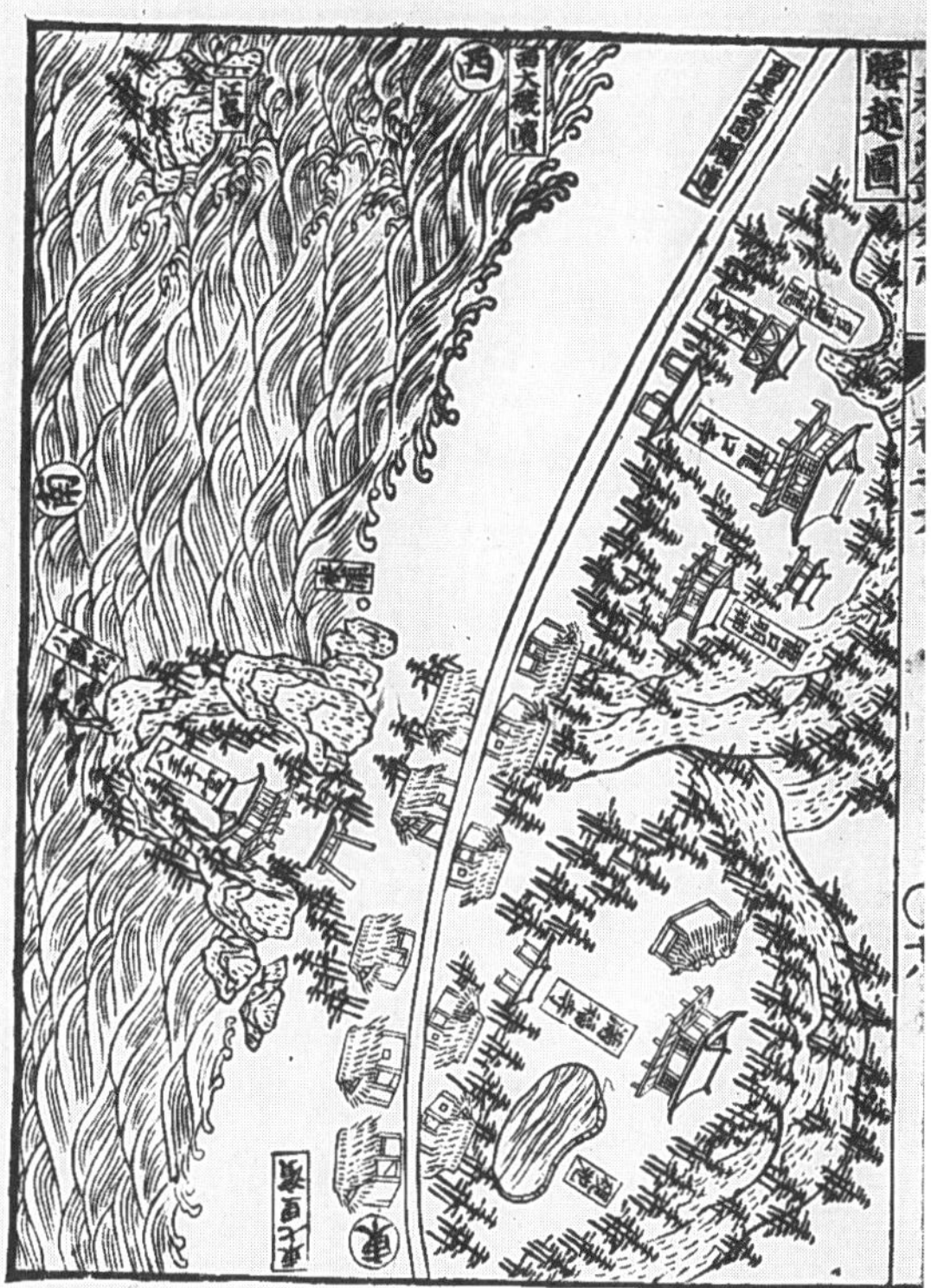

○腰越村

腰《コシ》越《ゴヘ》村《ムラ》ハ。江島ノ前村ナリ。江島ノ縁起ニハ。昔江島ニ悪龍住《スミ》デ。人ノ子ヲ呑《ノミ》タル故ニ。子《コ》死戀《ゴヒ》ト書《カキ》リトアリ。此村ノ西北ハ。固《カタ》瀬《セ》村《ムラ》也。太平記ニ。新田義貞。逞兵二萬餘騎ヲ卒シテ。片《カタ》瀬《セ》腰《コシ》越《ゴヘ》ヲ打廻リ。極樂寺坂ヘ打莅《ノゾ》ミ給フトアルハ此道筋《スヂ》ナリ。假《ケ》粧《ハイ》坂《ザカ》ノ方ヘ向《ムカ》ハルケルユヘニ。打廻《マハリ》リトハアルナリ。鶴《ツル》岡一ノ鳥居ヨリ。此所マテ六十町アリ。

○満福寺　附硯池

満《マン》福《ブク》寺《ジ》ハ。腰越村ノ中ニアリ。龍護山ト號ス。真言宗ナリ。開山行基。本尊ハ藥師。行基作。不動。弘法作。此寺地ハ。昔源義《ヨシ》經《ツネ》。宿《シユク》セラレシ所ナリト云フ。東鑑ニ。元暦二年。五月二十四日。源廷尉義《ヨシ》經《ツネ》。如《ゴトク》思《オモヒノ》ニ朝敵ヲ平《タヒラ》ゲ訖《ヲハンヌ》。剰《アマサヘ》前内府平宗盛ヲ相具シテ參上ス。其賞兼《カネ》テ不《ル》疑《ウタガハ》處ニ。日《ヒ》比《ゴロ》不儀ノ聞《キコエ》ヘ有ルニ依テ。忽《タチマチ》御氣《キ》色《シヨク》ヲ蒙リ。鎌倉中ニ入ラレズ。腰越ノ驛《ウマヤ》ニ於テ。徒《イタヅラ》ニ日ヲ渉《ワタ》ル間。愁《ウレヘ》欝ノ餘《アマリ》ニ。因《イナ》幡《バノ》前《ゼン》司《ジ》廣《ヒロ》元《モト》ニ付シテ。一通ノ欸《クハン》状《ジヤウ》ヲ頼《ヨリ》朝《トモ》ヘ奉《タテマ》ツルトアリ。其状ノ下《シタ》書《ガキ》也トテ。今寺《テラ》ニアリ。辨慶ガ筆跡ト云フ。状中ノ文字。東鑑ニ載《ノセ》タルトハ所々異《コト》ナリ。或人云。新筆ナリ。辨慶カ筆ニハ非ズト。

硯《スヾリ》池《イケ》　寺ノ前ニアリ。相《アヒ》傳《ツタ》フ義《ヨシ》經《ツネ》ノ命《メイ》ニテ。辨慶欸《クハン》状《ジヤウ》ヲ書《カキ》シ時。硯《スヾリノ》水《ミヅ》ヲ汲《クミ》タル池《イケ》ナリト。池《イケ》ノ端《ハタ》ニ辨慶ガ腰《コシ》懸《カケ》石《イシ》トテアリ。

○袂浦

袂《タモトノ》浦《ウラ》ハ。腰《コシ》越《ゴヘ》村《ムラ》ヨリ。江島ヘ行直《スグ》道《ミチ》アリ。其ノ左ノ濱《ハマ》邊《ベ》。袂《タモト》ノ形《カタチ》ノ如《ゴトク》ナリ。故ニ名ク。夫木集ノ歌。作者不知　ナビキコシ。袂ノ浦《ウラ》ノカヒシアラバ。千《チ》鳥《ドリ》ノ跡《アト》ヲタヘズトハナシ。

○龍口寺

龍《リウ》口《コウ》寺《ジ》ハ。腰《コシ》越《ゴヘ》村《ムラ》ノ内ナリ。寂光山ト號ス。日蓮遷化ノ後。弟子六老僧。力《チカラ》ヲ合《アハセ》テ建立ス。因《ヨツ》テ日蓮ヲ開山トス。此寺ハ八箇寺。輪番ニ住持ス。妙典寺。比企ガ谷末寺也　本成寺。

身延ノ末寺也 本立寺。比企ガ谷ノ末寺也 法源寺。中山ノ末寺也 本蓮寺。本國寺ノ末寺也 観行寺。玉澤ノ末寺也 東漸寺。中山ノ末寺也 淨立寺 碑文谷ノ末寺也 是ヲ固《カタ》瀬《セ》ノ八箇寺ト云フ。皆龍口寺ノ近邊ニアリ。

本堂　日蓮ノ像ヲ安ス。堂内ニ。日蓮首《クビ》ノ座ノ石トテアリ。注畫讃ニ。文永八年。九月十二日。日蓮難ニ遭《アフ》トアリ。

日蓮ノ土籠《ツチノロウ》　堂ノ西ノ山ノ根ニ。巖窟アルヲ云フ。前ニ日蓮ノ敷《シキ》皮石《ガハノイシ》トテアレ共非ナリ。堂内ニ有ヲ以テ正トスト云フ。

番神堂　本堂ノ東ニアリ。松平飛彈守利《トシ》次室《ツグカシツ》再興スト云フ。

龍口明神　寺ノ東。山ノ上ニアリ。注畫讃ニ云。欽明天皇。十三年。四月十二日。此土ニ天女降居ス。是辯才天女ノ應作ナリ。此湖水ノ惡龍。遙ニ天女ノ美質ヲ見《ミ》。竊《ヒソカ》ニ感シテ天女ノ所ニ至ル。天女不快シテ曰。我ニ本誓アリ。普ク羣生ヲ救《スク》フ。汝《ナンヂ》悲憐ナクシテ生命ヲ斷《タツ》。何ブ好逑《コウキウ》ナランシ。龍曰。我敎命ニ任《マカ》セン。自今以後。物ノタメニ毒ヲセズシテ哀憐ヲ垂《タレ》ン。天女則チ諾《ダク》ス。龍又誓《チカヒ》ヲ立《タテ》。南ニ向テ山ヲナス。龍口山是也。此事江島縁起ニモ見ヘタリ。江島ハ此寺ノ南ノ海中ニアリ。

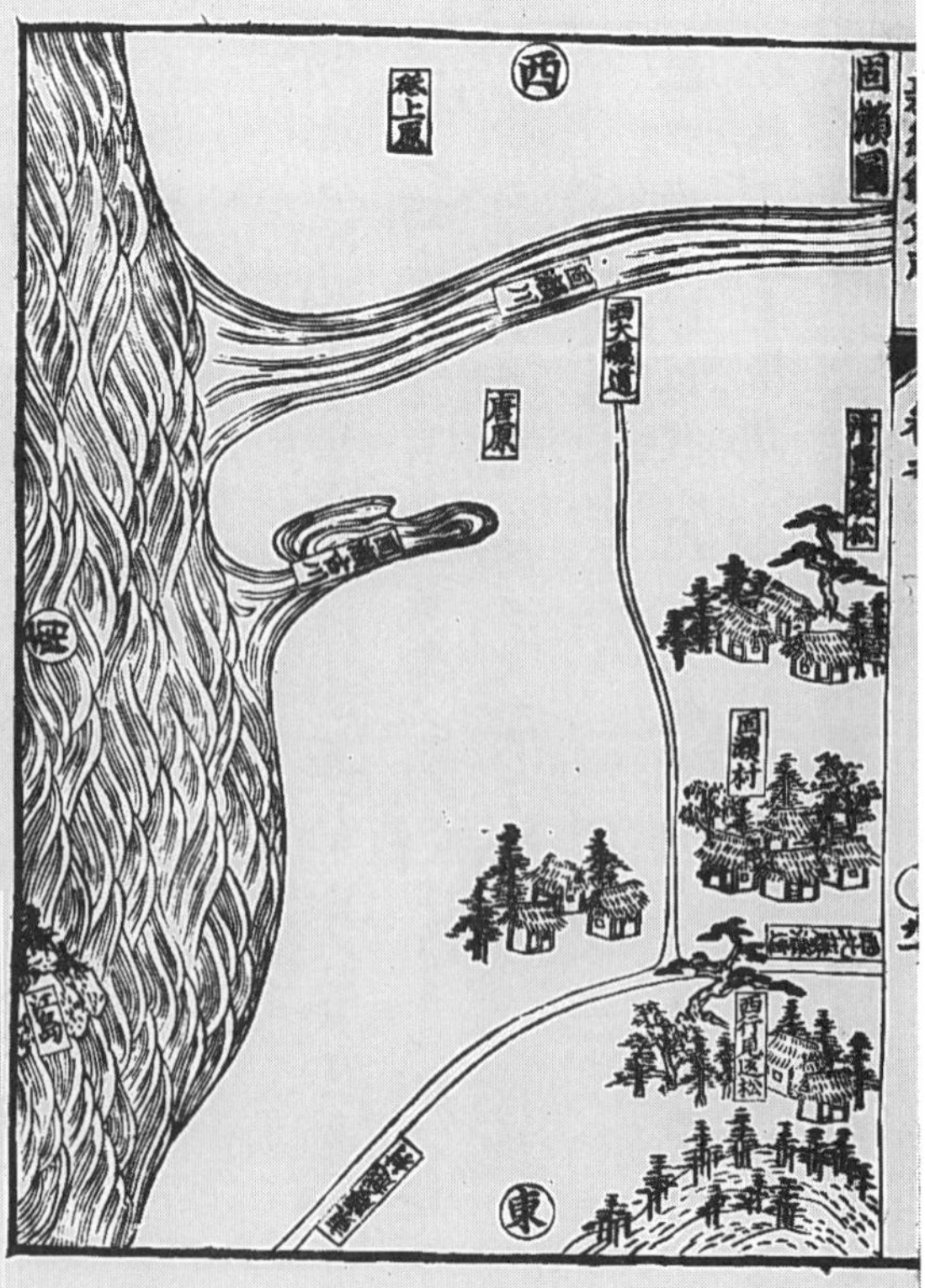

○固瀬村　附固瀬川

固《カタ》或作片ニ 瀬《セ》村《ムラ》ハ。腰越《コシゴエ》村《ムラ》ノ西ナリ。河アリ固《カタ》瀬《セ》川《ガハ》ト云フ。駿《スル》河《ガ》次郎清《キヨ》重《シゲ》戰死ノ所ナリ。大《ヲホ》庭《バノ》三郎景《カゲ》親《チカ》ヲ梟首セシ所モ此河ノ邊ナリ。太平記ニ。義《ヨシ》貞《サダ》鎌倉合戰ノ時。片瀬腰越。十間坂。五十餘箇所ニ火ヲ懸《カケ》ルトアリ。又青《アヲ》砥《ト》左衛門藤《フヂ》綱《ツナ》。平ノ時《トキ》頼《ヨリ》三島詣《マフデ》ノ時。忍《シノ》ビテ供奉シテ。片瀬川ノ中ニテ牛ノ尿《イバリ》ヲシケルヲ見テ。哀レ巳レハ。守殿《カウノトノ》ノ御佛事ノ風情シケル牛カナト。打《ウチ》笑《ワラ》ヒケレバ。侍《サムラヒ》ドモ。ユヘヲ問《トヒ》シカバ。サレバコソ。此數日雨フラズ。田畠葉《ハ》ヲカラシ。諸民飲ヲ悲ム所ニ。此ノ牛尿《イバ》リヲセバ、田畠ノ近キ所ニテモアラデ、川中ニテ捨《ステ》流シツルコトヨト云。後《ノチ》此ノ事時《トキ》頼《ヨリ》ノ聴《キ》キニ達シテ、仕進セシト。北條九代記ニ見《ミヘ》タリ。鎌倉大日記ニ。正嘉元年十月ニ。青砥《アヲト》左衛門藤《フヂ》綱《ツナ》召《メシ》出サル。政道補佐ノ為《タメ》ナリトアリ。中務卿宗尊親王ノ歌ニ。歸《カヘリ》来《キ》テ。又見ン事モカタセ川。濁《ニゴ》レル水ノスマヌ世ナレバ。相《アヒ》傳《ツタ》フ。此ハ将軍ノ職《シヨク》ヲヤメラレ。歸洛ノ時ノ歌ナリト。按スルニ。東鑑ニ。宗尊親王。路次ニ出御アリ。北門ヨリ赤《アカ》橋《ハシ》ノ西ニユキ。武蔵大路ヲ經テ。彼ノ橋《ハシ》ノ前ニ於テ。御輿《コシ》ヲ若《ワカ》宮《ミヤ》ノ方ニ向ヘ奉リ。暫ク御祈念有テ。御詠歌ニ及《ヲヨ》ブト有テ。歌ハ不載。蓋《ケダシ》此ノ歌ナラン。又藤原為《タメ》相《スケ》ノ歌ニ。打《ウチ》渡《ワタ》ス。今ヤシホヒノカタセ川。思《ヲモ》ヒシヨリハ浅キ水《ミツ》哉《カナ》ト。鶴岡ノ鳥居ヨリ此ノ地マデ。関東道十三里許《バカリ》アリ。

○西行見返松

西《サイ》行《ギヤウ》見《ミ》返《カヘリ》松《マツ》ハ。片《カタ》瀬《セ》村《ムラ》ヘ行《ユク》路邊ノ右ニアリ。枝葉西方ヘ指《サス》。西行此ノ所ニ来テ西ノ方ヲ見《ミ》返《カヘリ》。此ノ松ノ枝ヲ都《ミヤコ》ノ方ヘ子ヂタリト也。故ニ戻《モヂ》松《マツ》トモ云フ。

○笈焼松

笈《ヲヒ》焼《ヤキ》松《マツ》ハ。片《カタ》瀬《セ》村《ムラ》ノ西ノ方。民家ノ後《ウシロ》竹《タケ》藪《ヤブ》ノ際《アイダ》ニアリ。駿河次郎清《キヨ》重《シゲ》。笈《ヲヒ》ヲ焼《ヤキ》シ所ナリト云フ。

○唐原

唐《モロコシ》原《ガハラ》或ハ作諸越原ハ。片《カタ》瀬《セ》川《カハ》ノ東ノ原《ハラ》ヲ云フ。更《サラ》級《シナ》ノ記《キ》ニ。唐《モロコシ》ガ原《ハラ》。スナゴイミジウ白ク。大和《ヤマト》ナデシコ。コクウスク。錦《ニシキ》ヲヒケルヤウニナンサキタリトアリ。夫木集ニ。藤原ノ忠《タヾ》房《フサ》ガ歌ニ。名ニシヲハバ。虎ヤ伏《フス》ラン東《アヅマ》野《ノ》ニアリト云《イフ》ナル唐《モロコシ》ノ原《ハラ》。鴨ノ長明ガ歌ニ。マドロマン。ヨナガニシバシムバ玉《タマ》ノ。夢《ユメ》路《ヂ》ゾチカキ。モロコシノ原。懐中抄ノ歌ニ。作者不知 遥カナル。中コソウケレ夢ナラデ。遠《トヲ》ク見ニケリ唐《モロコシ》ノ原トアリ。

○砥上原 附八松原

砥上《トガミガ》原ハ。或ハ作砥見又作科見原ハ。片《カタ》瀬《セ》ヨリ西ニ當ル。西行物語ニ。トガミガ原ヲ過ルニ。野原ノ露ノヒマヨリ。風ニサソハレ。鹿《シカ》ノナク聲《コヘ》キコヘケレバ。歌ニ。柴《シバ》松《マツ》ノ。クズノシゲミニ妻《ツマ》コメテ。トカミガ原ニ小《ヲ》鹿《シカ》鳴《ナク》ナリ。鴨ノ長明ガ歌ニ。浦チカキ。トガミカ原ニ駒《コマ》トメテ。片《カタ》瀬《セ》ノ川ノシホヒヲゾマツゝ又。立《タチ》歸《カヘ》ル。名《ナ》残《ゴリ》ハ春ニ結《ムス》ビケン。トガミカ原ノクズノ冬ガレ。此北ニ八《ヤ》松《ツ》原《ハラ》ト云所アリ。盛衰記ニ。三《ミ》浦《ウラ》ノ人々。石《イシ》橋《バシ》ノ軍《イクサ》散《サン》ジテ。酒《サカ》匂《ハ》ノ宿《シユク》ヨリ三浦ヘ通ラントテ。馬ヲ早《ハヤ》メテ行程ニ。八《ヤツ》松原《マツガハラ》。腰越。稲村。由比ノ濱ヲ打越テ。小坪《コツボ》坂《ザカ》ヲ上《ノボ》ルトアリ。鴨長明カ歌ニ。八《ヤツ》松《マツ》ノ。八《ヤ》千《チ》代《ヨ》ノカゲニヲモナレテ。トガミガハラニ色モカハラジ。

○江島　附兒淵　仁田四郎拔穴

江《チ》或ハ作《ツクル》榎繪荏島《キ》ハ。金《キ》亀《キ》山《サン》與願《ヨグワン》寺《ジ》ト號ス。陸《クガ》ヨリ島ノ入口《イリクチ》マデ。十一町四十間許《バカリ》アリ。島《シマ》ノ入口ヨリ龍穴マデ。十四町程アリ。潮《シホ》ノ干《ヒ》タル時ハ徒《カ》歩《チ》ニテモ渡ル。潮《シホ》盈《ミチ》タル時ハ。六七町ノ間タ船ニテ渡ス。東鑑ニ。建保四年。正月十五日。江島《エノシマ》ノ明神託宣アリ。大海忽チ道路ニ變ズ。仍テ參詣ノ人。船ノ煩《ワヅラ》ヒナカラシト。鎌倉中ノ緇素羣ヲナス。誠ニ以テ末代希有ノ神變ナリ。三《ミ》浦《ウラ》左衛門ノ尉義《ヨシ》村《ムラ》御《ミ》使《ツカヒ》トシテ。彼ノ靈地ニ參ルトアリ。昔《ムカシ》ハ潮ノ干《ヒ》ル事《コト》ハ希《マレ》也ト見ヘタリ。此島ノ開基ハ。

役《エンノ》行者。次ニ泰澄。次ニ道智。次ニ弘法。後ニ文覺再興アリシトナリ。緣起アリ。其畧ニ云。此所ハ景行天皇ノ御宇ニ。龍ノ暴《ボウ》惡《アク》熾《サカン》ナリ。安康天皇ノ御宇ニ。龍鬼アリ。圓《ツブラノ》大臣ニ託シテ暴惡ヲナス。是《コレ》人ニ託シテ煩シムル始《ハジメ》ナリ。武烈天皇ノ御宇ニ。龍鬼又金《カナ》村《ムラ》大臣ニ託シテ惱《ナヤマ》ス。此時五頭ノ龍始《ハジメ》テ津《ツ》村《ムラ》ノ湊《ミナト》ニ出入シテ人ノ兒《コ》ヲ喰《クラフ》。時ニ長者アリ。子十六人アリケルニ。皆龍ノ爲ニ呑《ノマ》レヌ。西ノ里ニウヅム。長者ガ塚《ツカ》ト云フ。欽明天皇十三。壬申ノ年。四月十二日ヨリ。廿三日ニ至テ。大地震動シテ。天女雲上ニアラハル。其後海上ニ忽《タチマチ》一島ヲナセリ。是ヲ江ノ島ト云フ。十二ノ鶺鴒。島ノ上ニ降ル。故ニ鶺鴒來《キ》島《ジマ》トモ云フ。此島ノ上ニ天女降リ居給ヘリ。遂ニ惡龍ト夫婦トナレリ。太平記ニ。北條時政江ノ島ニ參籠シテ。子孫ノ繁昌ヲ祈《イノ》リケリ。三七日ニ當《アタ》ケル夜。赤《アカ》キ袴《ハカマ》ニ柳裏《ヤナギウラ》ノ衣《キヌ》着タル女房ノ。端嚴美麗ナルガ。忽然トシテ時政《トキマサ》ガ前ニ來テ告《ツゲ》テ云ク。汝ガ前生ハ箱《ハコ》根ノ法師ナリ。六十六部ノ法華經ヲ書寫シテ。六十六箇國ノ靈地ニ奉納シタリシ善根ニ依テ。再《フタヽビ》此土ニ生《ウマレ》ル事ヲ得タリ。去《サレ》ハ子孫永ク日本ノ主《アルジ》ト成テ。榮花ニホコルベシ。但シ擧動違《タガフ》所《トコロ》アラバ。七代ヲ不可過。吾ガ所言フ不審アラバ。國〻ニ納メシ所ノ靈地ヲ見ヨト云捨《ステ》テ歸リ給フ。其姿《スガタ》ヲ見レバ。サシモ嚴《イツクシ》カリシ女房忽伏タル長《タケ》二十丈計《バカリ》ノ大蛇ト成テ海中ニ入ニケリ。其跡ヲ見ルニ大ナル鱗《ウロコ》ヲ三ツ落セリ。時政《トキマサ》所願成就シヌト喜《ヨロコ》シデ。則《スナハ》チ彼ノ鱗ヲ取テ旗《ハタ》ノ紋《モン》ニヅ押タリケル。今ノ三《ミツ》鱗《ウロコ》形《ガタ》ノ紋是ナリ。其後辯才天ノ御示現ニ任《マカ》セテ。國《クニ》〻ノ靈地ヘ人ヲ遣《ツカハ》シテ。法華經奉納ノ所ヲ見セケルニ。俗名ノ時政《トキマサ》ヲ法師ノ名ニ替《カヘ》テ。奉納《ホウナフ》筒《ヅヽ》ノ上ニ。大法師時《ジ》政《キヤウ》ト書タルコソ不思議ナレトアリ。鴨ノ長明ガ歌ニ。江ノ島ヤ。サシテシホ路《ヂ》ニアトタルヘ。神ハチカヒノフカキナルベシ。

法印堯慧ガ歌ニ。チラサジト。江ノ島モリヤカザスラン。龜ノ上ナル山櫻カナ。

蘭溪和尚同ク遊テ江ノ島ニ歸リ賦シテ以テ呈ス

宋ノ大休　佛源禪師

江ノ島追遊ス列ル俊髦。馬蹄撩〻擁ス春袍。穿チ雲ヲ分テ座フ烹ニ香茗。策キ杖ヲ徐ニ行テ蹈ム巨鼇。洞口千尋石壁聳ヘ。龍門三級浪花高シ。須ク知ル海角天涯ノ外。萍水迎懽飫遺ツ。

巖《イハ》本《モト》院《イン》　島ノ入口《イリクチ》。右ノ方ニアリ。客殿ニ。額。巖本院。朝鮮國螺山書ストアリ。此島ノ別當ニテ。眞言宗。仁和寺ノ末寺ナリ。此島ニ。下ノ宮。上ノ宮。本社トテアリ。下ノ宮ハ。下ノ坊司《ツカサ》トリ。上ノ宮ハ。上ノ坊司《ツカサ》トリ。本社ハ。巖本院司《ツカサ》トルナリ。下ノ坊ト。巖本院トハ妻《サイ》帶《タイ》ナリ。上ノ坊ハ清僧ナリ。是ヲ江ノ島ノ三坊ト云フ。

寶物

刀八毘沙門ノ金像　壹軀。弘法ノ作。金ノ厨子ニ入。

阿彌陀ノ畫像　壹幅。弘法ノ筆。

北條氏康證文　壹通。

江ノ島ノ縁起　五卷。詞書作者不知。畫ハ土佐ナリ。

太田道灌ノ軍配團　壹枚。練《ネリ》物黒《クロ》塗《ヌリ》ナリ。

馬玉　壹顆。
九穴ノ貝《カイ》　壹箇。
二《フタ》岐《マタノ》竹《タケ》　壹本。
蛇《ジヤ》ノ角《ツノ》　貳本。長《ナガサ》一寸餘アリ。慶長九年。閏八月十九日。羽州秋田ノ常樂院尊龍ト云フ僧。伊勢參宮シテ。内宮ノ邊ニテ。蛇《ジヤ》ノ角《ツノ》ヲ落《オトシ》タルヲ見テ拾《ヒロ》タリト云《イ》フノ添《ソヘ》状アリ。其形如左。

蛇角圖

慶安二年ノ御朱印　壹通。境内山林竹木等ノ免状。
獵師町ノ地子。同ク船役ハ公役ナリトアリ。
以上

無《ム》熱《ネ》池《チ》　下ノ宮ヘ登リ行《ユケ》バ。坂ノ上左ノ方ニアリ。天竺ノ無熱池ヲ象《カタドル》。島ノ上ニアレドモ。旱天ニモ不涸《カレズ》ト云フ。

蝦《ガ》蟆《マ》石《イシ》　無熱池ノ岸邊ニアリ。相傳フ慈悲上人此島ニ籠《コモリ》シ時。蝦蟆出《イデ》テ障礙ヲナシケル故ニ加持セラレケレバ。終ニ此石ト化シタリト云フ。

福《フク》石《イシ》　無熱池ノ傍《カタハラ》坂ヲ上レバ左ニアリ。參詣ノ輩《トモガラ》。此石ノ前ニテ。錢《ゼニ》或ハ貝《カイ》類《ルイ》ナドヲ拾《ヒロ》フ時ハ。必ス富家ト成《ナル》故ニ名クトナリ。

下ノ宮　縁起ニ。下ノ宮ハ。建永元年ニ。慈悲上人諱ハ良眞ノ開基ニテ。源ノ實朝ノ建立也トアリ。延寶三年ニ再興ノ棟札アリ。本尊。辨才天。弘法作　如意輪觀音。慈悲上人ノ像。慶仁禪師ノ像。實朝ノ像ヲ安置ス。下ノ坊司《ツカサドル》ナリ。

碑《ヒ》石《セキ》　宮ノ南ノ方ニ立タリ。高《タカサ》五尺バカリ。廣《ヒロサ》二尺七寸。厚《アツサ》四寸。但シ上弁ニ兩縁ハ別石ナリ。座石可有物ナリ。歳古《フリ》テ紛失シタル歟。今ハ土中ヘ掘《ホリ》埋《ウヅ》テ建《タテ》タリ。碑文ノ所《トコロ》々中ヨリ折《ヲレ》テ續《ツギ》合セテ建《タテ》タリ。俗ニ。江ノ島屏風石《イシ》ト云フ。相傳フ。此碑石ハ。土《ツチ》御《ミ》門《カド》帝ノ御宇ニ。慈悲上人。宋國ニ至《イタ》リ慶仁禪師ニ見《マミヘ》テ。此碑石ヲ傳ヘテ歸朝スト。篆《テン》額《ガク》ハ。小篆文ニテ。粗《ホヾ》大篆ヲ兼《カネ》タリ。大日本國。江ノ島靈迹。建寺之記ト三行ニアリ。記ノ字ノ所《トコロ》石《イシ》損《ソン》ジテ見ヘガタシ。僅《ハツカ》ニ言《ゴン》偏《ヘン》ヲ得テ記ノ字ナル事ヲ知ル。四傍ニ雲龍ヲ彫《ヱリ》付《タリ》。極《キハメ》テ奇物ナリ。碑《ヒ》ノ文ハ。剝缺シテ不分明。普ク好《カウ》事《ズ》ニ搜索スレドモ曾《カツテ》知ル人ナシ。但《タヾ》十界ノ二字。性ノ字。人ノ字。成ノ字ナド。所《トコロ》々《ドコロ》ニ見ヘタリ。字ハ楷書ナリ。碑《ヒ》石《セキ》ノ圖如左。

碑石圖

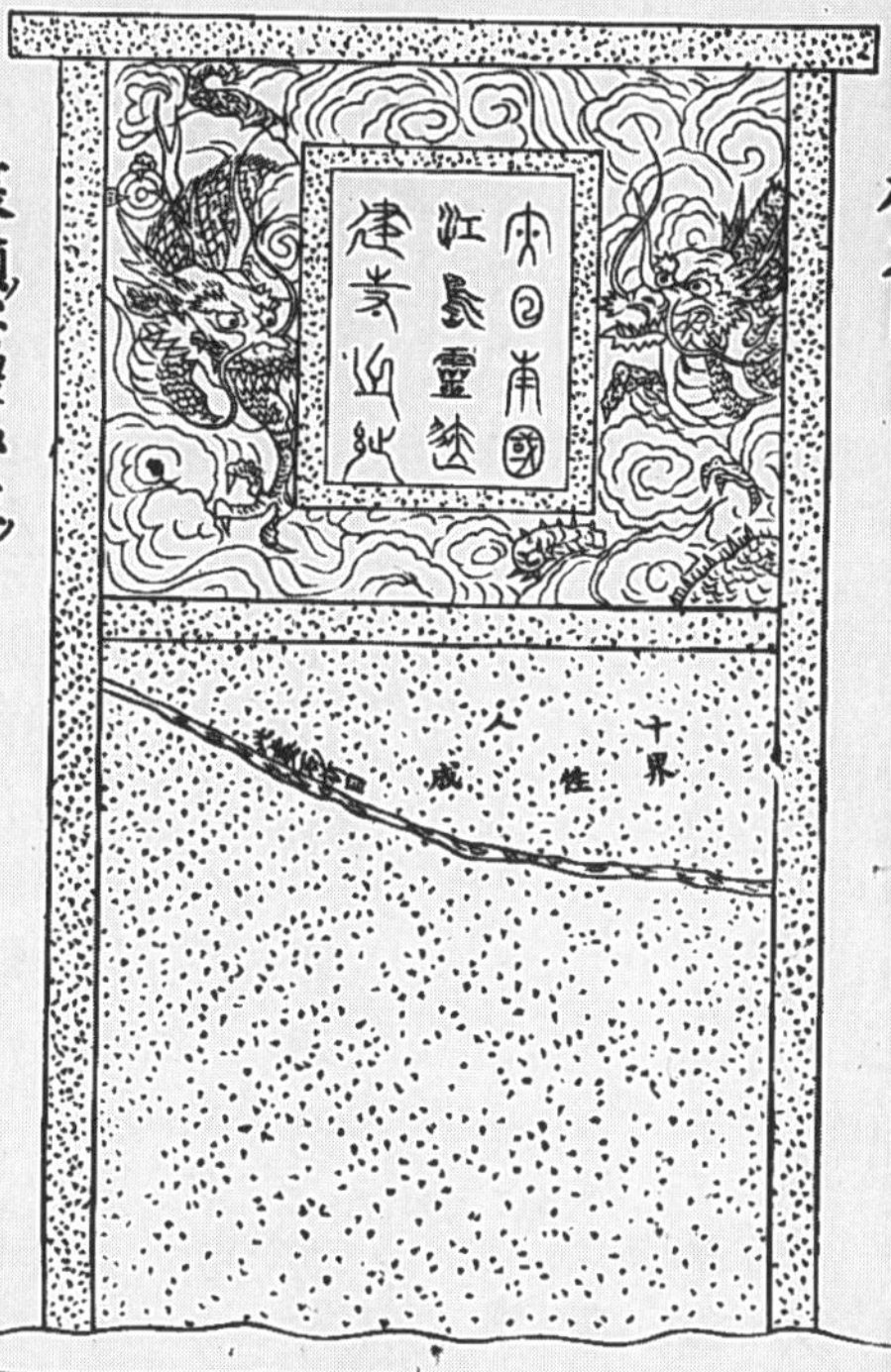

篆額字體如左

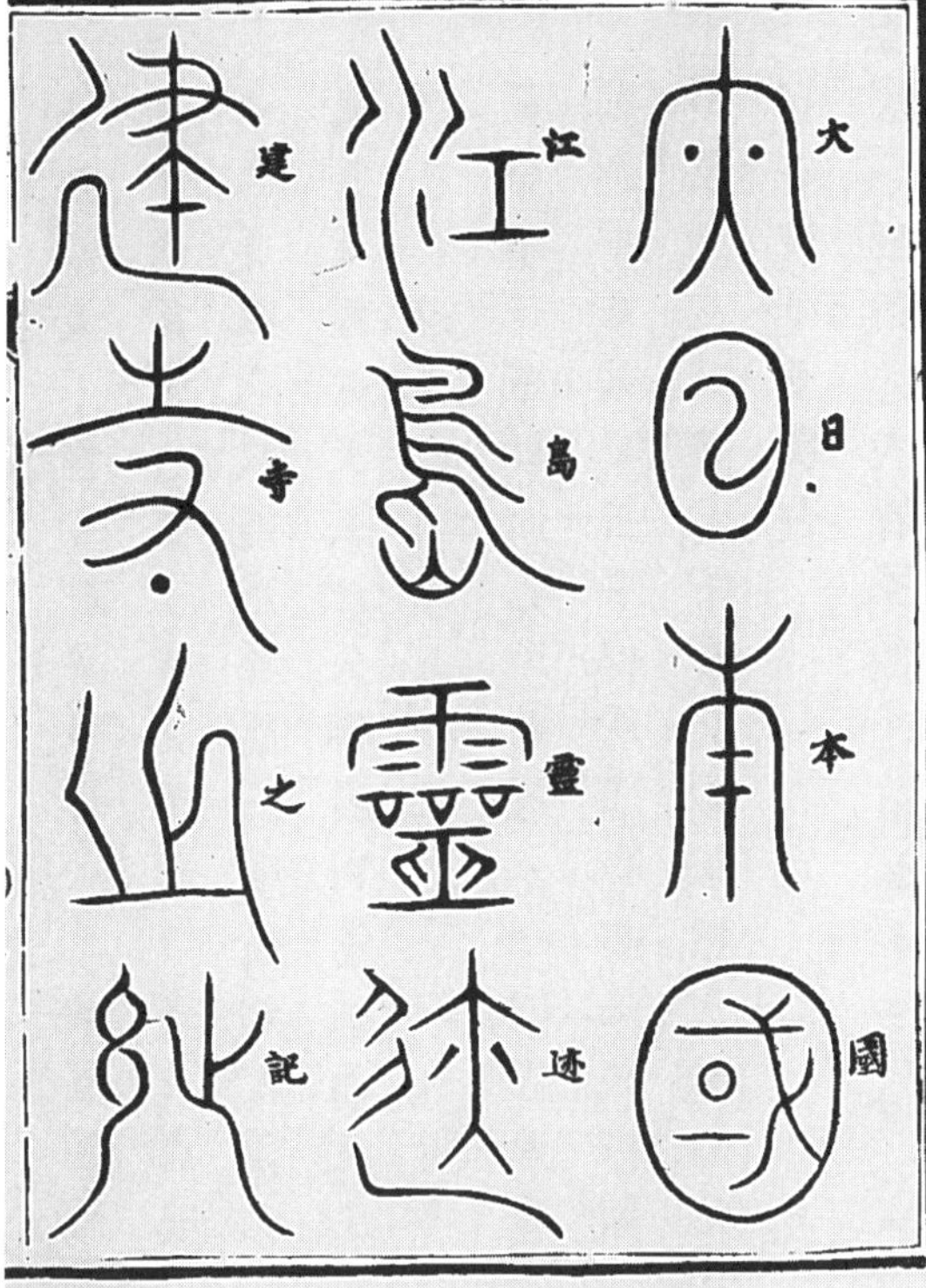

鐘樓　宮ノ左ニアリ。鐘ノ銘如左。

奉冶鑄金龜山與願寺宇賀辨才天女
下宮鐘銘。

大日本國東海道相模州江島者、浸金輪際涌出之靈島、與福神託居之巖窟焉。加之人王三十代欽明天皇十三壬申歳自四月十二日戊剋、當于江野南海湖水之水門雲霞暗蔽海上。日夜大地六種震動。天女顯現雲上、童子侍立左右。諸天龍神水火雷電山神鬼魅夜叉羅刹浸天降盤石。浸海擧砂礫、電光耀空。火焔交白浪、同及于二十三日辰剋雲去霞散。見海上有島山耳。今之三神山是也。抑此神、將王者天地之起ゝ。陰陽之初ゝ也。聞法年舊、誰知空王往事、利生日新、何如尊神現德乎。本地則等覺妙覺之尊、大慈大悲之濟渡衆。舊迹亦天童天女之體。與官與福之利益。是新矣。因茲役優婆塞詣此山。越知泰澄居當島。傳教寂前發願影向。弘法床上對諸恒臨。慈覺念時常隨給仕。安然行場應瑞知所以顯密權實宗。宗々被冥助。文武

商農ノ家。家々仰ク靈験ヲ矣。肆信心之檀越等攸
奉ル冶鑄蒲牢一擊。上ハ徹シ天ノ頂ニ下ハ響ク地輪ノ底ニ。
此ノ土耳根利故ニ遍ク用ユ擊鏖ヲ三寶證明シ之ヲ諸天
衛護ス之ヲ。總ソハ而天長地久。御願圓滿。別メハ而施主
懸ケ志ヲ於辯天ノ本願ニ任セ誠ヲ於大悲誓約ニ所ノ祈ル善
願令メ悉地成就セ而已。維レ時寛永十四丁丑ノ暦。
閏弥生吉祥日。天台傳燈三部都法大阿闍
梨法印生順謹テ書ス。下ノ宮ノ別當職權大僧都法
印長伸。審旨敬テ白ス。

上ノ宮　額。辯才天。釋ノ乘圓トアリ。縁起ニ上ノ宮ハ文德天皇。仁壽三年ニ。慈覺大師創造スト云リ。上ノ坊是ヲ司ル。本尊辯才天。慈覺ノ作。宮ノ南ニ堂アリ。千體地藏ヲ安ス。作者不知。本古佛ナリシガ。今紛失シテ大半新佛ナリ。役ノ行者ノ古キ木像有。

鳥居　龍《リウ》穴《ケツ》ヘ行山ノ上ニアリ。金龜山ト額アリ。筆者不知。東鑑ニ。養和二年。四月五日。武衛〈頼朝〉腰越ニ出シメ給ヒ。ソレヨリ江ノ島ニ赴キ給フ。是高雄ノ文覺上人。武衛ノ御願ヲ祈ランノ為ニ。大辯才天ヲ此島ニ勸請ス。今日即チ鳥居ヲ立ラルトアリ。

昔ノ鳥居ハ何レノ時カ滅テ。今ノ鳥居ハ。近年石ニテ建タリ。

本社　鳥居ヲ行過。龍《リウ》穴《ケツ》ヘ下リ行道ノ右ニアリ。近年。下ノ宮上ノ宮ノ外ニ。本社ト號シ山ノ上ニ建立ス。龍《リウ》穴《ケツ》ノ内ニ所ロ有ル佛像ドモヲ此ノ社ニ遷置ナリ。巖《イハ》本院是ヲ司ドルナリ。

鐘樓　社ノ北ニアリ。鐘ニ寛永六己巳年。孟夏十四日ニ。西上州ノ住人齋藤佐次衛門重成ト云者寄附スト彫付テ有。偈アレトモ録スルニ不足。

兒《チゴ》ガ淵《フチ》　龍《リウ》穴《ケツ》ヘ行坂ノ巖下。右ノ方ノ海水。碧潭如ク藍ナル所ヲ云ナリ。昔建長寺ノ廣德菴ニ。自休藏主ト云僧アリ。奥州志信ノ人ナリ。江島ヘ百日參詣シケルニ。雪下相承院ノ白菊ト云兒。是モ江島ヘ參詣シケルニ。自休藏主邂逅シテゲリ。イカニモシテ。忍ヨルベキ便ヲ云ケレドモ。絶テ其返事ダニナシ。猶サマぐ云聞スレバ。白菊。センカタナクテ。或夜マギレ出テ。又江島ヘ行。扇子ニ歌ヲ書テ。渡守ヲ頼ミ。我ヲ尋ル人アラハ。見セヨトテカクナン。白菊トシノブノサトノ人トハヽ。思ヒ入江ノ島トコタヘヨ。又。ウキコトヲ。思ヒ入江ノ島カゲニ。捨ル命

八波ノ下《シタ》草《クサ》ト詠テ。此淵《フチ》ニ身ヲ投《ナゲ》タリ。自休《ジキウ》尋ネ来テ此事ヲ聞キ。カク思ヒツヾケケル。

懸崖嶮キ処捨ツ生涯ヲ。十有余霜在リ刹那ニ。花貨紅顔碎ケ岩石ニ。蛾眉翠黛接ス塵沙ニ。衣襟只濕フ千行ノ涙。扇子空ク留ム二首ノ歌。相対シテ無シ言愁思切リ。暮鐘為ニ我ガ促ス帰家ヲ。

又歌ニ。白菊《シラギク》ノ花ノナサケノ深キ海ニ。トモニ入江ノ島ゾ嬉《ウレ》シキト詠テ。其マヽ海ニ沈《シヅミ》ヌトナン。故ニ児《チゴ》ガ淵《フチ》ト名クトナリ。岩《イハ》ノ間ニ白菊ガ石塔アリ。右ノ詩歌ハ滑誓詩文ニ載タリ。自休ガ像。法華堂ニアリ。

龍《リウ》穴《ケツ》　是《コレ》江ノ島ノ神窟辯才天ノ所居ナリ。東鑑ニ。江ノ島ノ龍《リウ》穴《ケツ》ニテ祈雨ノ事往々《ワウ／＼》見ヘタリ。法印尭慧ガ北国紀行ニ。爰《コヽ》ヲ蓬《ホウ》莱《ライ》洞《ドウ》トイヘル渡秘ナリト書タリ。相伝《ツタ》フ。弘法大師。弘仁五年ニ。此ノ窟中ニ参籠シテ。天照大神。春日。八幡等ノ諸神ノ像ヲ刻テ勧請スト。窟《イハヤ》ノ入口南ノ方ヘ向フ。海水巌窟ニ湛《タヽヘ》テ甚《ハナハダ》危《アヤフ》シ。左ニ傍《ソヒ》岩《イハ》尾《ヲ》ヲ傳《ツタウ》テ内ヘ入ル也。漸ク入テ窟中甚タ暗《クラシ》。内ニ人居テ松《タイ》明《マツ》ヲ作テ参詣ノ人ヲ導《ミチビキ》入ル。窟中ニ界《サカヒ》アリテ左右ニ分レ行ク。胎蔵界ノ穴《アナ》。金剛界ノ穴《アナ》ト云フ。一町余モ入テ。内ニ

石仏数《アマタ》多アリ。側《カタハラ》ニ弘法祈リ出シタリトテ。巌《イハ》間ヨリ清泉流レ落ルナリ。蛇形ノ池《イケ》。弘法ノ臥石アリ。手ヲ以テ撫《ナヅ》ルニ人《ヒト》肌《ハダ》ノ如ク滑《ナメラカ》ナリ。又護摩ノ爐《ロ》。石観音。石獅子ナドアリ。弘法帰朝ノ時持来シトナリ。是ヨリ奥ヘハ穴《アナ》窄《セバク》シテ。立テ入ガタシ。行《ユキ》タル人モナシト云フ。一年ニ一度ヅヽ海波打入テ奥《オク》マデヲ洗ヒ流ストナリ。ソレユヘカ甚ダ奇麗ナリ。鶴ガ岡一ノ鳥居ヨリ。此龍穴マデ。関東道十五里アリ。

魚《マナ》板《イタ》石《イシ》　龍《リウ》穴《ケツ》前ニアリ。面《オモテ》平《タイラカ》ニシテ魚《マナ》板《イタ》ノ如シ。遊人或ハ魚ヲ割《サキ》鱠《ナマス》ヲ取《ト》シメテ見《ミ》ル。此石ノ上ニテ四方ヲ眺望スレバ。万里ノ廻船数百艘。海上ニウカメリ。豆。駿。上下総。房州等ノ諸峯眼前ニ有。無キ限リ風景ナリ。

龍池　龍《リウ》穴《ケツ》ノ東ニアル入海ヲ名ク。昔シ悪龍出入ノ所ロト云フ。

仁《ニツ》田《タノ》四郎ガ抜《ヌケ》穴《アナ》　龍ガ池ノ東ニアリ。穴二ツアリ。俗ニ二ツヤグラトモ云フ。仁田四郎忠《タヾ》常《ツネ》。富士ノ人《ヒト》穴《アナ》ヨリ此《コヽ》ヘ抜《ヌケ》出《イデ》タリト云伝フ。東鑑ニ。建仁三年。六月三日。頼《ヨリ》家《イヘ》将軍。仁《ニツ》田《タノ》四郎忠《タヾ》常《ツネ》ヲ。富士山ノ人《ヒト》穴《アナ》ニ遣《ツカハ》シ。其所ヲ究《キハ》メ見《ミ》セシメ給フ。一日一夜ヲ

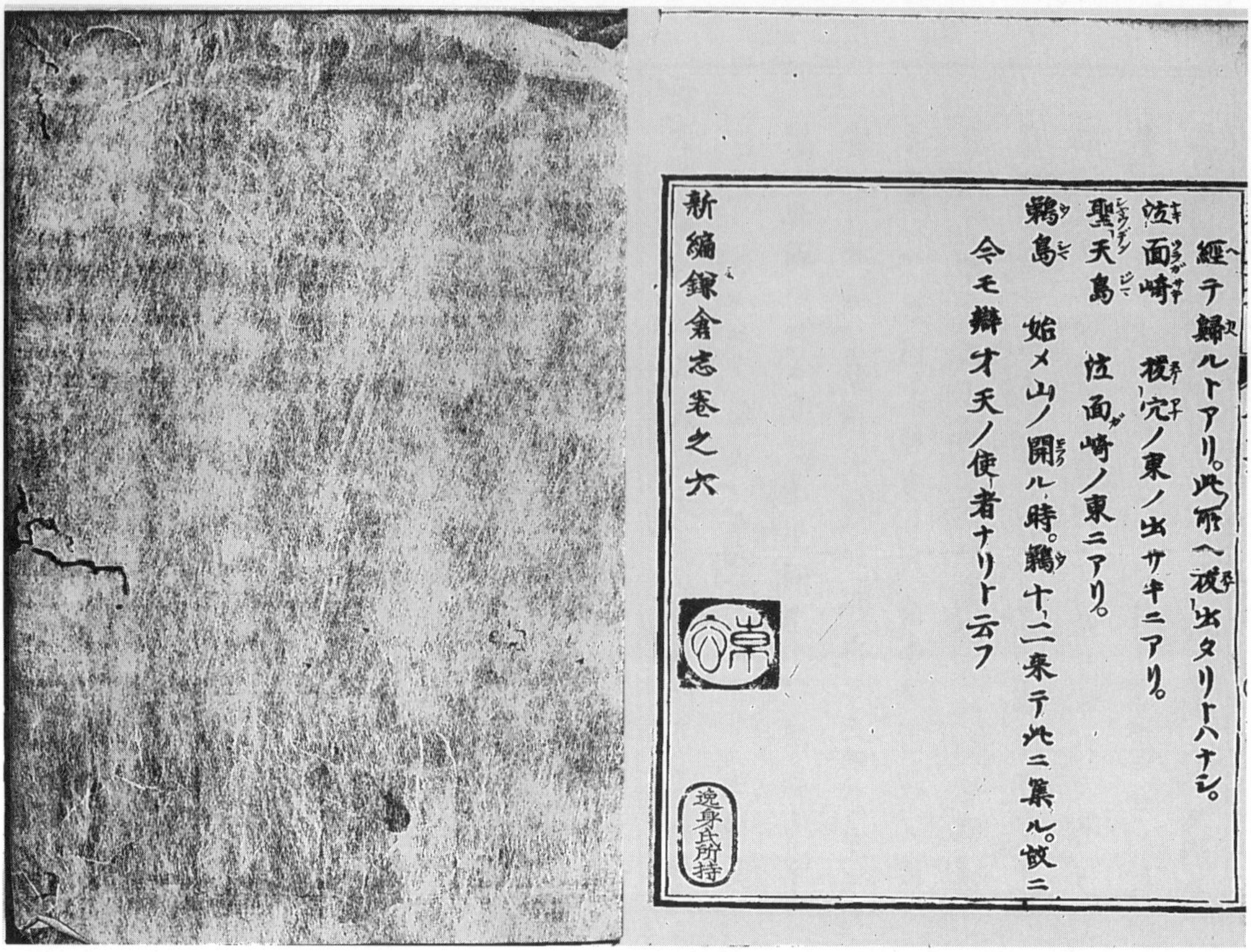

經《ヘ》テ歸《カヘ》ルトアリ。此所ヘ拔《ヌケ》出タリトハナシ。
泣《ナキ》面崎《ツラガサキ》　拔《ヌケ》穴《アナ》ノ東ノ出サキニアリ。
聖天《シヤウデン》島《ジマ》　泣面崎《ガ》ノ東ニアリ。
鶴《ツ》島《シマ》　始メ山ノ開《ヒラク》ル時。鶴《ツ》十二來テ此ニ集ル。故ニ今モ辯才天ノ使者ナリト云フ

新編鎌倉志卷之六

新編鎌倉志　七

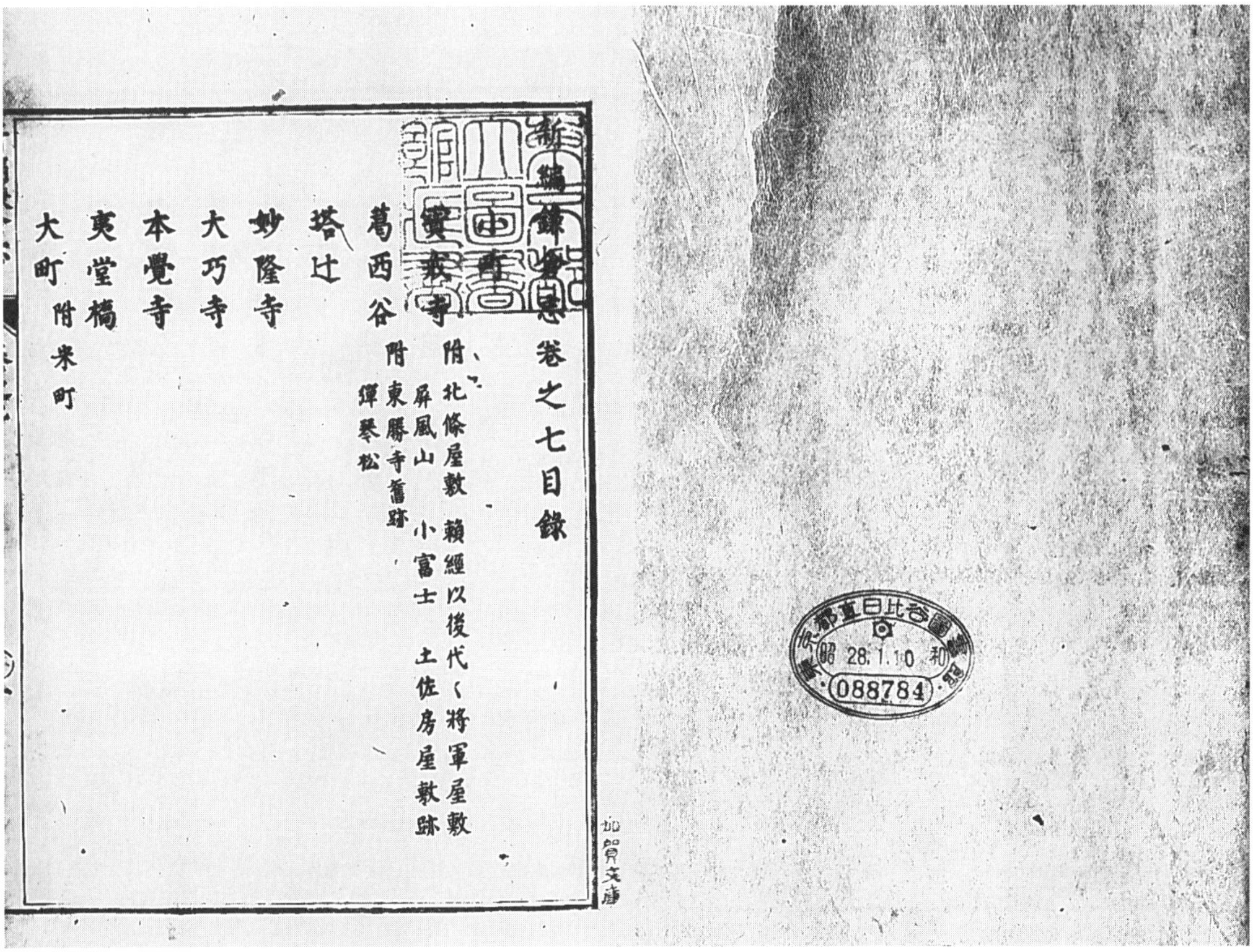
新編鎌倉志巻之七目録

寶戒寺 附、北條屋敷 頼經以後代々將軍屋敷
屏風山 小富士 土佐房屋敷跡

葛西谷 附 東勝寺舊跡 彈琴松

塔辻

妙隆寺

大巧寺

本覺寺

夷堂橋

大町 附 米町

妙本寺 附比企谷 比企能員舊跡
竹御所跡
田代觀音堂 附田代屋敷
延命寺
教恩寺
逆川
辻町
辻藥師
亂橋 附連理木
材木座
畠山重保石塔

下宮舊地
新居閻魔
補陀落寺
辨谷
崇壽寺舊跡
經師谷 附桐谷
光明寺
飯島 附六角井
和賀江島
小坪村 附切通

正覺寺 附住吉明神 道寸城跡
數珠掛松
名越
安養院
佐竹屋敷
花谷 附慈恩寺舊跡
蛇谷
安國寺 附松葉谷
長勝寺 附石井
日蓮乞水 附鎌倉五水
名越切通

御猿畠山 附山王堂跡 法性寺
岩殿觀音堂
東勝寺
神嵩 附神武寺 天狗腰掛松
海寶院
多古江河 附御最後川
六代御前塚
鐙摺山 附淺間山
杜戸明神 附名島
突渡崎

心無村　附三个村

佐賀岡　附世計明神

新編鎌倉志巻之七

河井恒久友水父纂述
松村清之伯胤父考訂
力石忠一叔貫参補

○小町

小《コ》町《マチ》ハ、若《ワカ》宮《ミヤ》小《コウ》路《ヂ》ノ東ヨリ南ヘ折《クジケ》テ行《ユキ》、夷《エビス》堂《ダウ》橋《バシ》マデノ間ヲ云。東鑑ニ、建久二年三月四日、小《コ》町《マチ》大《オホ》路《ヂ》ノ邊《ヘン》失火《シツクワ》、江《エ》間《マ》殿《ドノ》、相模守等、人屋数十宇焼亡。南風烈《ハゲシク》、餘煙如飛、鶴岡若宮ノ回廊、經所、幕府等、悉《コトゴトク》灰燼トナルトアリ。

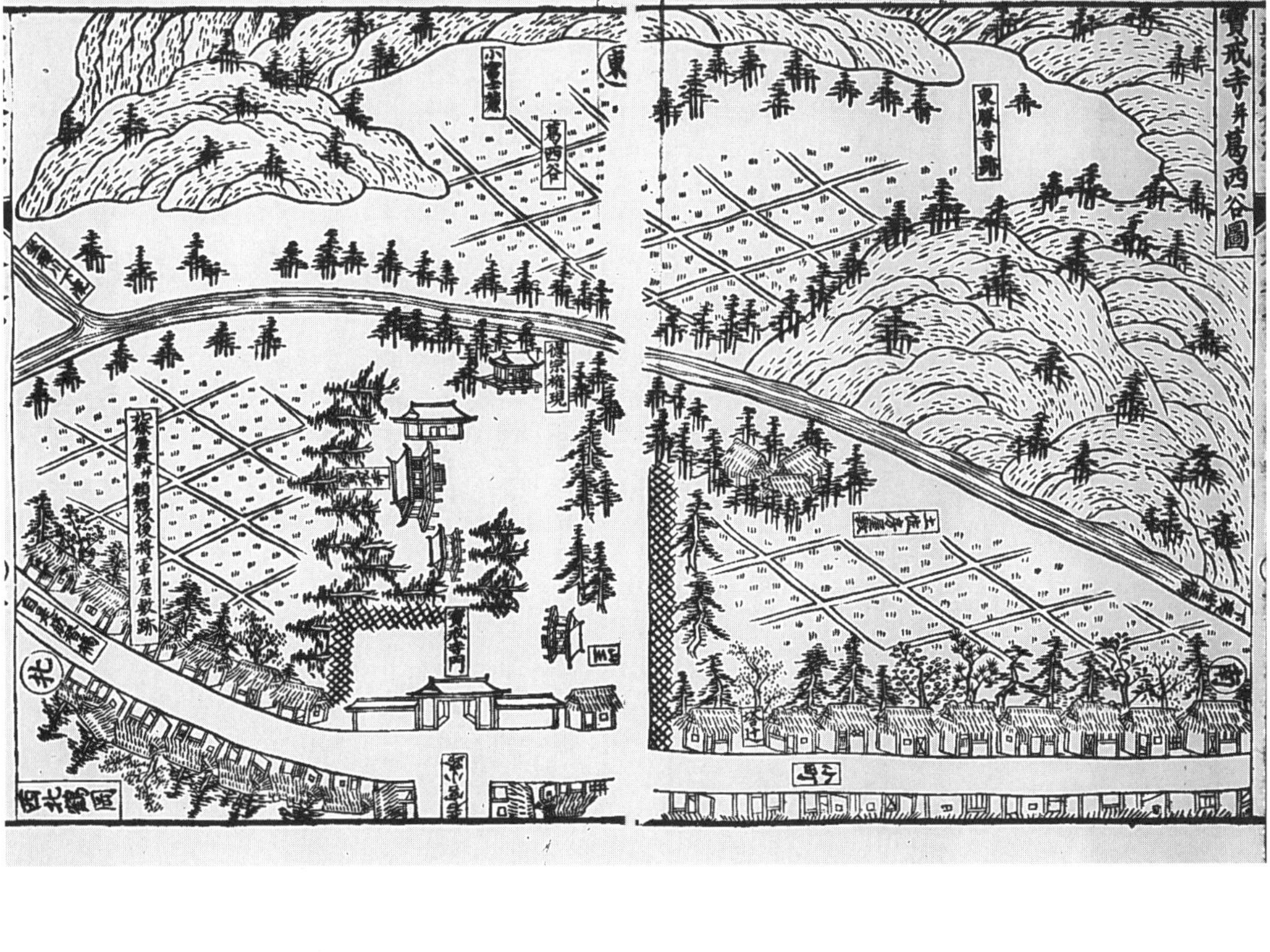

○寶戒寺　附 北條屋敷 頼經以後代々將軍屋敷 昇風山 小富士 土佐房屋敷跡

寶《ホウ》戒《カイ》寺《ジ》ハ。小《コ》町《マチ》ノ北。若宮小路《コウヂ》ノ東《ヒガシ》ナリ。金《キン》龍《リウ》山《ザン》ト號ス。圓《エン》頓《ドン》寶戒寺ト額アリ。筆者不知。此地ハ相《サ》摸《ガミ》入道崇《ソウ》鑑《カン》平高《タカ》時《トキ》ガ舊宅ナリ。故ニ源尊《タカ》氏《ウヂ》。後醍醐天皇ヘ奏《ソウ》シテ。高《タカ》時《トキ》ガ爲《タメ》ニ葛《カ》西《サイ》谷《ガヤツ》ノ東勝寺ヲ遷《ウツ》シテ。北條ノ一族ノ骸《ガイ》骨《コツ》ヲ改《アラタ》メ葬《ハウム》リ。此寺ヲ建立セリ。開山ハ。法勝寺ノ長老。五《ゴ》代《タイ》國師ナリ。相《サ》傳フ五《ゴ》代《ダイ》國師ハ。坂《サカ》本《モト》ノ人。諱ハ慧《エ》鎭《チン》。慈威和尚ト云。圓《エン》觀《クハン》僧正ト號ス。後伏見帝。後二條帝。花園帝。後醍醐帝。光嚴帝。五代帝王ノ戒《カイ》御師ト成タル故ニ。五代國師ト號ス。延文元年。三月朔日。七十六歳ニテ寂《ジヤク》ストナリ。太平記ニ。圓《ヱン》觀《クハン》上人ト申ハ。元《モト》ハ山徒ニテ御《ヲハシ》座ケルガ。顯密兩宗ノ才《サイ》。一山ニ光リ有カト疑《ウタガ》ハレ。智行兼《ケン》備《ビ》ノ誉《ホマレ》。諸寺ニ人無《ナキ》ガ如シ。五代聖主ノ國師トシテ。三聚淨戒ノ太祖タリトアリ。後《ノチ》ニ相《サ》摸《ガミ》入道。結《ユウ》城《キ》上野ノ入道ニ預ケテ。奥州ヘ下ス。開山。帝王ノ戒師ナル故ニ。昔シ此寺ニモ戒壇ヲ立タリト云。尊《タカ》氏《ウヂ》ノ第二ノ男。幼シテ多病ナリシ故ニ。五代國師ニ祈禱セシメ。終《ツイ》ニ其子ヲ國師ノ弟子トシ。慈源和尚ト云。普川國師ト號ス。此寺ノ第二世ナリ。此寺昔ハ四宗兼學ナリシガ。今ハ天台一宗也。今九貫六百文ノ寺領アリ。按ズルニ東鑑ニ。江《エ》間《マ》義《ヨシ》時《トキ》。大倉《クラ》亭《テイ》トアリ。或ハ義《ヨシ》時《トキ》ノ亭《テイ》。小町ノ上《カミ》トアリ。共ニ此地ノ事ナリ。此所。小町ノ上ニテ大《オホ》倉《クラ》ノ内ナリ。時《トキ》政《マサ》ハ。後ニ名越《ナゴヤ》ノ亭《テイ》ニ居セラレタリ。其後代《チ》々ノ執權。相摸《サガミ》入道ニ至ルマデ。爰ニ居ス。太平記ニ。去程ニ餘煙四方ヨリ吹懸《カカツ》テ。相摸《サガミ》入道殿《ドノ》ノ。屋《ヤ》形《カタ》近ク火《ヒ》懸《カカ》リケル。今朝マデハ奇麗ナル大《タイ》厦《カ》高《カウ》墻《シヤウ》ノ構《カマヘ》。忽ニ灰燼ト成《ナ》ルトアルハ。此地ノ事也。東鑑ヲ見レバ。頼《ヨリ》經《ツネ》以後ノ代々ノ將軍モ。此屋《ヤ》敷《シキ》ニ執權ト一所ニ居宅ト見《ミヘ》タリ。頼《ヨリ》朝《トモ》屋敷ノ條下ト照《テラシ》見ベシ。東鑑ニ關東執權ノ次第ハ。時《トキ》政《マサ》。義《ヨシ》時《トキ》。泰《ヤス》時《トキ》。經《ツネ》時《トキ》。時《トキ》頼《ヨリ》。時《トキ》宗《ムネ》。貞《サダ》時《トキ》。高《タカ》時《トキ》ナリ。梅松論ニハ。泰《ヤス》時《トキ》ガ次ニ時《トキ》氏《ウヂ》ヲ加《クハ》ヘテ。已上九代也トアリ。

本堂　本尊。地藏。左右ニ梵天。帝釋。共ニ唐佛也。五代幷ニ普川ノ像。地藏。行基ノ作。此地藏ハ尊氏ノ守《マモリ》本尊ト云フ。不動。大《タイ》山《ザン》ノ像ト同作ト云。聖天ノ像モアリ。

寺寶

尊《タカ》氏《ウヂ》書　壹通。其文如左。

奉寄圓頓寶戒寺相摸國金目郷半分事。

右相模守髙時《タカトキ》法名崇鑑《ソウカン》。天命已盡。秋戒忽臻。是以當今皇帝。被施仁慈之哀恤。為度怨念之幽靈。於高時法師之舊居。被建圓頓寳戒之梵宇。爰尊氏。奉武將之鳳詔。誅逆徒之梟惡。征伐得時。雄勇遂功。然間滅亡之輩貴賤老幼。男女僧俗。不可勝計。依之割分金目郷。所寄寳戒寺也。是備宥亡魂之恨。為救遺骸之辜也。然則皇帝久施殷周之化。愚臣早同伊呂之功。仍奉寄如件。建武二年三月廿八日。圓頓寳戒寺上人。參議源朝臣。有判

同證文　三通。寺領寄進ノ事ヲ載ス。

地藏ノ畫像　壹幅。尊氏ノ筆ナリ。尊氏平生地藏ヲ崇敬ス。故ニ鎌倉ニ木石畫像ノ地藏多シ。荏柄《エガラ》ニモアリ。

平ノ髙《タカ》時《トキガ》畫像　壹幅。或ハ云ク自筆ナリ。

三千佛ノ畫像　三幅。唐筆。

涅槃ノ畫像　壹幅。唐筆。

五代國師ノ畫像　壹幅。

五代國師自撰記　壹冊。國師ノ自筆。

五代國師自筆ノ状　貳通。

普川國師ノ畫像　壹幅。

已上

德《トク》宗《ソウ》權《ゴン》現《ゲン》ノ社　北條《ホウデウ》髙《タカ》時《トキ》ガ祠ナリ。北條五代記ニ。平家ノ亡魂共《ドモ》恨《ウラミ》ヲナスヨシ聞ニ因テ。髙《タカ》時《トキ》ガ屋《ヤ》敷《シキ》ノ跡ニ寳戒寺ヲ建立シ多ノ平家ノ亡魂ヲ弔《トムラ》ヒ。髙時《タカトキ》ヲ德宗權現ト號シ。此寺ノ鎭守ニ祝《イハ》ヒ給ケレバ。サテコソサレモシヅマリヌトアリ。按スルニ異本太平記ニ。相模入道ノ一跡。德宗（或ハ作ル德崇ニ）領ヲバ。内裏ノ供御料所ニ被置トアリ。又太平記ニ。駿河國入江莊ト云ハ。本ハ德宗領ニテ有シヲ。朝恩ニ下《クダ》シ賜《タマハ》ルトアリ。又若州守護職次第ニ。相模ノ守時《トキ》宗《ムネ》德宗ノ御分國トアリ。又貞《サダ》時《トキ》ノ下《シタ》ニモ德宗トアリ。然レバ北條一家ノ總領ノ知行所ヲ。德宗領ト云タルニヤ。始《ハジメ》テ社ニ名《ナ》付《ヅケ》タルニハアラザルナリ。

山王權現ノ社　門ヲ入テ右ニアリ。

屛《ビヤウ》風《ブ》山《ヤマ》　寺ノ後《ウシロ》口。東ニ有ル山ヲ云フ。屛風ヲ立タルガ如《ゴトク》ナリ。

小《コ》富《フ》士《ジ》　屛風山ノ傍ノ高キ峯ヲ云フ。社アリ。社中ニ富《フ》士《ジ》ノ如クナル石《イシ》アリ。淺間大菩薩ト銘アリ。毎年六月一日。男女參詣多シ。

土佐房《バウ》屋《ヤ》敷《シキ》跡　寺ノ南ノ方ノ畠ヲ云也。土《ト》佐《サ》房《バウ》
昌《シヤウ》俊《シユン》ガ屋敷ノ跡《アト》ト云傳フ。寶戒寺ノ地内ナリ。

○葛西谷　附東勝寺舊跡　彈琴松

葛《カ》西《サイ》谷《ガヤツ》ハ。寶戒寺ノ境内。川ヲ越《コエ》テ東南ノ谷《ヤツ》ナリ。
山ノ下ニ。古《イニシ》ヘノ青龍山東勝寺ノ舊跡アリ。東勝寺ハ。
関東十刹ノ内ナリ。開山ハ。西勇和尚。退耕行勇ノ法
嗣也ト云フ。今ハ寺亡《ホロビ》タリ。太平記ニ相模入道殿。千餘
騎ニテ。葛《カ》西《サイ》谷ニ引《ヒキ》籠《コモ》リ給ケレバ。諸大將ノ兵《ツハモノ》共ハ。東
勝寺ニ充《ミチ》滿タリ。是ハ父《フ》祖《ソ》代々ノ墳《フン》墓《ボ》ノ地ナレバ。爰ニ
テ兵《ツハモノ》共ニ防《フセギ》矢《ヤ》射サセテ。心《シン》閑《カン》ニ自害セン爲也トアリ。又相《サ》
模《ガミ》入道殿モ腹切給ヘバ。總シテ其門葉タル人。二百八
十三人。我先ニト腹切。屋《ヤ》形《カタ》ニ火《ヒ》ヲ懸《カケ》タレバ。猛火盛ニ燃《モエ》
上《アガ》リ。黒煙天ヲ翳タリ。後ニ名字ヲ尋ヌレバ。此ノ一所ニテ
死スル者。總テ八百七十餘人也。嗚《ア》呼此日何ナル日ゾヤ。
元弘三年。五月二十二日ト申ニ。平家九代ノ繁昌。一時ニ
滅亡シテ。源氏多年ノ蟄懐。一朝ニ開ル事ヲ得《エ》タリトア
リ。今モ古骨《コツ》ヲ掘出ス事有《アリ》ト云フ。又昔此ノ山上ニ彈《コト》琴《ヒキ》
松ト云アリ。松風ノ音尋《ヨ》常《ツネ》ニカハレリトナン。梅花無盡
藏ニモノセタリ。今ハナシ。

○塔辻

塔《タフ》辻《ツジ》ハ。寶戒寺ノ南ノ方。路ノ傍ニ石塔アリ。里俗。北條屋
敷ノ下《ゲ》馬《バ》ナリト云傳フ。按スルニ。太平記ニ。高《タカ》時《トキ》滅亡ノ
時。安《アン》東《ドウ》左衛門入道聖《シヤウ》秀《シウ》。イザヤ人々。トテモ死センズル
命《イノチ》ヲ。御屋《ヤ》形ノ燒跡ニテ。心《コヽロ》閑《シヅカ》ニ自害シテ。鎌《カマ》倉《クラ》殿《ドノ》ノ
御恥ヲ洗《スヽ》ガントテ。討殘サレタル郎等百餘騎ヲ相從
ヘテ。小《コ》町口ヘ打莅ム。先々出仕ノ如ク。塔《タフ》ノ辻《ツジ》ニテ馬ヨ
リ下《オリ》ト有。寶戒寺ハ。北條屋敷ナレバ。此邊下馬ト見
ヘタリ。此ノ外ニ鎌倉中ニ塔《タフ》辻《ツジ》ト云フ所多シ。第五巻ニモ
出タリ。然レドモ東鑑太平記鎌倉九代記等ニ。塔《タフ》辻《ツジ》
ト撤ハ此所バカリナリ。

○妙隆寺

妙《メウ》隆《リウ》寺《ジ》ハ。小《コ》町《マチ》ノ西頬ニアリ。叡昌山ト號ス。法華宗。
中山ノ末寺ナリ。開山ハ。日英。二代目ハ日親。堂ニ像ア
リ。日親ヲ。異名ニ鍋被上人ト云。宗門ニ隱《カクレ》ナキ僧ナリト云フ。

寺寶

曼荼羅　三幅。日親ノ筆。
同　壹幅。中山ノ第三祖日祐ノ筆。
法華ノ三部　壹函。筆者不知。紺紙金泥ナリ。法華
經。無量義經。普賢觀經也。

已上

行《ギヤウ》池《チ》　寺ノ後《ウシロ》ニアリ。日親此池ニ手《テ》ヲ浸《ヒタ》シ。一日ニ一指ツヽ。十指ノ爪《ツメ》ヲハナシ。百日ノ間ニ本ノ如ク生《ハエ》復《マタ》ラバ。所願成就ト誓ヒ。出ル血ヲ此池ニテ洗ヒ。其氷ヲ滴デ曼荼羅ヲ書《カク》。爪《ツメ》切《キリ》ノ曼荼羅ト云テ此寺ニ有シヲ。法理ノ異論ニ依テ。住持退院ノ時。盗ミ去《サル》トナリ。

○大巧寺

大《ダイ》巧《ギヤウ》寺《ジ》ハ。小町ノ西《ニシ》頬《ヅラ》ニアリ。相傳《ツタフ》。昔ハ長慶山正覺院大行寺ト號シ。真言宗ニテ。梶《カヂ》原《ハラ》屋《ヤ》敷《シキ》ノ内ニアリ。後《ノチ》ニ大巧寺ト改メ。此地ニ移ストナリ。梶《カヂ》原《ハラ》屋《ヤ》敷《シキ》ノ條下ニ詳《ツマビラカ》ナリ。昔シ日蓮。妙本寺在世ノ時。此寺法華宗トナリ。九老僧日澄上人ヲ開山トシ。妙本寺ノ院家ニナレリ。今二十四世ナリ。寺領七貫二百文アリ。棟《ムネ》札《フダ》ニ。延徳二年。二月廿一日トアリ。

産《ウブ》女《メノ》寶《ホウ》塔《タウ》　堂ノ内ニ。一間四面ノ二重ノ塔アリ。是ヲ産《ウブ》女《メノ》寶塔ト云。事ハ。相傳フ。當寺第五世日棟ト云僧。道念至誠ニシテ。毎夜妙本寺ノ祖師堂ニ詣ス。或《アル》夜。夷《エビス》堂《ダウ》橋《ハシ》ノ脇《ワキ》ヨリ。産《ウブ》女《メ》ノ幽魂出テ。日棟ニ逢《アフ》。廻向ニ預《アヅカ》テ苦患ヲ免《マヌカ》レ度《タキ》由《ヨシ》ヲ云フ。日棟コレカ為《タメ》ニ廻向ス。産《ウブ》女《メ》。謝金一包《ツヽミ》ヲ捧《サヽゲ》テ謝ス。日棟コレヲ受テ其為《タメ》ニ造立スト云フ。寺ノ前ニ産女幽魂ノ出タル池《イケ》。橋《ハシ》柱《バシラ》ノ跡ト云テ今尚存ス。夷《エビス》堂《ダウ》橋《ハシ》ノ少《スコシ》北ナリ。

寺寶

曼荼羅　三幅。共ニ日蓮ノ筆。一幅ハ。祈禱ノ曼荼羅ト云フ。病則消滅。不老不死ノ八字ヲ書加フ。日蓮。房州小《コ》湊《ミナト》ヘ還《カヘリ》。七十餘歳ノ老母ニ逢《アフ》。老母頓死ス。日蓮。悲哀ニタヘズシテ祈《キ》誓《セイ》ス。弘《グ》法《ハウ》ノ功ムナシカラズハ。再ビ母《ハヽ》ノ命《イノチ》ヲ活《イカ》シ給ヘト念ジ了《ヲハツ》テ此《コレ》ヲ書ス。タチマチニ氣《キ》ヲ吐《ハイ》テヨミガヘル。命延《ノベ》コト四年也ト云傳フ。經文ハ撤《スヽ》書《ガキ》也。妙本寺ニモ是《コレ》アリ。一幅ハ。瓔珞ノ曼荼羅ト云フ。上ニ瓔珞アリ。一幅ハ星《ホシ》下《クダ》リノ曼荼羅ト云フ。日證此ヲ庭前ノ青《アヲ》木《キ》ニ掛テ日天子ヲ禮ス。時ニ星《ホシ》下《クダ》ル故ニ名ク。其青《アヲ》木《キ》今《イマ》猶《ナヲ》存ス。

無邊行菩薩ノ名號　壹幅。日蓮ノ筆。

日蓮ノ消息　壹幅。

曼荼羅　壹幅。日朗ノ筆。

舍利塔　壹基。五重ノ玉塔ナリ。

已上

濱《ハマ》名《ナガ》石塔　北《ホウ》條《デウ》氏《ウヂ》政《マサ》ノ家臣。濱《ハマ》名《ナ》豊後ノ守時《トキ》成《ナリ》。

法名妙法。子息蓮眞。母儀妙節。三人ノ石塔ナリ。

番神堂《バンジンダウ》　濱名《ハマナ》時成建立スト云フ。

〇本覺寺

本覺寺《ホンガクジ》ハ。大巧寺ノ南鄰ニアリ。妙嚴山《メウゴンザン》ト號ス。身延山ノ末寺ナリ。開山日出上人。永享年中ニ草創スト云。傳フ此寺ハ東國法華宗ノ小《コ》本《ホン》寺《ジ》也。當寺ノ三世日耀ヘ。日朝ヨリ書ヲ遣《ツカハ》シテ曰《イハク》。總ジテ東三十三箇國。別シテ關八州ノ僧錄ニ任《ニン》ジ置事ニ候ヘバ。萬端制法肝要ニ候ト云云。日朝上人ハ。日出上人ノ弟子。當寺第二世ナリ。廿歳ニシテ身延山ニ住ス。身延山ノ第十一祖ナリ。在住四十年。身延山ノ諸法式モ此代ニ定ム。此書モ身延山ヨリ遣ハスト云フ。本尊ハ釋迦。文殊。普賢ナリ。十二貫二百文ノ寺領アリ。

寺寶

曼荼羅　壹幅。日蓮筆。

日蓮消息　十通。

記錄　壹冊。日出天台宗ト問答ス。時ノ執權是非ヲ糺《タヾ》シ。又修法ノ怪異ニ驚キ褒美シ。田園ヲ寄附スルノ由。日出ノ自筆ナリ。此外北條家ノ判形ノ文書數通アリ。

已上

〇夷堂橋

夷堂橋《エビスダウバシ》ハ。小町《コマチ》ト大町《オホマチ》トノ境ニアリ。座禪川《ザゼンガハ》ノ下流ナリ。昔《ムカシ》ハ此邊ニ夷《エビス》三郎ノ社アリシトナリ。今ハナシ。

〇大町　附米町

大町《オホマチ》ハ。夷堂橋《エビスダウバシ》ト逆川橋《サカガハバシ》トノ間ノ町ナリ。大町《オホマチ》ノ四ツ辻《ツジ》ヨリ西ヘ行《ユク》横町《ヨコマチ》ヲ。米町《ヨネマチ》ト云。大町《オホマチ》米町《ヨネマチ》ノ事。東鑑ニ往々見ヘタリ。

○妙本寺　附 比企谷 竹御所跡 比企能員舊跡

妙本寺《メウホンジ》ハ。長興山《チヤウコウザン》ト號ス。日蓮説法始《シ》ノ寺ナリ。相傳フ日蓮ノ俗弟子比企《ヒキノ》大學《ダイガク》三郎ト云シ人。建立ス。日蓮在世ノ時。日朗ニ附屬スル故ニ。日朗ヲ開山トス。正月二十一日。開山忌アリ。此寺ノ住持池上《イケガミ》ノ本門寺ヲ兼帯スルナリ。塔頭十六坊。院家二個。院アリ。一貫五百文ノ御朱印アリ。此地ヲ比企谷《ヒキガヤツ》ト云フ。比企《ヒキノ》判官能員《ヨシカズ》カ舊跡ナリ。今按スルニ。武州ニ比企郡《コホリ》ト云アリ。頼朝《ヨリトモ》ノ乳母能員《ヨシカズ》ガ姨母。武州比企ノ郡ヲ請所《ウケドコロ》トシテ居ス。故ニ比企《ヒキノ》尼ト號ス。甥ノ能員《ヨシカズ》ヲ猶子トシテ。共ニ此所ニ来リ居ス。故ニ比企《ヒキノ》谷《ヤツ》ト云ナリ。頼朝《ヨリトモ》并ニ政子《マサコ》比企《ヒキノ》尼《アマ》ガ家ニ渡御ノ事。又頼家《ヨリイヘ》モ。能員《ヨシカズ》ガ家ニテ遊興ノ事。東鑑ニ見《ミエ》タリ。能員ガ女《ムスメ》ハ。若狭局《ワカサノツボネ》ト號シテ。頼家ノ妻ニテ。一幡君《イチマンギミ》ノ母《ハハ》ナリ。故ニ能員。恩寵渥《アツ》ク。權威盛《サカン》ナリシガ。北條家ヲ亡《ホロボ》サント謀ルニ因テ。建仁三年。九月二日。北條時政《トキマサ》カ名《ナ》越《ゴエ》ノ亭ニテ誅セラル。一族此地ニテ悉ク亡《ホロビ》タリ。東鑑ニ詳ナリ。十六夜日記ニ。阿佛ガ歌アリ。忍ビ子ハ。比《ヒ》企《キ》ノ谷《ヤツ》ナル杜鵑《ホトトギス》。雲井ニ高《タカ》クイツカ鳴ラン。

本堂　此堂ニハ。元《モト》阿弥陀ノ像ヲ安ス。其像ハ。大學三郎ガ持佛堂ノ佛ナリシヲ。近年盗ミ去《サラ》レテ。今ハ立像ノ釋迦。鬼子母神。四菩薩ヲ安ス。釋迦ハ。陳和卿カ作ト云フ。日蓮伊豆ヘ配流ノ時。立像ノ釋迦ヲ隨身ス後ニ日朗ニ付屬ス。其像今《イマ》ハ本國寺ニ有《アリ》。故ニ此《コヽ》ニモ又立像ノ釋迦ヲ安スト也

御影堂　本堂ノ北ニアリ。祖師一尊ヲ安置ス。日蓮在世ノ間。弟子日法隨身シテ。詳ニ容貌ヲ寫ストナリ。列祖ノ牌アリ。又大學三郎カ牌モアリ。上ニ法華ノ題目ヲ書《カキ》。下ニ開基檀那日學位。同簾中理芳位トアリ。日學ハ。比企《ヒキノ》大學三郎カ法名也。毎年。二月十五日。大學三郎カ爲《タメ》ニ勤行アリ。寺僧ノ云。大學三郎ハ。比企《ヒキノ》判官能員《ヨシカズ》カ末子ナリ。父《チヽ》能員《ヨシカズ》誅セラレシ時。伯父《ヲヂ》伯耆《ハウキノ》法師ト云シ人。山ノ内證菩提寺ノ住持ニテ。其時京ノ東寺ニ在シガ大學三郎ヲ出家セシメ。京ニ隱《カク》シ置《ヲク》。後ニ文士《ブンシ》トナリ。順徳帝ニ奉リ仕ヘ佐渡國ヘ御供《トモ》申ス。頼《ヨリ》經《ツネ》将軍ノ御臺所《ミダイドコロ》ハ。能員《ヨシカズ》カ外孫ナルユヘニ。大學三郎老後ニ御免ヲ蒙リ。鎌倉ヘ下リ。竹御所《タケノゴショ》ノ御爲《タメ》ニ。比企谷《ヒキガヤツ》ニテ法華堂ヲ建立シ。僧ヲ集メ持經シテ。法名ヲ日學ト云ヒ。妙本ト號ス。故ニ當寺ニモ名《ナツ》クトナリ。

寺宝

曼荼羅　三幅。共ニ日蓮ノ筆。一幅ハ。蛇形ノ曼荼羅ト云フ。長《タケ》四尺許。幅《ハヾ》三尺余。日蓮。池《チ》上《ジヤウ》ニテ。此曼荼羅ニ向テ遷化也。故ニ臨滅度時ノ曼荼羅ト号ス。此蛇形ト云ハ。昔《ムカシ》兵乱ノ時。当寺ヘ濫《ラン》妨《バウ》アリシニ。此曼荼羅。井中ニ落テ。蓮ノ字ノハ子タル所ロ蛇形ニ見ヘタルヲ。盗《ヌス》賊《ビト》懼《オソレ》去タルト也。故ニ名ク。本行院ノ後《ウシロ》ニ蛇形井ト云今ニアリ。一幅ハ。帰命曼荼羅ト云。仏名ニ悉ク南無ノ字ヲ書加フ。故ニ名ク。一幅ハ。祈禱曼荼羅ト云フ。般大巧寺ノ下ニアリ。其外。日蓮ノ曼荼羅数多《アマタ》アリ。

日蓮消息　九通。其内ニ。御書ノ第六番目ニ載タルアリ。

日蓮遺骨塔　壱基。

法華経　壱部一巻。長《タケ》六寸バカリ。細字也。日蓮ノ筆ナリ。前ニ名《ナ》判《ハン》アリ。

同　壱部。日朗ノ筆ナリ。

日朗ノ墨蹟　壱幅。

毘沙門天像　壱躯。伝教作。

仏舎利　壱粒。水晶塔ニ入。高サ一尺五寸許《バカリ》。平《ヘイ》重《ヂウ》時《トキ》所持ナリト云フ。

大黒天像　壱躯。運慶《ケイ》作。

天照大神像　壱躯。運慶作。

八幡大神像　壱躯。運慶作。

東照宮直御判　壱通。濫妨狼藉禁制ノ御書。小《ヲ》田《ダ》原《ハラ》陣《ヂン》ノ時。筥《ハコ》根《ネ》ニテ。日惺頂戴ストナリ。

已上

竹《タケ》ノ御《ゴ》所《シヨ》ノ旧跡　本堂ヘ上ル道ノ左ニアリ。今卵《ラン》塔《タウ》場《バ》ナリ。竹《タケ》ノ御所トハ。源ノ頼《ヨリ》家《イヘ》ノ女子。比《ヒ》企《キ》能員《ヨシカズ》ガ外孫。将軍頼《ヨリ》経《ツネ》ノ御《ミ》台《ダイ》所《ドコロ》ナリ。東鑑ニ。安貞二年。正月廿三日。頼経。竹ノ御所ニ入御トアリ。

○田代観音堂　附田代屋敷

田《タ》代《シロ》ノ観音堂ハ。普門寺ト号ス。妙本寺ノ東南ナリ。安養院ノ末寺。堂ノ額ニ。白《ハク》花《クヱ》山《ザン》ト有。坂東巡礼所ノ第三ナリ。本尊。千手観音ナリ。此西ノ方ヲ田代屋《ヤ》敷《シキ》ト云。田《タ》代《シロ》ノ冠者信《ノブ》綱《ツナ》ガ旧跡也。今ハ畠ナリ。

○延命寺

延《エン》命《メイ》寺《ジ》ハ。米《ヨネ》町《マチ》ノ西ニアリ。浄土宗。安養院ノ末寺ナリ。堂ニ立像ノ地蔵ヲ安ス。俗ニ裸《ハダカ》地蔵ト云フ。又前《マヘ》出《ダシ》地蔵トモ云フ。裸《ラ》形《ギヤウ》ニテ雙《スゴ》六《ロク》局《バン》ヲ踏セ。厨《ヅ》子《シ》ニ入衣《コロモ》ヲ著《キ》セテアリ。参詣ノ人ニ裸《ハダカ》ニシテ見スルナリ。常ノ地藏ニテ。女根《ヨコン》ヲ作リ付タリ。昔シ平ノ時頼《トキヨリ》。其ノ婦人ト雙六《スゴロク》ノ勝負ヲ爭《アラソ》ヒ。互ニ裸《ハダカ》ニナランコトヲ賭ニシケリ。婦人負《マケ》テ。地藏ヲ念ジケルニ。忽チ女體ニ變ジ局《ツボネ》ノ上ニ立《タツ》ト云傳フ。是レ不禮不義ノ甚シキ也。總《ソウ》ジテ佛菩薩ノ像ヲ。裸形ニ作ル事ハ。佛制ニ於テ絶《タエ》テナキ事也トゾ。人ヲシテ恭敬ノ心ヲ起《オコ》サシメン爲《タメ》ノ佛ヲ。何《ナン》ゾ猥《ワイ》褻《セツ》ノ體ニ作ルベケンヤ。

○教恩寺

教《ケウ》恩《オン》寺《ジ》ハ。寶《ホウ》海山《ザン》ト號ス。米《ヨネ》町《マチ》ノ内ニアリ。時《ジ》宗《シウ》。藤《トウ》澤《タク》道場ノ末寺ナリ。里老ノ云。本《モト》ハ光明寺ノ境内。北ノ山ギハニ有シヲ。延寶六年ニ。貴譽上人此地ニ移ス。元《モト》此地ニ善昌寺ト云テ光明寺ノ末寺アリ。廢亡シタル故ニ。教恩寺ヲ此ニ移シ。元《モト》教恩寺ノ跡ヲ。所化寮トセリ。本尊。阿弥陀。運慶作《ガ》。相傳フ平ノ重《シゲ》衡《ヒラ》囚ニ就テ。此ノ本尊ヲ禮シ。臨終正念ヲ祈《イノ》リシカバ。弥陀ノ像。打ウナヅキケルトナン。

寺寶

盃《サカヅキ》　壹箇。平ノ重《シゲ》衡《ヒラ》。千《セン》壽《ジユ》前《ノマヘ》ト酒宴ノ時ノ盃《サカヅキ》ナリト云傳フ。大サ今ノ平《ヒラ》皿《ザラ》ニ似テ淺シ。木《キ》薄《ウス》クシテ輕シ。内外黒《クロ》塗《ヌリ》。内ニ梅花ノ蒔《マキ》繪《エ》アリ。

已上

○逆川

逆《サカ》川《ガハ》ハ。名《ナ》越《ゴエ》坂《サカ》ヨリ流《ナガ》レテ西北ニ行ク。故ニ逆川ト云。大《オホ》町《マチ》ト辻《ツジ》町《マチ》ノ間《アヒダ》ヘ流レ出テ。閻《エン》魔《マ》川《ガハ》ト合《アフ》テ入レ海ニ。大町ト辻《ツジ》町《マチ》トノ間ニ橋アリ。逆川橋ト云フ。鎌倉十橋ノ一ツナリ。

○辻町

辻《ツジ》町《マチ》ハ。逆川橋ヨリ亂《ミダレ》橋《バシ》マデノ間ヲ云ナリ。

○辻藥師

辻《ツジ》藥《ヤク》師《シ》ハ。逆川ノ南ニ。辻町ノ東《ヒガシ》頰《ヅラ》ニアリ。長善寺ト號ス。眞言宗也。本尊藥師。行基ノ作。十二神モアリ。

寺寶

劍《ケン》　壹口。長サ二尺バカリ。無銘。大進坊《ボウ》作ト云。

已上

○亂橋　附連理木

亂《ミダレ》或ハ作濫《ミダレ》橋《バシ》橋ハ。辻《ツジ》町《マチ》ヨリ材《ザイ》木《モク》座《ザ》ヘ渡《ワタ》リ行《ユク》石《イシ》橋《バシ》ナリ。鎌倉十橋ノ内ナリ。東鑑ニ。寶治二年六月十八日。寅ノ剋ニ。濫《ミダレ》橋《バシ》ノ邊。一許町以下南ニ雪降《フル》。如シ霜トアリ。橋《ハシ》ノ南ニ連《レン》理《リ》木《ボク》アリ。

○材木座

材《ザイ》木《モツ》座《ザ》ハ。亂《ミダレ》橋《バシ》ノ南ノ濱《ハマ》マデノ漁村ヲ云フ。里民魚ヲ捕《トリ》テ業《ワザ》トス。徒然草ニ。鎌倉ノ海ニ堅魚《カツヲ》ト云魚《ウヲ》ハ。彼ノ境ニハ左右ナキ物ニテ。モテナスモノナリトアリ。今モ鎌倉ノ名物也。是ヨリ由比ノ濱ヘ出テ左ヘ行《ユケ》バ。飯《イヒ》島《ジマ》ノ道。右ヘ行《ユケ》バ鶴《ガ》岡ノ大鳥居ノ邊ヘ出ルナリ。

○畠山重保石塔

畠《ハタケ》山《ヤマ》重《シゲ》保《ヤスガ》石塔ハ。由比ノ濱ニアル五輪ヲ云《イフ》。明徳第四。癸酉。霜月日。大願主道友ト切《キリ》付テアリ。年號。重保ヨリ遥《ハルカ》後《ノチ》ナリ。按スルニ。東鑑ニ元久二年。六月廿二日。軍兵由比ノ濱ニ競《キソヒ》走《ハシツ》テ。謀叛ノ輩《トモガラ》畠《ハタケ》山《ヤマ》六郎重《シゲ》保《ヤス》ヲ誅ストアリ。或ハ後ノ人重《シゲ》保《ヤス》ガ為《タメ》ニ建《タテ》タルカ。萬里居士ガ無盡藏ニ。壽福寺ニ入テ人《ヒト》丸《マル》塚《ヅカ》ヲ山顛ヨリ望《ノゾミ》六郎ガ五輪ヲ路傍ニ指《サス》トアリ。又此ノ石塔ノ西ノ方ヲ畠《ハタケ》山《ヤマ》屋《ヤ》敷《シキ》ト云《イフ》。是モ重《シゲ》保《ヤス》ガ舊宅ナラン。里俗。或ハ畠《ハタケ》山《ヤマ》重《シゲ》忠《タダ》ガ石塔ト指《サシ》示《シメ》シ。又重《シゲ》忠《タダ》ガ屋敷ナリト云傳《ツタフ》。恐ハ非《ヒ》ナラン。重《シゲ》忠《タダ》ガ屋敷ハ。筋《スヂ》替《カヘ》橋《バシ》ノ西北ニアリ。重《シゲ》忠《タダ》ハ。重《シゲ》保《ヤス》ト同日ニ。武藏ノ國二《フタ》俣《マタ》川《カハ》ニテ誅セラルトアリ。父子ナリ。

○下宮舊地

下《シモ》宮《ミヤ》舊地ハ。由《ユ》比《ヒ》ノ濱《ハマ》大鳥居ノ東ニアリ。東鑑ニ。頼朝卿鎌倉ニ入《イリ》給フ時。先《マヅ》遥《ハルカ》ニ鶴《ツル》岡《ガヲカ》ノ八幡宮ヲ拜《ヲガ》ミ奉《タテマツ》ルトアルハ。此ノ所ニ有シ時也。此ノ所ニ有シ社《ヤシロ》ヲ。今ノ若《ワカ》宮《ミヤ》ノ地ニ遷《ウツ》シ奉《タテマツ》ラン為《タメ》ニ。本新兩所ノ用捨ヲ。實前ニテ鬮《ミクジ》ヲ取。今ノ若宮ノ地ニ治定シ給フ。本ト有ハ此ノ所ノ事。新トアルハ今ノ若宮ノ事ナリ。爰ヲ鶴《ガ》岡ト云ユヘニ。小《コ》林《バヤシ》ヘ遷シテ後《ノチ》モ。鶴《ガ》岡ノ若宮ト云ナリ。鶴《ガ》岡ノ條下ト照シ見ルヘシ。

○新居閻魔

新《アラ》居《井》閻《エン》魔《マ》ハ。由比ノ濱大鳥居ノ東南ニアリ。新居山ト號ス。堂ニ圓《エン》應《ワウ》寺《ジ》ト額アリ。開山ハ。知覺禪師。建長寺ノ末寺ナリ。寺領ハ。建長寺領ノ內ニテ。三貫文ヲ附ス。別當ハ。山《ヤマ》伏《ブシ》ニテ寶藏院ト云。堂ニ閻魔ノ木像アリ。昔シ運慶頓死シテ地獄ニ至リ。直ニ閻魔王ヲ見《ミ》。蘇生シテ作タル像ナリト云傳フ。倶《ク》生《シヤウ》神《ジン》。奪《ダツ》衣《エ》婆《バ》。俗ニ三《サウ》途《ヅ》河《ガ》ノ姥《ウバ》ト云フ木像モアリ。シカレドモ寛文十三年ニ。此閻魔ノ像ヲ修スル時。腹《ハラノ》中ヨリ書《カキ》付《ツケ》出タリ。建長二年出來。永正十七年再興。佛師下野法眼如圓。建長ノ役人徳順判。興珊判トアリ。建長寺維《イ》那《ノ》帳ニ。徳順ハ。明應七年。興珊ハ。永正五年ノ所ニ見《ミヘ》タリ。鎌倉年中行事ニ。七月十六日。濱《ハマ》ノ新居ノ閻《エン》魔《マ》堂《ダウ》。閻王寺ト號ス。應永大亂ノ時ノ亡魂御弔《トブラヒ》ノ為《タメ》ニ。

施餓鬼之事ヲ、扇ガ谷海藏寺ヘ仰《オホ》セテ修セラルトアリ。源ノ成氏《シゲウヂ》ノ時ナリ。

○補陀落寺

補陀落寺《フダラクジ》ハ、南向山《ナンカウザン》歸命院ト號ス。材木座《ザイモクザ》ノ東、民家ノ間《アイダ》ニアリ。古義ノ真言宗ニテ、仁和寺ノ末寺ナリ。開山ハ、文覺上人ナリ。勧進帳ノ切《キレ》タルアリ。首尾破レテ、作者モ年號モ不知。其ノ中ニ文覺、鎌倉ヘ下向ノ時、頼朝《ヨリトモ》卿、比來《ヒゴロ》ノ恩ヲ報ゼントテ、此寺ヲ立《タテ》ラレシトアリ。其ノ後頽破セシヲ、鶴ガ岡ノ供僧頼基《ライキ》中興セシトナリ。今按ズルニ、此ノ勧進帳ノ文《ブン》モ、頼基ノ作カ歟。

頼基ハ、鶴岡供僧職次第ニ、佛乘坊淨國院ノ頼基大夫法印。文和四年二月二日ニ寂《ス》。千田ノ大僧都ト號スト有。本尊、藥師。十二神。運慶ガ作也。文覺上人ノ位牌アリ。開山權僧正法眼文覺尊儀トアリ。頼朝《ヨリトモ》ノ木像アリ。鏡ノ御影《ミエイ》ト云フ。白旗《シラハタ》明神ト同シ體《タイ》ナリ。同ジ位牌アリ。征夷大將軍二品幕下頼朝神儀トアリ。

寺寶

八幡ノ畫像　壹幅。束帯ニテ袈裟ヲカケ、數珠《ジュズ》ヲ持《モタ》シム。冠《カムリ》ヨリ一寸バカリ上ニ日輪ヲヱカク。

寶篋菩薩ノ像　壹軀。八幡ノ姨《アバ》ナリ。鶴ガ岡ニモアリ。社家ニテハ、見目《ミメ》明神ト云フ。

平家調伏ノ打敷《ウチシキ》　壹張。打敷ハ俗語也。卓圍ノ事ナリ

平家ノ赤旗《アカハタ》　壹流。幅《ハヾ》二布。長《タケ》三尺五分アリ。九萬八千ノ軍神ト書付《カキツケ》テアリ。

古文書　三通。一通ハ、北條《ホウデウ》氏康《ウヂヤス》ノ虎ノ朱印。天文廿二年。癸丑。十一月十五日トアリ。一通ハ、大道寺源六トアリ。二貫三百文寄附ノ状也。一通ハ、頼朝《ヨリトモ》ヲ弔《トムラ》フベキ事ヲ書タリ。判ノ上ニ冬就トアリ。

已上

鐘樓ノ跡　今跡ノミ有テ鐘《カネ》モナシ。當寺ノ鐘《カネ》ハ、松岡《マツガヲカ》東慶寺ニアリ。農民、松ガ岡ノ地ニテ掘《ホリ》出シタリト云フ。銘ヲ見レバ、當寺ノ鐘《カネ》ナリ。兵亂ノ時、紛散シタルナルベシ。其文如左。

補陀落寺鐘銘

就テ相陽城之海濱ニ、有富多樂之寺院。雖尚具八吉六勝之德ヲ、只恨ハ欠二聽五觀之儀ヲ。茲ニ住持頼基、唱ヘテ十方之檀越ニ、遣九乳之蒲牢ヲ。聊

觀拘留孫之已往。雅示化如來之明宣。慣彼
當矩。企此斷製。作銘曰。鍠々清響。殷々虚音。
雷警諸聾。風析醉沈。呼喝聲應。動海潮鳴。尊
門無外。圓通云生。希兮微兮。一陰一陽。克磨
慧鏡。乍斷業網。擊蒙叩寂。浮空和霜。明辨夢
覺。長告晁昏。器篆梵摩。銘勸紺園。日月俱懸。
天地久存。住持比丘頼基。大工大和權守光
連。鑄成右兵衛尉家村。結緣貴賤緇素一萬
餘人。觀應元年。庚寅。八月日。此銘ノ文。先寺號ヲ以考ルニ。當寺ノ本尊ハ觀音ナルベキ者也。然トモ今藥師也。

○辨谷

辨谷《ベンガヤツ》ハ。補陀落寺《フダラクジ》ノ東ノ谷ヲ云。土俗。紅谷《ベニガヤツ》ト云ハ
非ナリ。或ハ別谷《ベツガヤツ》トモ云。田代系圖ニ。鎌倉ノ別谷《ベツガ》ハ。
千葉殿ノ敷地ナリ。介ノ唐名ヲ別駕ト云間。別谷
ト云也トアリ。

○崇壽寺舊跡

崇壽寺《ソウジユジ》ノ舊跡ハ。辨谷《ベンガヤツ》ノ内ニアリ。昔ハ此ノ谷皆崇壽
寺ノ地内ナリト里老語レリ。此寺ハ。北條相模守平
高時入道崇鑑ガ建立ニテ金剛山崇壽寺ト號ス。
開山ハ。南山和尚諱ハ士雲。聖一國師ノ法嗣ナリ。

建武三年十月七日ニ寂ス。崇壽寺ハ。元亨元年ニ。
創造也。南山ノ行實ニ詳ナリ。太平記ニ高時滅亡ノ
時。長崎次郎高重。先崇壽寺ノ長老南山和尚ニ
參リ。左右ニ揖シテ問テ云ク。如何ナルカ是勇士恁
麼ノ事。和尚答テ曰ク。不如吹毛急用前トアリ。崇壽寺
ノ鐘ノ銘。其ノ文如左。

金剛山崇壽禪寺鐘ノ銘

飯嶼之艮。鎌倉之巽。辨谷靈區。椎輪禪苑。芟
夷荊榛。聳出輪奐。山曰金剛。勃右横偃。寺號
崇壽。祝延聖算。峯岫矗々。長江渺々。漁翁釣
雪。牧童歸晩。補陀大士。儼坐岸畔。入三摩地。
慈眼悲觀。音聞圓通。根塵消渙。變募豪雄洪
鐘圓範。四恐爲爐。六度爲炭。和眞性金。百鍊
千煆。大器已成。聲振霄漢。大夢忽破。長夜早
旦。冥顯對界。盡停怨恨。水陸飛潛。共脫苦患。
凡曰助緣。各願圓滿。地久天長。河淸海晏。檀
門椿葉。八千爲限。伽藍香火。三會不斷。嘉曆
二。丁卯年。十月五日。大檀那菩薩戒弟子崇
鑑。開山住持傳法沙門士雲。謹銘。當寺ノ本願
士恭。大工。沙弥道光

○經師谷　附　桐ヵ谷

經《キヤウ》師谷《ジガヤツ》ハ。辨谷《ベンガヤツ》ノ北ニアリ。土俗チヤウジガ谷ト云フ。東鑑ニ。經師《ガ》谷《ヤツ》トアルハ此ノ地ノ事ナリ。又此東ノ谷《ヤツ》ヲ桐ガ藪ニ或ハ傳ル谷《ヤツ》ト云フ。鶴岡記録ノ奥書《オクガキ》ニ於テ桐ヵ谷ニ書ストアリ。此ノ所ノ事歟。

新編鎌倉志　七之下
加賀文庫
1790
11

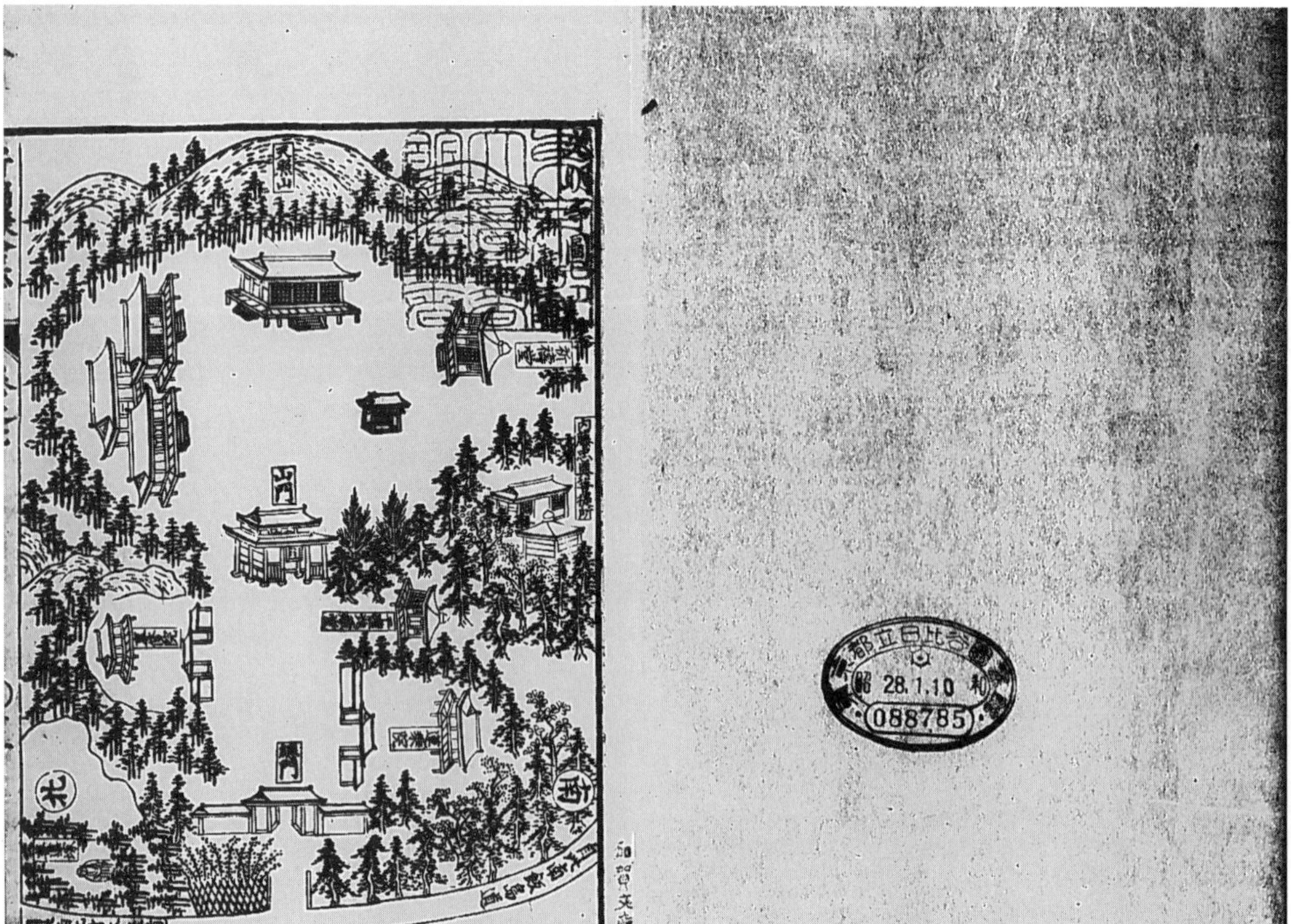
山門
28.1.10
088785

○光明寺

光明寺《クワウミヤウジ》ハ。補陀落寺ノ南鄰ナリ。天照山ト號ス。本《モト》ハ佐《サ》介谷《スケガヤツ》ニ在シヲ。後ニ此地ニ移ス。當寺開山ノ傳ニ。寛元元年。五月三日。前武州太守平ノ經《ツネ》時《トキ》。佐《サ》介《スケガ》谷《ヤツ》ニ於テ淨刹ヲ建立シ。蓮華寺ト號シ。良《リヤウ》忠《チウ》ヲ導師トシテ。供養ヲノベラル。後ニ經《ツネ》時《トキ》靈夢有テ光明寺ト改ム。方丈ヲ蓮華院ト名クトアリ。經《ツネ》時《トキ》ヲ蓮華寺殿安樂大禪定門ト號ス。當寺ニ牌アリ。東鑑ニ。經《ツネ》時《トキ》ヲ佐《サ》佐《サ》目《メ》ノ山麓ニ葬ルトアリ。開山ハ。記主禪師諱ハ良《リヤウ》忠《チウ》。然阿ト號ス。石州三隅ノ莊ノ人ナリ。父ハ宰相藤原ノ頼定。母ハ。伴《トモ》氏。正治元年七月二十七日ニ生ル。弘安十年。七月六日ニ示寂ス。年八十九。臈七十四。聖光上人ノ弟子ナリ。聖光ハ。法然上人ノ弟子ナリ。良《リヤウ》忠《チウ》弟子六人有テ。今ニ六派相《アヒ》分ル。所謂六派ハ。京都ノ三箇ハ。一條ノ禮《ライ》阿《ア》。三條ノ道《ダウ》光《クワウ》。小幡《コハタ》ノ慈《ジ》心《シン》ナリ。関東ノ三箇ハ。白《シラ》旗《ハタ》ノ寂《ジヤク》慧《ヱ》。光明寺ノ第二世 名《ナ》越《ゴエ》ノ尊《ソン》觀《クワン》。大澤流義ノ祖 藤田ノ持《ヂ》阿《ア》。藤田流義ノ祖 是ヲ六派ト云フ。當寺ハ六派ノ本寺ナリ。六派ノ内白《シラ》旗《ハタ》大澤《サハ》ノ兩流ノミ今尚《ナホ》盛《サカン》ナリ。四派ハ斷絶ス。十七箇寺ノ檀林ハ白《シラ》旗《ハタ》ナリ。昔シ經《ツネ》時《トキ》。武州安《ア》達《ダチ》郡《ゴホリ》ノ内箕《ミ》田《タ》郷《ガウ》ヲ寄附シテ寺領トスト云フ。今寺領。三《ミ》浦《ウラ》ノ柏《カシハ》原《バラ》村《ムラ》ニテ百石ヲ賜《タマ》フ。當寺ニ鐘《カネ》アリ。銘ヲ見レバ。竹園山法泉寺ノ鐘ナリ。何レノ時ニ爰ニ移シ置《ヲケル》事ヲ不知。鐘ノ銘ハ法泉寺《ガ》谷ノ條下ニ載ス。

外門　昔シ佐《サ》介《スケ》谷《ガヤツ》ニ有シ時。平ノ經《ツネ》時《トキ》ノ弟《ヲトヽ》時《トキ》頼《ヨリ》。外門ニ額ヲ掛テ。佐《サ》介《スケノ》淨《ジヤウ》刹《セツ》ト號スト。記主ノ傳ニ見《ミエ》タリ。

今ハ額ナシ。

山門　額。天照山トアリ。後花園帝ノ宸筆ナリ。裏ニ永亨八年。丙辰。十二月十五日賜畢トアリ。

開山堂　開山ノ木像ヲ安ス。自作ナリ。勅謚記主禪師トアル額ヲ此堂ニ掛《カケ》シトナリ。今寶物ノ内ニ載ス。本傳ニ。開山遷化七年ノ後。永仁元年。七月二。謚《ヲクリナ》記主禪師ト賜フトアリ。

客殿　三尊ヲ安ス。阿弥陀ノ像ハ運慶ガ作。觀音勢至ノ像。作者不知。

方丈　蓮華院ト號ス。阿弥陀ノ像ヲ安ス。此像モ運慶ガ作ニテ。肚裏ニ運慶ガ骨ヲ收ムト云フ。

祈禱堂　今ハ念佛堂ト云フ。昔ハ祈禱堂ニテ祈禱ノ額《ガク》ヲ掛《カケ》シトナリ。額ハ。今寶物ノ内ニ載ス。本尊ハ阿弥陀。慧心ノ作ト云フ。左ノ方ニ。辨才天ノ像アリ。昔シ江ノ島辨才天ノ像。或《アル》時暴風吹キ来《キタ》テ、此ノ寺ノ前海ノ濱ニ寄泊ル。里民相ヒ議シテ彼ノ島ニ歸《カヘ》ス。其ノ後又来ル。如《カク》此ノスル事三度ナリ。因《ヨツ》テ寺僧御闔《ミクジ》ヲ取《トル》ニ、永ク此ノ寺ニ止《トゞ》ルベキ由ナリ。故ニ爰《コゝ》ニ安スト云。右ノ方ニ善導《ゼンドウ》ノ像アリ。自作ト云。衣ニ金泥ニテ阿弥陀經ヲ書タリ。文字皆消《キヘ》テ今ハ生《シヤウ》ノ字バカリ見ユル。奥《ヲク》善導《ゼンドウ》塚《ヅカ》ノ下《シタ》ニ詳ナリ。天和元年ニ、施主有テ、昔ノ祈禱堂ヲ此ノ所へ新ニ建立シ、常念佛ヲ始メ晝夜《チウヤ》不怠《オコタラ》。

寺寶

勅額　貳枚。一枚ハ後宇多帝ノ宸筆。勅諡記主禪師トアリ。一枚ハ、後土御門帝ノ宸筆。祈禱ノ二字ナリ。裏ニ福德二年。辛亥。九月吉日トアリ。祈禱堂ノ額ナリ。福德ノ年號不審。恐ハ誤《アヤマリ》彫《ヱリ》タル歟。

南岳大師ノ袈裟　壹頂。竹布ニテ九條ナリ。法然初メ叡山ニ在テ、天台ノ碩學タリ。因之ニ叡空ヨリ傳フ之ヲ。是ノ圓頓戒相承ノ表信ナリト云フ。

阿弥陀經　壹巻。聖光ノ筆。寛喜二年七月二十一日。一字三禮シテ書ト奥書《ヲクガキ》アリ。

紫石ノ硯　壹面。此ヲ松陰《マツカゲ》ノ硯ト云フ。松鶴《マツツル》龜《カメ》ノ彫《ホリ》物《モノ》アリ。裏ニ永享五年十二月廿五日ト。小ク彫《ホリ》付テアリ。相ヒ傳フ平ノ重衡《シゲヒラ》受戒ノ時、法然ニ與《アタ》フ。法然コレヲ聖光ニ讓リ、聖光又記主《キシユ》ニ讓ル。記主自筆ノ譲リ狀アリ。今按スルニ、永享五年ハ、法然記主ノ時代ニ非ス。後人ノ書《カキ》タルナルベシ。右ノ三種、記主ノ法嗣寂慧《ジヤクエ》房《バウ》ニ附屬スルノ狀一通。弘安九年。八月トアリ。記主ノ自筆ナリ。

六字ノ大名號　壹幅。弘法ノ筆。長《ナガサ》九間。廣《ヒロサ》九尺許《バカリ》アリ。是ヲ佐野《サノ》ノ名號ト云。初メ房州佐野ノ金胎寺ノ什物ナリシヲ。兵亂ノ時奪《ウバ》ヒ取テ此《コゝ》ニアリト云フ。弘法。佐野ノ砂場《スナバ》ニテ下書《シタガキ》ヲカヽレタリ。故ニ佐野ノ名號ト云フト也。

硯《スヾリ》　貳面。一面ハ菅丞相ノ硯ト云傳フ。一面ハ二位ノ尼《アマ》平政子《タヒラノマサコ》ノ硯ト云傳フ。

天照太神ノ像　壹軀。長《タケ》三寸許《バカリ》。八幡ノ作ト云フ。

阿弥陀ノ畫像　四幅。一幅ハ、後陽成帝ノ宸筆。三幅ハ慧心ノ筆。

阿弥陀ノ繡ノ像　壹幅。中將姫《ヒメ》ノ製。

稱讃淨土經　壹巻。中將姫ノ筆。

淨土ノ曼荼羅　壹幅。慧心ノ筆。當麻ノ曼陀羅ヲ寫セリ。

同縁起　貳巻。詞書《コトバガキ》ハ後京極良経《ヨシツネ》公ノ筆。畫《ヱ》ハ土《ト》佐《サ》将監光《ミツ》興《オキ》筆ナリ。

阿弥陀ノ名號　壹幅。法然ノ筆也。脇書《ワキガキ》ニ西光往生。保延辛酉。三月十九日。當ニ承安四年甲午。父ノ三十三回忌ニ故ニ源空書之トアリ。

浄土ノ三部経　壹函。法然ノ筆。但シ小経《セウキヤウ》ハ不足ニテ。萬《マン》無上人。紺紙金泥ニテカキソヘタリト云フ。

法然ノ畫像　壹幅。自筆。鏡ノ影ト云フ。

記主ノ畫像　壹幅。自筆。鏡ノ影ト云フ。

十九羅漢ノ畫像　十九幅。唐畫。

一枚起請　壹幅。尊鎮法親王ノ筆ナリ。

十八通　壹冊。了誉ノ自筆ナリ。

源ノ基《モト》氏《ウヂ》ノ證文　壹通。貞治二年。二月廿七日。有判。

光明寺開山記主禅師ノ傳　壹冊。沙門道光作トアリ。道光諱ハ了慧。望《バウ》西《サイ》樓《ロウ》ト號ス。良忠ノ弟子ナリ。

北條氏直朱印　壹通。

東照宮ノ御朱印　壹通。

巳上

開山ノ石塔　山ニアリ。山ヲ天照山ト云フ。

善《ゼン》導《ダウ》塚　總門ノ前松原ニアリ。善導金銅ノ像ヲ安ス。相傳フ昔シ唐船日本ヘ渡ル時。善導ノ像。僧ト化シテ乗リ来リ。筑前ノ國ニ着《ツク》。鎮西善導寺ノ開山聖光。一夜夢ラク。善導大師来朝シテ筥崎《ハコザキ》ニアリ。来リ迎ヘヨト。告ニ任セテ彼ノ地ニ至ル。果シテ像アリ。其地ニ一宇ヲ建立ス。其ノ後善導寺ニ迎ヘラル。良忠。鎮西ニ赴キ聖光ニ謁ス。則《スナハ》チ其像ヲ附屬セラル。良忠靈像ニ向テ。吾《ワレ》是ヨリ關東ノ諸國ニ化ヲ施ント思フ。其ノ間何《イヅ》レノ國ニテモ。有縁ノ地ニ跡ヲ留メ給ヘト云テ海ニ入タテマツル。其ノ後良忠鎌倉ニ至リ。佐《サ》介《スケガ》谷《ヤツ》ニ居ス。由比《ヒ》ノ濱《ハマ》ニ。光明赫奕タル事七日七夜。漁父怪ヲナス處ニ。靈像忽然トシテ由比ノ濱ニ上リ給フ。良忠因テ一宇ヲ建立シテ彼ノ像ヲ安ス。光明寺是ナリ。其ノ像ハ今祈禱堂ニ安ス。靈像漂泊ノ地ヲ善導塚ト名ク。此銅像ハ祈禱堂ノ像ヲ模シテ鋳《イ》ケルトナリ。

内藤帯刀忠興一家ノ菩提所　寺ノ南ニアリ。靈屋《ヤ》ニ阿弥陀。如意輪ノ像ヲ安ス。阿弥陀ハ定《ヂヤウ》朝《テウ》カ作。定朝《ヂヤウテウ》ハ。後一條帝ノ時ノ佛師ナリ。佛師ノ僧綱ニ任スル事。定朝ヨリ始ル。下學集古事談ニ見《ミヘ》タリ。

蓮乘院　總門ヲ入右《ミギ》ニアリ。光明寺草創以前ニ。真言宗ノ寺アリ。蓮乘寺ト云フ。今ノ蓮乘院是ナリ。開山此寺ニ居テ光明寺ヲ建立ス。故ニ今ニ住持入院ノ時ハ先ツ此院ニ入テ後《ノチ》方丈ニ入ル。古例ナリト云フ。當院ノ本尊阿弥陀ノ木像。腹内《ハラノ》ニ書付アリ。貞治二年。三月十五日。修復ス。

之ヲトアリ。傳ヘ云。運慶カ作ニテ。千葉ノ常《ツネ》胤《タネ》カ守本尊ナリト

專修院　總門ヲ入左ニアリ。此ノ二箇院。共ニ光明寺ノ寺僧ノ寮ナリ。

千體地藏堂　總門ヲ入右ニアリ。

○飯島　附 六角井

飯島《イヒジマ》ハ光明寺ヨリ南ノ方。漁村ナリ。東鑑ニ。壽永元年。十一月十日。頼朝《ヨリトモ》寵愛ノ妾亀ノ前《カメノマヘ》。伏見冠者廣綱《ヒロツナ》カ飯島《イヒジマ》ノ家ニ住ス。シカルニ此事隠密《インミツ》ノ所ニ。北條《ホウデウ》殿《ドノ》ノ室家牧《マキノ》御方。頼朝ノ御臺所《ミダイドコロ》ヘ申《マウ》サレシカハ。憤給テ。牧三郎宗親《ムネチカ》ニ仰《オホセ》テ。廣綱《ヒロツナ》カ家ヲ破却セシメラルトアリ。此村ノ南ニ。六角《ロクカク》ノ井ト云名水アリ。鎌倉十井ノ一ナリ。石《イシ》ニテタヽミタリ。里俗ノ云。昔鎮《チン》西ノ八郎源ノ為朝《タメトモ》。伊豆ノ大島《オホシマ》ヨリ。我《ガ》弓勢昔《ムカシ》ニカハラズヤトテ。天照山ヲサシテ遠《トヲ》矢《ヤ》ヲ射ル。其矢《ヤ》十八里ヲ越《コエ》テ此

井ノ中ニ落タリ。里民矢《ヤ》ヲ取上《トリアゲ》レバ。鏃《ヤジリ》ハ井ノ中ニ留《トヾマ》ル。今モ井ヲ掃除スレバ。其ノ鏃《ヤジリ》見《ミユ》ルト云フ。或《アルヒ》ハ時取《トリ》上《アゲ》テ。明神ニ納《ヲサメ》ケレバ。井ノ水カハケリ。又井ノ中ヘ入レバ。本《モト》ノ如ク水涌《ワキ》出ルト也。鏃《ヤジリ》ノ長《ナガサ》四五寸有ト云フ。鶴ガ岡一ノ鳥居ヨリ。此地マデ四十町餘アリ。

○和賀江島

和《ワ》賀《カ》江《エノ》島《シマ》ハ。飯《イヒ》島《ジマ》ノ西ノ出崎ヲ云ナリ。東鑑ニ貞永元年。七月十二日。勧進ノ上人往《ワウ》阿《ア》弥《ミ》陀《ダ》佛《ブツ》申請ニ就《ツイ》テ。舟船著岸ノ煩《ワヅラヒ》無《ナカ》ラシメンガ為ニ。和《ワ》賀《カ》江《エノ》島《シマ》ヲ築《キヅク》ベキノ由《ヨシ》。同八月九日其ノ功ヲ終《ヲフル》トアリ。今ハ

里人飯《イヒ》島《ジマ》崎《ガサキ》ト云フ。元《モト》飯島ト同所ナリ。

○小坪村 附切通

小《コ》坪《ツボ》〔坪或ハ作壷〕村《ムラ》ハ。飯《イヒ》島《ジマ》ノ東ノ濱村ナリ。此浦ヲ鷺浦《サギガウラ》トモ云トナン。片《カタ》濱《ハマ》ニテ多景ノ地ナリ。西南ヲ望メバ。萬里ノ波濤碧天ヲ浸《ヒタ》シ。士峯《ホウ》眼下ニ落《オツ》。切通《キリドホシ》アリ。小《コ》坪《ツボ》ノ切通ト云フ。杜《モリ》戸《ド》。三《ミ》崎《サキ》ヘ行ナリ。三《ミ》崎《サキ》ヘハ。關東道三十里餘アリ。東鑑ニ。壽永元年。六月。頼《ヨリ》朝《トモ》ノ愛《アイ》妾《セウ》亀《カメノ》前《マヘ》ヲ小《コ》中太光《ミツ》家《イヘ》ガ小《コ》窪《ツボ》ノ宅ニ招《マネキ》置《オク》。此所御《ゴ》濱《ハマ》出《デ》ノ便《ビン》宜《ギ》ノ地タリトアリ。按スルニ。小窪ハ小《コ》坪《ツボ》ナリ。後ニ光《ミツ》家《イヘ》ガ小《コ》坪《ツボ》ノ宅ト出タリ。文建久四年。

七月十日。海濱凉風ニ属ス。将軍家。小《コ》坪《ツボ》ノ邊ニ出給《タマフ》トアリ。又正治二年。九月二日。将軍頼《ヨリ》家《イヘ》。小《コ》坪《ツボ》ノ海邊ヲ歴覧シ給フ。海上ニ船ヲ粧《ヨソホヒ》。盃酒ヲ献《ケン》ズ。而ルニ朝《アサ》夷《イ》名《ナノ》三郎義《ヨシ》秀《ヒデ》。水練ノ聞《キコエ》アリ。此次《ツイ》デニ其ノ藝《ゲイ》ヲ顯《アラハ》スベキヨシ。御命アリケレバ。義《ヨシ》秀《ヒデ》。船《フネ》ヨリ下リ。海上ニ浮ミ往還數十度。結句波《ナミ》ノ底《ソコ》ニ入《イリ》。暫《シバラク》不見。諸人怪《アヤシ》ミヲナス所ニ。生《イキ》タル鮫《サメ》三喉ヲ提《ヒツサ》ゲテ御船ノ前ニ浮ミ上《アガ》ル。満座感《カン》ゼスト云事ナシトアリ。其ノ外代々ノ将軍遊覧ノ地ナリ。又盛衰記ニ。三《ミ》浦《ウラノ》義《ヨシ》盛《モリ》。畠《ハタケ》山《ヤマノ》重《シゲ》忠《タヾ》ト。此小《コ》坪《ツボ》坂《サカ》ニテ相《アヒ》戰《タヽカ》フ事ミヘタリ。

○正覺寺 附 住吉明神 數珠掛松 道寸城跡

正《シヤウ》覺《ガク》寺《ジ》ハ。小《コ》坪《ツボ》村ノ海道ノ北ニアリ。住吉山ト號ス。光明寺ノ末寺ナリ。光明寺開山傳記ニ。三《ヨ》浦《ウラ》住《スミ》吉《ヨシガ》谷《ヤツ》悟真寺ニ住シテ。淨土宗ヲ弘通ストアリ。正覺寺ヲ。昔ハ悟真寺トモ云シカ。里民今モナヲ或ハ悟真寺ト云《イフ》ナリ。山ノ上ニ住吉明神ノ社アリ。此邊都《スベ》テ住《スミ》吉《ヨシ》ト云フ。

三浦ノ道《ダウ》寸《スンガ》城《ジヤウ》跡《アト》　寺ノ西南ノ山ニアリ。切《キリ》拔《ヌキ》ノ洞《ホラ》二十餘間アリテ寺ヘ拔《ヌケ》通《トホル》ナリ。前ニ道アリ。此《コヽ》ヲ三《ミ》浦《ウラノ》道《ダウ》寸《スン》ガ城《ジヤウ》ノ跡《アト》ト云フ。鎌倉九代記。北條

五代記等ニ。三浦《ミウラ》陸奥《ムツノ》守《カミ》義同《ヨシアツ》入道道寸《ダウスン》。永正九年。八月ニ。北條新九郎長氏《ウヂ》ニ。相州住吉《スミヨシ》ノ城《シロ》ヲモ攻落《セメオト》サルヽトアルハ此ノ處ナリ。里人。光明寺ノ南方ノ山ヲ道寸《ダウスン》カ城《シロ》跡《アト》也ト指シ示ス。則チ此處ヘ相續テ同《ジ》所也。俗ニクラカリヤグラト云フ。總ジテ鎌倉ノ俚語ニ。巖窟《イハヤ》ヲヤグラト云ナリ。

數珠《ジユズ》掛松《カケマツ》　切拔《キリヌキ》ノ側《カタハラ》ニアリ。里民。夏《ゲ》百日ノ間。住吉ニ參詣シテ。數珠ヲ掛《カケ》ナリ。因《ヨツ》テ名ツク。

○名越

名越《ナゴヤ》或ハ作ル那古谷ニハ。大町《マチ》ノ四辻《ツジ》ヨリ。山ニ隨テ南ノ材《ザイ》木《モク》座《ザ》村《ソン》ニ至ルマデノ東方ヲ。皆名越《ナゴヤ》ト云フ。東鑑ニ。建久三年。七月廿四日。幕下。名越《ナゴヤ》殿《ドノ》ニ渡御ストアリ。又元久三年。二月四日。實朝《サネトモ》將軍。雪《ユキ》ヲ覽《ミ》給ハン爲ニ。名越《ナゴヤ》山ノ邊ニ御出トアリ。名越ノ事往々《ワウワウ》見ヘタリ。名越ノ内谷《ヤツ》々多シ。名越《ナゴヤ》ノ切通《キリトホシ》ハ後《ノチ》ニ出ス。

○安養院

安養院《アンヤウイン》ハ。名越《ナゴヤ》ノ入口《イリクチ》。海道ノ北ニアリ。祇園《ギヲン》山ト號ス。淨土宗。知恩院ノ末寺ナリ。此寺初メ律《リツ》宗《シウ》ニテ開山願行上人ナリ。其十五世昌譽和尚ト云ヨリ。淨土宗トナル。昌譽ヨリ前住ノ牌ハ皆律僧ナリ。初メ長谷ノ前《サヘ》。稲《イナ》瀬《セ》川《ガハ》ノ邊ニ在シヲ。相模《サガミ》入道滅亡ノ後。此《コヽ》ニ移スト云傳フ。本堂ニ。阿弥陀ノ坐像。客殿ニモ。阿弥陀ノ坐像ヲ安ス。共ニ安阿弥カ作ナリ。寺領一貫六百文アリ。

寺寶

傳通記　全部。記主上人ノ嫡嗣寂慧ノ自筆。

繪傳　貳幅。土佐《トサ》筆。法然上人一世ノ行狀ヲ圖畫ス。

涅槃像　壹幅。唐畫。

弥陀三尊ノ畫像　壹幅。宅間法眼《ゲン》筆。

二十五ノ菩薩ノ畫像　壹幅。宅間法眼《ゲン》筆。

已上

○佐竹屋敷

佐《サ》竹《タケ》屋《ヤ》敷《シキ》ハ。名越《ナゴヤ》道ノ北。妙本寺ノ東ノ山ニ。五本骨《ボネ》ノ扇《アフギ》ノ如《ゴト》クナル山ノ嶠《ミネ》アリ。其下ヲ佐《サ》竹《タケ》秀義《ヒデヨシ》ガ舊宅ト云。東鑑ニ。文治五年。七月廿六日。頼朝《ヨリトモ》。奥州退治ノ時。宇都《ツノ》宮《ミヤ》ヲ立《タチ》給フ時。佐《サ》竹《タケノ》四郎秀義《ヒデヨシ》。常陸國ヨリ追ツテ參加《サンカ》ハル。而《シカ》ルニ佐《サ》竹《タケ》カ所持《モツ》旗《ハタ》。無紋ノ白《シラ》旗《ハタ》也。二《ニ》品《ホン》頼朝。是ヲ咎《トガメ》給《タマフ》。仍《ヨツテ》月ヲ出《イダス》ノ御扇《アフギ》ヲ佐竹ニ賜《タマハ》リ。旗《ハタ》ノ上ニ付《ツク》ベキノ由《ヨシ》仰セラル。御旗《ハタ》ト等《ヒト》シカルベカラザルノ故也。佐竹。御旨《ムネ》ニシタガヒ。是ヲ付ルトアリ。今ニ佐竹《サタケ》ノ家コレヲ以《モツ》テ紋《モン》トス。此山ノ嘯モ。家ノ文ヲカタドリ作リタルナラン。又鎌倉大草子ニ。應永二十九年。十月三日。佐竹《サタケ》上總ノ入道。家督《カトク》ノ事ニ付テ。管領持氏《モチウヂ》ノ御不審ヲ蒙リ。比企《ヒキ》ガ谷《ヤツ》ニ有ケルガ。上杉《スギ》憲直《ノリナホ》ニ仰セテ。法華堂ニテ自害シテ失ヌ。又其靈魂祟《タヽリ》ヲナシケル間《アイダ》。一社ノ神ニ祠《マツリ》ケルトアリ。其祠今ハナシ。此地佐竹《サタケ》代々ノ居宅トミヘタリ。法華堂ハ。比企《ヒキ》ガ谷妙本寺ノ事ナリ。

○花谷　附慈恩寺舊跡

花谷《ハナガヤツ》ハ。佐竹《サタケ》屋敷《ヤシキ》ノ東ノ方ニアリ。此谷《ヤツ》ニ昔シ慈恩寺ト云《イフ》寺《テラ》アリ。足利《アシカヾ》直冬《タヾフユ》ノ菩提寺《ボダイジ》ナリ。直冬《タヾフユ》ヲ慈恩寺玉溪道昭ト號ス。嘉慶元年。七月二日ニ卒ス。開山ハ桂堂聞公ナリ。京五山ノ名僧。詩ヲ題《ダイ》シテ此所ノ風景ヲ稱美ス。其詩ヲ板ニ彫テ。今圓覺寺ノ傳宗菴ニアリ。其詩如左。

慈恩寺ノ詩ノ序

天地之間。維元氣之結之融。突而爲山。呀而爲谷。或觀遊之奥乎人者。或奥而坳。窪而邃。増之有樹之茂。石之蘖。蓊鬱薈蔚。宜乎幽人之所。盤旋樂而不返者爲得之。或曠而軼。雲雨出林莽。増之有臺而崇。闢而延。天爲之高地爲之闢。宜乎英邁之士。出乎萬類遊乎物之始。卒歳優游者爲得之。蓋天作之地成之皆高明幽貞之具於是乎在。相之治。直東北之交。岡連谷盤。突而起。坳而窪。其曰華谷《ハナガヤツ》。兼奥曠而有之。寺額慈恩。初桂堂聞公。開而基之。大年椿公。繼而輪奐之。公不入州府三十年。終于山。山之峭壁斗絶克肖其攅巒迤邐。有堂宇列焉。廊廡簷牙。迴且啄。浮圖層出。清泰摩尼之殿。白花禪悦之構。龕室千軀像設。森列厥徒。栖心禪誦。石之詭。環水之渟滀。而怪木奇卉。紅紛緑駮。不徒席几而爲耳目之玩也。所謂天墜地出。以授乎人歟。京師名徳。以不遂登臨之美爲歎。諸以詠之。極詞於幽邃瑰詭。以往來其懷。山水之秀益以彰纂而題之者安可已乎。嗟蘭亭之遺右軍。盛跡粹然。後續者洗林澗之媿歟。詩凡若干首。寺之主永貞叟。刻而掲之。請紀其首。庶列名而有榮耀焉。應永戊戌。暮之春。九華山人釋

聖瑞序（今按スルニ聖瑞ハ圓覺寺ノ前住一曇ナリ）

前南禪大岳周崇

因循輦寺未抽身。閒令老來趨塵慧說東
南山水好。一宵千里夢相親。

前南禪玉畹梵芳

寓舍海東經十霜。未遊花谷但聞名。今觀諸
老詩中景。仍遶昔年幽討情。

前南禪大周周奝

客至曾誇絶境殊。慈恩山水冠東都。蓬萊方
丈世間有。樓閣煙花天下無。漲海觀瀾過遠
浦。富巒望雪趁脩途。如何次第遊關左。更宿
招提探奧區。

前南禪大愚性智

聞說慈恩野趣濃。散人何日訪飄蓬。山圍蜀
道雲籠棧。水蘸湘江雨打篷。月黑玄猿吟曉
洞。烟淸白鷺度秋空。前年數見士峯雪。不到
駿城東又東。

前天龍謙岩原冲

委意東行不可遮。相城南畔梵王家。先看富
士峯頭雪。遂宿慈恩塔下花。殿閣凝時攀嶠
嶼。橋聲喧處蹈谽谺。此遊眞箇何時果。白髮
吟詩又及秋。

前相國嚴中周噩

見說慈恩寺。溪山淸且深。花開春似雪。泉響
夜如琴。過客尋幽到。吾人賤勝吟。昔遊湘水
上。遺恨欠登臨。

前東福岐陽方秀

金碧招提湘水隈。慈恩一塔倚崔嵬。尋芳人
逐春風至。護法龍隨雲氣回。紫陌紅塵聞日
月。琪花瑤草小蓬萊。如今猶記曾湘地。自愧
繁華撲面來。

一

前東福明叔玄晴

海東蘭若扁慈恩。方外奧區堪品論。靈隱山
西天竺寺。祇陀林下給孤園。虛堂秋老月侵
壁。幽谷春長花擁門。欲遂壯遊情未歇。扶桑
掛眼向朝暾。

前東福大川通衍

平生未得到瀟湘。緬想慈恩古道場。海氣爲
雲圍佛塔。山嵐帶雨洒禪房。窓收柹葉秋書
墜。鉢拾松花午饗香。老矣勝遊應是夢。東樓

目盡暮天長。

前萬壽惟肖得岩

容舎相城春盡頭。人言花谷可銷憂。紛々雙
蝶似相引。寂々孤鶯伴獨遊。古寺山限塵不
到。清泉屋後雨添流。而今廿載教如昨。最憶
梨花院落幽。

偃華道人周報

花谷名藍湘水濱。突然高塔逼星辰。千年像
教非無力。七寶荘嚴足動人。岩底清泉常滴
雨。堦前古木獨留春。役詩却恐浣佳境。句々

渾舎浴下塵。

錦城桂林明識

花谷招提佳致多。春来和夢問如何。天青富
士嵌空雪。鷗白瀟湘浩蕩波。佛塔連雲穿碧
落。僧鐘動月出岩阿。雖爲十日看花客。啼鳥
一聲山雨過。

南紀大錢一訓

花谷傳聞風物新。怪松奇石自無塵。月明兜
率天宮曉。花白補陀岩上春。鳥下生臺啣飯
去。猿窺禪室學跏趺。年来未遂東遊志。一錫

何時往卜隣。

京兆心交

花谷慈恩趣不孤。合尖復見番浮屠。七層突
兀龍蛇窟。四面展開煙雨圖。雲霧山攅金翡
翠。月明水蘸碧珊瑚。杜陵野老曾登處。有此
一欄風物無。

江東英文

聞説湘東山水奇。使人相望又相思。塵中日
月未歸去。海上蓬瀛空有期。峭壁雲開團翡
翠。清漣風動碎琉璃。曠懐莫若慈恩塔。携手

何時題一詩。

伊山大秀

一望東華路阻脩。慈恩聞熟似曾遊。曲欄朝
對士山雪。高閣晩臨湘水流。樹杪層々孤塔
出。花間叠々小亭幽。他時壯觀心先約。更可
題名留上頭。

洛東龍派

澹陰樓閣養花天。華谷風光記昔年。驅馬晝
深紅杏雨。聽鶯曉浅緑楊烟。曾同携手嗟誰
在。毎一逢春情更牽。聞説秖令得賢主。清泉

茂樹益々増シ妍ヲ

海南明篤

孤錫東ニ遊テ客相ニ搌ル。慈恩ノ佳境勝リ聞名ヲ。仙山海上ヤ塵ヲ隔ツ。佛國人間何ゾ劫ヲ成ン。翡翠護テ巣ヲ溪雨晴リ。虹霓射テ牖ヲ嶽雲晴ル。猶思フ塔下留題ノ處。滿塢ノ梨花照ス眼ヲ明カナリ

○蛇谷

蛇谷《ヘビガヤツ》ハ。大藏《ヲホクラ》ノ釋迦堂谷へ出ル坂通ノ傍《カタハラ》ナリ。里人ノ云。昔シ此所ニ老女アリ。若キ男《ヲトコ》ト相具セリ。老女二十歳計《バカリ》ナル女子《ムスメ》ヲ持《モチ》タリ。年比《ゴロ》住《スミ》渡《ワタ》リテ。老女ノ思ヘルハ。我レ齢《ヨハイ》傾《カタブ》キ。若《ワカ》キ男ニ相馴《ナレ》シ事。誠ニオコガマシ。シカジ我ガ女子ヲ男ニ合《アハ》セ。我ハ別ニ家ヲ作テ居《ヲラ》ンニハトテ。彼男ニ語リケレバ。男ウケガハズ。猶觀《シタシ》カリケレド。老女。少シモウハノ空《ソラ》ナル事ニアラズ。望《ノゾミ》ノ如ニシタマヘト。度《タビ》ゝゝ云ケレバ。男イナヒガタクテ。我ガ居所ノ側《カタハラ》ニ少《スコシ》キ居《イ》ヲ構《カマ》ヘテ。老女ヲ居《ヲ》キ。男ハ女子ト相具シテゲリ。暫ク住《スミ》渡《ワタリ》テ。老女煩《ワヅラヒ》テ。閨《ネヤ》ヨリ出《イデ》ザリケレバ。男ノ留《ル》守《ス》ニ。女子《ムスメ》母《バ》ノ許《モト》へ行《ユキ》テ。此程ハ御心重《オモ》ク見ヘサセ給フ。藥《クスリ》ナド奉《タテマツラ》シヤト問《トヒ》ケレバ。母《バ》痛ク忍《シノ》ンデ事ナキ由ヲ云《イフ》。女子《ムスメ》云《イフ》。何事カ我ニ隠《カク》サセ給フゾトテ泣《ナキ》恨《ウラミ》ケレバ。母默《モダ》シ難クテ云《イフ》。我男《ヲトコ》ニ。ソコヲ合《アハセ》置《ヲキ》。カク住《スミ》ナス事。我ガ心ヨリ爲《ナ》シ事ナレバ。人ヲ恨《ウラ》ムベキニ非ズ。然《シカ》ルヲ何トナキ寢《ネ》覺《ザメ》ノサビシサ。又ハ二人住《スマヒ》居スルヲ。餘《ヨ》所《ソ》ナガラ見ナセシガ。若《モシ》ソレ故ニヤ。我《ワ》ガ兩《リヤウ》手《テ》ノ大《オホ》指《ユビ》。蛇《ヘビ》ニ成《ナル》。我ガ身ナガラモ愧《ハヅカ》シクウラメシキ事ナリケント思ヒ煩《ワヅラ》フ計ナリ。是見ヨトテ出スヲ見レバ。目口《クチ》鮮《アザヤ》カニ有テゲリ。女子《ムスメ》恐《ヲソロ》シク。二目《フタメ》トモ見《ミ》エ事ナシ。兎《ト》角《カク》我《ワガ》アル故《ユヘ》ニヤト思ヒ。其マゝ走《ハシ》リ出《イデ》テ。或《アル》寺《テラ》ヘ入テ出家シケリ。男《ヲトコ》歸《カヘリ》テ此事ヲ聞テ。爲《セ》ン方《カタ》ナクヤヲモヒケン。其マゝ男《ヲトコ》モ樣《サマ》ヲカヘケリ。ワカキ二人ノ者《モノ》ダニ出家ス。我《ワレ》トテモ。イカデカアラントテ樣《サマ》ヲカヘ。諸國修行シケレバ。輪《リン》廻《エ》ヲハナレ。指《ユビ》モ本《モト》ノ如《ゴト》クニナリケルトカヤ。因《ヨツ》テ蛇谷《ヘビガヤツ》ト名《ナヅ》クト云傳フ。鴨《カモ》ノ長明ガ發心集ニモ。此古事ヲノセタリ。然《シカ》レドモ。イヅレノ地ト云《イフ》事ヲ。タシカニキゝハベリシカド。ワスレニケリトアリ。今里人ノ諺《コトハザ》ト。事實符合スレバ。此所ノ事ナラン。長明《チヤウメイ》。鎌倉へ來リシハ。建暦ノ比ナリ。鶴岡ノ北ニモ蛇《ヘビ》ガ谷ト云所アリ。是トハ異《コト》ナリ。

○安國寺　附 松葉ガ谷

安《アン》國《コク》寺《ジ》ハ。妙法山ト號ス。名越村ノ東ニアリ。妙本寺

ノ末寺也。門ノ額《ガク》。安國論窟。大永元年。已ノ歳。十月十三日。幽賢書トアリ。門ニ入。右ノ方ニ岩窟《イハヤ》アリ。日蓮房州ノ小《コ》湊《ミナト》ヨリ来リ。此窟中ニ居テ安國論ヲ編《アム》トナリ。内ニ日蓮ノ石塔アリ。今按ニ注畫賛ニ。正嘉元年ヨリ始テ。文應元年ニ勘《カンガヘ》畢ッテ。立正安國論一巻ヲ編《アム》ト是ナリ。日蓮。法華ノ首題ヲ唱ヘ初メシ處ナリ。法性寺弘《グ》法《ホウ》ヨリ始也トゾ。松《マツ》葉《バガ》谷《ヤツ》ト云ハ此地ヲ云ナリ。

本堂　釋迦ノ像ヲ安ス。作者不知。

御影堂　日蓮ノ像ヲ安ス。此ノ堂ハ元和年中ニ水戸中納言ノ家臣小野《ヲノ》角衛門言《トキ》員《カズ》ト云者ノ再興ナリト云フ。

寺寶

松葉谷安國論縁起　壹巻

同縁起ノ繪　壹幅

已上

○長勝寺　附石井

長勝寺《チヤウシヤウジ》ハ。石井山ト號ス。名越《ナゴヤ》坂《ザカ》ヘ通ル道ノ南ノ谷《ヤツ》ニアリ。寺内ニ岩《イハ》ヲ切《キリ》抜《ヌキ》タル井アリ。鎌倉十井ノ一ナリ。故ニ俗ニ石井ノ長勝寺ト云フ。法華宗也。

當寺ハ。洛陽本國寺ノ舊跡ナリ。今ハ都《スベ》テ末寺トナル。寺僧語テ曰ク。此地ニ昔シ日蓮。菴室ヲトシテ居セリ。後ニ日朗。日印。日静ト次第シテ居ス。日静ハ。源ノ尊氏ノ叔《ヲ》父《ヂ》ナルユヘニ。此寺ヲ京都ニ移シ本國寺ト號ス。跡《アト》ノ長勝寺ヲ弟子日叡ニ相續シテ住セシム。日叡寺號ヲ妙法寺ト改ム。本《モト》日叡ヲ妙法坊ト云《イ》シヲ以テナリ。其ノ後大倉《オホクラ》塔《タフ》ノ辻《ツジ》ヘ移シ。又其ノ後辻町《ツジマチ》ヘ移ス。寺僧ノ云。今ノ辻町ノ啓運寺ナリ。近来妙法寺ト。啓運寺ト寺號ヲ駁タリ。辻町ノ啓運寺ハ。元《モト》妙法寺ナルヲ。今ハ啓運寺ト云ヒ。名越《ナゴヤ》ノ妙法寺ハ元啓運寺ナルヲ。今妙法寺ト云フ。其ノ謂ヲ不知。今ノ長勝寺ハ荒地ナリシヲ。中比日隆法師ト云僧。舊地ヲ慕ヒ一寺ヲ立ツ。又寺號ヲ長勝寺ト號ス。故ニ日隆ヲ中興開山ト云也。日隆ハ。房州小《コ》湊《ミナト》ノ人ナリト云フ。其ノ再興ノ年月。并ニ日隆ノ死期モ不知。寺領四貫三百文アリ。豊臣《トヨトミ》秀吉《ヒデヨシ》公。并ニ御當家。代々ノ御朱印アリ。秀吉公禁制ノ札モアリ。本堂ハ。小《ヲ》田《ダ》原《ハラ》北《ホウ》條《デウ》家ノ時。遠《トヲ》山《ヤマ》因幡ノ守宗《ムネ》爲《タメ》建立ス。則チ夫《フ》妻《サイ》ノ木像アリ。本尊ハ釋迦ナリ

鐘樓　堂ノ東ニアリ。銘アリ。

長勝寺鐘ノ銘

相州鎌倉石井山長勝寺ハ者。日隆聖人ノ草

創《ソウ》之精舎而讃誦一乗妙典ヲ。令貴賤男女ヲシテ趣《オモムカ》佛地ニ之霊場也。先キニ茲ニ大閤殿下秀吉公。東征之時。小田原城主。取テ當寺ノ鐘ヲ以テ移ス居邑ニ。爾来鐘撃闕如矣。以故住持比丘壽仙院日桑法師。勧奨於諸檀ニ。而新ニ鋳テ此鐘ヲ。懸于小樓ニ。當テ晨夕誦経之時ニ也。鳴之ヲ令萬人ヲシテ覺無明深夜ノ眠ヲ者。桑公之志。諸檀ノ所致ス也。銘ニ曰。聲々有慈。高ク通ス蒼天ニ。響々徹苦ヲ。遠ク徹ス黄泉ニ。功業無記。徳被萬年ニ。世々欲度衆生無邊。人不敢テ疑是ヲ称ス。福田。寛永甲子。七月十三日。相州鎌倉住大

工吉川源左衛門。

○日蓮乞水　附鎌倉ノ五水

日蓮《ニチレン》乞水《ミヅ》ハ。名《ナ》越《ゴヘ》切通ノ坂ヨリ。鎌倉ノ方一町半許《バカリ》前《マヘ》。道ノ南ニアル小井ヲ云ナリ。日蓮。安房國ヨリ鎌倉ニ出給フ時。此坂ニテ水ヲ求《モト》メラレシニ。此水俄《ニハカ》ニ涌《ワキ》出ケルト也。水《ミツ》斗升ニ過《スギ》ザレドモ。大旱ニモ涸《カレ》ズト云フ。甚《ハナハダ》冷水也。土人ノ云。鎌倉ニ五名水アリ。曰ク金《キン》龍《リウ》水。不《フ》老《ラウ》水。銭《ゼニ》洗《アラヒ》水。日蓮乞水《ミヅ》。梶《カヂ》原《ハラ》太《タ》刀《チ》洗《アラヒ》水《ミヅ》ナリト

○名越切通

名《ナ》越《ゴエ》切《キリ》通《ドヲシ》ハ。三《ミ》浦《ウラ》ヘ行道也。此峠《タウゲ》。鎌倉ト三《ミ》浦《ウラ》トノ境《サカヒ》也。甚《ハナハダ》嶮峻ニシテ道《ミチ》狭《セバシ》。左右ヨリ覆《オホ》ヒタル岸《キシ》ニ石《イハ》アリ。里俗大《オホ》空洞《ウツボ》小空洞《ウツボ》ト云フ。峠《タウゲ》ヨリ東ヲ久《ク》野《ノ》谷《ヤ》村ト云。三《ミ》浦《ウラ》ノ内也。西ハ名越《ナゴヤ》。鎌倉ノ内ナリ。

御猿畠山圖

○御猿畠山 附山王堂ノ跡 法性寺

御猿《ヲサル》畠《バタケ》山《ヤマ》ハ。名越《ナゴヤ》切通《キリドホシ》ノ北ノ山。法性寺ノ峯《ミネ》也。久《ク》野《ノ》谷《ヤ》村《ムラ》ノ北ナリ。昔《ムカシ》此ノ山ニ山王堂アリ。東鑑ニ。建長四年。二月八日ノ燒亡。北ハ名越《ナゴヤ》ノ山王堂トアリ。又弘長三年。三月十三日。名越ノ邊燒亡。山王堂其ノ中ニアリトアリ。相傳フ日蓮鎌倉ヘ始テ來ル時。此山ノ岩窟ニ居ス。諸人未《イマ》ダ其人ヲ知事ナシ。賤《イヤシ》ミ憎ンデ一飯ヲモ不送。其ノ時此ノ山ヨリ猿《サル》ドモ羣《ムラガ》リ來テ畑ニ集リ。食物ヲ營テ日蓮ヘ供ジケル故ニ名クト云フ。其後日蓮。猿《サル》ドモノ我ヲ養《ヤシナ》ヒシ事ハ。山王ノ御利生ナリトテ。此山ノ南ニ法性寺ヲ建立シ猿《エン》畠《ハタ》山《ザン》ト號ス。今ハ妙本寺ノ末寺ナリ。山ノ中段ニ堂アリ。法華經ノ題目。釋迦多寶ヲ安ス。日蓮ノ巖窟《イハヤ》ハ。堂ノ後《ウシロ》口ニアリ。窟中ニ日蓮ノ石塔アリ。堂ノ北ニ巖窟《イハヤ》相並デ六《ムツ》アリ。此六老僧ノ居タル岩窟《イハヤ》也。堂ノ前ニ日朗ノ墓アリ。日朗遷化ノ地ハ妙本寺ナリ。墓ハ此所ニアリ。寺《テラ》建立ハ弘安九年也ト云フ。

○岩殿觀音堂

岩《イハ》殿《ドノ》觀音堂ハ。久《ク》野《ノ》谷《ヤ》村《ムラ》ノ内ニアリ。海《カイ》前《ゼン》山《ザン》岩《ガン》殿《デン》寺《ジ》ト號ス。寺僧ノ云。養老四年ニ。行基菩薩ノ開基ナリ。其ノ後ハ寺《テラ》絶《タエ》タリシヲ。七八十年以前ニ再興シテ。今ハ曹洞宗。海寶院ノ末寺也。本尊十一面觀音。此ノ像《ザウ》ハ。扇谷《アフギガヤツ》英勝寺太田《ヲホタ》氏禪尼。葬禮ノ時。六觀音ヲ作ル。其ノ一ヲ此寺ヘ寄附ス。其前ハ本尊モナカリシト也。坂東巡禮札所ノ第二ナリ。寺領五石ノ御朱印アリ。東鑑ニ。文治三年。正月廿三日。姫《ヒメ》公《ギミ》岩殿觀音堂ニ參給フ。又承元三年。五月五日。實朝《サネトモ》將軍。岩《イハ》殿《ドノ》觀音堂ニ御參。又寛喜二年。十一月廿一日。岩《イハ》殿《ドノ》觀音殿禮ヲスエトアリ。

○東勝寺

東勝寺《トウシヤウジ》ハ池子《イケゴ》村《ムラ》ニアリ。眞言宗。豆子《ヅシ》村《ムラ》延命院ノ末寺ナリ。本尊不動。智證ノ作。寺領二石ノ御朱印アリ。

○神嵩 附神武寺 天狗腰掛松

神嵩《カンノダケ》ハ。櫻《サクラ》山《ヤマ》村《ムラ》ノ内ナリ。東鑑ニ。承元二年。五月五日實朝將軍。神嵩《カンノダケ》ニ御參トアリ。行基菩薩ノ開基ト云。寺《テラ》ヲ神《ジン》武《ム》寺《ジ》ト號ス。表門ニ。醫王山ト額《ガク》アリ。本尊ハ藥師。行基作 天台宗ナリ。寺領五石ノ御朱印アリ。鐘樓アリ。鐘ニ。元和九年ノ銘《メイ》アリ。其ノ文繁多。今略ス。嵩ノ上甚高ク。茂林鬱々タリ。天狗ノ腰掛松ト云アリ。魔所ナリトテ。里人恐ル處ナリ。時々奇怪ノ事アリト云フ。

○海寳院

海《カイ》寳《ホウ》院《イン》ハ。路《ヌ》間《マ》村《ムラ》ノ内《ウチ》。神《シン》武《ム》山《サン》ト號ス。神《シン》武《ム》寺《ジ》ノ下ニアリ。曹洞宗ナリ。開山ハ之源《ゲン》乎《ノコ》和尚ト云フ。喜雲ノ怡和尚ノ法嗣ナリ。寺領十八石ノ御朱印アリ

○多古江河《ガハ》 附 御最後川

多《タ》古《コ》江《エ》 或ハ作ル田越ニ 河《ガハ》ハ。久《ク》野《ノ》谷《ヤ》村《ムラ》ノ東南。多《タ》古《コ》江《エ》濱《ハマ》ヘ落ル川ナリ。東鑑ニ。建久五年。八月廿六日。頼朝。多《タ》古《コ》江《エ》河《ガハ》ノ邊ニ逍遙シ給フ。文脱漏ニ。元仁二年。九月八日。多《タ》胡《コ》江《エ》河《ガ》原《ハラ》ニ八万千基ノ石塔ヲ立ラルトアリ。此川《カハ》上《カミ》。久《ク》野《ノ》谷《ヤ》村《ムラ》ヨリ落テ。多《タ》古《コ》江《エ》ニ入ル所《ロ》ヲ御《ゴ》最《サイ》後《ゴ》川《ガハ》ト云。相傳フ六《ロク》代《ダイ》御《ゴ》前《ゼン》ノ御最後ノ所《ロ》ナリ。故ニ御最後川《ガハ》ト名クト。里俗ハ誤テゴサイ川《ガハ》ト云フ。平家物語ニ。六《ロク》代《ダイ》御前ハ。高《タカ》雄《ヲ》ノ奥ニ。行ヒ澄シテ有ケルガ。終ニ關東ヘ下《クダ》サレ。岡《ヲカ》邊《ベ》ノ權ノ守泰《ヤス》綱《ツナ》ニ仰《オホ》セテ。相模ノ國田《タ》越《ゴ》河《カハ》ノ端《ハタ》ニテ斬《キラ》レニケリ 歳三十 ト有。此ノ邊《ヘン》鹽《シホ》燒《ヤキ》濱《ハマ》ナリ。

○六代御前塚

六《ロク》代《ダイ》御《ゴ》前《ゼン》塚《ヅカ》ハ。多《タ》古《コ》江《エ》河《ガハ》ノ東ニアリ。六《ロク》代《ダイ》御前ハ。平ノ惟《コレ》盛《モリ》ノ子三位ノ禪師ト號ス。法名ハ妙覺ト云フ。平家物語。及ビ異本平家物語。保暦間記等ニ。六代御前ノ斬《キラ》レタル地。諸說異《コト》ナレトモ此所ニ塚《ツカ》アリ。

又御《ゴ》最《サイ》後《ゴ》川《ガハ》ノ古事モアレバ。此所ニテ斬《キラレ》タルヲ正トスベシ。

○鐙摺山 附 淺間山

鐙《アブ》摺《スリ》山《ヤマ》ハ。多《タ》古《コ》江《エノ》濱《ハマ》。杜《モリ》戸《ド》ヘ通《トホル》道ナリ。里老ノ云。昔《ムカシ》頼《ヨリ》朝《トモ》卿。三浦ノ邊ヘ出御ノ時。要《コヽ》ニテ鐙《アブミ》ヲスリ給フ。故ニ鐙《アブ》摺《スリ》山《ヤマ》ト名ケラレシト也。山ノ間《ダ》狹《セマキ》路《ミチ》ナレバ。誠ニ左モアリヌベシ。東鑑ニ。武衛 頼朝 義《ヨシ》久《ヒサ》ガ鐙《アブ》摺《スリ》ノ家ニ渡御シ給フトアリ。又盛衰記ニ。三《ミ》浦《ウラ》義《ヨシ》盛《モリ》。畠《ハタケ》山《ヤマ》重《シゲ》忠《タダ》ト合戰ノ時。鐙摺山ニ陣《ヂン》ヲ取トアリ。此山ノ東南ニ高キ山有。淺《セン》間《ゲン》山《ヤマ》ト云フ。

杜戸圖

○杜戸明神 附名島

杜《モリ》戸《ドノ》社。或《ハ》作《ル》守《モリ》戸《ド》。或《ハ》作《ル》森《ニ》明神ハ。森《モリ》戸《ド》村《ムラノ》出崎ナリ。社《ヤシロ》ノ北ノ山《ヤマ》岸《ギシ》ニ川アリ。森《モリ》戸《ド》川《ガハ》ト云フ。社司ノ云。頼朝卿。治承四年。九月八日。三島ノ明神ヲ勧請ス。故ニ今ニ至テ此ノ日祭禮ヲナスト云フ。今按《アンズル》ニ。頼朝卿。治承四年。十月六日。相模ノ國ニ著。御同ク九日。大庭《オホバノ》平太景《カゲ》義《ヨシ》ヲ奉行トシテ。大倉《オホクラノ》郷《ガウ》ニ御亭ヲ作リ始《ハジメ》ラルトアリ。シカラバ頼朝《ヨリトモ》イマダ鎌倉ヘ入《ニウ》給《ギヨ》ハザル前《サキ》ニ。勧請ノ事如何《イカン》。社領七石ノ御朱印アリ。神主《カンヌシ》物《モノ》部《ベノ》姓ニテ守《モリ》屋《ヤ》氏ナリ。弓《ユ》削《ゲノ》守《モリ》屋《ヤ》ガ後也ト云フ。

神寶

櫛《クシ》田《ダ》彦《ヒコノ》面　壹枚。運慶《ウンケイ》作。

横《ヨコ》笛《ブエ》　壹管。青《アヲ》葉《バ》ノ笛《フエ》ヲ摸《モ》セリ。

小《コ》鼓《ツヾミノ》胴《ドウ》　壹箇。阿古ガ作。

駒《コマノ》角《ツノ》　貳本。

院宣　貳通。一通ニハ。勅使左中辨耶實《ヨシザネ》トアリ。其文ノ中ニ。嘉元元年。守《モリ》殿《ドノ》明神トアリ。然《シカレ》バ守《モリ》殿《ドノ》ト書《カク》ヲ正トスヘシ。一通ニハ。刑部ノ少輔物《モノ》部《ヘノ》恒《ツネ》光《ミツ》トアリ。今ノ神《カン》主《ヌシ》ノ先祖ナリト云フ。

古《フル》文《キ》書《ガキ》　貳通。一通ハ。暦應二年。十二月十四日トアリ。是ヲ二位《ニ》尼《イノアマ》平ノ政子《マサコ》ノ袖《ソデ》判《ハンノ》書ト云傳フ。右ノ方文章ノ始《ハジメ》ニ花押《カハウ》アリ。按スルニ。東鑑脱漏ニ。二位ノ尼政子ハ。嘉禄元年。七月十一日ニ薨去トアリ。暦應ハ後ニテ。光明帝ノ年號也。政子ノ書ニ非《アラ》ズ事明《アキラ》ケシ。又按スルニ。源ノ尊《タカ》氏《ウジ》ノ夫人平ノ時《トキ》子《コ》ヲ。二《ニ》位《イ》家《ケ》ト號ス。或《アルイハ》此人乎《カ》。年號ハ相應セリ。一通ハ。文和二年。六月廿六日トアリ。奥ニ花押アツテ。上ニ平ノ字アリ。是ヲ和《ワ》田《ダノ》義《ヨシ》盛《モリ》ガ書ト云傳フ。東鑑ニ。義《ヨシ》盛《モリ》ハ。建暦三年。五月三日ニ滅亡ス。文和ハ後ニテ。崇光帝ノ年號也。是モ義《ヨシ》盛《モリ》ニハアラズ。兩書ノ判形ヲ以テ。花押藪。其外舊記ヲ偏《アマネ》ク考《カンガフル》ニ不知。二書ノ判如左。

二位尼平ノ政子ノ袖判ト云傳ル書ニ如此花押アリ

和田義盛ガ判ト云傳ヘタルモノ如此

平

已上

飛《ヒ》混《ゴン》柏《ハク》　社《ヤシロ》ノ北ニアリ。三《ミ》島《シマ》ヨリ飛《ヒ》来《ライ》トテ。岩《イハ》ニ生《ヲフ》カヽリテアリ。

千《セン》貫《グワン》松《マツ》　社ノ西ニアリ。好《カウ》事《ズ》ノ者。此ノ松ノ景。千貫ノ價《アタ》ヒアリト云フ故ニ名《ナツク》トナリ。

頼《ヨリ》朝《トモノ》腰《コシ》掛《カケ》松《マツ》　社ノ南ニアリ。頼朝卿憩《イコウ》タル木《キ》也ト云フ。東鑑ニ。元暦元年。五月十九日。武衛。海濱ニ逍遥シ。由《ユ》比《ヒノ》浦《ウラ》ヨリ乗《ノリ》船ニ給ヒ。杜《モリ》戸《ド》ノ岸《キシ》ニ著《ツキ》給フ。御家人等。面《メン》〻ニ舟船ヲ餝《カザ》リ杜《モリ》戸《ド》ノ松樹ノ下ニ於テ有。小《コ》笠《カサ》懸《カケ》。是《コレ》土ノ風《フウ》也トアルハ。此邊ノ事ナラン。

高《タカ》石《イシ》　濱《ハマ》へ指出タル石ナリ

頼朝ノ遊《ユウ》館《クワン》礎《ソ》石《セキ》ノ跡　杜ノ西ノ岩《イハ》ニ柱《ハシラ》ノ穴《アナ》アリ。

頼朝ノ泉水　岩《イハ》間《マ》ニ湛タル水アリ。昔《ムカシ》ハ左《ヒダリ》巻《マキ》ノ榮《サヾイ》螺アリ。若《モシ》是ヲ得《ウ》レハ神物ナリトテ其《ソノ》儘《マヽ》海へ歸《カエ》シ入ルヽナリ。又此《コノ》沙《スナ》濱《ハマ》ニ。相《サ》思《ガイ》子モ多《オホク》アリ。

名《ナ》島《ジマ》　杜《モリ》戸《ド》ノ西ノ海濱。六町バカリニアリ。頼《ヨリ》朝《トモ》。遊與ノ所ナリト云傳フ。頼朝ノ腰《コシ》掛《カケ》石《イシ》トテアリ。頼朝卿杜《モリ》戸《ド》へ遊興ノ事。東鑑ニ往《ワウ》〻《ワウ》見ヘタリ。

○突渡崎

突《ツ》渡《ト》或ハ作ル芦ニ 崎《サキ》ハ。杜《モリ》戸《ト》ノ南ニ。離《ハナレ》タル出《デ》崎《サキ》アルヲ云フナリ。

○心無村　附三个村

心《シ》無《ムシ》或ハ作ル新梨ニ 村《ムラ》ハ。杜《モリ》戸《ド》ノ濱ニ傍《ソフ》テ東方ノ村ナリ。後《ウシロ》ノ山ヲ心《シ》無《ム》山《ヤマ》ト云フ。此村ヨリ。鐙《アブミ》摺《スリ》山《ヤマ》マデノ間ニ。村《ムラ》三《ミ》个《カ》所《シヨ》アリ。是ヲ三《ミ》个《ガ》村《ムラ》ト云フ。

○佐賀岡　附世計明神

佐《サ》賀《ガ》或作下ニ 岡《ヲカ》ハ。心《シ》無《ムシ》村《ムラ》ノ南ナリ。是ヨリ三《ミ》崎《サキ》へ行《ユク》也。東鑑ニ。治承五年。六月。頼《ヨリ》朝《トモ》。三《ミ》浦《ウラ》ニ渡御シ給フ。上總ノ介廣《ヒロ》常《ツネ》。佐《サ》賀《ガ》岡《ヲカ》ノ濱ニ參會ストアルハ此濱《ハマ》也。此所ニ佐《サ》賀《ガ》岡《ヲカ》明神ト云アリ。守《モリ》山《ヤマ》大明神ト號ス。豆《ズ》子《シ》村《ムラ》延命院ノ末寺玉藏院ノ持《モチ》分《ブン》ナリ。里俗。世《ヨ》計《バカリ》明神ト云フ。毎年霜月十五日。酒《サケ》ヲ作《ツクリ》置《オキ》。翌年正月十五日ニ。明神へ供ス。酒《サケ》ノ善悪ニ依テ。歳ノ豐《ホウ》凶《キヤウ》ヲ計《ハカリ》知《シル》。故ニ世《ヨ》計《バカリ》明神ト云フ。昔シ此神海上ニ出現ス。其座石トテ社前ニアリ。良辨僧正ノ勸請ト云フ。社領三石ノ御朱印アリ。

新編鎌倉志卷之七

逸身氏所持

新編鎌倉志巻之八目録

朝夷名切通　附上総介石塔　梶原太刀洗水
鼻缺地蔵
大同村　附河村
光傳寺
侍従川
油堤
専光寺
六浦
三艘浦　附瀬崎

嶺松寺
上行寺
能仁寺舊跡
金龍院 附 引越村 金澤四石
圓通寺
瀨戶明神
瀨戶辨才天
瀨戶橋
照天姫松
金澤 附 吉田兼好舊跡

洲崎
龍華寺
天然寺
藥王寺
稱名寺 附 金澤文庫舊跡 御所谷 金澤八木
榮崎村 附 權現山 本目
能見堂 附 釜利谷 筆捨松 夫婦松
手子明神
野島村 附 平方 金澤原 乙鞆浦
善雄寺

大寧寺
室木村
雀村 附 浦ノ江
刀切村
烏帽子島
夏島
猿島 附 裸島

新編鎌倉志卷之八

河井恒久友水父纂述
松村清之伯胤父考訂
力石忠一叔貫　參補

○朝夷名切通 附 上總介石塔 梶原太刀洗水

朝《アサ》夷《イ》名《ナ》（或ハ作ル比奈ニ）切《キリ》通ハ。鎌倉ヨリ六浦《ムツラ》ヘ出ル道ナリ。大《ヲホ》切通小《コ》切通トテ二ツアリ。東鑑ニ仁治元年十一月三十日。鎌倉ト六浦《ムツラ》津《ツ》ノ中間ヲ。始テ當道ノ路《ミチ》トセラルベキノ由評定有テ。今日縄《ナハ》ヲ打《ヒク》。同ク二年。四月五日。六浦ノ道ヲ造《ツクリ》始《ハジメ》ラル。前ノ武州泰時《ヤストキ》。其ノ所ニ

監臨セシメ給フノ間。諸人群集。各土石ヲ運ブ。仍テ
観者葬《サウ》営《エイ》セズト云事ナシトアリ。此道ノ事ナルベシ。
土俗ノ云。朝夷《アサイ》名《ナ》三郎義《ヨシ》秀《ヒデ》。一夜ノ内ニ切《キリ》抜《ヌキ》タリ。
故ニ名《ナヅ》クト未《イマ》タ考《カンガヘ》。此ノ坂道ヲ峠《タウゲ》ノ坂ト云。坂ノ下六《ム》浦《ツウラ》
ノ方ヲ峠《タウゲ》村《ムラ》ト云フ。近《チカ》キ比モ浄誉向入ト云道心者。
此道ヲ平《タイラ》ゲ。往還ノ悩《ナヤミ》ミヲヤムルトナリ。延寶三年。
十月十五日。死ストゾ。石地蔵ニ切付テアリ。鶴ガ岡鳥
居ノ前ヨリ。コヽニ至マデノ路程。関東道六里ナリ。

上総介《カヅサノスケ》ガ石塔　大切通ト小切通トノ間。田ノ中ニアリ。

上総ノ介未《イマ》タ考《カンガヘ》。平ノ廣《ヒロ》常《ツネ》ガ事歟。廣常ハ。高《タカ》望《モチ》王九
代ノ孫ニテ。上総ノ介常《ツネ》隆《タカ》ガ子ナリ。武勇ノ名誉関
東ニ振《フル》ヘリ。坂東ノ八平氏。武林ノ八介ノ其ノ一人ナリ。
頼《ヨリ》朝《トモ》卿ニ属シテ。義兵ヲ助ケ。良戦功多シ。後ニ
讒言ニ因テ。頼朝ニ疑《ウタガ》ハレ。寿永二年。十二月ニ殺《コロサ》
レタリ。愚管抄ニ。介八《スケノ》郎廣《ヒロ》常《ツネ》ヲ。梶《カヂ》原《ハラ》景《カゲ》時《トキ》シテ
討セタリ。景時。雙《スグ》六打テ。サリゲナシニテ。局ヲ越《コヘ》
テ。頓《ヤガ》テ頸《クビ》ヲカイキリテ。モテキタリケルトアリ。
後ニ廣《ヒロ》常《ツネ》。誅戮ニテアラザル事。支證明白ニテ。頼
朝コレヲ殺シタルヲ後悔シ給ヒタル事。東鑑ニ見《ミヘ》
タリ。鎌倉ヨリ切《キリ》通《ドヲシ》ノ坂ヘ登《ノボ》ル左ノ方ニ。岩《イハ》間ヨリ
涌出ル清水アリ。梶原ガ太《タ》刀《チ》洗《アラヒ》水《ミヅ》ト名《ナヅ》ク。或ハ。平
三景時。廣常ヲ討《ウチ》シ時。太《タ》刀《チ》ヲ洗《アラフ》タル水ト云《イフ》事
歟。是モ鎌倉五名水ノ一ツナリ。或ハ此ノ邉ニ上総ノ
介廣常ガ宅《タク》アリツルカ。東鑑ニ。頼朝卿。治承四
年。十二月十二日ニ。上総ノ介廣常ガ宅ヨリ。大《オホ》
倉《クラ》ノ新造ノ御亭ニ。御移《ワタ》徙《マシ》トアリ。此邉ヨリノ
事歟。

○鼻欠地蔵

鼻《ハナ》欠《カケ》地蔵ハ。海道ノ北ノ岩《イハ》尾《ヲ》ニ。大《オホ》キナル地蔵ヲ切《キリ》付
テアリ。是ヨリ西ハ相州。東ハ武州ナリ。相武ノ界ニ
アルヲ以テ。界《サカイノ》地蔵ト名《ナヅ》ク。像ノ鼻《ハナ》欠《カケ》テアリ。故ニ里
俗。鼻《ハナ》欠《カケ》地蔵ト云《イフ》ナリ。北ノ方ヘ行《ユク》道アリ。釜《カマ》利《リ》谷《ヤ》ヘ
出テ。能《ノ》見《ン》堂《ダウ》ヘ登ル路ナリ。

○大同村　附河村

大《ダイ》同《ダウ》村《ムラ》ハ。鼻《ハナ》欠《カケ》地蔵ノ東ノ方。海道ヨリハ南ニ池《イケ》子《ゴ》
村ヘ出ル道アリ。其ノ東ノ方ヲ河《カハ》村《ムラ》ト云ナリ

○光傳寺

光《クワウ》傳《デン》寺《ジ》ハ。河《カハ》村《ムラ》ノ北向ニアリ。常見山ト號ス。浄土宗。
光明寺ノ末寺ナリ。開山ハ。得蓮社忍誉霊傳ト
云フ。本尊ハ。阿弥陀。作者不知。

地藏堂　寺ノ門ヲ入左ニアリ。像ハ運慶ガ作。此ヲ地福山藏光寺ト云フ。地藏ノ二字ヲ分テ號トス。

天神ノ宮　寺ノ後ニアリ。

○侍従川

侍《ジ》従《ジウ》川《カハ》ハ。光傳寺ノ前ヲ流ルヽ川ノ下モナリ。俗ニ傳フ、照《テル》天《テノ》姫《ヒメ》ガ乳母侍《ジ》従《ジウ》ト云女、身ヲ投《ナゲ》タル川ナリト。

○油堤

油《アブラ》堤《ツヽミ》ハ。六《ム》浦《ツラ》橋《ハシ》ノ南。専光寺ノ前ニアル堤ナリ。侍従、照《テル》天《テノ》姫《ヒメ》ガ粧具ヲ持《モチ》。此堤《ツヽミ》マデ尋来リ。其行方不知事ヲカナシミ、此所ニ捨《ステ》置テ。身ヲ投《ナゲ》タルトナリ。

○専光寺

専《セン》光《クハウ》寺《ジ》ハ。光傳寺ノ東ノ方ニアリ。日光山ト號ス。淨土宗。金澤町屋村天然寺ノ末寺ナリ。本尊觀音。春日《ガ》作。是《コレ》照《テル》天《テノ》姫《ヒメ》ガ守《マモリ》本尊ナリ。フスベラレシ時。身《ミ》代《ガハリ》ニ立《タチ》シトモ。三十三年ニ開帳ス。

日光權現社　鎭守ナリ。

○六浦

六《ム》浦《ツラ》〔浦或ハ作連、又ハ作面〕ハ。専光寺ノ東ノ民村ナリ。村ノ西北ヨリ流出ル川ヲ六《ム》浦《ツラ》川《ガハ》ト云。小橋アリ六《ム》浦《ツラ》橋《バシ》ト云フ。南方ハ海濱ナリ。東鑑ニ。上總ノ五郎兵衛ノ尉忠《タヾ》光《ミツ》ヲ。武藏ノ國六《ム》連《ツラ》ノ海邊ニ於テ梟首ストアルハ此ノ邊ナランヽ。又鎌倉大草子ニ。應永四年正月廿四日。小《ヲ》山《ヤマ》若《ワカ》犬丸ガ子ドモ二人弱《ジヤク》年《ネン》ニテアリシヲ。會《アイ》津《ヅ》ノ三《ミ》浦《ウラ》左京ノ大夫是ヲメシトリ。鎌倉ヘ進上シケルヲ。實檢ノ後。六浦ノ海ニ沈《シヅ》メラルトアリ。此海邊歟。又鎌倉九代記ニハ。田村ノ庄司則《ノリ》義《ヨシ》。小《ヲ》山《ヤマ》若《ワカ》犬《イヌ》丸ニ與《クミ》シテ。管領氏《ウジ》滿《ミツ》ニ叛《ソム》ケルユヘニ。鎌倉ヨリ攻《セメ》ケレバ。則《ノリ》義《ヨシ》ハ自害ス。其ノ子五歳七歳ニナリシヲ生《イケ》捕《ドリ》テ。六《ム》面《ツラ》ノ沖《ヲキ》ニ。沈ニヅカケラレケルト有。

○三艘浦　附瀬ガ崎

三艘浦ハ。六《ム》浦《ツラ》ノ南向ヒノ村ナリ。昔シ唐船三艘此所ニ著ク。故ニ名《ナヅ》クトナリ。其時ニ載来リシトテ一切經。青《セイ》磁《ジ》ノ花瓶。香爐等。稱名寺ニアリ。此東ノ村ヲ瀬《セ》崎《ガサキ》ト云フ。

○嶺松寺

嶺《レイ》松《シヨウ》寺《ジ》ハ。金剛山ト號ス。六浦村ノ北。上行寺ノ西南。民家ノ後《ウシロ》ニアリ。建長龍峯菴ノ末寺ナリ。寺僧云。千《チ》葉《バ》胤《タネ》義《ヨシ》ガ寺也。開山ハ。月窓諱ハ元曉。儉約翁ノ法嗣。紀州ノ人也。貞治元年。十月十一日ニ寂ス。按スルニ。瀬《セ》戸《ト》ノ鐘ノ銘ニ。神主平ノ胤《タネ》義《ヨシ》トアリ。神主ハ平ノ姓。

千葉氏ナリ。此ノ人ノ建立歟。千葉系圖ニモ。胤義ト云
有。寺建立ノ事未ダ詳ナラ

○上行寺

上行寺《ジヤウギヤウジ》ハ。六浦村ノ北ノ端ニアリ。六浦山ト號ス。法華
宗。中山ノ末寺ナリ。堂ニ。釋迦。多寶。法華ノ題目ヲ安
ス。堂ノ前ニ六浦ノ妙法ト云。宗門ニ隠《カク》レナキ法師
ノ石塔アリ。石塔ニ。文和二年。六月十三日トアリ。當
寺ノ大檀那ナリ。寺僧ノ云。此ノ法師ハ。杉《スギ》田ノ如法ト
テ。平ノ時《トキ》頼ノ臣也ト云フ。然レドモ時頼トハ時代異
ナリ。始メハ真言宗ナリシガ。日祐ニ歸依シテ當寺ヲ
建立ス。故ニ日祐ヲ開山トス。身延。中山ニモ。此ノ法師
ノ像アリ。日祐ハ。千葉ノ宗胤ノ孫。胤貞ノ子。下總中山ノ
第三祖也ト云。

寺寶

日蓮ノ消息　壹幅。
大曼荼羅　壹幅日祐ノ筆。
位牌　壹枚。日祐ノ筆ノ曼荼羅ヲ彫付。其ノ下ニ日祐
一代引導ノ靈。法名俗名ヲ彫。應安三年トアリ。

已上

○能仁寺舊跡

能仁寺《ノウニンジ》ノ舊跡ハ。上行寺ノ東。民家ト成テアリ。上杉
憲方《ノリカタ》明月院道合ノ建立ナリ。古記ニ云。上杉房州ノ
太守。業ニ武州金澤能仁寺ヲ創メ七宇ノ伽藍。請テ方崖
和尚ヲ為開山第一世。號山ヲ曰福壽。號寺ヲ曰能仁。
太守有旨。陞能仁寺位列諸山者也。永德三年。
小春ノ日。東暉ノ曇昕謹記ス。又本尊建立ハ。永德二年。
三月七日ニ始之。同年四月廿一日ニ終ル。住持東暉
曇昕。奉行 德慧 德譯 檀那巨喜。上總州法眼朝榮作ル
之ヲ。大檀那房州道合。德珠書之トアリ。方崖諱元
圭。儉約翁ノ法嗣ナリ。永德三年。九月十六日ニ寂ス。今

建長寺龍峯菴ニ梁牌ノ銘アリ。其ノ文如左ノ

能仁寺佛殿梁牌ノ銘

恭願皇圖鞏固。而四海昇平。黎庶安寧。而五
穀豐稔。檀那前房州太守。菩薩戒ノ弟子道合
敬テ白ス。左　伏冀佛運帝運歴永劫而綿延。寺門
檀門經萬年以昌盛。旹永德二年。壬戌。四月
日。開山方崖元圭謹テ題ス。右

○金龍院　附引越村　金澤ノ四石

金龍院《キンリウイン》ハ。海道ノ東南ニアリ。昇天山ト號ス。又ハ飛石
山トモ云フ。建長寺ノ末寺ナリ。本尊。虚空藏。開山方崖

元圭。此地ノ東北。瀬戸ヽデヲ引《ヒキ》越村《ムラ》ト云フ。

飛《トビ》石《イシ》　寺ノ後《ウシロ》ノ山ニアリ。高サ一丈餘。廣サ九尺餘アリ。三島明神。此石ノ上ニ飛《トビ》来《キタリ》タリト云傳フ。金澤ノ四石ト云フハ。飛《トビ》石《イシ》。礒《イソ》石《イシ》。美《ビ》女《ジョ》石。姥《ウバ》石《イシ》ナリ。

○圓通寺

圓《エン》通《ヅウ》寺《ジ》ハ。引《ヒキ》越《コヘ》村《ムラ》ノ西ニアリ。日輪山ト號ス。法相宗。南都法隆寺ノ末寺ナリ。開山ハ。法印法慧。寺領三十二石。久《ク》世《ゼ》太和守源ノ廣《ヒロ》之《ユキ》付スルナリ。

東照權現ノ社　山ノ上ニアリ。御代官柳《ヤナギ》木次郎右衛門勧請シ奉ルトナリ。

○瀬戸明神

瀬《セ》戸《ト》或ハ作ル迫門ニ明神ハ。海道ノ北ニアリ。鳥居ニ額アリ。正一位大山積神宮ト二行ニ書ス。裏《ウラ》書《ガキ》ニ。延慶四年。辛亥。四月廿六日。戊辰沙弥寂尹トアリ。今社領百石ノ御朱印アリ。神《カン》主《ヌシ》代々千葉氏也。門ノ左右ニ看《カ》督《ドン》長《ヲサ》ノ像アリ。安阿弥《ミ》作ト云フ。社司ノ云。當社ハ。頼朝卿。治承四年。四月八日ニ。豆州三島ノ明神ヲ勧請シ給フト。按スルニ。頼朝。鎌倉ニ入給フ事ハ治承四年。十月六日ト東鑑ニアリ。其前四月ハ。豆州北條ノ館ニヲハシテス配所ノ時ナリ。當社勧請ノ事不審《フシン》。鎌倉年中行事ニハ。四月八日。瀬戸三島大明神臨時ノ祭禮トアリ或云。往古此ノ神。此地ヘ飛《ヒ》来《リ》給フ。今ノ金龍院ノ飛石ノ上ニ止《ドル》トナリ。

寶物

陵《リョウ》王《ワウ》面《メン》　壹枚。

抜《バ》頭《トウ》面《メン》　壹枚。共ニ妙作ナリ。

已上

鐘樓　社ノ東ノ方ニアリ。鐘ノ銘如左。

瀬戸三島ノ社鐘ノ銘

洪鐘新ニ製シ。寄ス器ヲ海壖ニ。霊神振ヒ徳ヲ。衆人結フ縁ヲ。韻
徹シ遠近ニ。鎔ス體ヲ黄玄ヲ。緇素盍ソ大ニ。村里聴鮮ケシ。開キ静
動閑ヲ。奏ス敬懲ヲ。田驟化シ俗ヲ。頻ニ敲ク夜禪ヲ。覺ス煩惑ヲ
夢驚ス生死ノ眠ヲ。昏暁ノ清響。劫〻永ク傳フ。大戒菩提
薩埵ノ僧普川筆ス。應安七年四月十五日。奉ル鑄
之ヲ。神主平ノ胤義。檀那沙弥釋阿。并ニ十方ノ四衆
等。勸進ノ聖善道。大工大和ノ權守國盛。普川ハ寶戒寺ノ二
代目ナリ。

蛇《ジヤ》混《ゴン》柏《ビヤクシン》　社ノ側ニアリ。枝葉長大ニシテ龍蛇ノ
起伏スルガ如シ。金澤ニ八木アリ。其ノ一ツナリ。延
寶八年。八月六日ノ大風ニ吹倒《フキタフ》サレタリ。梅花
無盡藏ニ。萬里居士カ詩アリ

瀬戸社　自註云、六浦ノ廟前ニ有リ古柏、蟠屈ス。　萬里
遺廟柏圍ム六浦ノ橋。朗吟繫テ馬ヲ石支フ腰ヲ。歸鴉飛ヒ
破ル翠屛ノ面。剩ヘ被ル風ニ飄ヲ添ヘ晩潮ヲ。

三《サン》本《ボン》杉《スギ》　蛇《ジヤ》混《ゴン》柏《ビヤクシン》ノ南ニアリ。大木ニテ。根株相ヒ
連テ三本并《ナラ》ヒ生ズ。奇《キ》シキ形ナリ。放下《ハウカ》僧《ソウ》。讎《アダ》ヲ復《フク》
シタル所ナリ。謠《ウタヒ》ニモ瀬戸ノ三《ミ》島《シマ》トウタフハ此
所ナリ。此三本ノ杉《スギ》モ延寶庚申ノ風ニ吹倒《タフ》ス。

藥師堂　社ノ東ニアリ。

○瀬戸辨才天

瀬《セ》戸《トノ》辨《ベン》才《ザイ》天《テン》ハ。瀬戸ノ明神ノ前ノ海ノ中ヘ築《キヅ》キ出シ
タル島《シマ》ナリ。頼朝ノ御《ミ》臺《ダイ》所《ドコロ》平ノ政子。江州竹《チク》生《ブ》島《シマ》
ヲ勸請セラレシトナリ。甚タ多景ノ島ナリ。東鑑
ニハ不見。

寶物

寶珠石　三顆。金襴ノ袋ニ入《イル》。社内ニ納ム。

已上

福《フク》石《イシ》　辨才天ヘ行。橋ノ東ノ下ニアリ。金澤四石
ノ一ツナリ。

○瀬戸橋

瀬《セ》戸《ト》橋《バシ》ハ。明神ノ前ヲ。東ノ方ヘ行《ユケ》バ。洲《ス》崎《サキ》ト瀬戸
トノ間《アイダ》ニカケタル橋《ハシ》ナリ。中間ニ土《ド》臺《ダイ》ヲ築キ。兩
方ニ橋ヲカケリ。船《フネ》其下《シタ》ヲ通《トヲ》ル様ニシテ。橋《ハシ》杭《グイ》ヲ
セズ。能見堂ヨリミユルナリ。

○照天姫松

照《テル》天《テノ》姫《ヒメ》松《マツ》ハ。瀬《セ》戸《ト》橋《バシ》ノ北《キタ》ニ當テ。西ノ岸《キシ》ヨリ出崎
ニ。一株ノ松アリ。里人ノ云ク。照《テル》天《テノ》姫《ヒメ》ヲ。フスベシ時ノ松
木ノ跡。故ニ姥《ウバ》ガ燒《タキ》サシノ松トモ云。延寶庚申ノ大
風ニ吹《フキ》折《ヲレ》テ。根株ノミ存ス。照《テル》天《テノ》姫《ヒメ》并ニ小《ヲ》栗《グリ》ガ事。略

俗ノ云傳フル說タシカナラズ。今按スルニ。鎌倉大草子ニ。應永卅年癸卯春ノ比ヨリ。常陸國住人小栗《ヲグリ》孫五郎平満重《ミツシゲ》ト云フ者有テ。謀反ヲ起シ。鎌倉ノ御下知ヲ背キケル間。源ノ持氏《モチウヂ》。御退治トシテ御動座ナサル〻。結城《ユフキ》ノ城《シロ》マデ御出《イヅ》。同八月二日ヨリ。小栗《ヲグリ》ノ城ヲセメラル〻。小栗《ヲグリ》兼テヨリ。軍兵數多《アマタ》城ヨリ外ヘ出シ。防戰《フセギタヽカヒ》ケレ共。鎌倉勢ハ。一色《イシキ》左近將監。木戸《キド》内匠助《タクミノスケ》。先手《サキテ》ノ大將トシテ。吉見《ヨシミ》伊奥ノ守。上杉《ウヘスギ》四郎。搦手《カラメテ》ニカハリテ。兩方ヨリ攻《セメ》入ケレバ。終ニ城ヲ攻《セメ》落サレ。小栗《ヲグリ》ハ行方不知落《ヲチ》

行ケリ。後ニ忍《シノン》デ三州ヘ落行ケリ。其子小次郎ハ。ヒソカニ忍テ關東ニ有ケルガ。相州權現堂ト云所ヘ行《ユキ》ケルヲ。其邊ノ強盜共《ドモ》集《アツマ》リケル所ニ宿《ヤド》ヲカリケレバ。主《アルジ》ノ申《マウス》ハ。此浪人ハ。常州有德仁ノ福者ノヨシ聞《キコ》。定《サダメ》テ隨身ノ寶《タカラ》有ベシ。打殺シテ可取由《ヨシ》談合ス。去《サリ》ナガラ。伴《トモ》ナル家人共有。イカヾセント云フ。一人ノ盜賊ノ申《マウス》ハ。酒ニ毒《ドク》ヲ入吞セ殺《コロ》セト云フ。尤《モツトモ》同ジ。宿《シユク》〻ノ遊女共ヲ集メ。今樣ナドウタハセ。躍《ヲド》リ戲《タハ》フレ。彼小栗《ヲグリ》ヲ。馳走ノ體ニモテナシ酒ヲスヽメケル。其夜酌《シヤク》ニ立ケル照《テル》姫《ヒメ》ト云フ遊女。此間

小栗ニ逢《アヒ》ナレ。此有樣《アリサマ》ヲスコシ知ケルニヤ。自《ミヅカ》ラモ此酒ヲ不《ズ》吞《ノマ》シテ有ケルガ。小栗《ヲグリ》ヲ哀《アハレ》ミ。此由《ヨシ》ヲサヽヤキケル間。小栗モ吞《ノム》樣《サウ》ニモテナシ。酒ヲ更ニノマザリケリ。家人《ケニン》共ハ是ヲ不知。何レモ醉伏テゲリ。小栗ハ。カリソメニ出ル體《テイ》ニテ。林《ハヤシ》ノ有《アル》間ヘ出テ見ケレバ。林ノ内ニ鹿毛《カゲ》ナル馬ヲツナギテ置ケリ。此馬ハ。盜《ヌスビト》共海道中ヘ出。大名往來ノ馬ヲ盜ミ來リケレ共。第一ノアラ馬ニテ人ヲモクヒフミケレバ。盜《ヌスビト》共不《ズ》叶《カナハ》シテ。林ノ内ニツナギ置《ヲキ》ケリ。小栗《ヲグリ》是ヲ見テヒソカニ立《タチ》歸リ。財寶少〻取《トリ》持テ。彼馬ニ乘《ノリ》。鞭《ムチ》ヲ進メ落

行ケリ。小栗ハ無雙ノ駿乘《ノリ》ニテ。片時ノ間ニ藤澤道場ヘ馳《ハセ》行。上人ヲ賴ミケレバ。上人哀《アハレ》ミ。時衆《ジシユ》二人付《ツケ》テ三州ヘ送《ヲク》ラル。彼毒酒ヲ吞《ノミ》ケル家人《ケニン》共遊女。少〻醉《ヱヒ》伏《フシ》ケルヲ。河水ヘ流シ沈メ。財寶ヲモ奪《ウバヒ》取《トル》。小栗ヲモ尋《タヅヌ》ケレ共無《ナカ》リケリ。盜《ヌス》人共ハ。其夜ニ分散ス。酌《シヤク》ニ立ケル遊女ハ。醉《ヱヒ》ケル體《テイ》ニモテナシ伏ケレドモ。元《モト》ヨリ酒ヲノマザリケレバ。水《ミヅ》ニナガレ行《ユキ》。河下《カハシモ》ヨリ岡《ヲカ》ニ上《アガ》リ助《タスカ》リケリ。其後永享ノ比。小栗《ヲグリ》。三州ヨリ來テ。彼遊女ヲ尋出シ。種〻ノ寶ヲ與ヘ盜《ヌスビト》共ヲ尋《タヅネ》。皆誅伐シケリ。其子孫ハ。三州ニ代〻

居住ストイヘリトアリ。今愛ニ云傳ヘタル照天姫ハ。大草子ニ所謂ル照姫カ事ナリ。小栗カ名ヲ。世俗ニハ兼《カネ》氏《ウジ》ト云。大草子ニハ名ヲ不記。小次郎トバカリアリ。小栗系圖ヲ考《カンガフ》ルニ。孫五郎平ノ滿《ミツ》重《シゲ》。其子《コ》助《スケ》重《シゲ》ト云者アリ。助《スケ》重《シゲ》ハ則チ小次郎歟

○金澤　附吉田兼好舊跡

金《カナ》澤《ザハ》ハ。武藏國六《ムツ》浦《ラノ》莊《シヤウ》ノ内ナリ。兼好カ家ノ集ニ。武藏ノ國金澤ト云ヘル所ニ。昔シ住シ家ニテ。月ヲ見テヨメルト云歌アリ。然ヲハ兼好。遁世ノ後暫ク此所ニ居タルトミヘタリ。今其舊跡サダカニシレル人ナシ。又從然草ニ。甲香。此浦《ウラ》ヨリ出ツ。所《トコロ》ノ者《モノ》ハヘナダリト云ト書リ。野《ノ》雉《ギス》ニ。今金澤ニテ尋ヌレバ。バイト云。又ツブトモ云フトアリ。又昔シ唐船ノツキタル時。唐《カラ》猫《ネコ》ヲ載來ル。故ニ今ニ金澤ノ唐《カラ》猫《ネコ》トテ名物ナリ。此事梅花無盡藏ニモ見ヘタリ。

○洲崎

洲《ス》崎《サキ》ハ。瀬戸橋ノ東ノ漁村ナリ。太平記又ハ鎌倉年中行事等ノ書ニ。洲《ス》崎《サキ》ト有ハ山ノ内ノ西ニアリ。此《コヽ》ニハ非ス。

○龍華寺

龍《リウ》華《ゲ》寺《ジ》ハ。知足山ト號ス。洲《ス》崎《サキ》村《ムラ》ト町《チヤ》屋《ヤ》村《ムラ》トノ間ニアリ。真言宗。仁和寺ノ末寺ニテ檀林ナリ。門ニハ知足山。堂ニハ龍華寺ト額アリ。開山ハ。法印融辨也。本尊。大日也。弥勒ノ像モアリ。脇《ワキ》寮四ケ院。其ノ外近邊ニ末寺二十ケ寺アリ。寺領五石ノ御朱印アリ。當寺ノ畧記ニ。明應年中ニ。金澤ニ。成願寺光徳寺ト云テ。二箇ノ真言寺アッテ敗亡シタルヲ。融辨二寺ヲ合テ一寺ト成トアリ。或云。太田道灌修復セラル。故ニ道灌ノ位牌アリ。表ニ春苑道灌菴主ノ靈。裏《ウラ》ニ文明十八丙午七月二十六日トアリ。

寺寶

兩界曼荼羅　貳幅。唐《カラ》畫《エ》。

涅槃像　壹幅。唐畫。

十三佛繡像　壹幅。中將姫ノ製ト云フ。

八祖ノ畫像　壹幅。弘法ノ筆。或ハ云願行ノ筆ト云フ

不動畫像　壹幅。弘法ノ筆也。表補ノ裏《ウラ》書ニ。太田道灌寄進ト有。寺僧ノ云。東照宮御覽アリテ。修復シ給フ。其ノ時十三佛ノ繡像モ修復シ給フト也。

愛染明王ノ木像　壹軀。弘法五指量ノ作ト云。一握ノ長《タケ》ナリ。
鳳凰頭　貳個。運慶ガ作。
龍ノ頭　十個。運慶ガ作。此二種トモニ木ニテ作。金箔ヲ貼タル物ナリ。灌頂ノ時。幡《ハタ》ヲ掛ル具也。
鈴《レイ》　壹個。弘法ノ所持ト云傳フ。
　已上
鐘樓
　鐘ノ銘如左
大日本國武州六浦ノ莊金澤ノ鄉知足山龍華寺。菩提勝慧ノ者。乃至盡生死。恒ニ作衆生ノ利而不趣涅槃。般若及方便。智度悉加持。諸法及諸有。一切皆清淨。欲等調世間。令得淨除故。有頂及惡趣。調伏盡諸有。如蓮體本染。不為垢所染。諸欲性亦然。不染利群生。大欲得清淨。大安樂富饒。三界得自在。能作堅固利。天文十二年辛丑。五月五日。當寺住持法印權大僧都善融。檀那古尾谷中務少輔平重長。法名道傳。
○天然寺
天《テン》然《ネン》寺ハ。法爾山ト號ス。町屋村ノ海道ノ西ニアリ。淨土宗。光明寺ノ末寺ナリ。開山ハ。然譽禪芳。永祿二年。二月二十六日ニ寂。七十九歲。本尊阿彌陀ハ作者不知。
　寺寶
出山ノ釋迦畫像　壹幅。筆者不知。
不動ノ畫像　壹幅。弘法ノ筆。
觀音ノ畫像　壹幅。慧心ノ筆。
文殊ノ畫像　壹幅。筆者不知。
阿彌陀ノ像　壹軀。慧心ノ作。堅《カタ》田《タ》千體ノ一ツ也
嵯峨ノ光《ヒカリ》阿彌陀ノ像　壹軀。
辨才天ノ像　壹軀。
　已上
○藥王寺
藥《ヤク》王《ワウ》寺《ジ》ハ。町屋村ノ東ニアリ。三愈山ト號ス。龍華寺ノ末寺ナリ。堂ニ藥師十二神ノ像。行基作 蒲《カバ》ノ御曹司範《ノリ》賴《ヨリ》ノ牌有。表ニ太寧寺道悟。裏ニ天文九年。庚子。六月十三日トアリ。後ノ太寧寺ノ條下ニ詳ナリ。

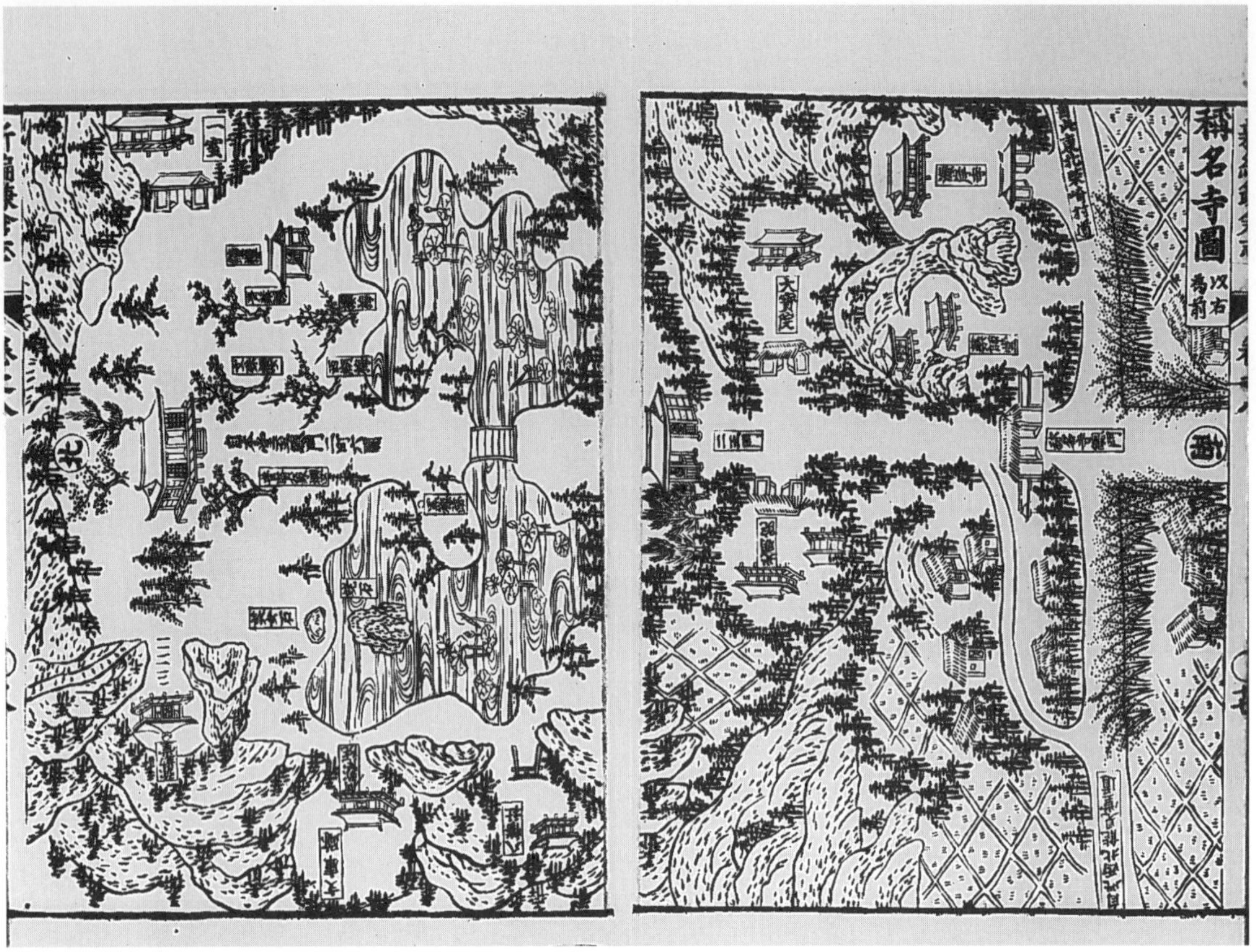

○稱名寺 附金澤文庫ノ書跡 金澤ノ八木 御所ガ谷

稱《シヤウ》名《ミヤウ》寺《ジ》ハ。金《キン》澤《タク》山《ザン》ト號ス。真言律ニテ。南都西大寺ノ末寺ナリ。龜山帝ノ勅願所ニテ。北條越後ノ守平ノ實《サネ》時《トキ》本願主。其ノ子顯《アキ》時《トキ》ノ建立也。實《サネ》時《トキ》ヲ称名寺ト號シ。法名正慧ト云フ。金澤ニ居住ス。顯《アキ》時《トキ》ヨリ金澤ヲ家號トス。顯時ノ法名慧日ト云フ。正安三年。三月廿八日ニ卒ス牌アリ。開山ハ審海和尚。寺領百石。御朱印アリ。門ニ運慶ガ作ノ二王アリ。鶴ガ岡鳥居ノ前ヨリ。此寺マテ關東道十三里アリ。

本堂　本尊ハ弥勒。運慶ガ作。

寺寶

十六羅漢ノ畫像　十六幅。禅月大師ノ筆。

阿羅漢左最五字文殊ノ畫像　壹幅。弘法ノ筆。

信解品　壹巻。弘法ノ筆。

瑜伽論　壹巻。菅丞相ノ筆。荏柄ノ條下ニ詳ナリ。

請雨經　壹巻。菅丞相ノ筆。

愛染金銅ノ像　壹軀。天照太神ノ作。龜山帝ノ守本尊ト云傳フ。寺僧云ク。天照太神ノ作ト云ハ。吉《キ》備《ビ》丸ノ作ナリトゾ。

三尊弥陀ノ木像　壹龕。慧心ノ作。長サ三寸五分。
不動ノ木像　壹軀。弘法一刀三禮ノ作。長サ二寸五分
弥勒ノ泥塑ノ像　壹軀。弘法ノ作。長サ三寸。坐像。
釋迦ノ像　壹軀。興正菩薩ノ作。
佛舎利　八祖相承ノ舎利ナリ。祖師ヨリ代々相傳。弘法ニ至テ。大和ノ室生山ニ納置シヲ。亀山帝ノ勅ニ因テ。此寺ニ納ルト也。昔ハ勅封有トナリ。
牛玉　壹顆。
塵ノ玉　壹顆。
青磁ノ花瓶　四个。唐物。

青磁ノ香爐　壹个。唐物。
楊貴妃ノ珠簾　壹連。初ハ尾州熱田ノ寶物ナリシヲ。亀山帝ノ勅ニ因テ此ニ納ムト云フ。ビイドロノ細キ竿ヲ。色絲ヲ以テアミタル物ナリ。
已上
弥勒堂　本堂ノ西ニ有。一切經ヲ納ム。
鐘樓　大日本國武州六浦莊称名寺鐘銘
降伏魔力怨。除結盡無餘。露地撃犍椎。菩薩聲聞當集。諸欲聞法人。度流生死海。聞此妙響音。盡當雲集。此諸行無常。是生滅法。生滅滅已。寂滅為樂。一切衆生。悉有佛性。如来常住。無有變易。一聽鐘聲。當願衆生。斷三界苦。頓證菩提。文永己巳仲冬七日。奉為先考先妣結縁人等同成正覺鑄之。大檀那越後守平朝臣實時

改鑄鐘銘并序　入宋沙門圓種述
宋小比丘慈洪書
此鐘成乎文永。虧乎正應。寺而不可無鐘矣。因勵微力。並募士女。更捨赤金。重營青鑄者也。伏乞。先考越三有同德於寶應聲。逍遥十地。並位於光世。普暨乎四生九類。與于一種餘響。銘曰。洪鐘之起。其始渺焉。載于周典。称于竺篇。質備九乳。形象圓天。聲々鏘處聞。聞入玄。三界五趣。八定四禪。醒長夜夢。驚無明眠。之朝之夕。無愚無賢。凡厥聽者。同見金仙。正安辛丑。仲秋九日。大檀那。入道正五位下行前越後守平朝臣顯時法名慧日。當寺住持沙門審海。行事比丘源阿。大工大和權守物部國光。山城權守同依光
青葉楓　堂ノ前東ノ方ニアリ。金澤ノ八木ト云テ。靑

葉《バ》ノ楓《カヘデ》。西《サイ》湖《コ》梅《バイ》。黒《コク》梅《バイ》。櫻《アウ》梅《バイ》。文《モン》殊《ジユ》櫻《ザクラ》。普《フ》賢《ゲン》象《ザウ》櫻《ザクラ》。蛇《ジヤ》混《ダウ》柏《シン》。雀浦一松トテアリ。五木ハ此處ニアリ。蛇混柏ハ。瀬戸ノ明神ニアリ。雀《スヾガ》浦《ウラ》ノ一ツ松ハ其所ニアリ。黒梅ハ絶テナシ。其跡ハ爰ニアリ。或人ノ云ク。宝木山ニ。管根権現ノ小社アリ。神木トテ犬樟《クス》ノ大木アリ。八木ノ一ツ也ト云傳フ。尭慧法師ガ紀行ニ。昔《ムカシ》藤原ノ為《タメ》相《スケ》卿。如《イ》何《カ》ニシテ此一本《モト》ノモグレケン。山ニサキダツ庭《ニハ》ノモミヂ葉《バ》ト侍《ハベリ》シヨリ後ハ。此木青《アヲ》葉《バ》ニテ。玄冬マデ侍《ハベ》ルヨシ聞ユル楓樹クチノコリテ。佛殿ノ軒《ノキ》ニ侍《ハベ》リ。歌ニ。先《サキ》立《ダ》バ木《コ》ノ一本《モト》モノコラジト。ガタミノ時雨《シグレ》青葉ニゾ降トアリ。諺ニモ作《ツク》レリ。

西《サイ》湖《コ》梅《ムメ》　堂ノ前東ノ方ノ池ノ邊。櫻梅《サクラムメ》ノ南ニアリ。八《ヤ》重ノ花ナリ。色《イロ》白シ。萬里居士ガ詩アリ。

西湖梅　萬里

前朝金澤古招提。遊十年遲錐螢膺。梅有西湖指枝拜。未開遺恨翠禽啼。自註云。西湖梅。先代之主。麗商舶發。載杭州西湖之梅。名之。以未開為遺恨矣。

櫻《サクラ》梅《ムメ》　八重ナリ。堂ノ前東ノ方。西湖梅ノ北ニアリ。

文《モン》殊《ジユ》櫻《ザクラ》　堂ノ前東ノ方ニアリ。或ハ云。昔《ムカシ》ノ櫻ハ枯《カレ》テ。今アルハ新木ナリト云フ。

普《フ》賢《ゲン》象《ザウ》櫻《ザクラ》　千葉ナリ。花ノ心ヨリ一葉出ツ。堂ノ前西ノ方ニアリ。圓太暦ニ延文二年。三月十九日ニ。南庭ニ櫻樹ヲ渡シ栽《ウヱ》。殊絶ノ美花也。號ス鎌《カマ》倉《クラ》櫻《ザクラ》トアリ。蓋シ称名寺ニ所在《アル》ノ櫻樹カ。昔永福寺ニモ名花有トミヘタリ。東鑑ニ。往〻永福寺ノ櫻花ヲ見ノ事アリ。

美《ビ》女《ジヨ》石《セキ》　亦姥《ウバ》石《イシ》　堂ノ前ノ蓮池ノ中。西ノ岸ノ方ニアリ。共ニ金澤四石ノ内ナリ。

金澤文《ブン》庫《コ》舊跡　阿弥陀院ノ後《ウシロ》ノ切《キリ》通《トホシ》。其前ノ畠《ハタケ》。文庫ノ跡ナリ。北條越後ノ守平ノ顯時《トキ》。此所ニ文庫ヲ建テ。和漢ノ群書ヲ納メ。儒書ニハ墨印。佛書ニハ朱印ヲ押ス。印文ハ楷《カイ》字《ジ》ニテ。金澤文庫ノ四字ヲ竪《タテ》ニ書ス。後《ノチ》ニ上杉《スギ》安房守憲《ノリ》實《ザネ》執事ノ時。再興ス。鎌倉大草子ニ。武州金澤ノ學校ハ。北條九代ノ繁昌ノ昔。學問アリシ舊跡也。上州足《アシ》利《カヾ》ノ學校ハ。永和六年ニ。小《ヲ》野《ノ》篁《タカムラ》。上《カウ》野《ヅケ》ノ國司タリシ時ノ建立ナリ。今度安房守憲《ノリ》實《ザネ》。足《アシ》利《カヾ》ハ。公方御名字《ジ》ノ地ナレハ。學領ヲ附シ。諸書ヲ納メ。學徒ヲ憐愍ス。サレバ此比諸國大ニ乱レテ。學道モ絶タリシカバ。此ノ金澤ノ文庫ヲ再興シ。日本一所ノ學校トナル。西國北國ヨリモ學徒多ク集ルトアリ。管領源ノ成《ナリ》氏《ウヂ》ノ時ナリ。其後ハ類破シテ書籍皆散失ス。一切経ノ切《キレ》残リタル。弥勒堂ニアリ。

観テ金澤ノ蔵書ヲ而作　　義堂

玉帳修スレ文ヲ講武ノ餘。遣レ人ヲ来リ覓メ舊蔵書。牙籤映ス日ニ窺ヒ蝌斗ヲ。縹帙乗ル晴ニ走ラシム蠹魚ヲ。圯上ノ一編看ニ不ル足ラ。鄴侯ノ三万欲ス何如ガ。照ス心ヲ古教君カ家ニ有。收テ在テ胸中ニ歴ス五車ヲ。

御所谷《ガヤツ》　阿弥陀堂ノ後《ウシロ》ノ切通《キリトヲシ》ヲ出ル嶺ヲ云ナリ。里俗ノ云。亀山帝ノ御所ノ跡ナリト。切通ハ。亀山帝御参詣ノ道《ミチ》也ト云フ。今按スルニ。亀山帝。金澤ニ御幸ノ事。舊記等ニ於テ未ダ考ヘ。勝地佳境ヘ遊歴ノ事ハアリ。

顯《アキ》時《トキ》石塔　阿弥陀院ノ後《ウシロ》ニアリ。顯時ハ平ノ實《サネ》時《トキ》ノ子ナリ。前ニ詳ナリ。

貞《サダ》顯《アキ》石塔　同所ニアリ。貞《サダ》顯《アキ》ハ顯時ノ子ナリ。

薬師堂　門外ノ東ニアリ。

海岸寺　門外ノ東ノ方ニアリ。鎌倉年中行事ニ。海岸寺アリ。昔ハ尼《ニ》寺《ジヤウ》ニテ上杉持《モチ》朝《トモ》ノ女《ムスメ》理等。此寺ニ居ス。今ハ称名寺ノ内ニ屬ス。

光明院　總門ヲ入左ニアリ。

大寶院　光明院ノ向フナリ。

一ノ室　本堂ノ東ノ方ニアリ。

阿弥陀院　本堂ヨリ西ノ方ナリ。

八幡ノ社　蓮池ノ西ニアリ。

○榮崎村　附　権現山　本目

榮《サカ》崎《サキ》村《ムラ》ハ。称名寺ノ東ノ出崎ノ方ニアリ。此ノ村南ニ権《ゴン》現《ゲン》山《ヤマ》ト云フ所アリ。北条盛衰記ニ。上杉《スギ》治部少輔入道建芳カ被官ニ。上田《ダ》蔵人入道ト云フ者。武蔵ノ國神奈川《カナガハ》ヘ出張《ハツ》シテ。権現山ヲ城ニ構ヘ。上杉《スギ》ニ背《ソム》クトアルハ此所ナラン歟。前ニ所レ謂小栗《グリ》孫《マゴ》次郎カ。盗賊ニ逢シ所モ此所ナラン。権現堂トモ云也。此村ノ東ノ出崎ヲ本《ホン》目《モク》ト云フ。

○能見堂　附 釜利谷　筆捨松　夫婦松

能《ノ》見《ケ》堂《ダウ》ハ、称名寺ノ西北ノ山上ニアリ。里《リ》俗《ゾク》ハ、ノツケン堂ト云《イフ》。昔《ムカ》シ。畫工巨《コ》勢《セ》ノ金《カナ》岡《ヲカ》。此所ノ美景ヲ寫《ウツサ》ントシテ。アキレテ。ノツケニソリタル故ニ。ノツケン堂《ダウ》ト云《イフ》ナリ。或ハ云。風光ノ美《ビ》。此所ヨリ不残《ノコラズ》能《ヨク》見《ミ》ユル故ニ。能見堂ト云《イフ》。又云昔ハ堂《ダウ》ナシ。此地ヨリ望《ノゾメ》バ。瀬《セ》戸《ト》ノ海道能《ヨク》見《ミ》ユル故ニ。能《ノ》見《ケン》道《ダウ》ト云《イフ》。又梅花無盡藏ニハ濃《ノウ》見《ケン》堂《ダウ》トカケリ。今ノ堂ハ。頃年。久《ク》世《ゼ》大和守源廣《ヒロ》之《ユキ》建立ナリ。此ノ西ノ塩《シホ》燒《ヤキ》濱《ハマ》ヲ。釜《カマ》利《リ》谷《ヤ》ト云《イフ》。能見堂ノ西ノ方ヨリ。新《シン》町《マチ》ノ宿ヘ出《イヅ》ル道《ミチ》アリ。此地。東南ハ海水ニテ。眺望窮《キハマリ》ナシ。

富《フ》士《ジ》山《サン》ハ上總《カヅサ》。下總《シモフサ》。房《バウ》州《シウ》。諸峯不残見ユ。天下ノ絶景ナリ。里民相傳《ツタ》ヘテ。西《サイ》湖《コ》ノ八景有ト云《イフ》。洲《ス》崎《サキ》ノ民家連《ツラネ》リタル所ヲ。山《サン》市《シノ》晴《セイ》嵐《ラン》ト云《イフ》。町《マチ》屋《ヤ》村《ムラ》ノ東。平《ヒラ》方《カタ》ノ西。塩《シホ》燒《ヤキ》濱《ハマ》ヲ。平《ヘイ》砂《サノ》落《ラク》鴈《ガン》ト云《イフ》。野《ノ》島《ジマ》ノ南ヘ出《イデ》タル所ヲ。漁《ギヨ》村《ソンノ》夕《セキ》照《セウ》ト云。或ハ云。瀬《セ》戸《ト》ノ浦《ウラ》邊《ベ》ヲモ云《イフ》。室《ムロ》木《ノキ》ノ西。瀬《セ》崎《ガサキ》村《ムラ》ノ前ノ海上ヲ。江《カウ》天《テンノ》暮《ボ》雪《セツ》ト云《イフ》。野《ノ》島《ジマ》ノ南。刀《ナタ》切《ギリ》村《ムラ》ノ北ニ。船《フネ》見《ミ》ユルヲ。遠《ヱン》浦《ボノ》歸《キ》帆《ハン》ト云《イフ》。釜《カマ》利《リ》谷《ヤ》村《ムラ》ノ内。手《テ》子《コ》ノ明神ノ北。塩《シホ》屋《ヤ》ノアル邊ヲ。瀟《セウ》湘《シヤウノ》夜《ヤ》雨《ウ》ト云ナリ。其所ニ。瀟湘夜雨松ト云松アリ。称名寺ノ東ノ出崎。柴崎村ノ南ノ邊ヲ。洞庭ノ秋月ト云ナリ。称名寺ノ鐘ヲ。煙寺ノ晩鐘ト云フ。八景總テ能見堂ヨリ云ナリ。鶴《ガ》岡鳥居ノ前ヨリ。能見堂マデ。關東路十四里アリ。

筆《フデ》捨《ステ》松《マツ》　堂ノ前ニアリ。金《カナ》岡《ヲカ》。金澤ノ多景ヲ感シテ。此松ノ下《モト》ニテ筆ヲ捨シト也。故ニ名ク。萬里居士ガ詩アリ。梅花無盡藏ニ云。出金澤七八里許。攀最高頂。則山山水水。面面之佳致。昔畫師金岡。絶倒擲筆之處。有名無碁。但其名不甚佳。相傳曰。濃見堂也。又云。畫師擲筆之峯。登〻閣閣路攀高。景集大成恣觀勞。秀水奇山雲不褰。畫師絶倒擲秋毫。

夫婦《フウフ》松《マツ》　筆捨《フデステ》松《マツ》ヨリ東ノ方ニ。二本アル松ナリ。

○手子明神

手子《テゴ》ノ明神ハ。釜利谷《カマリヤ》村ノ内。瀬戸《セト》ノ北ニアリ。此ノ所三方ハ山。東ハ瀬戸《セト》橋《バシ》ヨリ入《イリ》海《ウミ》ナリ。明神ノ北ニ。瀟湘《シヤウ》ノ夜ノ雨松《マツ》ト云アリ。此所ヨリ鼻《ハナ》缺《カケ》地藏ヘ出ル道アリ。

○野島村　附平方　金澤原　乙鞆浦

野《ノ》島《ジマ》村《ムラ》ハ。瀬《セ》戸《ト》橋《バシ》ノ東ノ出崎ナリ。里民ノ云。此ノ處民屋百軒《ケン》アリ。外ニ一軒《ケン》モ家ヲ造《ツク》レバ。必災有テ。又元《モト》ノ如ク百軒ノ數トナル。依テ之ニ百軒島トモ云也。此ノ所ノ出崎ニ。紀州ノ大納言頼《ヨリ》宣卿。塩風《フ》呂《ロ》ノ舊地有。山ノ出崎ニ稲荷《イナリ》ノ宮アリ。山ノ中段ニ天神ノ宮アリ。

野《ノ》島《ジマ》ノ少シ北ヲ平《ヒラ》方《カタ》ト云フ。平方ノ西。町《マチ》屋《ヤ》村ノ東ヲ。金《カナ》澤《ザハ》原《バラ》ト云。野島ノ東濱ヲ乙鞆浦ト云フ。

○善雄寺

善《ゼン》雄《ヲウ》寺《ジ》ハ。野島村ノ内ニアリ。野《ヤ》島《ジマ》山《サン》ト號ス。真言宗。龍華寺ノ末寺ナリ。本尊ハ。不動。観音。聖徳太子ノ作愛染。弘法ノ作。長《タケ》五寸。腹内ニ愛染ノ小像千體作リコムト云フ。寺ノ側ニ井アリ清冷ナリ。

○大寧寺

大《タイ》寧《ネイ》寺《ジ》ハ。瀬《セ》崎《ザキ》村ノ南ニアリ。海藏山ト號ス。蒲ノ御曹司《シ》源ノ範《ノリ》頼《ヨリ》ノ菩提寺也。開山ハ千光國師。今建長寺ノ末寺ナリ。本尊。藥師。十二神。是ヲヘフ藥師ト云フ。勧進帳ノ畧ニ云。昔シ伏見帝。永仁年中ニ。此村ニ貧女アリ。父母ノ忌日ニアタレドモ貧シテ佛ニ供養スベキ様ナシ。緑ヲクリ。ヘツトシテ。コレヲ賣テ。父母忌日ノ佛《ブツ》餉ニ備ヘント思フ。然レドモタヤスク買人ナシ。或時童子一人来テコレヲ買フ。其ノ價ヲ以テ父母忌日ノ供養ヲ勤ム。不思議ノ思ヒヲナシ、所ニ。此藥師佛ノ前ニ。其ヘソ多クアリ。始テ知ヌ如来貧女純孝《ジユンカウ》ノ志ヲ感ジテシカルコトヲ。自尓以来《コノカタ》ヘソ薬師ト云フナアリ。鶴岡ノ鳥居前ヨリ。此寺マテ関東路十里アリ。

題太寧寺 六言　絶海

寺樓一抹暁江烟。潮送鐘聲落釣船。老矣身心塵事外。閑鴎容我社中眠。

殘暁香消柏子煙。老来無夢趁漁船。聞君去借江村宿。一夜鴎邊看月眠。

六浦《ムツラ》遥連三浦煙。趁風隨岸幾移船。興来撑棹覊佳處。月落前灣猶未眠。

山銜夕日水籠煙。雪後蘆花月滿船。蓋世功名身外事。幾人能得一菴眠。

納衣懶惹御爐煙。還愛華亭載月船。晩興遅留江上寺。三山翠映白頭眠。

功名蓋世畫凌煙。失墜寃於灘頭船。一錫歸来楓外寺。白沙翠竹閉門眠。

寺寶

蒲御曹司源範頼畫像　壹幅。

同自筆和歌　壹幅。

已上

源範頼石塔　堂ノ後ニアリ。又堂ニ位牌アリ。表《オモテ》ニ太寧寺道悟トアリ。裏ニ天文九年。庚子。六月十三日トアリ。寺僧云。相傳フ此《コレ》ハ蒲御曹司源範頼ノ位牌也ト。此寺中絶シテ。薬王寺ヨリカケモチニセシ時。薬王寺ノ住持。裏ニ年號月日ヲ如此書付タリト云。薬王寺ニモ此位牌ノ寫シアリ。異本盛衰記ニ。範頼ハ。伊豆修善寺ニ御座ケルヲ。景時又頼朝ニ申テ。伊豆ニ越。景時父子三十人。五百餘騎ニテ。修善寺ニ押寄ス。範頼ハアル坊ニ小袖ニ大口計ニテ御座ケルガ。差詰引詰散々ニ射給ケル。寄手多ク射殺サル。其後矢種盡ケレバ。坊ニ火ヲカケ。自害シテコソ失セラレケル。其後景時煙ヲ静メ。範頼ノ焼首取テ鎌倉ニ持テ行。頼朝ニ見セ奉ルト有リ。其首ヲ此地ニ葬リタル歟。未詳。

○室木村

室木村ハ。瀬崎ノ東也。此民家ノ間ニ。犬樟大木アリ。或云。八木ノ一ツナリト。山ノ上ニ宮根權現社アリ。

○雀浦　附 浦ノ江

雀浦《スヾメガウラ》ハ室木村《ムロノギムラ》ノ南ノ出崎ヲ云フ。天神ノ小祠アリ。故ニ天神崎《ガサキ》トモ云フ。此ノ地ノ入江ヲ浦ノ江《ウラノエ》ト云フ。古老ノ云。昔シ此ノ地ニ松一株アリ。八本ノ一ツナリシト。今ハ枯《カレ》テナシ。此ノ外文人ノ称《シヨウ》猿遁ノ松ナド云有シガ。皆枯《カレ》タリト。

○刀切村

刀切村《タチギリムラ》ハ天神崎《ガサキ》ノ南向ニ。浦ノ江《ウラノエ》ノ東ニアリ。南ノ入海ヲ榎戸湊《チノキドノミナト》ト云フ。

○烏帽子島

烏帽子島《エボシジマ》ハ刀切村《タチギリムラ》ノ東ノ出崎ノ小島《コジマ》ヲ云フ。

○夏島

夏島《ナツシマ》ハ烏帽子島《エボシジマ》ノ東ニアリ。長サ三町余。横《ヨコ》一町余アル小島《コジマ》ナリ。

○猿島 附 裸島

猿島《サルシマ》ハ夏島《ナツシマ》ノ東南ニアリ。五町四方バカリアリ。其ノ前二三町余離《ハナ》レテ。裸島《ハダカジマ》ト云フ小島アリ。

新編鎌倉志巻之八　大尾

題新編鎌倉志後

夫鎌倉之為地也固本邦之一都会自夫豫州剣鶴岡《ツルガヲカ》奥州宅亀谷《カメガヤツ》而遂為源氏喬木降迨右将開府于斯瑞泉建鎮于斯弈世相承遜矣邈《ハルカナ》矣以故治亂興亾

之迹紛紛其不可摶東鑑太平記等書記者不少可以槩見而讀焉者每患其地理不明而事状難推今是編也乃指示方所區別疆域切若手畫而足履且其隱者顯之微者著之闕者補之謬者正之固已盡矣而不特止此以至寺觀之什物與夫題詠之篇章凡群書莫所見者亦盡採討罔遺蒐輯弗洩一閲之則一時形勢往古繁華瞭然觀之行間寔稽古之一助也僕聞之已熟渇思霓望願欲通行諸方以資好事懇請數四始得此本遂鋟之梓以廣其傳云

貞享二年歳次乙丑八月吉旦

洛下書林　柳枝軒茨木方淑識

参考図版

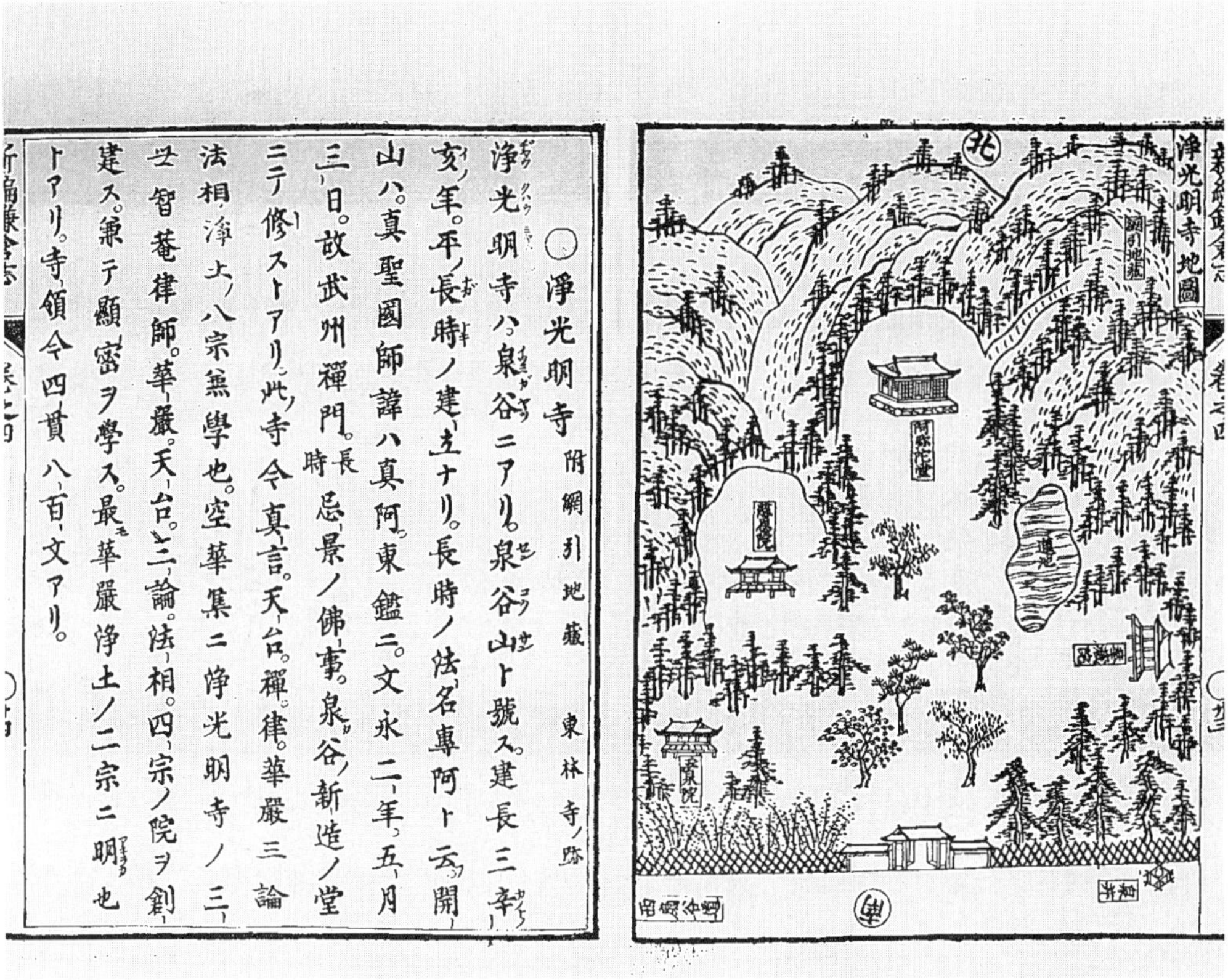

1　後修本（江戸中期印）補刻箇所（国立公文書館所蔵）　269 頁

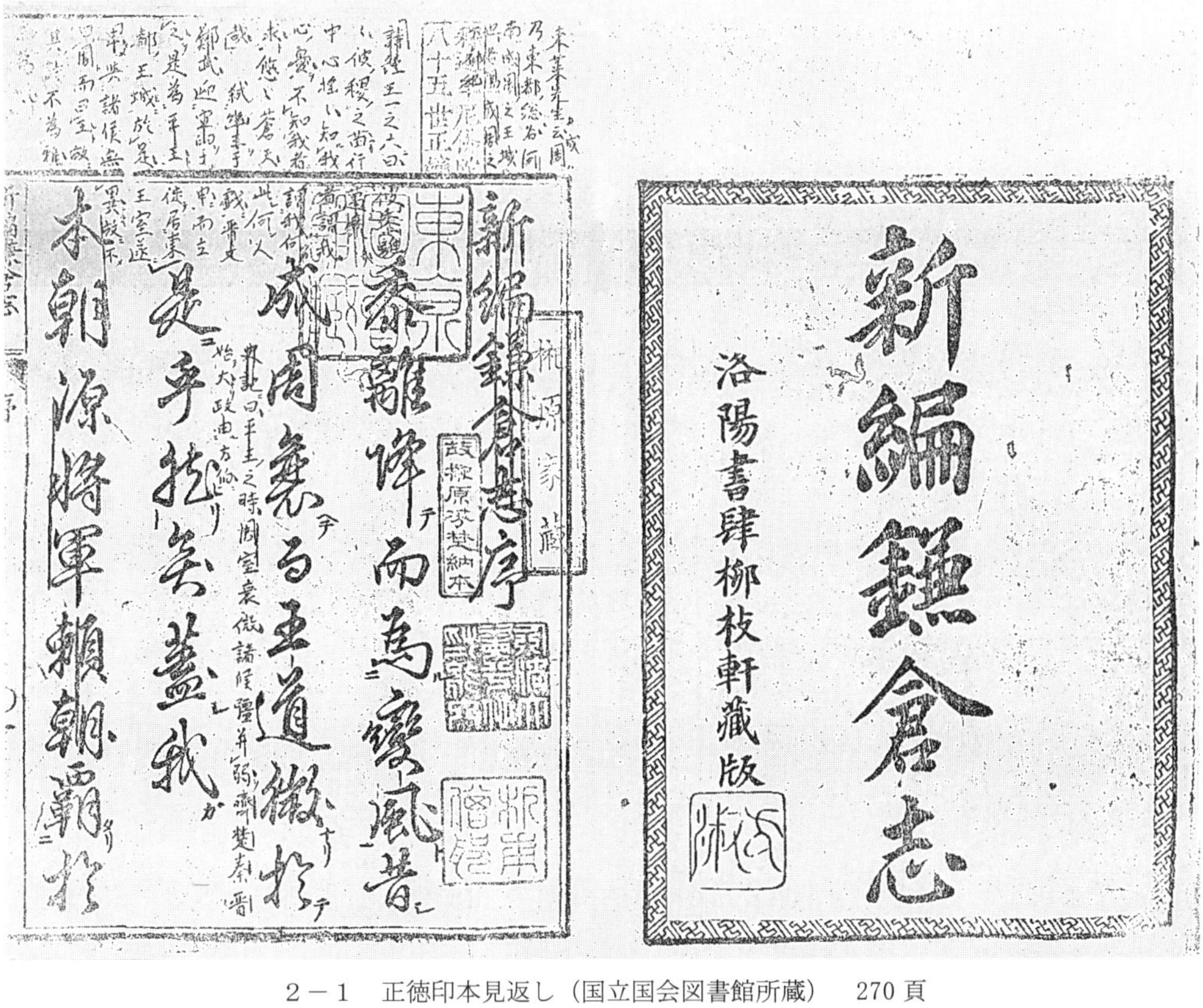

2－1　正徳印本見返し（国立国会図書館所蔵）　270 頁

新編鎌倉志巻之一

河井恒久友水父纂述
松村清之伯胤父考訂
力石忠一叔貫　参補

○鎌倉大意

相《サウ》州《シウ》鎌《カマ》倉《クラ》郡《コホリ》ハ。詞林采葉抄ニ云。鎌《カマ》倉《クラ》トハ鎌《カマ》ヲ埋《ウヅ》ム倉《クラ》ト云詞《コトバ》ナリ。其濫《ラン》觴《シヤウ》ハ。昔《ムカシ》大織冠鎌《カマ》足《タリ》イマタ鎌《カマ》子《コ》ト申《マウ》セシ比《コロ》。宿願ノ事マシマスニヨリ。鹿《カ》島《シマ》参詣ノ時。此由《ユ》比《ヒ》里《ノサト》ニ宿シ給ヒケル夜《ヨ》霊《レイ》夢《ム》ヲ感《カン》ジ。年来所持シ給ヒケル鎌《カマ》ヲ。今ノ大《オホ》藏《クラ》ノ松《マツ》岡《ガヲカ》ニ埋《ウヅ》ミ給ヒケル

2－2　正徳印本 本文巻1首（同）

方ニ以資好事ニ懇請數四始テ得タリ此本ヲ
遂ニ鋟テ之梓ニ以テ廣ス其傳フト云フ
貞享二年歳次乙丑八月吉旦
洛下書林
柳枝軒茨木方淑識

彰考館訂本刋行目録

一新編鎌倉志　洛陽　柳枝軒方道藏板
一新編鎌倉志　九冊
一醫宗必讀　十冊
一参考太平記　四十一冊
一同保元平治　十五冊
一同源平盛衰記　入銀　五十冊
一草露貫珠　和紙摺　唐紙摺　二十二冊
一古篆彙選　五冊
一洪武正韻　洪武正韻也　九冊

2－3　正徳印本蔵版目録首（同）

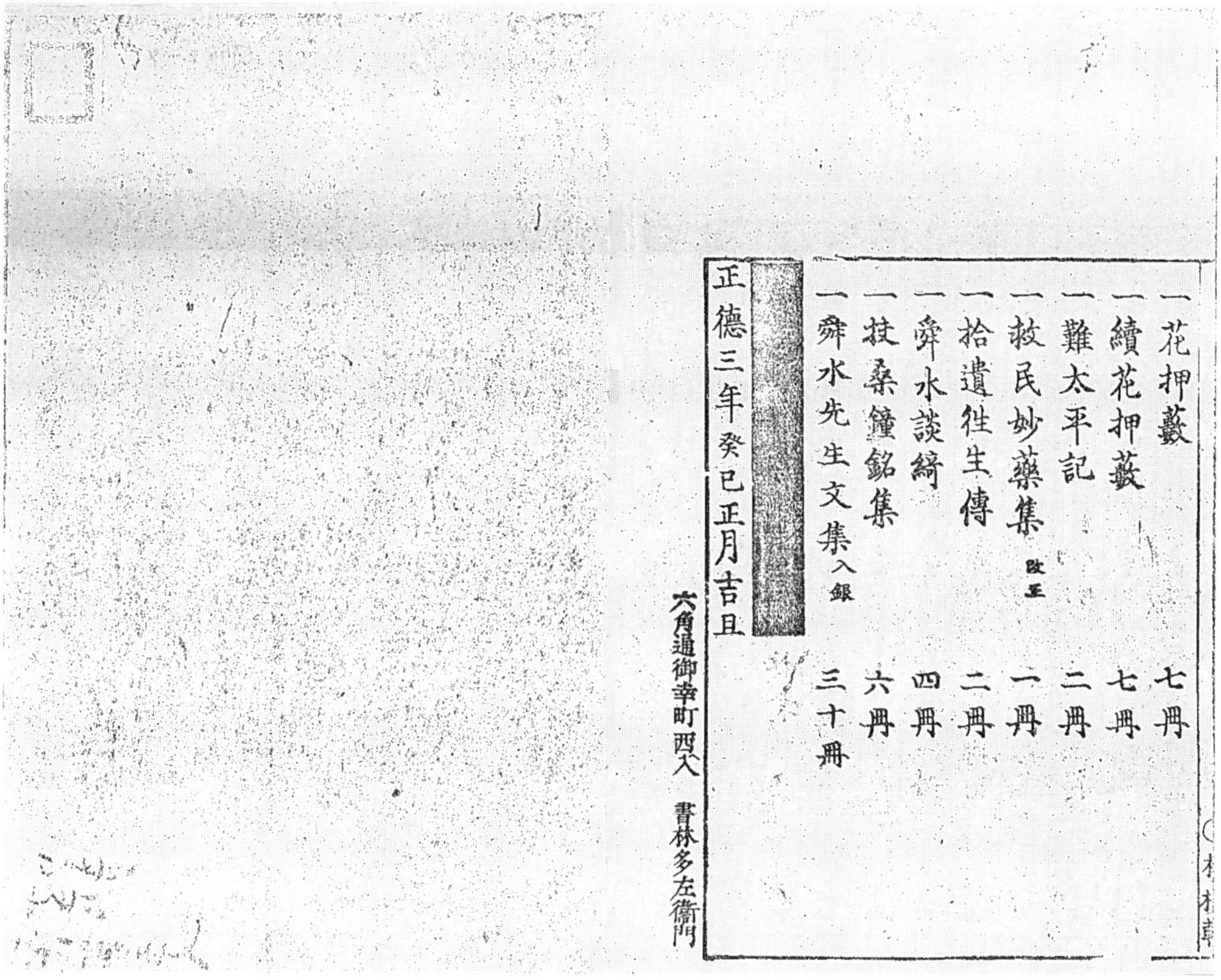

一花押藪　七冊
一續花押藪　七冊
一難太平記　二冊
一救民妙藥集　改正　一冊
一拾遺往生傳　二冊
一舜水談綺　四冊
一扶桑鐘銘集　六冊
一舜水先生文集　入銀　三十冊
正徳三年癸巳正月吉旦
六角通御幸町西入　書林多左衛門

2－4　正徳印本蔵版目録尾・年記（同）

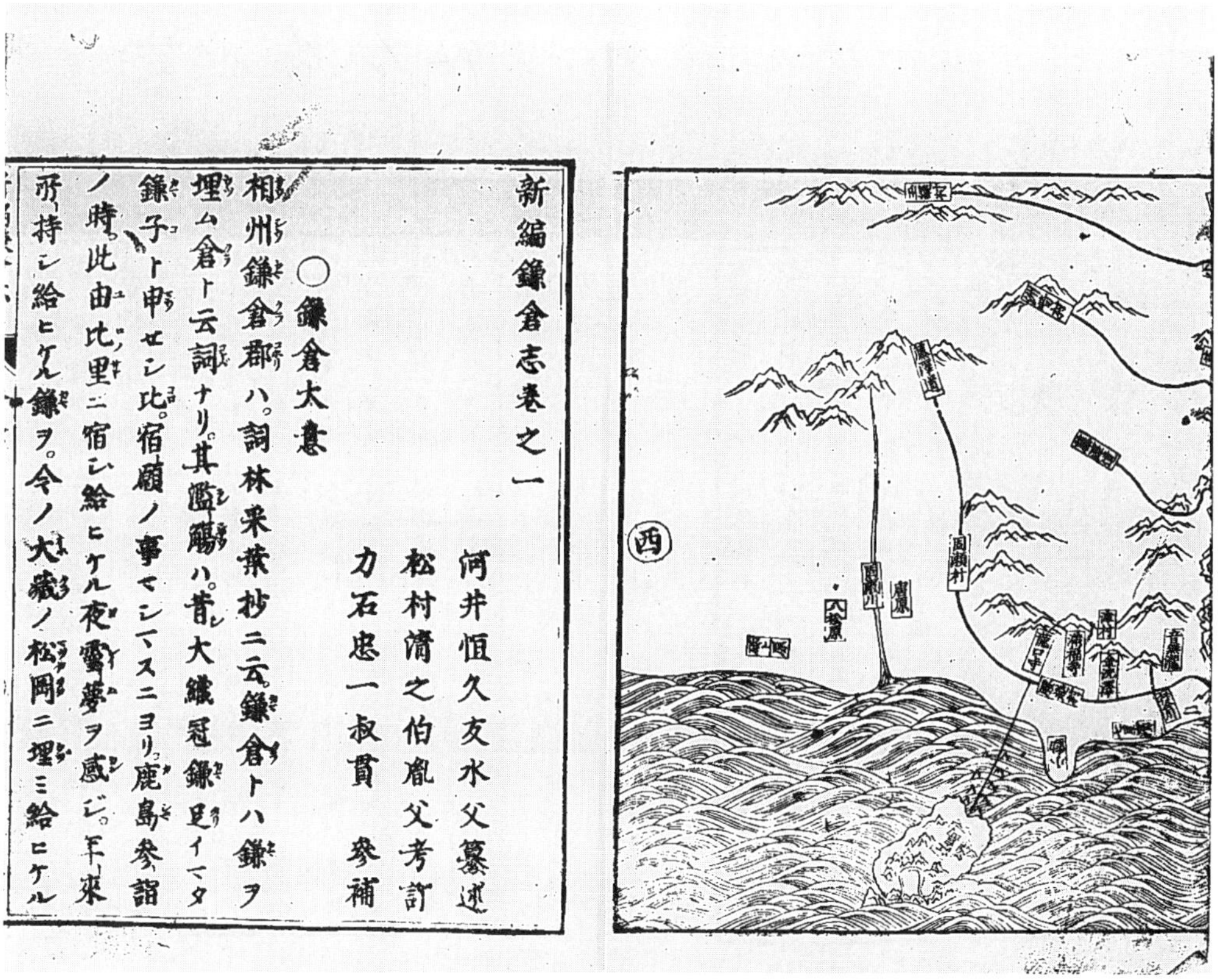

新編鎌倉志巻之一
河井恒久友水父纂述
松村清之伯胤父考訂
力石忠一叔貫参補
○鎌倉大意
相州鎌倉郡ハ。詞林采葉抄ニ云。鎌倉トハ鎌ヲ埋ム倉ト云詞ナリ。其濫觴ハ。昔大織冠鎌足イマタ鎌子ト申セシ比。宿願ノ事マシマスニヨリ。鹿島参詣ノ時。此由比里ニ宿シ給ヒケル夜。霊夢ヲ感ジ。年来所持シ給ヒケル鎌ヲ。今ノ大蔵ノ松岡ニ埋ミ給ヒケル

3－1　江戸後期（安永以降）印本 本文巻１首（国立公文書館所蔵本）　270頁

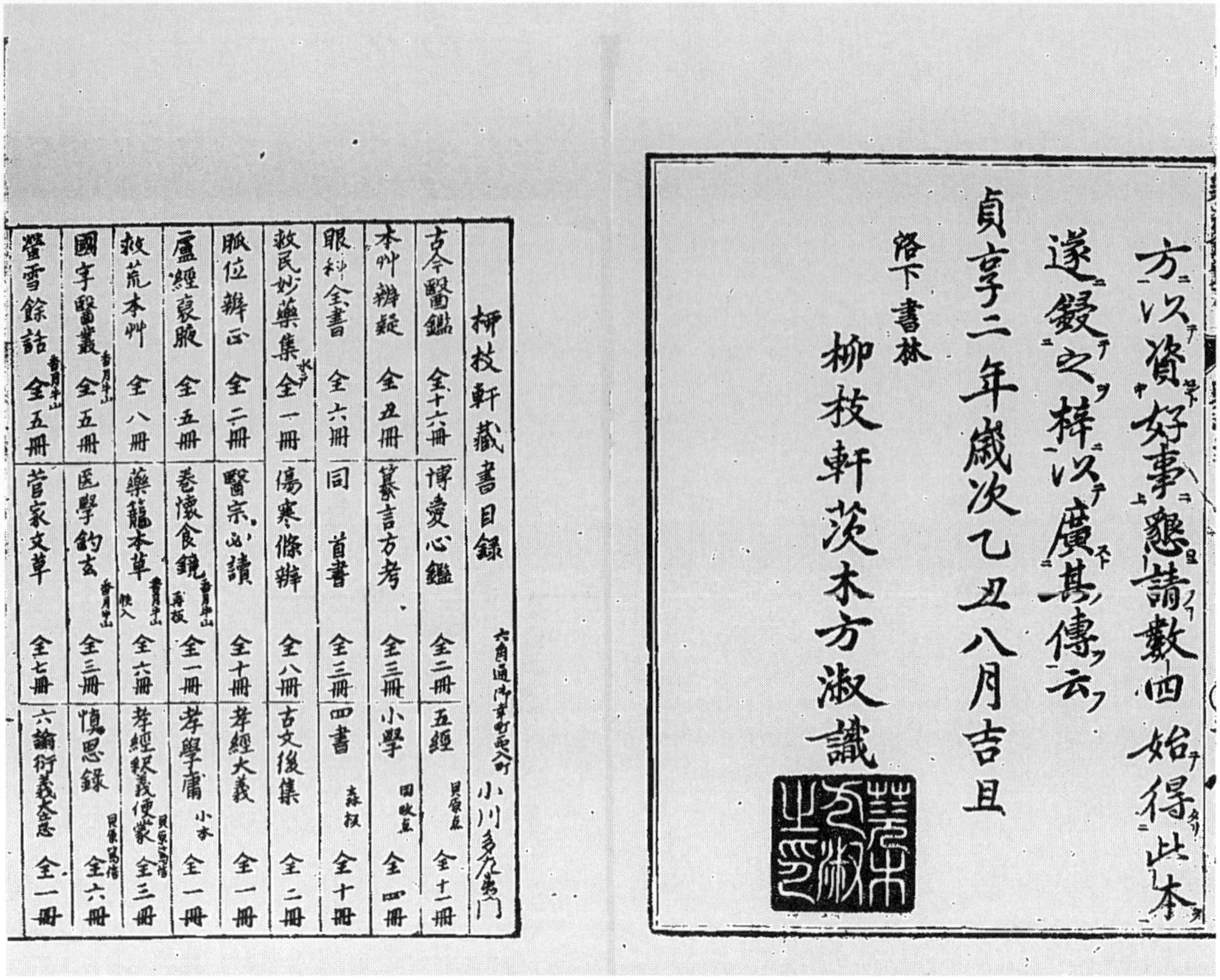

方以資好事懇請數四始得此本
遂鋟之梓以廣其傳云
貞享二年歳次乙丑八月吉旦
洛下書林
柳枝軒茨木方淑識

柳枝軒藏書目録　六角通御幸町西入町　小川多左衛門

古今醫鑑 全十六冊　博愛心鑑 全二冊　五經 貝原点 全十一冊
本艸辨疑 全五冊　簑言方考 全三冊　小學 同改点 全四冊
眼科全書 全六冊　同 首書 全三冊　四書 森叔 全十冊
救民妙藥集 全一冊　傷寒條辨 全八冊　古文後集 全二冊
脈位辨正 全二冊　醫宗必讀 全十冊　孝經大義 全一冊
盧經裒腋 全五冊　養懷食鏡 全一冊　孝學庸 小本 全一冊
救荒本艸 全八冊　藥籠本草 全六冊　孝經釈義便蒙 全三冊
國字醫叢 全五冊　医學鈎玄 全三冊　愼思録 全六冊
螢雪餘話 全五冊　菅家文草 全七冊　六諭衍義大意 全一冊

3－2　江戸後期（安永以降）印本蔵版目録首（同）

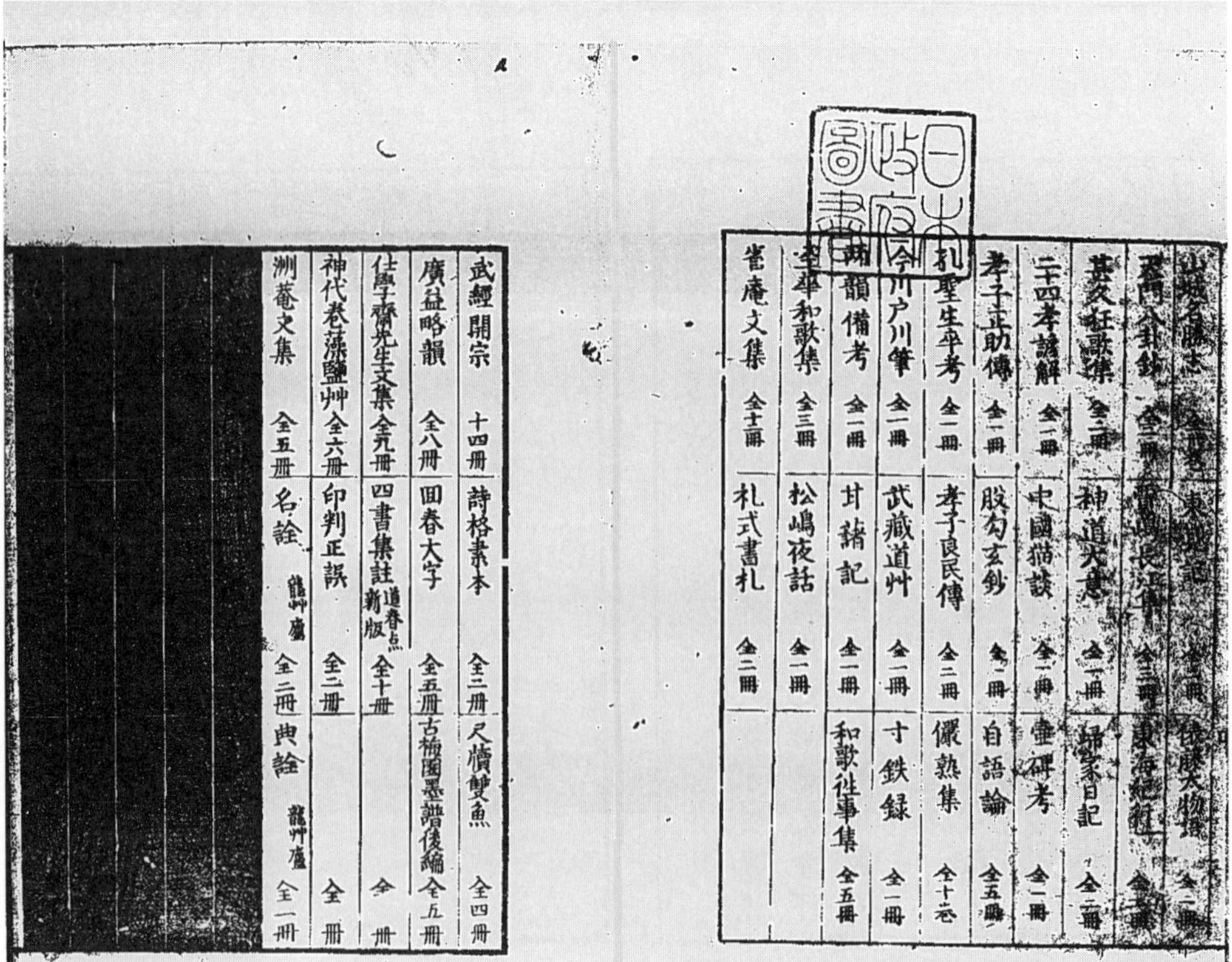

甚久任歌集 全二冊　神道大意 全一冊　婦家日記 全二冊
二十四孝諺解 全二冊　中國猫談 全一冊　壺碑考 全一冊
孝子並助傳 全一冊　殷勿玄鈔 全一冊　自語論 全五冊
聖生平考 全二冊　孝子良民傳 全二冊　儷熟集 全十巻
今川戸川筆 全一冊　武藏道州 全一冊　寸鉄録 全一冊
韻備考 全一冊　丗諸記 全一冊　和歌往事集 全五冊
和歌集 全三冊　松嶋夜話 全一冊
堂庵文集 全十冊　札式書札 全二冊

武經開宗 十四冊　詩格素本 全二冊　尺牘雙魚 全四冊
廣益略韻 全八冊　田舂大字 全五冊　古梅園墨譜後編 全五冊
仕學齋先生文集 全九冊　四書集註 道春点 新版 全十冊　全一冊
神代卷藻鹽艸 全六冊　印判正誤 全二冊　全一冊
洲菴文集 全五冊　名詮 龍艸廬 全二冊　典詮 龍艸廬 全一冊

3－3　江戸後期（安永以降）印本蔵版目録尾（同）

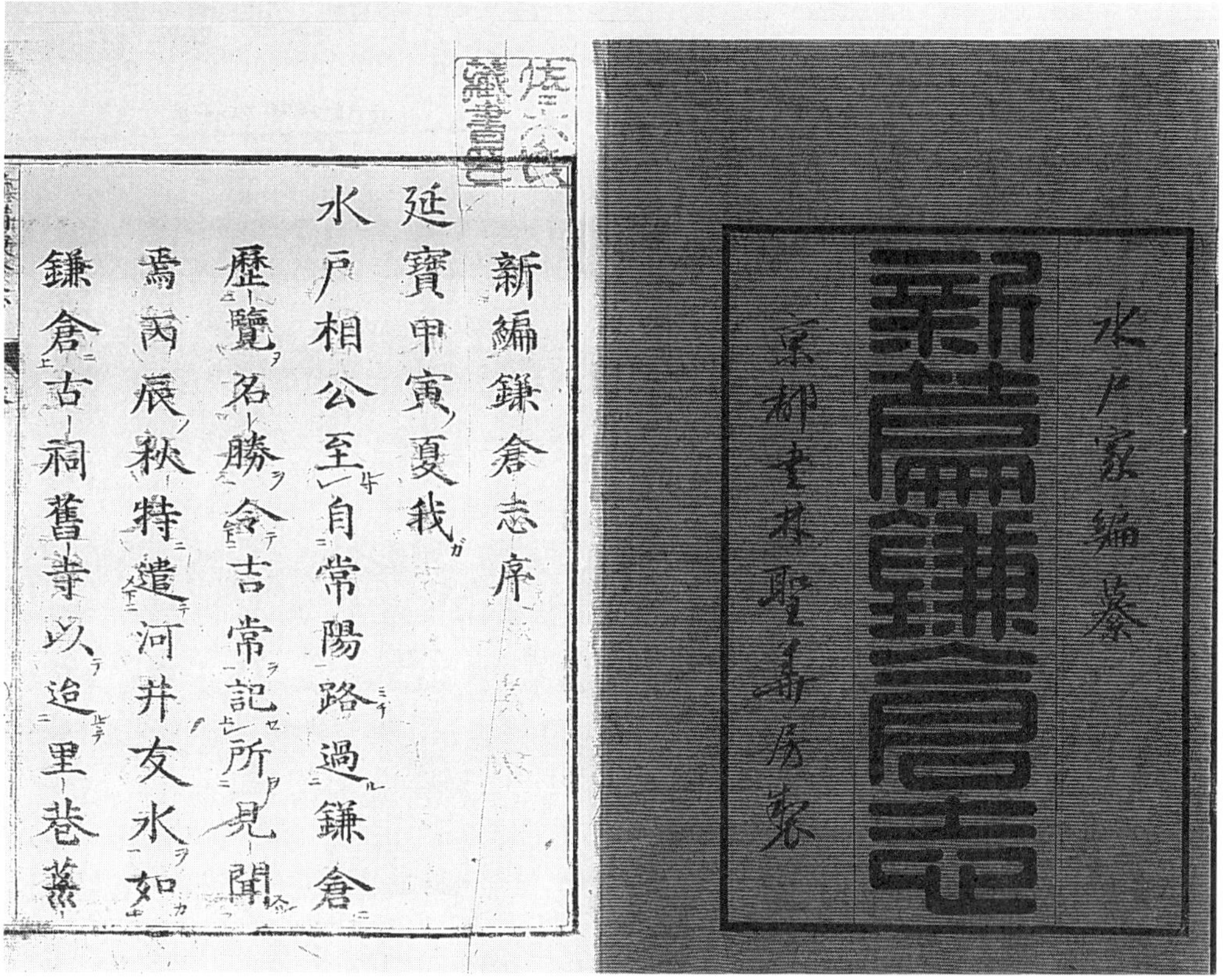
水戸家編纂
新編鎌倉志
京都書林聖華房梓

新編鎌倉志序
延寶甲寅夏我
水戸相公至自常陽路過鎌倉
歴覧名勝令吉常記所見聞
焉丙辰秋特遣河井友水如
鎌倉古祠舊寺以追里巷蒸

4－1　京都山田茂助印本見返し（慶應義塾図書館所蔵）　270 頁

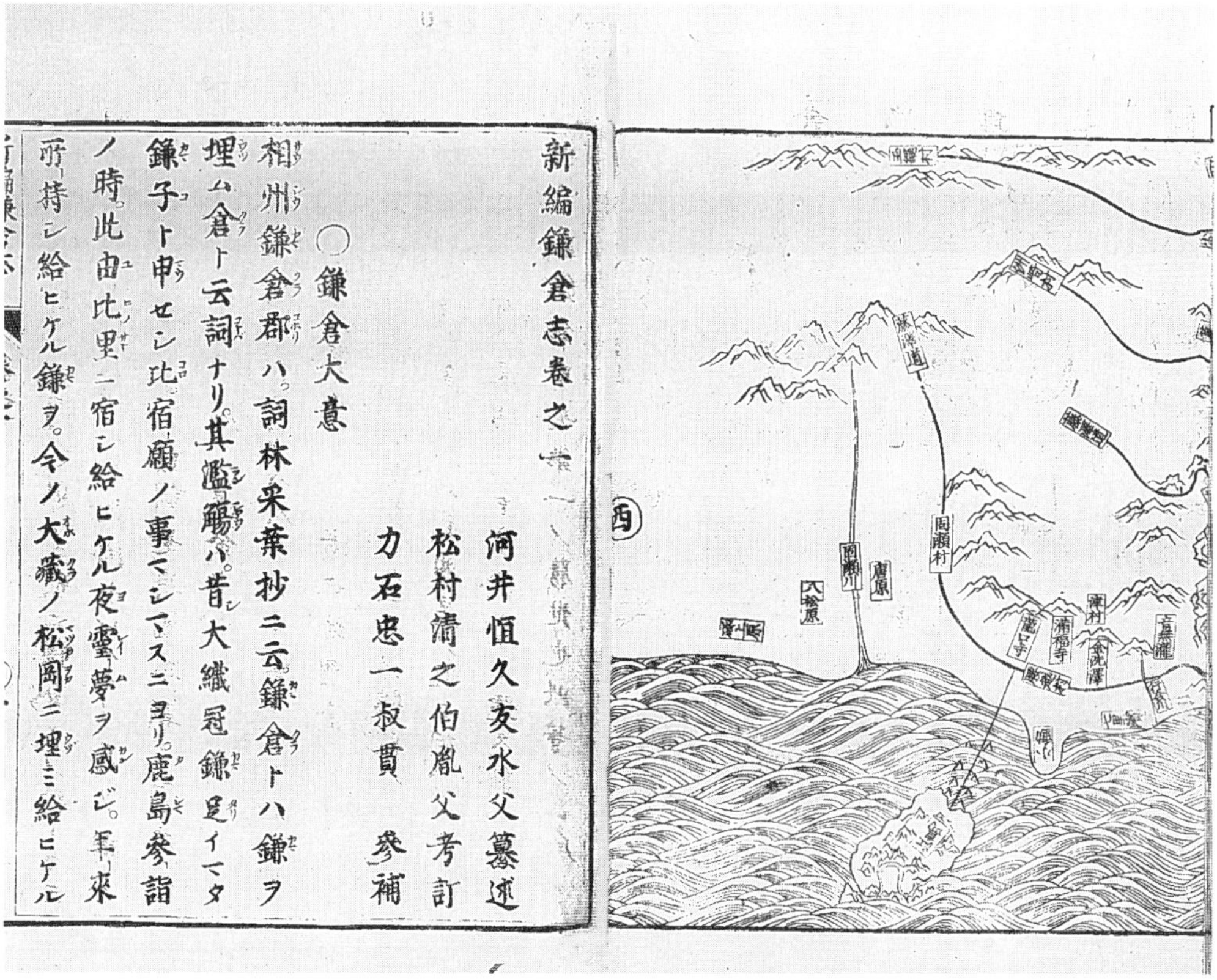
新編鎌倉志巻之一
河井恒久友水父纂述
松村清之伯胤父考訂
力石忠一叔貫　参補
○鎌倉大意
相州鎌倉郡ハ詞林采葉抄ニ云鎌倉トハ鎌ヲ
埋ム倉ト云詞ナリ其濫觴ハ昔大織冠鎌足イマタ
鎌子ト申セシ比宿願ノ事マシマスニヨリ鹿島参詣
ノ時此由比里ニ宿シ給ヒケル夜霊夢ヲ感シ年来
所持シ給ヒケル鎌ヲ今ノ大蔵ノ松岡ニ埋ミ給ヒケル

4－2　京都山田茂助印本 本文巻１首（同）

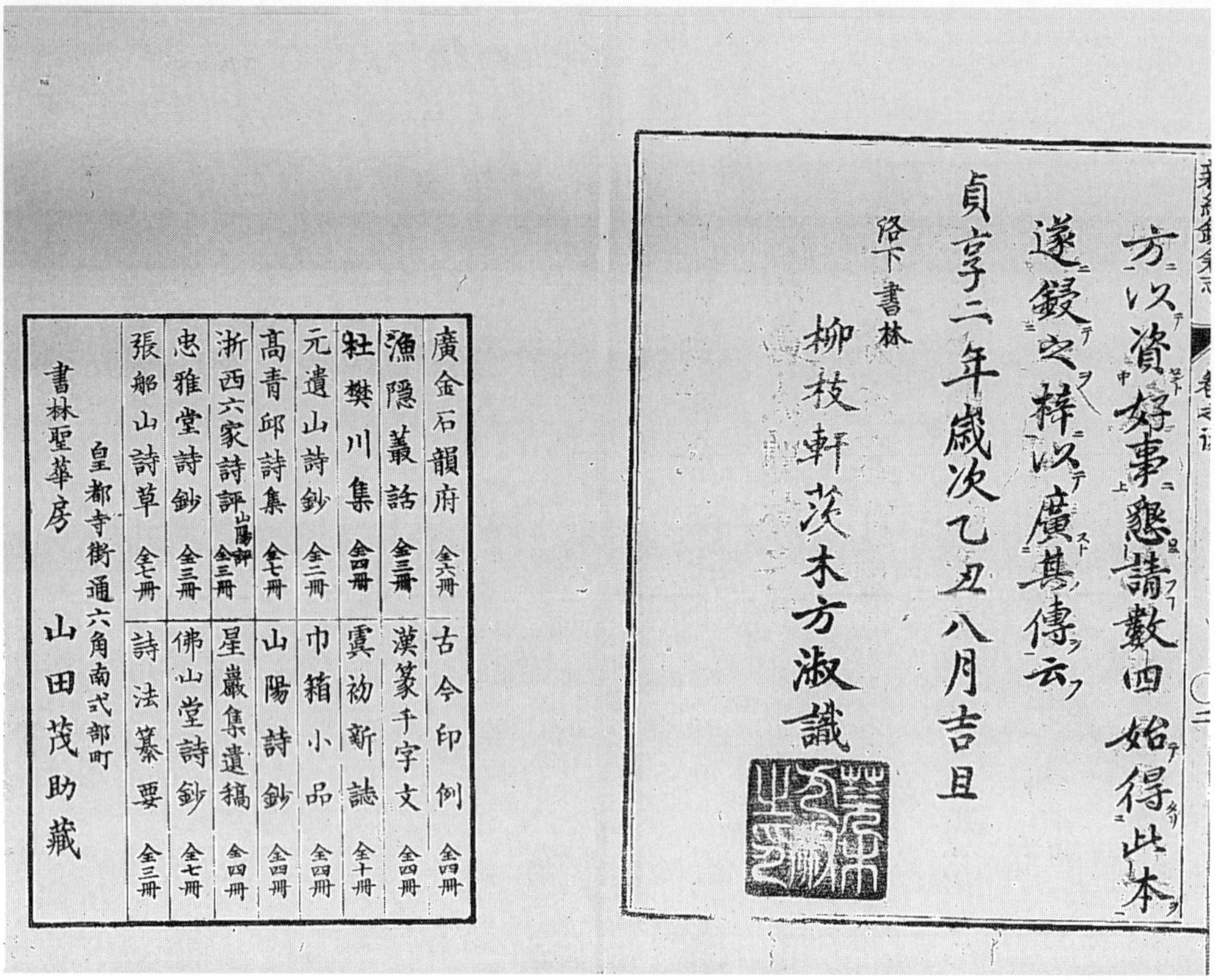
方以資好事懇請數四始得此本
遂鋟之梓以廣其傳云
貞享二年歲次乙丑八月吉旦
洛下書林　柳枝軒茨木方淑識

廣金石韻府	全六冊	古今印例	全四冊
漁隠叢話	全三冊	漢篆千字文	全四冊
杜樊川集	全四冊	虞初新誌	全十冊
元遺山詩鈔	全二冊	巾箱小品	全四冊
高青邱詩集	全七冊	山陽詩鈔	全四冊
浙西六家詩評 山陽評	全三冊	星巖集遺稿	全四冊
忠雅堂詩鈔	全三冊	佛山堂詩鈔	全七冊
張船山詩草	全七冊	詩法纂要	全三冊

皇都寺街通六角南弍部町
書林聖華房　山田茂助藏

4－3　京都山田茂助印本刊記（同）

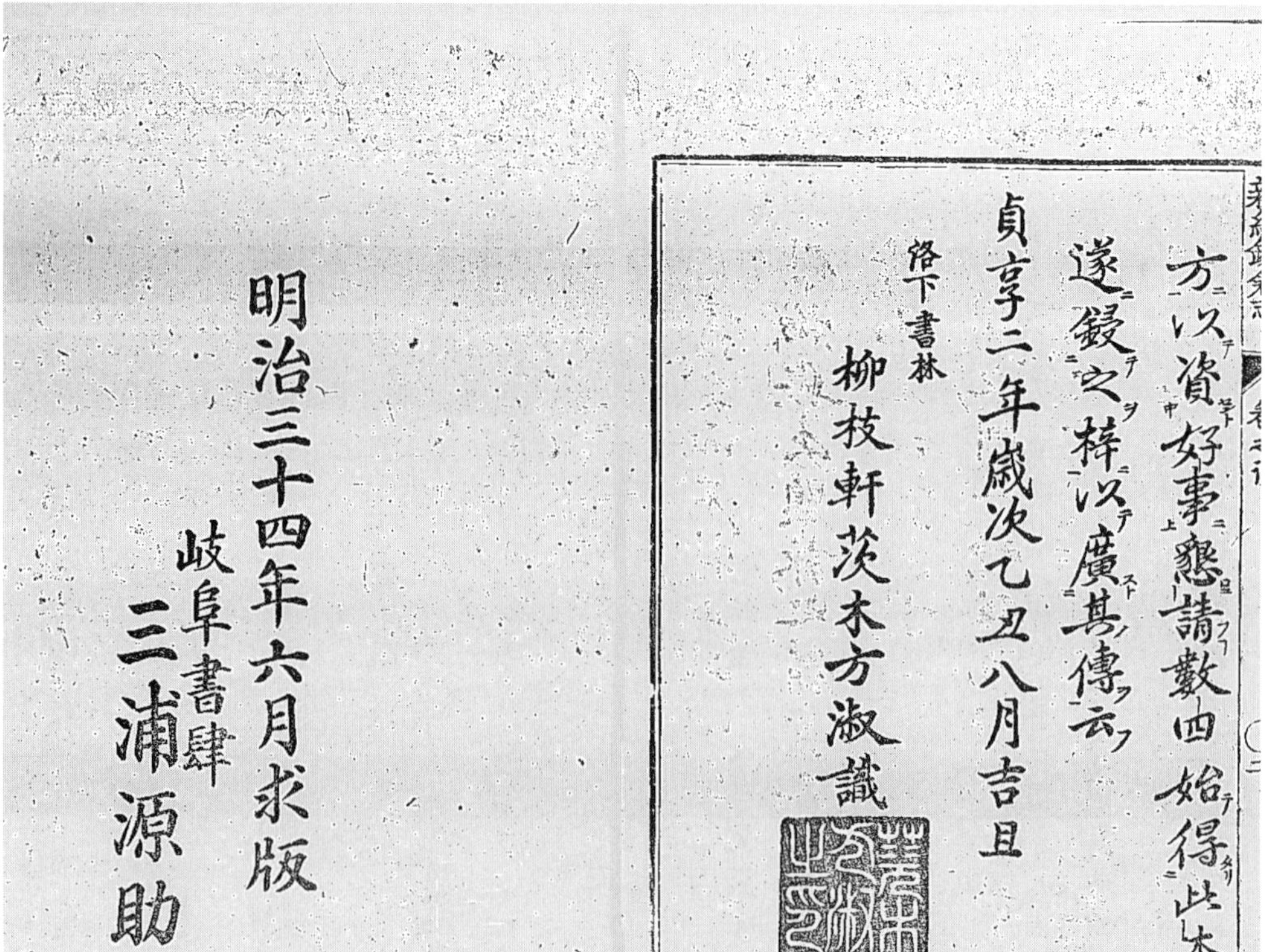
方以資好事懇請數四始得此本
遂鋟之梓以廣其傳云
貞享二年歲次乙丑八月吉旦
洛下書林　柳枝軒茨木方淑識

明治三十四年六月求版
岐阜書肆
三浦源助

5　三浦屋源助印本刊記（大阪府立中之島図書館朝日新聞文庫所蔵）　271 頁

解説

1、本書の底本について

本影印の底本は、東京都立中央図書館所蔵加賀文庫本（書架番号1790）です。『新編鎌倉志』は『国書総目録』を見るとわかりますように、図書館・資料館など公共機関を始めとして、現存するものが非常に多い本です。

この加賀文庫本は、その中でも初印といってよいほど印面の傷みの少ない本で、やや後印になると施される補刻（うめ木）が加えられておりません（後述）。

茶色表紙大本（美濃判）で大きさは縦二七・四cm×横一八・〇cmです。

各葉の匡格（枠）は四周双辺（各辺に二重罫をめぐらす）、二〇・五×一五・一cmです。

見返しには書名と出版者名「新編鎌倉志／洛陽書肆柳枝軒蔵版（印記）」が茶色に刷られています。後印本になりますと、墨刷に変わります。

巻末の跋文（刊語と見てもよい）末に「貞享二年八月吉日　茨木方淑」と記されておりますので、貞享二年に出版されたことがわかります。この出版者茨木多左衛門（方淑）の跋文を刊語と見る方は出版年を「貞享二年刊」、そのまま跋文と見る方は、用語を変えて「貞享二年跋刊」といいます。

本書は、貞享二年（一六八五）に刊行されてから明治まで、版木を作り替える（再版）ことなく、ずっと同一版木を使用して印刷が続けられました。底本のような早印本や初印本では、十二冊に分冊されておりましたが、同版本でも後印本では十冊、更に明治後印本になると八冊のように、段々冊数は少なくなります。大部なものは、購入後持ち主が合冊し直すことも多いようです。こうした早印本であっても、現存するものには、合綴して冊数を少なくしたものが多いようです。そうした中にあって、本書は各冊表紙に貼られた題簽（但し第一冊のみ傷む）がきれいに残っておりますので、比較的原装に近い本と思われます。

各冊の構成は

第一冊　前付　42丁
第二冊　巻一　38丁
第三冊　巻二（第三九丁まで）　42丁
第四冊　巻二（第四十より）　48丁
第五冊　巻三（第四五丁まで）　47丁
第六冊　巻三（第四六丁より）　47丁
第七冊　巻四　46丁
第八冊　巻五　26丁
第九冊　巻六　38丁
第十冊　巻七（第二四丁まで）　27丁
第十一冊　巻七（第二五丁より）　32丁
第十二冊　巻八　36丁

この内、巻八（第一二冊目）第三～八丁は、他の巻に比べると、印面が汚れ、やや後印にも見えます。内閣文庫所蔵のこの底本と同種本四種もまた同様でありますので、何らかの事情で版木が少し傷んでいたのかもしれません。

前述の、やや後印本になると、うめ木にて修正（補刻）する所というのは、扇ヶ谷の浄光明寺の項（巻四第24丁オ）の第六行目・七行目にあります。この本では「…此寺今真言。天台。禅。律。四宗兼学／ニテ泉涌寺の末寺也」ですが、この本より後印本になると、「四宗兼学」より「末寺」の間のみが、うめ木され「華厳三論／法相浄土ノ八宗兼学」と修正されています。当時の実情に合わせて、直したものでしょう。

底本と同種本では、国立公文書館（173-191樺色表紙十二冊、173-192空押菱文つなぎ縹色表紙十二冊、173-196茶色表紙　合三冊、267-70樺色表紙十二冊　以上印面のきれいな順）　国立国会図書館（839-90黄土色表紙　合三冊）を調査しました。

2、本書の諸本　早印本から明治後印本まで

前述のように、本書は貞享二年（一六八五）、京都の茨木屋多左衛門（柳枝軒）から刊行され、その後も明治時代まで同じ版木を使用して、度々印行されました。

（1）貞享二年刊［後修］

初印や早印であります本書の底本と、殆ど変わらない刷面の本で、しかも同版の見返し刻記（「新編鎌倉志／洛陽書肆柳枝軒蔵版（印記）」）が同様に茶色に刷られていますので、同様な本に思われます。精査すると、前項で述べたように、扇ヶ谷の浄光明寺の項（巻四第24丁オ）の第六行目・七行目に、補刻による修正箇所が見られます。版木ができて、さほど年月がたっていないのかもしれません。冊数も十二冊のものが多いようです。この中でも、少し後印になると、見返しの印記（方淑）の内、枠の下方左隅に、ほんの少しだけ割れ目ができてきます。同種本では、国立公文書館（173-194縹色表紙十冊、267-73薄茶色表紙十二冊、173-192茶色表紙十二冊　以上印面のきれいな順）、国立国会図書館（亀田文庫291.37-ka794s薄茶色表紙十二冊、140-53茶色表紙十二冊）、東京都立中央図書館（加賀1791茶色表紙九冊）、静嘉堂文庫（松井文庫0-30茶色表紙十一冊、77-32後補濃縹色表紙十冊）、慶應義塾図書館（227-472茶色表紙十二冊）を調査いたしました。（参考図版1）

（2）貞享二年刊［後修］　正徳三年（一七一三）印

貞享二年に刊行され、その二十八年後の正徳三年（一七一三）に、（1）のような修正された版木を使用して印刷した本です。見返しの刻記は右と同版ではありますが。刷り色が茶刷から墨刷に変わっています。茨木多左衛門の刊語の次丁に、正徳三年正月の年記が記された「彰考館訂本刊行目録（柳枝軒蔵板）」を付しています。本書を始め、正徳頃までに刊行された本が収録されています。この本を正徳三年版という方もおりますが、全く同じ版木を使っていますので、「貞享二年刊　正徳三年印本」です。同種本では国立国会図書館（140−53茶色表紙十二冊　榊原芳埜旧蔵）、神奈川県立金沢文庫（鎌倉高等女学校旧蔵k291.4−40　有欠八冊）を調査しました。（参考図版2−1〜3）

（3）貞享二年刊［後修］［江戸後期（安永以降）］印

正徳三年印本より後印本で、巻末に販売目録の「柳枝軒蔵書目録」（五丁）が付されていますが、（2）のような年記はありません。正徳印本の刊行目録とは別版です。安永四年頃までに刊行された本が収録されています。少し後印の静嘉堂文庫所蔵本では、五丁ウラまで収録図書が追刻されています。ここには、少し時代の降る安永七年に刊行されたものも入っています。内閣文庫（173−193縹色表紙九冊）と少し後印の静嘉堂文庫（松井文庫00−31縹色表紙八冊）を調査しました。（参考図版1−1〜3）

（4）貞享二年刊［後修］　京都　山田茂助［明治］印

明治以降に印刷されたもので、見返し（朱に染められた料紙）には「水戸家編纂／新編鎌倉志／京都書林聖華房製」の刻記があります。版木が茨木屋から、同じ京都市中の山田茂助（聖華房）に移動したこと（求板）がわかります。焦茶色表紙に貼られた各冊の外題（題簽）は『新編鎌倉志』のみが印刷で、各冊の表示は墨筆で書かれています。奥付最終二行は「皇都寺街通六角南式部町／書林聖華房　山田茂助蔵」。

本書は次掲の明治三十四年求板本に比べ、装訂や構成がきちんとしておりますので、より古そうにも見えますが、前付けの凡例・引用書目が全くありません。いずれが、より早印であるか、分りかねるところもあります。その部分の版木が紛失していたとは限りません。版木が傷んでいて、刷らなかったのかもしれません。次掲書には引用書目のほとんどがありますので、本書の方が後印という見方もありますが、印面よりみると本書が早印にも思われます。一考を要します。いずれにしても、明治でも中期以後の印刷に思われますので、山田茂助は直接茨木屋から版木を購入したわけではないのかもしれません。同種本では、慶應義塾図書館所蔵本（115-6　八冊）を調査しました。（参考図版４－１～３）

（5）　貞享二年刊［後修］　岐阜　三浦源助　明治三十四年（一九〇一）求板

前掲山田屋茂助印本より、少し後印にも見えるものです。後表紙見返しの奥付には「明治三十四年六月求板／岐阜書肆　三浦屋源助」と記されています。この年に版木を求めたことがわかります。貞享二年（一六八五）から、実に二百年以上も印刷され続けてきたわけです。表紙に貼られた題簽は「新編鎌倉志」だけで巻次や冊次はなく、冊次が墨書されています。前付の内、凡例と引用書の初丁がありません。前掲書と同様、版木が傷んでいて刷らなかったのかもしれません。版木を失っていたのかもしれません。同種本では、金沢大学図書館所蔵本（明烏文庫291.37-K22　縹色表紙八冊）と大阪府立図書館所蔵本（朝日新聞文庫371-23　八冊）を調査しました。このほか、本書と同様のものですが、奥付のないものもありました。（参考図版５）

3、徳川光圀『鎌倉日記』との関係

前述のように、徳川光圀（一六二八～一七〇〇）が延宝二年（一六七四）、鎌倉や武州金沢の史跡を巡覧して、編纂した書が『鎌倉日記』です。光圀は当時四十七才、元禄三年（一六九〇）に隠居いたしますので、現役水戸藩主・副将軍の旅でした。四月二二日に水戸を出発して、房総を南下し、海路で鎌倉に向かいました。五月二日、上総湊から東京湾を舟路横断して、金沢八景に渡りました。房総までの記録（五月一日まで）が『甲寅紀行』です。『鎌倉日記』は、続いて五月二日に金沢八景・鎌倉を巡覧してから、同月九日に江戸小石川の藩邸に帰着するまでが記録されます。順序立てて記述され、しかも現存する書写本にはいずれも、本文に続いて、『万葉集』等三十二部（『鎌倉志』では一一九部に増加）を記した「引用書目」、最終行に奥書「吉（吉弘）元常　井（河井）友水同校」があります。そういうわけで、『日記』とはいっても、個人の旅日記ではなく、調査報告書にも似た著述と考えられます。本書『新編鎌倉志』は十年後の貞享二年（一六八四）、光圀の命で、河井恒久・松村清之・力石忠一の編纂・校訂によって刊行されました。

『鎌倉日記』は左記のように名所を巡りました。

五月二日　金沢八景、称名寺、鎌倉東部　光触寺、持氏屋敷跡等、（英勝寺春高庵泊）

同三日　鎌倉中央部　源氏山、扇ヶ谷、阿仏屋敷跡、化粧坂、海蔵寺、浄光明寺、寿福寺等

同四日　雨が降り、金沢称名寺の僧を呼び律宗の袈裟を見る。昼より少し晴れ、鶴岡八幡宮―色々宝物を見る、鉄観音、松岡寺等、（英勝寺春高庵泊）

同五日　鎌倉中央部及び東部・南部　再度鶴岡八幡宮、頼朝屋敷跡、永福寺跡、高松寺、法華堂、荏柄天神、覚園寺、瑞泉寺、杉本観音、報国寺、浄妙寺、宝戒寺、葛西ヶ谷、本覚寺、妙本寺、補陀落寺、光明寺、荒井閻魔、延命寺等、（英勝寺春高庵泊）

同六日　鎌倉中央部及び西部　扇谷興禅寺、甘縄神明、大梅寺（光則寺）、大仏、長谷観音、極楽寺、稲村ヶ崎、七里ヶ浜、腰越満福寺、竜口寺、江の島、舟にて葉山杜戸に着、杜戸明神、小坪等、（英勝寺春高庵泊）

同七日　亀谷坂を越えて山内方面、長寿寺、明月院、浄智寺、円覚寺―宝物を見る、建長寺―宝物を見る、鎌倉南部　名越安養院、妙法寺、安国論寺、長勝寺、法性寺等、（英勝寺春高庵泊）

同八日　山内を通り帰路、藤沢遊行寺等、（神奈川泊）

同九日　小石川藩邸に帰宅

これらは光圀の巡覧した順、そのもののように思われます。

それに比べ、本書『新編鎌倉志』はいわゆる地誌・名所案内記の順路通り、市内の中央部に位置する鶴岡八幡宮を中心に、各名所を巡ります。

巻一　鶴岡八幡宮

巻二　八幡宮から東方　法華堂、報恩寺旧跡、高松寺（太平寺旧跡）、荏柄天神、覚園寺、大塔宮土篭、永福寺跡、瑞泉寺、勝長寿院跡、杉本寺、報国寺、浄妙寺、持氏屋敷跡、光触寺等

巻三　八幡宮裏の巨福呂坂を越え、北方の山内の建長寺、長寿寺、明月院、浄智寺、東禅寺（松岡）、円覚寺、常楽寺、玉縄、洲崎等

巻四　八幡宮から西方　鉄井、松源寺、寿福寺、光圀の宿舎のある英勝寺、源氏山、浄光明寺、海蔵寺、化粧坂等

巻五　西方に向かい　運慶屋敷跡、興禅寺、無量寺、佐助谷、長谷甘縄神明、光則寺、大仏、大仏切通し、長谷観音、御霊社等

巻六　更に西方に進み　星月井、極楽寺、稲村ヶ崎、七里ヶ浜、腰越満福寺、竜口寺、江の島

第七　八幡宮から東南に向かい　宝戒寺、葛西谷、本覚寺、妙本寺、延命寺、外宮旧地、新居閻魔、補陀落寺、光明寺、飯島、小坪、名越安養院、長勝寺、名越切通し、法性寺、岩殿観音堂、杜戸明神等

巻八　八幡宮から東方　浅夷名（朝比奈）切通し、金沢八景　金竜院、瀬戸明神、称名寺、能見堂、野島等

両書をざっと比べてみますと、けっして同文ではないことがわかります。ほぼ類似した記述ではありますが、『新編鎌倉志』では、引用・参考文献を記すところが多いのです。当時の史料知識が、存分に生かされていることがわかります。以下三箇所の記載を、対照して紹介いたします。『鎌倉日記（国立国会図書館所蔵本）』には、白石が読み易いように、句読点を補記いたしました。又『新編鎌倉志』では、音訓合符・振り仮名を省略いたしました。

鶴岡八幡宮東方に位置する二階堂の永福寺の項では、「西御門へ入口ノ右ニ見ユル谷也。今ハ寺ハ亡ヒ、田中に礎ノミ有り。頼朝奥州ノ泰衡退治ニ下向アリテ秀衡建立ノ金堂ヲ見テ、帰テ此寺ヲ建立ス。建久三年ヨリ土石ヲハコヒ、地引ス。同十一月廿五日、永福

寺供養、将軍御参詣、寛喜四年九月廿九日、頼綱（ママ）将軍永福寺ノ林頭ノ雪見ン為ニ出ラレ歌ノ会アリ。判官基綱武州泰時等ノ倭歌アリ」。

『新編鎌倉志』では始めに簡略な解説「永福寺旧跡ハ、土籠の北方ナリ。昔二階堂ノ跡ナリ。俚俗ハ山堂トモ、光堂トモ云フ。田ノ中に礎石今尚存ス。俗ニ四石姥石ナド云アリ。」で終わり、次いで『吾妻鏡』『梅松論』からの引用・参考文が続きます。

同じく、大楽寺の項では「覚園寺ノ入口左ノ方ニ有。泉涌寺ノ末ニテ禅律ナリ。覚園寺ノ寺内ナリ。本尊ヲ試ミノ湯ノ不動ト云。金仏ナリ。願行ノ作ト云。大山ノ不動ヲ鋳ン為ニ先試ニ鋳タル仏ナリトゾ。愛染運慶作也。薬師願行作ナリ」。

これに対して、『新編鎌倉志』は「大楽寺ハ胡桃山千秋大楽寺ト号ス。覚園寺ノ門ヲ入リ左ノ方ニ有。律宗也。開山ハ公珍和尚。本尊ハ鉄像ノ不動、願行ノ作。是ヲ試ノ不動ト云フ。大山ノ不動ヲ鋳シ時、先ツ試ニ鋳タル像ト云フ。愛染運慶作　薬師願行作。此寺昔ハ胡桃ガ谷ニアリシカ、後爰ニ移ス。胡桃ガ谷ノ條下ニ詳也」です。『新編鎌倉志』では、この寺の旧地にふれていることがわかります。

西方の長谷観音の項では、「大梅寺ノ西南なり。海光山ト号ス。額長谷寺トアリ。子純ナリ。浄土宗光明寺末ナリ。養老元年ノ草創ナリト云。寺領弐貫文アリ。本尊ハ十一面観音ナリ。長二丈六尺二分、三十三年ツヽニ開帳スルトナリ。サレトモ内陣ニ入テ、灯篭ヲ引上テ照シ見ル。春日ノ作ニテ大和ノ長谷ノ観音ト一木ナリ。是ハ末木ニテ作ルト云。脇ニ木像ノ像ノ形アリ。徳道上人ト名ク。開山ナリトモ又ハ巡礼ノ元祖ナリトモ云。開山ニシテ巡礼ノ元祖ナルカト別当慈照院語リヌ。阿弥陀聖徳太子ノ木像畠山六郎持仏堂ノ本尊ノ勢至菩薩アリ。坂東巡礼札所第四番ナリ。今ノ堂ハ酒井讃岐守忠勝再興也。六月十七日夜ハ当寺ノ会ニシテ貴賎僧俗参詣スト云り」。

『新編鎌倉志』は「長谷観音堂ハ海光山ト号ス。額ニ長谷寺、子純筆トアリ。子純事在杉本寺下。坂東巡礼札所第四十ナリ。光明寺ノ末寺ナリ。相伝此観音大和長谷寺ヨリ洪水ニ流サレ馬入ヘ流レ寄タルヲ上テ飯山ニ有シヲ忍性ト大江広元ト謀テ此所ニ移スト。按スルニ忍性伝ニ建保五年ニ生。十六ニテ出家ストアリ。広元ハ嘉禄元年ニ卒ス。時に忍性漸九歳ナリ。且釈書ニ弘長ノ始、相陽ニ入トアレバ此事不審。又云。和州長谷ノ観音ト此観音トハ一木ノ楠ニテ作レリ。和州ノ観音は木本、此像ハ木末也。十一面観音ニテ長二丈六尺二分、春日作。按ズルニ春日ト云ハ仏師ノ名ナリ。仏像ノミニアラズ。楽ノ仮面ニモ春日ガ作数多アリ。旧記ニ稽文会、稽主勲ハ、河内国春日部ノ邑人、兄弟共ニ仏師ナリトアリ。是ヲ春日ガ作ト云ナリ。浮屠付会ノ説ニ春日大明神ノ作ト云テ世人ヲ迷ハセリ。不可信。阿弥陀　作者不知。十一面　宅間法眼作。如意輪像　安阿弥作。勢至像　安阿弥作。此像畠山重忠ガ持仏堂ノ本尊ト云伝フ。聖徳太子像　作者不知。和州長谷開山徳道上人像　自作。毎年六月十七日、当寺ノ会ニテ貴賎老少参詣多シ。寺領二貫文アリ。鶴岡一鳥居ヨリ十八町許アリ。和州長谷寺観音像事并徳道伝出元亨釈書。徳道乃法道仙人也」。次いで「棟札」と「長谷寺観音堂鐘銘」の文、境内塔頭「慈照院」「慈眼院」の位置が、一丁半近く記述されます。酒井忠勝による再興（正保二年）については、棟札に書かれていることがわかります。

『新編鎌倉志』をみると、日記の記述に修正を加えたところが随分あります。確とした根拠があり、直したものと思われます。例えば、唐絲籠の比定地について、両書は一致していません。歴史上の事実とは思われませんが、何らかの考証をしたのかもしれません。『日記』では化粧坂の近くに記述されていますが、『新編鎌倉志』では釈迦堂谷の南斜面のやぐら（鎌倉付近の方言で、岩を掘って御骨を安置した、洞窟状の墓地をいう）を比定しています。現在では、このあたりのやぐらを「唐絲やぐら」と呼んでいます。同時に東御門にも別に伝承地のあることも記しています。

『鎌倉日記』は『水戸義公全集　巻中（角川書店　昭和四五）』『鎌倉古絵図と紀行（東京美術　昭和五二）』――以上底本は水戸彰考館本、『鎌倉市史　近世近代紀行地誌編（鎌倉市　昭和六〇）』――底本は神奈川郷土資料館本にて全巻翻刻されております。詳細はこれらをご覧下さい。この他、国立国会図書館所蔵編脩地誌備用本（江戸末写）（上記引用文の底本）があります。

編者略歴

白石　克（しらいし　つとむ）

昭和18年（1943）1月生

慶應義塾大学経済学部卒業

現在帝京大学文学部史学科講師

（兼）慶應義塾大学非常勤講師

専攻　書誌学

主著　『江戸切絵図と東京名所絵』『悠悠逍遥江戸名所』（以上小学館）『慶應義塾図書館所蔵　江戸時代の寺社境内絵図　（一枚刷）』（慶應義塾大学）

新編鎌倉志（貞享二刊）影印・解説・索引

平成十五年二月二十四日　発行

原本所蔵　東京都立中央図書館

編者　白石　克

発行者　石坂叡志

印刷製本　松澤印刷株式会社

発行　汲古書院

〒102-0072 東京都千代田区飯田橋二―五―四

電話　〇三（三二六五）九七六四

FAX　〇三（三二二二）一八四五

ISBN4-7629-4164-6 C3025

地名・人名索引

（あ　行）

愛染堂（鶴岡八幡宮）　34上
青梅聖天　95下
青砥藤綱　85上, 194下
青葉楓　247下, 248上
明石　91下
赤橋　32上
赤橋守時　142下
顕時石塔　249上
朝夷名切通（坂峠）　238上
朝夷名義秀 31上, 223下, 238上
朝倉甚十郎　170下
浅間山　232下
足利家時　84下
足利氏満　66下
足利貞氏　86上
足利成氏　88上, 142下
足利尊氏 88上, 170下, 206上
足利尊氏廟　114下
足利高義　87下
足利直冬　225上
足利直義　87下
足利満直　190下
足利基氏　30下, 69上
足利義詮　88上
足利義氏女　86下
愛宕社　174下
安達盛長　171下, 175下
安達（藤九郎）盛長屋敷175下
安達泰盛　174下
安達義景女（北条時宗室）125下
熱田社（鶴岡八幡宮）　35下
熱田社（薬王寺）　160上
鐙摺山　232下
阿仏屋敷　189下
阿仏卵塔跡　155下
油堤　239上
天照大神社　35下
甘縄　145下
甘縄神明　176上
尼屋敷　160下
阿弥陀院（称名寺）　249下
阿弥陀堂（浄光明寺）　157上
網引地蔵　158下
新居閻魔　214下
安国寺　228下, 229上
安東聖秀　208下
安養院　224上
安楽院　43上
飯島　222下
飯島崎　223上
飯盛山　88下
飯盛山　160上
生㖨　88下
石井　229上
石切山　150上, 171上
石階（鶴岡八幡宮）　32下
維新橋　121下
泉井　156上
泉谷　147上, 156上
一乗院（荏柄天神別当）54上
一心院旧跡　91下
一室（称名寺）　249下
市場村　95上
一渓庵　113下
一遍上人　110上
稲瀬河　177上, 224下
稲村　190下
稲村崎　190下
稲荷（志一）　145下
稲荷社（浄妙寺）　87上
稲荷社（佐介）　174上
犬懸谷　83上
今泉不動堂　142上
今小路　169下
新宮　40下
岩井堂　146上
岩殿観音堂　231下
巌本院　197下
巌窟小路　146上
巌窟不動　146上
上杉顕貞　146下
上杉氏定　166上
上杉氏憲（禅秀）　83上
上杉定政旧宅　146下
上杉道合　31下
上杉道合石塔　123上
上杉朝宗　83上, 117上
上杉憲顕　117上, 173下
上杉憲方　122上
上杉憲定　173下
上杉憲基　173上
上杉能憲　50下
上宮（鶴岡八幡宮）　33上
上宮（江島）　200上

鶯谷　145下
鵜島　201上
歌橋　81上
姥石　248下
産女宝塔　209上
梅谷　147上,165下
浦江　253上
雲外庵　111下
運慶（雲慶）　36上,90下,214下,215上
運慶屋敷跡　170上
雲居　171上
雲光庵（建長寺）　112上
雲光庵（円覚寺）　138上
雲竜庵　151上
永安寺旧跡　66下
永契　41下
英勝院大夫人墓並祠堂　154下
英勝寺　151上下,152上
永福軒　125下
画窟　149下
荏柄天神　54上
会下谷　161下
慧光院　42上
江島　196上下
江島弁才天　99上
江の島本社（弁才天）　200下
夷三郎社　35下
夷堂川　→滑川
夷堂橋　210下
烏帽子島　253上
江間屋敷　49上
円応寺　214下
円覚寺　127上下
円覚寺開山塔　52上
円鑑　99下
円暁　41下
円通寺　241上
円仁　43上
延福寺旧跡　87下
閻魔川　→滑川
延命寺　212下
笈焼松　195下
往阿弥陀仏　223上
黄梅院（伝衣山）　137上
扇谷　114上,146下,147上,159下
扇井　160上
大沢流　219上
太田道潅　58下
太田道潅旧跡　152上
大塔（鶴岡八幡宮塔）　36下
大塔宮土籠　64下
大塔宮石塔　66下
大友屋敷　160上
大鳥居　31上
大庭景親　194下
大庭景義　32上,48下
大町　210下
大御堂谷　81下
岡崎義実　147下
置路　→段葛
大空峒　230下
小栗満重　243上
御猿畠山　230下,231上
男滝女滝（今泉）　142上
乙鞆浦　251上
音無滝　192上
御旗山　→源氏山
御馬冷場　88下
蔭涼軒　126下

（か　行）

海会庵　137上
海岸寺　249上
海光院　42上
開山塔（崇山）　98下
開山塔（正続院）128上,134上
開山塔跡（仏超庵）　164下
海珠庵　125下
回春庵　111下
海蔵寺　161下
海宝院　232上
我覚院　42上
覚園寺　63上
覚山志道　125下,136下
隠里　174上
景清女　170上
景清籠　164下,165上
葛西谷　208上
鍛冶綱広宅　171下
鍛冶正宗屋敷跡　169下
柏原山　91下
梶原太刀洗水　238下
梶原施餓鬼　97上
梶原景時　31下,138下
梶原景義　31下
梶原村　166下
梶原屋敷　89下,209上
上総介石塔　238上
固瀬（片瀬）川　194下
固瀬（片瀬）村　194下
月輪寺旧跡　92上
勝橋　169下
金沢（武蔵）　244上
金沢顕時　246下,249上
金沢実時　246下

金沢四石　241上
金沢原　251上
金沢文庫旧跡　248下
金焼仏　91下
金洗川　192上
蝦蟇石　198上
鎌倉五名水　230上
鎌倉権五郎（景政）　166下，181下
鎌倉四境　28下
鎌倉七郷　29上
鎌倉七口　29上
鎌倉十井　145下
鎌倉十橋　44上
鎌倉山　27上，28上下
竈殿（鶴岡八幡宮）　34上
釜利谷　250上
亀谷　147上，159下
亀谷坂（切通し）　114上
亀谷寺　147下
瓶井　123上
亀前　222下
鴨長明　49下
唐絲土籠　83上
唐猫　244上
唐船　239下
臥竜庵　137下
川越屋敷　85上
河村　238下
願行　66下，224上
観行寺　194上
観性　36下
岩蔵寺（比企谷）　91上
神主(鶴岡八幡宮) 40下，41上
観音堂跡　150上
観瀾閣跡　110上
管領屋敷　88上
管領屋敷（山内）　117上
甘露井　124下
帰雲洞　150上
帰源庵　137上
木曽塚　140下
木曽免　140下
吉祥庵　113下
義堂周信　51上，65上
衣張山　83上
帰命院　215上
尭慧　28下，30下
教恩寺　213上
経師谷　217上
行ノ池　209上
行勇　86上
玉雲庵　110下
玉澗　121下
玉泉院　158下
霧沢　92上
桐谷　217上
金亀山　196下
金竜庵　112下
金竜院　240下
金龍水　96下
公暁　32下
鎖大師　43上
葛原岡　166上
公方様御寺　52上下
公方様護持僧　92上
公方屋敷　88上
熊谷直実　171下
熊野権現祠　91下
胡桃谷　63上，85下
胡桃川　→滑川
鉄観音　145上
鉄井　145上
桂陰庵　150下
慶雲庵　137下
桂光庵　150下
桂昌庵（円覚寺）　136下
桂昌庵（寿福寺）　151上
桂堂聞公　225上
飢渇畠　175上
華光庵　112下
華光院　146下
華厳塔跡　109下
華蔵院　110上
華蔵院（浄光明寺）　158下
化粧坂（気生坂）165下，166上
源翁　161下
源氏山　155上下
建初庵　113上
源大夫社　35下
建長開山座禅窟　109下
建長寺　96上下
乾徳寺（竜興山）　151上
賢融（荘厳院）　33上
広厳庵　112下
向上庵　111上
高松寺　51下
光泉寺　161上
興禅寺　170下
香象院　42上
光觸寺　90下
光則寺　177下
光伝寺　238下
広徳庵　110下
光徳寺　244下
神嵩　231下
高師冬　165上
紅梅殿（荏柄天神）　62下

興福院　124上
首塚（首やぐら）　92上
弘法護摩堂跡（覚園寺）64上
弘法大師　201上
光明院（浄妙寺）　85上
光明院（称名寺）　249下
光明寺　218下,219上
光明寺鐘（旧法泉寺鐘）219下
光明寺畠　174上
高良大臣社　35下
虚空蔵堂　184下
小空峒　230下
国清寺跡　173下
極楽寺（浄妙寺）　86上
極楽寺　185下
極楽寺切通　189下
小御供所　34上
試の不動　63上
御最後川　232上
腰越村　193上
御所谷　249上
御所入　173上
悟真寺　223下
巨勢金岡　250下
御前谷　160下
五大堂　89上
小坪切通　223上
小坪村　223上
虎頭岩　136上
後藤基綱　65下
後鳥羽天皇　40下
弾琴松　208上
小林郷　30上
巨福呂（小袋）坂　95上
小富士　207下
牛蒡谷　92上
悟本庵　150下
五本骨扇　224下
小町　205上
護摩堂（鶴岡八幡宮）　36上
米町　210下
小動　192下
御霊宮（梶原）　166下
御霊宮（長谷）　181下
権現山　249下
金剛院　113上
権五郎神社　181下

（さ　行）

西行見返松　195上
西行橋　172上
裁許橋（西行橋）　171下
最勝院　43上
済田地蔵　95下
最明寺旧跡　119下
材木座　213下,214上
西来庵　98下
佐賀岡　234下
逆川　213下
逆川橋　213下
桜梅　248上
座不冷壇所（鶴岡八幡宮）33下
佐々目谷　175上
佐助稲荷　174上
佐介谷　172下
座禅川　→滑川
座禅窟（瑞泉寺）　69上
坐禅窟（円覚寺）　136上
坐禅窟（興禅寺）　171上
貞顕石塔　249上
佐竹秀義　224下
佐竹屋敷　224下
里見義弘　52上
実朝社　37上
伝実朝塔　150上
猿島　253上
三ヶ村　234下
三艘浦　239下
山堂　→永福寺旧跡
山王権現社　207下
山王堂跡　231上
山王堂谷　164下
蘿碧池　98下
三本杉　242上
志一上人石塔　145下
塩嘗地蔵　90上
慈恩院　158下
慈恩寺旧跡　225上
直心庵　87上
色天無熱池　140下
自休蔵主（建長寺広徳庵）49下,
200下
滋野景義　32下
慈眼院　181上
地獄谷　97上
鹿岩　136上
獅子巌　66上
宍戸家政　31上
侍従川　239上
慈照院　181上
地蔵堂（覚園寺）63下,64上
地蔵堂（心平寺）　95下
地蔵堂（金沢）　239上
七観音谷　175上
七里浜　191下
慈鎮和尚　28下
実際庵　113下
子曇（宋）　96下

斯波家長　84上
柴崎村　249下
渋川兼守　54上
寺宝（建長寺）99上～109上
寺宝（円覚寺）128上～133下
寺宝（浄光明寺）157上～158上
寺宝（極楽寺）185下～189上
寺宝（光明寺）220上～221上
下宮（鶴岡八幡宮）　35上
下宮（江島）　198下
下宮旧地（鶴岡八幡宮）214下
釈迦堂谷　82下，228上
寂外庵跡　164下
蛇居谷　164下
蛇混柏　242上
舎利樹（混柏）　99上
舎利殿　128上，134上
十一人塚　191下
十王堂橋　138上
十二院　41下
十二郷谷　85上
十二所村　85上
十六羅漢　96下
宿龍池　136上
寿昌院　113下
数珠掛松　223下
珠泉庵　137下
寿徳庵　136下
寿福寺　147上
主馬盛久　176上下
順徳天皇　40下
書院（聴松軒）　98下
正印庵　124上
勝縁寺谷　114上
正覚庵　124下
正覚院　42上
正覚寺　223下
成願寺　244下
定暁　37下
上行寺　240上
将軍屋敷　206下
松月庵　151上
正源庵（浄智寺）　124下
正源庵（円覚寺）　137下
松源寺（日金山）　145下
浄光　178上
定光庵　150下
浄光明寺　156下
松鴟庵　150下
浄国院　41下
正済庵　113下
正受庵　112上
正宗庵　111下
定正庵　137下
正紹院　124下
勝上巘　109下
浄泉寺　178上
正続院　128上，134上
浄智寺　123上下
成朝　82上
勝長寿院　81下，82上
正伝庵　136下
聖天島　201上
正統庵　111上
聖福寺旧跡　190上
小別当　41下
正法庵　113上
証菩提寺旧跡　141上
正本庵　112下
浄妙寺　85下，86上
称名寺　246上下
鐘銘（長勝寺）　229下
逍遥庵（寿福寺開山塔）148下
常楽寺　138上，139上
正隆庵　150下
浄立寺　194上
鐘楼（鶴岡八幡宮）　36下
白菊（相承院）　200下
白旗明神社（頼朝社）　34上
白旗明神社（報恩寺）　51上
白旗流　219上
新清水寺　145上
神宮寺（鶴岡八幡宮）36上下
心無村　234上
新長谷寺　181上
心平寺（佉羅陀山）　95下
神宝（鶴岡八幡宮）37下～40上
新御堂　89下
神武寺　231下
瑞雲庵　138上
瑞光庵　137下
瑞泉寺　69上
瑞竜庵（浄妙寺）　87上
瑞竜庵（寿福寺）　151上
瑞林庵　113上
崇境寺（地蔵）　110上
崇山　98下，99上
杉本観音堂　83下，84上
洲崎　244上
洲崎村　142上
筋替橋　44上
雀浦　253上
硯池　193下
首藤（山内）俊通　117上
すみうり川　→滑川
住吉社（鶴岡八幡宮）　35下
住吉明神（小坪）　223下
駿河清重　166上，194下

磨墨　88下
諏訪屋敷　174下
青岳和尚　52上
西湖梅　248上
西湖ノ八景　250下
青松庵　138上
青松院　125下
星井寺　184下
清凉寺谷　161上
瀬崎　239下
積翠庵　150下
石盤　154下
瀬戸橋　242下
瀬戸弁財天　242下
瀬戸明神　241上下
銭洗水（銭洗弁天）　174上
千貫松　233下
禅居庵　110上
禅興寺　119上下
専光寺　239上
専修院（光明寺）　222上
禅昌庵　87上
禅定二位家(頼嗣将軍母) 161上
千体地蔵堂　222上
善導塚　221下
仙人沢　110上
千服茶磨　185下
善雄寺　251上
千竜庵　111下
蔵雲庵（開山塔）　124下
相模入道崇鑑　47上
荘厳院　42上
崇寿寺旧跡　216上
相承院　42上
増福院　42上
相馬天王祠　159上
蔵六庵　137上
続燈庵（万富山）　137上
底抜井　161下
袖浦　191上
染屋時忠　27下, 49下, 175下
尊純法親王（青蓮院）　35上

（た　行）

岱雲庵　113下
大円庵　124下
大義庵　137下
大休寺旧跡　87下
大休正念　123下
大巧寺　209上
大巧寺(大行寺)旧跡　89上下, 90上
大建　37上
大慈寺旧跡　89下
大秀庵　151上
大織冠　→藤原鎌足
大臣山　28上下
大仙庵　138上
大素素一　178下
大沢庵　150下
大智庵　112下
大長寺　142上
大統庵　112下
大同村　238下
太寧寺　251下
大仏　178上
大仏切通　179上
太平寺　52上
大宝院（称名寺）　249下
大雄庵　113上
大楽寺　63上
大楽寺旧跡　85下
平景清　165上, 170上
平惟盛　232上
平経時墓　175上
平直方　27下
平広常　238上
高石　234上
尊氏屋敷　170下
宅間が谷　84下
武田信光　165下
武田屋敷　165下
武内社（鶴岡八幡宮）　33下
竹御所旧跡　212下
多古江河　232上
田代観音堂　212下
田代信綱　212下
田代屋敷　212下
鑪場　66下
竜口明神　194上
巽荒神　170上
玉縄城　142上
玉縄村　142上
為実朝臣　30下
袂浦　193下
段葛　30下
智岸寺谷　155下, 156上
竹林庵　113下
児淵　49下, 200下
知足庵　87下
千葉常胤　48下
千葉屋敷　174下
重源（長厳）　40下
長好庵　111下
長厳　→重源
長寿庵　138上
長寿寺　114下
長勝寺　229上下

長生庵 113上
長善寺 213下
頂門庵 138上
通玄庵 112上
月影谷 189下
都史庵 112上
辻町 213下
辻薬師 213下
土屋義清 147下
綴喜里 165下
津村 192下
鶴岡 214下
鶴岡八幡宮 27下,30上下
鶴亀石 35上
手子明神 251上
手塚光盛女 83下
寺ノ内 173下
寺分村 142下
照天姫松 242下
伝衣庵 113上
天岸慧広 84上
天狗堂 174下
天狗腰掛松 231下
天源庵 111上
伝宗庵 136下,225上
天神社 35下
天神宮 239上
天台山 81上
天池庵 137上
天然寺 245上下
伝芳庵 112上
土肥実平 42上
塔（鶴岡八幡宮塔） 36下
東雲庵 137下
等覚院 43上
同契庵 111下
東慶寺 125上下
東光寺旧跡 65上
等慈庵 138上
同証庵 124下
東照大権現社 241上
東勝寺（池子村） 231下
東勝寺旧跡 208上
東禅庵 87下
東漸寺 194上
東宗庵 113下
道智塚 164下
塔辻（佐々目谷東南）175上下
塔辻（小町口） 208上下
東林寺跡 159上
砥上原 195下
常盤御所跡 179下
常盤里 179下
徳川頼宣 51下
徳川頼房 152上下
徳泉寺 83上
徳泉寺旧跡 117上
徳宗権現社 207下
ドコモ地蔵 156上
土佐房（昌俊）屋敷跡 208上
兜率巓 99上
突渡崎 234上
飛石 241上
飛混柏 233下
鳥合原 47下
曇芳庵（開山塔跡） 114下

（な　行）

内藤帯刀忠興一家菩提所221下
222上
泣面崎 201上
啼薬師 162上
名越 224上
名越切通 224上,230下
名島 234上
刀切村 253上
夏島 253上
滑川 84下
二王門（鶴岡八幡宮） 32上
二階堂 65下
二階堂獅子舞の峯 66上
西御門 50上
二十五坊 41下
日金山 145下
日蓮 192上,231下
日蓮袈裟掛松 192上
日蓮説法始め 21上
日蓮土籠 194上
日蓮乞水 230上
日朗土籠 177下
日光権現社 239上
日親 208下
仁田四郎抜穴 201下
新田義貞 191上
如意庵 137上
忍性 185上
忍性石塔 159下
能仁寺旧跡 240上下
能見堂 250上
野島村 251上

（は　行）

梅洲庵 112下
梅岑庵 112下
梅立寺(薬王寺) 160上
白雲庵 136下
白鷺池 127下
長谷観音堂 180上

裸地蔵（延命寺）　212下
裸島　253上
畠山重忠　44上
畠山重保石塔　214上
旗立山　→源氏山
八王子宮　192下
八幡社（称名寺）　249下
八幡太郎　→源義家
八景　250下
八正寺　43上
桜貝　191下
鼻缺地蔵　238下
花谷　225上
離山　138下
馬場小路　30下
浜名石塔　209下
林羅山（道春）　153下
針磨橋　190上
播磨屋敷　165上
番神堂（竜口寺）　194上
番神堂（大巧寺）　210上
盤陀石　124下
万里集九　214上
東御門　53下
光堂　→永福寺旧跡
比企谷　211上
引越村　241上
比企能員旧跡　211上
美女石　248下
碑石　198下, 199上
尾藤景綱　117下
尾藤谷　117下
人丸塚　170上
日野兼光　36下
日野俊其　166下
千葉常胤　174下
姫宮　140下
屏風石　198下, 199上
屏風山　207下
平泉　65下
平方　251上
琵琶小路　31上
琵琶橋　31上
夫婦松（金沢）　251上
深沢　179上
福石（江ノ島）　198上
福石（瀬戸弁財天）　242下
福巌寺　52上
福生庵　124上
普賢象桜　248下
藤谷　159下
藤原鎌足（大職冠）26下, 27上,
87上
藤原公任　28下
藤原実方　28下
藤原忠親　36下
藤原基綱　28下
藤原泰衡　65下
藤原行安　32下
将軍藤原頼嗣　43下
将軍藤原頼経　37上, 43下
補陀落寺　215上
補陀落寺鐘銘（存東慶寺）215下
淵辺義博　64下
仏日庵　136上
仏智庵　87下
仏超庵　164下
筆捨松（金沢）　250下
冨陽庵　136下
不老水　110上
紅谷　216上
蛇谷　44上
蛇谷　228上
偏界一覧亭跡　69上
弁谷　216上
弁慶　193下
弁慶が腰懸石　193下
弁慶腰掛松　189下
弁財天祠（海蔵寺）　164下
弁財天社（鶴岡八幡宮）32上
芳雲庵　87上
報恩寺旧跡　50下
宝戒寺　205下, 206上
宝亀庵　137下
法源寺　194上
報国寺　84上
宝珠庵（建長寺）　110下
宝珠庵（円覚寺）　138上
保寿院旧跡　51下
法住寺谷　171下
宝珠石　242下
北条氏康　31下
北条貞時　136下
北条重時　185上
北条高時　206上, 216上
北条経時　219上
北条時政　197上
北条時宗　127下, 136上
北条時頼 31下, 96下, 119下,
190上, 194下
北条時頼荼毘所　121下
北条政子（二位禅尼）　30下,
32上, 34上, 89下, 175上
北条政子御堂御所跡　82下
北条政村　179下
北条師時　123下
北条屋敷　206下
北条泰時　43下, 82下, 139上

北条泰時墓　140下
北条義時墓　49上
宝泉庵　111上
法泉寺谷　160上
宝蔵院　214下
頬焼阿弥陀　90下
蓬莱洞　201上
本蓮寺　194上
北斗堂跡　37下
星月夜井　184上
法華堂（頼朝）　49上
法華堂（妙本寺）　225上
法性寺　231下
法泉寺鐘銘（在光明寺）160上
本覚寺　210上
本圀寺　229下
本成寺　193下
本目　249下
本立寺　194上

（ま　行）

舞殿（鶴岡八幡宮）　32下
政子　→北条政子
正宗　169下
町局　90下, 91上
町家村　142下
町屋村　245上下
松岡　26下～27下
松岡（東慶寺）　125上下
松岡稲荷　34下
松岡明神　28上
松平隆綱居宅　142上
松童社　35下
松葉ヶ谷　229上
魚板石　201下
丸山稲荷明神　28上
万才法師　90下, 91上
万春庵　87下
万年山　134上
満福寺　193上
三浦道寸城跡　223下
三浦泰村　43下
三浦義同（道寸）　224上
三浦義澄（荒次郎）　43上
三浦義村　196下
御影堂（妙本寺）　211下
御輿岳（御輿崎）177上, 179上
三島社　35下
御台所　→北条政子
乱橋　213下
御堂御所跡　82下
水無能瀬川　177上, 179下
南御堂　82上
源実朝　28下, 32下, 36上, 150上
源実朝北の御坪　47下
源範頼石塔　251下
源義家　27下, 30上
源義経　36上, 193下
源義朝　82上, 147上
源頼家　34上
源頼家女　212下
源頼朝　30上下, 31下, 34上, 36下, 48上下, 49上下, 50上, 82上, 146上, 165上, 176上, 234上
源頼朝墓　49上, 50上
源頼朝守本尊　42上
源頼義　27下, 30上
身延山　210上
明王院　89上
妙喜庵　125下
妙高庵（建長寺）　111下
妙光庵（円覚寺）　138上
妙香池　136上
妙典寺　193下
妙本寺　211上
妙隆寺　208下
三輪社　35下
向井忠勝　32下
無学祖元　127下
武庫山　→源氏山
武山　27上
夢窓疎石　69上
六浦　239上
宗尊親王　28下
棟立井（覚園寺）　64上
無熱池　198上
無量寺谷　171上下
無量寿院　171下
室木村　252下
明鏡堂跡　128下
明月院　122上
明月院旧跡　123上
望夫石　150上
杜戸川　233上
杜戸明神　233上
盛久頸座　176上
守山大明神　234下
唐原　195下
文覚　215上
文覚屋敷　81下
文殊桜　248上
文殊堂（常楽寺）　140下

（や　行）

刃稲荷　170上
薬王寺　160上

薬王寺（金沢）　245下
薬師堂（鶴岡八幡宮）　36上
薬師堂（覚園寺）　63上
薬師堂（大楽寺）　85下
薬師堂（瀬戸明神）　242上
薬師堂（金沢）　249上
薬師堂跡　174上下
夜光寺　160上
八松原　195下
宿屋光則旧跡　177下
柳木次郎右衛門　241上
柳原　43下
流鏑馬場　48上
山内　116下
山内知家事兼道　48下
由比浜　31下
由比若宮（下宮旧地）30上，214上
行合川　192上
雪ノ下　30下，145上
永安寺　85下
影向石　34下
影向松　98下
栄西　147上
永福寺旧跡　65下
与願寺　196下
浴室（建長寺）　97上
横大路　30下
横手原　190下
吉田兼好旧跡　244上
好美　92上
世計明神　234下
頼朝社　34上
頼朝腰掛松　234上
頼朝泉水　234上
頼朝遊館礎石跡　234上
頼朝墓　49上，50上
頼朝屋敷　48下

（ら　行）

頼基　215上
来迎寺　53上
蘭渓道隆　96下
利済庵　137下
理智光寺　66下
立正安国論　229上
柳営明神　→実朝社
竜王殿　98下
竜華山真際精舎　124下
竜華寺　244上下
竜穴　201上
竜源庵　111上
竜興庵　113上
竜池　201下
竜峯庵　110下
竜門庵　137上
竜淵庵　112下
竜口寺　193下
楞伽院　124下
良恕法親王（曼殊院）32上下
霊山崎　191上
霊山山　185下
良忠　174上，219上
輪蔵（鶴岡八幡宮）　36上
霊巌院　146下
霊芝庵　87上
嶺松寺　239下
冷泉（藤原）為相石塔 30下，159上下
蓮華寺　219上
蓮華寺跡　174上
蓮華定院　43上
蓮乗院（光明寺）　222上
連燈庵　150下
連理木　213下
老松殿（荏柄天神）　62下
良弁　27下，49下，175下
楼門（鶴岡八幡宮）　32下
鹿岩　136上
六代御前塚　232上
六角堂　35上
六角井　222下
六国見　121下，122上
六本松　166上

（わ　行）

和賀江島　223上
若狭前司泰村旧跡　43下
若宮（下宮）　→下宮
若宮大路（小路）30下，49上
和田合戦　31上
和田平太胤長屋敷　62下